헌법의 기초

[제 3 판]

전 광 석

집 현 재

제3판 머리말

헌법의 기초 제3판은 2020년 말까지 개정된 법령, 제2판 출간 이후 새로운 헌법재판소의 결정 및 법원의 판결을 보충하였다. 형법의 낙태죄, 병역법의 양심상 병역거부 등 중요한 의제에 대한 결정이 있었고, 공직선거법에 이른바 준연동형 비례대표가 도입되는 변화가 있었다. 이 밖에 이 책을 접하는 독자는 헌법의 기본지식을 얻고자 하는 목적을 갖기 때문에 전체적으로 쉽게 읽을 수 있도록 문장을 가다듬었다.

가톨릭대학교 강사 남경국, 헌법재판소 차원일, 연세대학교 대학원 김정민, 김지혜가 정성껏 교정을 보아 주었다. 감사의 마음을 전한다.

2021년 1월 9일

전 광 석

머 리 말

2009년 이후 법학전문대학원에서 법학교육이 이루어지게 되면서 학부에서는 헌법, 민법, 형법 등 기본과목만이 강의되고 이에 대한 심화교육 및 전문법학교육은 법학전문대학원이 담당하게 되었다. 이에 기존의 법과대학, 그리고 법학전문대학원과는 달리 법학에 입문하는 학생들을 위한 간략하고 수월한 교재가 필요하게 되었다. 이 책은 헌법에 대한 기본지식을 얻고자 하는, 혹은 나아가서 헌법을 심화학습하기 위한 기본지식을 얻고자 하는 독자들을 위하여 쓰여졌다. 이와 같은 목적에 충실하게 이 책은 헌법의 세부적인 지식보다는 헌법의 전체적인 구조와 핵심적인 내용을 학습하기에 편하게 저술하였다. 또 헌법판례가 헌법의 이해에 있어서 점점 중요한 비중을 차지하기 때문에 관련 판례를 정리하여 함께 실었다.

초학자를 위한 이 책이 목적에 적합하게 서술되었는가에 대해서 여러 분들의 의견을 들었다. 광운대학교 법학과 김진곤교수, 가톨릭대학교 법학과 이세주교수, 연세대학교 강사 남경국, 연세대학교 대학원 박사과정의 김혜영, 석사과정의 류상훈이 원고를 자세히 읽고 도움말을 주었다. 이와 같은 책의 기획은 집현재 위호준 사장이 하였으며, 한국헌법론과 마찬가지로 집현재의 전충영상무님은 원고를 자세히 읽고 명확하지 않은 서술 부분, 그리고 오탈자를 지적하여 주었다. 모든 분들에게 감사의 마음을 전한다.

2016년 6월 12일

전 광 석

차 례

제 1 장 헌법이란 무엇인가?

제 2 장 한국헌법의 제정과 개정

제 3 장 한국헌법의 기본원리

제 6 장 국가기구의 조직과 기능

제 7 장 경제질서

제 8 장 헌법개정

판례 차례

제 1 장

헌법이란 무엇인가?

제 1 절 _ 헌법의 개념

제 2 절 _ 헌법의 기능

제 3 절 _ 헌법의 발전

제 4 절 _ 헌법의 특징

제 1 절 헌법의 개념

헌법은 국가생활공동체 내에서 개인의 지위를 기본권을 중심으로 규정하고, 국가공동체를 실현·유지하는 과제를 갖는 국내 최고 법규범이다. 따라서 헌법은 가장 기본적으로는 국가형태(제1조), 개인의 기본권(제10조 이하), 그리고 국가기관의 조직과 구성 및 기능, 국가기관 간의 협력과 견제관계를 규율대상으로 한다(제40조 이하). 이 밖에 우리 헌법은 국가의 사회경제적 과제를 사회적 기본권의 형태로(제31조 이하), 또 경제에 관한 장(제9장)에서 선언하는 형태로(제119조 이하) 표현하고 있다.

제 2 절 헌법의 기능

헌법은 국가조직, 그리고 국가권력과 개인의 관계를 규율대상으로 한다. 헌법은 개인의 기본권을 보장하고, 이를 위하여 국가권력을 통제하며, 또 기본권을 효율적으로 실현하기 위하여 국가권력 간의 협력관계를 규율하고 있다.

헌법의 기능은 다음과 같은 두 가지 점에서 포괄적이다. 첫째, 헌법의 가치를 실현하는 법률에 의하여 개인의 이익관계가 결정되고, 이로써 헌법은 개인 간의 이익을 조정하는 중요한 기준이 된다. 오늘날 국가가 사회경제질서를 형성하는 과제를 갖게 되면서 헌법을 기준으로 개인의 법적 지위 및 이익관계를 결정하는 범위는 넓어졌다. 이러한 구조에서 보면 개인의 생활형성에 영향을 미치는 공법관계뿐 아니라 사법관계 역시 어느 정도 헌법과 관련성을 갖는다(수평적 확대). 둘째, 최고법으로서 헌법의 가치는 하위

실정법에서 존중되어야 한다. 그 결과 하위 실정법을 해석하는 데 있어서 헌법이 영향을 미치게 된다. 사법관계에서도 민법의 원칙 규정을 해석하고 적용하는 데 있어서 헌법의 기본권이 존중되어야 한다(수직적 확대)(판례 1 참조).

판례 1 사법관계와 평등권

사적 단체는 사적 자치의 원칙 내지 결사의 자유에 따라 그 단체의 형성과 조직·운영을 자유롭게 할 수 있으므로, 사적 단체가 그 성격이나 목적에 비추어 구성원을 성별에 따라 달리 취급하는 것이 일반적으로 금지된다고 할 수는 없다. 그러나 사적 단체의 구성원에 대한 성별에 따른 차별처우가 사회공동체의 건전한 상식과 법감정에 비추어 볼 때 도저히 용인될 수 있는 한계를 벗어난 경우에는 사회질서에 위반되는 행위로서 위법한 것으로 평가할 수 있다. 서울기독교청년회(서울YMCA)가 남성 회원에게는 별다른 심사 없이 총회의결권 등을 가지는 총회원 자격을 부여하면서도 여성 회원의 경우에는 지속적인 요구에도 불구하고 원천적으로 총회원 자격심사에서 배제하여 온 것은, 우리 사회의 건전한 상식과 법감정에 비추어 용인될 수 있는 한계를 벗어나 사회질서에 위반되는 것으로서 여성 회원들의 인격적 법익을 침해하여 불법행위를 구성한다. [대판 2011. 1. 27. 2009다19864]

제 3 절 헌법의 발전

Ⅰ. 근대국가 및 헌법의 기원

가장 넓은 의미에서, 그리고 가장 오래된 의미에서 헌법은 지배와 복종을 내용으로 하는 정치적 공동체를 규율대상으로 한다(이른바 '고전적 의미의 헌법'). 이러한 헌법이 배경으로 하고 있던 시대적 상황은 다음과 같다. 사회구조가 계급사회였다. 그리고 사회체계는 아직 분화되지 않았다. 즉, 계급구조는 정치 · 경제 · 사회 · 문화 등을 관통하여 적용되는 통합적 권위의 근거였다. 또한 국가권력과 종교적 권위는 아직 분화되지 않았다. 종교적 권위와 마찬가지로 국가권력의 정당성은 (국민의 관여가 없이) 주어진 것으로 받아들여졌다.

근대 시민사회는 다음과 같은 시대적 배경과 상호작용을 하면서 형성되었다. 사회가 다원화되고 개별 분야에서 전문화가 진행되면서 이전 시대에 당연한 것으로 여겨졌던 통합적 권위에 대해서 의문과 도전이 있게 되었다. 신분사회에서 평등사회로의 주장이 나타났고, 또 실제 변화하였다. 이러한 시대적 상황은 특히 종교적 권위와 국가권력이 분화되면서, 즉 국가권력이 세속화되면서 촉진되었다. 동시에 지식인과 전문인을 중심으로 시민세력이 국가권력의 정당성에 의문을 제기하게 되었다. 국가권력이 과세권을 남용하여 개인의 재산권을 불합리한 목적을 위하여, 그리고 과다하게 침해하는 조치가 국가권력에 저항하는 직접적인 계기였다. '사회계약론'은 이러한 저항, 그리고 새로운 정치체계를 구상하는 이론적 기반이 되었다. 이에 따르면 원시상태의 혼란(만인의 만인에 대한 투쟁)을 방지하기 위해서 개인들은 1차적으로 결합계약을, 2차적으로 지배복종계약을 체결하였다(T. Hobbes). 이는 국가권력의 정당성이 계급 혹은 자연적인 것에 있지 않고, 국민 자체에 있다는 논리의 기틀이 되었다.

이와 같은 발전은 헌법적으로는 다음과 같은 형태로 구체화되었다. 개인은 국가와의 관계에서 지배의 객체가 아니라 기본권의 주체가 되었다. 국가는 특히 개인의 신체 · 재산 등을 침해해서는 안 되며, 개인의 권리를 제한할 필요가 있는 경우에는 법률에 그 제한의 근거가 있어야 한다. 보다 일반적으로는 법률의 형태로 국민의 동의가 있는 경우에만 국가권력의 행사는 정당성을 갖는다(법치주의). 과세권의 과잉행사는 시민혁명의 결정적인 계기였으며, 이러한 사고는 "동의없이 과세없다(no taxation without consent)"라는 구호로 나타났다. 기본권은 정치과정에 국민 개인이 참여할 수 있는 근거가 되었다. 개인이 선거의 형태로 정치과정에 참여하거나, 혹은 개인 스스로가 국가권력의 담당자가 될 수 있는 기회가 보장되어야 한다(민주주의). "동의없이 과세없다"라는 요청에는 당연히 "대표없이 과세없다(no taxation without representation)"라는 명제가 뒤따랐다.

이로써 개인의 기본권과 국가조직과의 관계도 다음과 같이 정립되었다. 즉, 국가조직은 그 자체가 목적이 아니라, 개인의 기본권을 최대한, 그리고 효율적으로 보호하기 위해서 구성되고 기능하는 수단이다(국가조직의 민주적 정당성). 이러한 내용은 문서의 형태로 합의되어야 한다(성문화). 그 결과 정치영역에서는 민주주의가 실현되었고, 사회경제질서는 기본권으로 보장되는 개인의 자기결정권에 의하여 형성되었다.

Ⅱ. 사회문제의 출현과 새로운 헌법구상

근대적 혁명, 그리고 그 결과 나타난 '근대적 의미의 헌법'은 평등이념을 표방하였지만 노동자 등 무산계급을 포괄하는 계급 간의 완전한 평등을 이념으로 하였던 것은 아니었다(사상적 배경). 근대적 의미의 헌법에 규정된 자유권은 이를 행사하기 위하여 필요한 조건을 갖추었을 때 비로소 실현될 수 있다. 그렇지 못한 무산계급에게 자유권은 공허한 선언에 불과했다. 직업선택의 자유는 해당 직업을 행사하기 위하여 필요한 전문지식을 갖추었을 때 비로소 행사될 수 있고, 또 재산이 없는 노동자계급에게 재산권은 의미가 없었다(헌법적 배경). 산업화로 인하여 발생한 농촌의 피폐, 공장화, 도시화, 대가족구조의 해체 등은 함께 작용하여 노동자의 열악한 상황을 야기시켰다(사회적 배경). 수요와 공급의 균형, 그리고 최적점에서 적정가격이 형성될 것으로 가정했던 시장은 실패(the failure of the market)를 보이기 시작하였다(경제적 배경).

이와 같은 총체적이고 구조적인 사회문제에 직면하여 노동자집단이 정치세력화하였고, 이에 국가는 어떠한 형태로든 대응하지 않을 수 없었다. 다음과 같은 두 가지 방향이 있다. 첫째, 시장질서와 자본의 사적 소유를 부인하고 국가가 계획에 의하여 노동자의 사회적 상황을 보호하는 사회주의의 시도이다. 둘째, 근대적 의미의 헌법에서 사회경제질서는 개인의 자기결정권에 기초하여 자율적으로, 그리고 자기책임 하에 형성되었다. 이제 기존의 체제를 유지하면서 국가는 사회적 약자를 보호하는 새로운 과제를 갖게 되었다. 이 경우 필연적으로 개인의 자유를 조정하는 권한이 국가에게 부여된다. 우리 1948년 헌법은 제5조에 다음과 같은 규정을 두었다. "대한민국은 정치, 경제, 사회, 문화의 모든 영역에 있어서 각인의 자유, 평등과 창의를 존중하고 보장하며 공공복리의 향상을 위하여 이를 보호하고 조정하는 의무를 진다".

국가의 사회적 과제를 헌법에 제도화하는 유형은 다음과 같다. 첫째, 국가의 새로운 과제를 기본권의 형태로 도입하는 방법이다. 사회적 기본권이 여기에 해당한다. 둘째, 사회적 기본권은 사실적 및 규범적 이유에서 실현에 한계가 있다. 사회적 기본권은 국가의 적극적인 행위를 통하여 실현되는데 헌법이 국가행위 기준과 방법 및 내용을 구체적으로 규율할 수 없으며, 또 국가의 적극적인 행위를 위하여 필요한 국가재정은 한정되어 있기 때문이다. 이에 사회적 기본권을 규정하는 대신 혹은 이와 함께, 객관적 규범인 국가

목표규정을 통해서 국가에게 사회경제질서를 형성하는 과제를 부과하는 헌법례가 나타났다. 복지국가원리, 혹은 경제질서형성의 국가과제에 관한 규정이 여기에 해당한다. 우리 헌법은 위의 두 가지 방안을 함께 규정하고 있다(사회적 기본권: 제31조 이하, 경제질서: 제119조 이하).

Ⅲ. 헌법과 문화

헌법의 문화에 대한 태도는 다음과 같이 발전하여 왔다. 초기에 문화는 다른 가치와 분화되지 않은 상태에 있었다. 이 시기에는 정치적 공동체의 유지가 헌법의 유일한 규율대상이고, 관심이었다. 문화는 국가 혹은 정치에 포괄적으로 종속되어 있었다. 문화 그 자체가 목적으로 존중되지 않고, 국가권력 혹은 종교적 권위를 정당화하는 수단으로서 이해되었다. 예컨대, 교육이 독자적인 가치에 기초하여 시행되지 않았고, 종교적 권위를 지원하는 혹은 국가의 존속과 운영에 필요한 인력을 양성하는 목적을 가졌다. 최초의 근대적 의미에서의 대학이 신과대학(파리(Paris)) 혹은 법과대학(볼로냐(Bologna))이었던 것이 우연이 아니었다.

근대사회에 들어와서 특히 정치권력과의 관계에서 문화의 독자적인 가치가 인정되었다. 개인의 문화창작 등 활동은 자유권적 기본권에 의하여 보호되었고, 문화에 대한 국가의 개입은 원칙적으로 금지되었다. 문화가 정치로부터 해방된 것이다. 그러나 이러한 현상에는 다음과 같은 위험이 뒤따랐다. 즉 문화가 독자성을 얻은 반면, 문화활동을 후견적으로 지원했던 국가가 사라지자 그 공백을 시장이 대체하였다. 마치 고전적 의미의 헌법이 적용되던 시대에 국가적 권위 혹은 종교적 권위에 반하는 문화가 존속할 수 없었던 것처럼 이제 시장의 지배적인 기준을 충족시키지 못하는 문화는 자연도태의 운명에 처하게 되었다. 이로써 문화가 균형을 상실할 우려가 있었다. 이에 국가는 문화의 특징인 독창성 · 자율성 · 독자성을 존중하면서, 또 시장의 수요와 관계없이 고급문화 혹은 전통문화를 지원해야 하는 과제를 갖게 되었다. 우리 헌법은 전통문화 혹은 민족문화를 지원하는 과제를 선언하고 있다(제9조). 이는 국가공동체의 문화적 동질성이 국가의 존속과 유지에 필수적이라는 인식에 기초한 것이다.

Ⅳ. 헌법과 국제질서

2차 세계대전 이후 국제관계는 헌법의 중요한 규율대상이 되었다. 인류가 일찍이 겪지 못한 참상을 가져온 두 번의 세계대전을 치르고 각국은 세계평화를 위한 국제협력의 필요성에 생각을 같이 하였다. 이는 헌법에 세계평화를 위한 노력과 침략전쟁 부인, 그리고 적극적인 국제협력의 선언 등의 형태로 나타났다. 1990년대에 들어서서 이념에 따른 국제질서와 경제사회체제의 대립이 극복되고, 또 지역공동체가 활발히 설립 · 기능하게 되었다. 이 시기에 국제협력의 중점영역은 정치 · 군사분야에서 사회 · 경제분야로 옮겨갔다. 이러한 인식과 경향은 헌법에는 특히 국제법과 국내법의 관계, 외국인의 법적 지위, 그리고 부분적으로 국내주권의 세계공동체로의 이양에 대한 기본원칙이 규율되는 형태로 구체화되었다.

제 4 절 헌법의 특징

Ⅰ. 헌법의 국내 최고규범성

헌법은 국내규범으로서, 국가 간의(양자 간 혹은 다자 간의) 합의인 국제조약 및 국제관습법을 포함하는 국제법과 구별된다. 헌법은 주권의 주체인 국민에 의하여 형성되고, 공간적 적용범위와 인적 범위에 있어서 제한적이다. 헌법이 국가 간의 법률관계에 효력을 가질 수는 없다. 또 국제법은 국내 헌법에 의하여 효력을 부여하는 절차 없이 국내법이 될 수는 없다. 오히려 국제법의 국내법적 효력은 헌법이 국가기관에게 국제법을 형성할 권한을 부여한 기초 위에서 생성된다. 따라서 헌법의 실체법적 내용에 반하거나 헌법이 예정하고 있는 국제법 형성의 절차에 반하는 국제법은 효력을 갖지 못한다.

헌법이 발전하면서 헌법은 최고법으로 인식되고, 제도화되었다. 헌법의 최고규범성은 오늘날 인식되고 있듯이 처음부터 당연한 명제는 아니었다. 특히 진정한 시민혁명의 과정을 거치지 않은 독일에서는 헌법은 국가의 장기계획이며, 지침(Programm)의 성격을 띨 뿐이며, 규범력을 갖는 것으로 이해되지는 않았다. 따라서 헌법이 최고법으로서 국가권력, 특히 입법작용을 구속하지는 않았다. 그러나 오늘날 대부분의 국가에서는 어떠한 형태로든 헌법을 기준으로 국가권력의 행사를 통제하는 제도가 운영되고 있으며, 이에 따라서 헌법에 반하는 국가권력은 효력을 가질 수 없다. 다만 헌법이 실질적으로 최고법으로서 기능하기 위해서는 헌법재판이 제도화되고, 또 국가권력과 국민이 이를 진지하게 받아들여야 한다.

1987년 이전 우리 헌법은 실질적으로 최고법으로 기능하지 못했다. 1987년 민주화의 산물로 새로운 헌법이 제정되고, 헌법재판소가 설치되면서 비로소 헌법의 최고규범성은 실현되고 있다.

Ⅱ. 헌법의 정치적 성격 – 추상성, 개방성, 가치관련성

1. 추상성

헌법은 법률과 비교하면 정치적 성격을 강하게 띠고 있다. 세부적으로 보면 다음과 같은 특징이 있기 때문이다.

헌법은 국가와 사회를 장기적으로 지배하는 가치질서의 성격을 갖는다. 이 점에서 헌법은 그때그때 발생하는 사회문제를 해결하는 기능을 수행하는 법률과 차이가 있다. 헌법이 장기적인 가치질서로서 기능하기 위해서는 문제를 추상화하여 규율하여야 한다. 구체적인 상황을 규율하는 경우 헌법의 내용이 명확해지는 장점이 있지만, 그만큼 헌법의 적용범위가 좁아진다. 이 경우에는 헌법은 상황 및 규율대상이 변화하면서 자주 변경되어야 하며, 그만큼 장기적으로 국가와 사회를 지배하는 가치질서로서의 성격은 약화된다. 따라서 헌법은 시대의 흐름에 따라 변화하는 문제상황에 폭넓게 적용될 수 있도록 추상화하여 형성되어야 한다. 그 결과 헌법은 입법·행정 및 사법 등 국가작용에 의한 해석과 구체화를 통하여 정치과정에서 형성되는 규범으로서의 성격을 갖는다.

2. 개방성

헌법은 국가와 사회를 지배하는 가치를 헌법제정시점에서 인식하고 이를 포섭하여야 한다. 국가기관은 이러한 가치판단을 존중하여야 하며, 이를 위반하는 국가작용은 효력을 가질 수 없다. 이와 같이 정치과정이 벗어날 수 없는 가치질서를 헌법에 규율함으로써 헌법은 정치과정을 안정화할 수 있다(안정화 기능).

그러나 헌법을 제정하는 시점에 헌법적 가치를 실현하는 수단과 방법을 모두 헌법에 규율하는 것은 불가능하다. 헌법적 가치를 실현하는 수단과 방법은 다양하며, 이는 정당성과 효율성 등을 기준으로 국가기관의 전문적 판단과 국민적 합의에 의하여 그때그때 결정되어야 한다. 국가기관을 구성하는 선거가 이러한 결정을 하는 중요한 계기가 된다. 이 점에서 헌법적 가치의 실현은 정치과정을 통하여 비로소 구체화되며, 헌법은 이와 같은 정치과정을 개방하여야 한다(개방화 기능). 구체적인 수단과 방법을 헌법에 직접 규정하는 경우 헌법은 정치과정에서 효과적이고 효율적인 수단과 방법을 결정하는 데에 오히려 장애가 되고, 이는 선거의 기능을 저해하는 결과가 될 수 있다. 헌법이 정치과정을 폐쇄하거나 협소하게 하면 선거에 의하여 국민이 정책을 결정하는 가능성은 그만큼 줄어들 것이기 때문이다.

이와 같이 헌법은 정치과정에서 실현되고, 또 정치과정은 시대의 변화에 적합하게 헌법을 실현할 과제가 있다. 따라서 헌법에서는 일반 법률에 규율의 공백이 있는 경우에 이를 메우는 관습법의 역할은 필요로 하지 않으며, 따라서 관습헌법이 존재할 수 없다. 그러나 헌법재판소는 대한민국의 수도는 서울이라는 내용의 관습헌법이 존재하며, 따라서 수도를 서울에서 다른 곳으로 이전하는 내용을 담은 「신행정수도의 건설을 위한 특별조치법」에 대해서 위헌결정을 한 바 있다(판례 2 참조).

판례 2 관습헌법과 대한민국의 수도

성문헌법이 모든 헌법사항을 빠짐없이 완전히 규율하는 것은 불가능하고 또한 헌법은 국가의 기본법으로서 간결성과 함축성을 추구하기 때문에 형식적 헌법전에는 기재되지 않은 사항이라도 이를 불문헌법 내지 관습헌법으로 인정할 수 있다. 다만 헌법사항에 관하여 형성되는 관행 내지 관례가 전부 관습헌법이 되는 것은 아니고 강제력이 있는 헌법규범으로서 인정되려면 엄격한 요건들이 충족되어야 한다. 이러한 요건이 충족된 관습만이 관습헌법으로서 성문의 헌법과 동일한 법적 효력을 가진다.

서울이 우리나라의 수도인 것은 조선시대 이래 600여년간 우리나라의 국가생활에 관한 당연한 규범적 사실이 되어 왔으므로 우리나라의 국가생활에 있어서 전통적으로 형성되어 있는 계속적 관행이고(계속성), 이러한 관행은 변함없이 오랜 기간 실효적으로 지속되어 중간에 깨어진 일이 없으며(항상성), 서울이 수도라는 사실은 우리나라의 국민이라면 개인적 견해 차이를 보일 수 없는 명확한 내용이며(명료성), 나아가 이러한 관행은 오랜 세월에 걸쳐 굳어져 국민들의 승인과 폭넓은 컨센서스를 이미 얻어(국민적 합의) 국민이 실효성과 강제력을 가진다고 믿고 있는 국가생활의 기본사항이다. 따라서 서울이 수도라는 점은 우리의 제정헌법이 있기 전부터 전통적으로 존재하여온 헌법적 관습이며 우리 헌법조항에서 명문으로 밝힌 것은 아니지만 자명(自明)하고 헌법에 전제된 규범으로서, 관습헌법으로 성립된 불문헌법에 해당한다. [헌재 2004. 10. 21, 2004헌마554등]

3. 가치관련성

헌법은 국가와 사회의 장기적인 가치질서를 담고 있으며, 헌법의 가치를 실현하기 위해서는 이를 해석하고 구체화하여야 한다. 그러나 가치에 대한 이해는 시대, 시대의 변화, 그리고 해당 가치에 대한 국민의식의 변화에 따라서 가변적이다. 예컨대, 헌법 제34조 제5항이 규율하고 있는 '장애'에 대한 보호는 사회적 취약자인 장애인에게 인간의 존엄과 가치를 실현하는 요청이다. 인간의 존엄은 개인에게 자기책임에 기초한 자율적인 결정을 할 수 있는 사회적 인격체를 실현함으로써 보장된다. 따라서 장애인의 존엄을 보장하기 위하여 국가는 치료와 재활뿐 아니라 사회적 참여의 기회를 부여하여야 한다. 또 이를 위하여 장애에도 불구하고 비장애인과 마찬가지로 각종 시설 및 설비에 접근할 수 있어야 한다. 이러한 가치개념은 1차적으로는 정치과정에서 해석 및 구체화되며, 이 점에서 헌법은 정치적 성격을 강하게 띠고 있다.

제 2 장

한국헌법의 제정과 개정

제 1 절 1948년에서 1960년까지의 헌법의 제정과 개정

Ⅰ. 1948년 헌법제정

1948년 우리나라 최초의 헌법이 제정되었다. 1919년 3·1 독립운동 이후 해외에 수립된 임시정부에서 헌법이 제정되었고, 여러 차례 개정되었다. 그러나 이는 직접 국민적 정당성에 기초하여 제정된 것이 아니었으며, 국권이 상실된 시기였기 때문에 헌법의 규율대상인 국가권력과 국민, 그리고 영토에 관한 규정이 헌법현실과 상호 작용을 하면서 규범력을 갖지는 못했다. 1948년 헌법은 다음과 같은 시대적 과제를 가졌다. 첫째, 일본의 식민지통치에서 벗어나 최초의 민주국가를 형성하는 과제이다. 둘째, 식민지 통치하에서 상실된 국민의 자유와 정치참여의 기회를 회복시키는 과제이다. 셋째, 정치적 공동체로서의 성격 외에 최소한의 사회경제적 동질성을 창출하여 사회통합을 실현하는 과제이다.

사회통합의 과제는 다양한 내용의 사회적 기본권과 경제의 장을 두어 구체화하였다. 경제질서의 중요한 요소인 직업선택의 자유가 명시되지 않은 것은 이례적이었다. 사회적 기본권으로 교육의 권리(제16조), 근로의 권리(제17조), 근로자의 권리(제18조), 사회보장의 권리(제19조)를 두었다. 부분적으로 실현가능성이 없는 권리가 규정되었다. 사기업에서 근로자의 이익분배균점권이 대표적인 예이다(제18조 제2항). 경제의 장(제6장)에서는 개인의 경제상의 자유를 사회정의의 실현과 균형있는 국민경제의 발전에 필요한 범위 내에서 보장하였다(제84조). 그 밖에 포괄적이고 강력한 국유화의 가능성을 규정하였다. 즉 "중요한 운수, 통신, 금융, 보험, 전기, 수리, 수도, 가스 및 공공성을 가진 기업은 국영 또는 공영으로 한다"(제87조 제1항).

정부형태는 대통령제로 하였다. 다만 건국 초기에 국회의원선거 후에 전국 단위의 선거를 다시 시행하는 부담을 고려하여 대통령과 부통령을 국회에서 선출하도록 하였다(제53조 제1항). 헌법제정과정에서 제출된 초안에서는 의원내각제를 구상하였으나 이승만의 반대로 대통령제로 급변하면서 기존의 초안에 있었던 일부 요소가 그대로 남게 되었다. 국무총리와 국무원, 그리고 국무위원 등을 헌법기관으로 하였다. 대통령이 국무총리를 임명한 후 국회의 승인을 얻도록 하였다. 그러나 의원내각제 초안에서 유래하는 이러한 요소들이 대통령제에서 제대로 기능할 수는 없었다. 따라서 이들을 의원내각제적 요소라고 할 수는 없었다. 건국 초기 대통령이 독단적으로 정국을 운영하면서 대통령과 국회는 헌법을 의원내각제로 운영할 가능성, 그리고 헌법개정을 통하여 의원내각제로 변경하는 문제를 둘러싸고 극심한 대립을 하였다.

국회는 단원제로 구성되었다. 헌법재판은 이원화되었다. 즉 명령·규칙 및 처분이 헌법과 법률에 위반되는가의 여부에 대한 판단은 대법원이, 그리고 법률이 헌법에 위반되는가의 여부가 재판의 전제가 된 경우에 법률의 위헌 여부에 대한 판단은 헌법위원회가 관할한다(제81조). 탄핵심판은 독립하여 설치된 탄핵재판소가 관할한다(제47조).

Ⅱ. 1952년 제1차 헌법개정과 1954년 제2차 헌법개정

1. 제1차 헌법개정

1952년 헌법개정의 가장 중요한 동기는 대통령선출방법을 직선제로 바꾸는 데에 있었다(제53조 제1항). 당시 국회의 구도로 인하여 국회에서 이승만이 대통령으로 선출될 가능성이 없었기 때문이다. 이 개정은 의원내각제로의 개정을 지속적으로 주장하고, 이에 대한 개정안을 제출했던 야당의 개정안과, 대통령직선제를 도입하는 정부의 개정안을 발췌하여 의결되었다(발췌개헌). 이는 절차적으로도 헌법에 충실하지 못했다. 대통령의 권력유지를 위한 수단으로 헌법개정이 이용된 우리 헌정사의 불행이 표출된 것이다.

1952년 헌법개정은 대통령 선출방법 이외에 야당의 헌법개정안에서 발췌된 다음과 같은 내용을 포함하고 있었다. 국회는 민의원과 참의원으로 구성되는 양원제로 개편되도록 하였다(제31조). 탄핵재판소는 탄핵심판소로 이름을 바꾸었다(제47조). 국회는 국무총리와 국무위원을 개별적으로 불신임할 수 있다(제70조). 대통령이 행정 각부의 장을 임면할 때 국무총리의 제청을 받아야 한다(제73조 제1항).

2. 제2차 헌법개정

1954년 헌법개정 역시 정권연장을 위한 것이었다. 기존 헌법에 의하면 대통령은 1차에 한하여 중임할 수 있다(제55조). 이제 헌법개정을 통하여 헌법 공포 당시의 대통령에 대해서는 이러한 제한을 적용하지 않도록 하였다(부칙 제3조). 이는 이승만의 계속 집권을 위한 것이었다. 이러한 정권연장을 위한 적나라한 헌법파괴에는 국민 그리고 야당의 격렬한 반대가 따랐다. 실제 헌법개정안에 대한 표결결과는 재적의원 203명 중 찬성 135명으로 헌법개정에 필요한 3분의 2인 136명에 이르지 못하여 부결되었다. 그러나 이후 사사오입(四捨五入)의 논리로 가결이 선포되는 불법이 저질러졌다(사사오입 개헌).

초대 대통령의 종신집권을 기도하는 개정 외에 다음과 같은 몇 가지 사항에 대한 개정이 장식적으로 이루어졌다. 주권의 제약 또는 영토의 변경을 가져올 국가안위에 관한 중대사항은 국회의 가결을 거친 후 국민투표에 부칠 수 있다(제7조의2). 국무총리제도는 폐지되었다(제44조 등). 이로써 더욱 전형적인 대통령제로 전환되었다. 참의원은 대법관과 검찰총장, 대사 등 대통령이 지명한 공무원의 임명에 인준권을 갖는다(제42조의2). 경제질서에 있어서 국가통제가 완화되었다. 국영 혹은 공영의 범위를 넓게 규정하고 있던 제87조 제1항은 삭제되었다. 대외무역에 대한 통제에 있어서 법적 근거를 필요로 하게 되었다(제87조). 1954년 헌법은 경제질서에 있어서 국유국영(國有國營)의 원칙에서 사유사영(私有私營)의 원칙으로 전환하는 외형을 띠었다. 헌법개정의 한계에 관한 규정을 도입하였다. 즉 민주주의에 관한 제1조와 제2조, 그리고 위에서 언급한 국민투표에 관한 제7조의2의 규정은 개폐할 수 없다(제98조 제6항).

제 2 절 1960년 제3차 및 제4차 헌법개정

Ⅰ. 제3차 헌법개정

1960년 3월 15일 시행된 제4대 정·부통령선거는 극심한 부정선거였다. 이것이 결정적인 계기가 되어 대학생을 중심으로 전국적으로 부정선거의 무효화, 그리고 정권의 퇴진을 요구하는 저항이 전개되었다. 그 결과 이승만은 하야하였고(1960년 4월 26일), 새로운 정치체제를 출범시킬 규범적 기초로 1960년 6월 15일 세 번째로 헌법이 개정되었다.

정부형태를 의원내각제로 하였다. 대통령은 양원합동회의에서 선출된다(제53조 제1항). 대통령은 긴급처분권(제57조), 계엄선포권(제64조), 국군통수권(제61조), 외교권(제59조) 등을 갖는다. 행정권은 국무원에 속한다. 국무원은 국무총리와 국무위원으로 구성된다(제68조 제2항). 의원내각제에서는 이례적으로 대통령에게 실질적인 권한을 부여하였기 때문에 대통령과 국무총리 사이에 권한 배분이 명확하지 못했다. 이는 부분적으로 헌법의 기능에 혼란을 가져왔다. 국무원은 연대하여 민의원에 책임을 지며, 민의원은 국무원에 대한 불신임을 의결할 수 있다. 이 경우에 국무원은 국회를 해산할 수 있다. 국회는 양원(민의원과 참의원)으로 구성된다(제31조 제2항).

1960년 헌법은 공무원의 정치적 중립성과 신분보장을 처음으로 헌법에 규정하였다(제27조 제2항). 특히 경찰의 중립이 보장되며, 이를 위하여 필요한 기구를 설치하도록 하였다(제75조 제2항). 결사의 특별한 형태로서 정당을 처음으로 헌법에서 규율하였고, 민주적 기본질서에 위배되는 정당은 해산될 수 있다(제13조 제2항). 선거관리기구로 중앙선거위원회를 설치하였다(제75조 의2). 이승만정권 중후반기에 부정선거를 통하여 민주적 정당성이 조작되는 폐해가 지속적으로 나타났으므로 이를 방지하기 위한 의도였다.

기본권의 본질적인 내용은 침해될 수 없다. 언론·출판에 대한 허가나 검열과 집회·결사에 대한 허가를 통한 제한을 금지하였다(제28조 제2항). 1960년 헌법은 사법기구의 독립성과 효율성을 증진하기 위한 조치를 취하였다. 대법원장과 대법관은 법관의 자격이 있는 자로 조직되는 선거인단에 의하여 선거한다(제78조). 헌법재판기관으로 헌법재판소를 설치하였다. 헌법재판소는 위헌법률심판, 헌법에 관한 최종적 해석, 국가기관 간의 권한쟁의, 정당의 해산, 탄핵재판, 대통령·대법원장과 대법관의 선거에 관한 소송을 관할한다(제83조 의3). 그러나 1961년 군사쿠데타에 의하여 헌법재판소에 관한 규정이 효력을 상실하면서 헌법재판소는 구성도 될 수 없었다. 헌법재판소는 1987년 헌법에 다시 도입되었고, 1988년 처음으로 설치되어 기능하고 있다.

Ⅱ. 제4차 헌법개정

제3차 헌법개정을 통하여 집권한 민주당은 내부적으로 분열하면서 정치적 기반이 취약하였다. 이러한 상황에서 부정선거에 저항하여 독재정권을 무너뜨린 세력은 법원에서 부정선거관련자에 대한 경미한 처벌을 선고하는 것을 보면서 혁명의 이념이 왜곡되고 있다는 불신을 갖게 되었다.

1960년 11월 29일 반민주행위자를 소급하여 처벌할 수 있도록 헌법개정을 하였다. 소급형법은 헌법에 위반되기 때문에 특별한 헌법적 근거를 마련한 것이다. 그 내용은 다음과 같다. 1960년 3월 15일 정·부통령선거에서 부정행위를 행한 자, 이에 항거하는 국민에 대하여 살상 등의 부정행위를 한 자를 처벌하거나 혹은 1960년 4월 26일(이승만의 하야 시점) 이전에 특정한 지위를 남용하여 반민주행위를 한 자의 공민권을 제한하기 위하여 특별법을 제정할 수 있다. 또 1960년 4월 26일 이전에 특정한 지위 또는 권력을 남용하여 부정한 방법으로 재산을 축적한 자에 대한 행정상 또는 형사상의 처리를 위하여 특별법을 제정할 수 있다(부칙).

제 3 절 1961년에서 1987년까지의 헌법개정

Ⅰ. 1961년 국가재건비상조치법과 국가재건최고회의법

1961년 5월 16일 군사쿠데타로 인하여 1960년 헌법은 실험에 필요한 시간도 갖지 못하고 효력을 상실하였다. 군사쿠데타세력은 초헌법적인 성격을 갖는 「국가재건비상조치법」을 제정하였으며, 이에 따라 최고통치기관으로 국가재건최고회의가 구성되었다. 국가재건최고회의에 상임위원회가 설치되었으며, 상임위원회가 실제 통치기능을 담당하였다. 국가재건최고회의는 국회의 권한을 행사하고, 기존 헌법상의 국무원의 권한은 국가재건최고회의의 내각이 담당한다. 사법에 관한 행정권의 대강은 국가재건최고회의가 관할한다. 국가재건최고회의는 1961년 5월 16일 이전 또는 이후에 반국가적·반민족적 부정행위 또는 반혁명적 행위를 한 자를 처벌하기 위하여 특별법을 제정할 수 있다. 또 이와 같은 형사사건을 처리하기 위하여 혁명재판소와 혁명감찰부를 둘 수 있다. 「국가재건비상조치법」에 의하여 국민의 기본권은 유명무실화되었다. 기본권은 혁명과업수행에 저촉되지 않는 범위 내에서 보장되기 때문이다.

1961년 6월 10일의 「국가재건최고회의법」은 「국가재건비상조치법」상의 상임위원회의 종류 및 기능을 규율하였으며, 이 법에 의하여 정보기관인 중앙정보부가 설치되었다(제18조).

Ⅱ. 1962년 제5차 헌법개정

군사정부는 「국가재건비상조치법」을 개정하여 헌법개정절차를 마련하였다. 이에 따르면 헌법개정안은 국민투표에 의하여 확정된다. 이와 같이 1962년 헌법 개정은 기존의 헌법에 따른 개정절차를 따르지 않았다.

총강에 정당에 관한 독자적인 조문을 두었다(제7조). 기본권의 이념적 기초로 인간의 존엄과 가치를 처음으로 제시하였다(제8조). 직업선택의 자유가 새로이 도입되었다(제13조). 사회보장을 받을 권리는 인간다운 생활을 할 권리로 보장하였다(제30조). 1962년 헌법은 1948년 헌법에 비해서 훨씬 정리된 자본주의 시장경제의 이념을 선언하였다. 개인의 경제상의 자유와 창의를 경제질서의 기본으로 한다(제111조 제1항). 국유화는 예외적인 경우에 한하여 인정된다(제117조). 1948년 헌법에 규정되었던 사기업에서 근로자의 이익분배균점권은 삭제되었다.

1962년 헌법의 정부형태는 다시 대통령제로 돌아왔다. 이례적으로 강력한 정당국가를 지향하였다. 국회의원선거에서 입후보자가 되기 위해서는 정당의 추천을 받아야 하며(제36조 제3항), 국회의원이 당적을 이탈·변경하거나 소속 정당이 해산된 때에는 자격을 상실한다(제38조). 대통령선거에서 입후보자가 되기 위해서 정당의 추천이 있어야 한다(제64조 제3항). 결국 무소속후보의 가능성이 차단된 것이다. 이와 같은 정당국가적 경향은 아직 정당정치가 확립되지 않았던 당시 현실에 적합하지 않았다. 대통령은 국민에 의하여 직접 선출되고, 임기는 4년이며 1차에 한하여 중임할 수 있다(제64조 제1항, 제69조 제1항 및 제3항). 국회는 다시 단원제로 구성되었다. 대법원장은 법관추천회의의 제청에 의하여 대통령이 임명하며, 국회의 동의를 얻어야 한다(제99조 제1항). 위헌법률심판(제102조 제1항), 정당해산심판(제103조) 등 헌법재판은 대법원이 관할한다. 탄핵결정은 탄핵심판위원회가 관할한다(제62조).

Ⅲ. 1969년 제6차 헌법개정

1954년 정권연장을 위한 헌법개정의 퇴행은 1969년 다시 나타났다. 1963년과 1967년에 대통령으로 당선된 박정희는 1971년 퇴임을 앞두고 정권연장을 위한 헌법개정에 착수하여 1969년 대통령의 계속재임을 3기로 연장할 수 있도록 하였다(3선 개헌)(제69조 제3항). 이 밖에 국회의원의 수를 증가시키는 내용의 제36조 제2항, 국회의원의 겸직금지에 관한 제39조, 대통령의 탄핵소추 의결정족수를 증가시키는 내용의 제61조 제2항 등의 개정은 헌법적 폭거의 중대성을 희석시키는 장식적인 것들이었다.

Ⅳ. 1972년 제7차 헌법개정

1971년 대통령선거에서 다시 당선된 박정희는 세 번 재임에 머

묻지 않고 영구집권을 시도하였다. 1972년 10월 17일 전국에 비상계엄이 선포되었다. 헌법에 근거 없이 국회는 해산되었고 헌법의 일부 조항의 효력은 정지되었다. 헌법개정안은 1972년 11월 21일 국민투표에 부쳐져 확정되었고, 12월 27일 공포·시행되었다.

국민이 주권을 행사하는 방법으로 국민투표를 명시하였다. 즉 국민은 그 대표자나 국민투표에 의하여 주권을 행사한다(제1조 제2항). 통일주체국민회의를 국민의 주권적 수임기관으로 설치하였다(제35조). 헌법에 처음으로 평화통일에 관한 조항을 두었다(전문, 제43조 제3항 등). 기본권은 전반적으로 위축되었다. 예컨대, 신체의 자유에 있어서 구속적부심은 폐지되었고, 자백의 증거능력을 제한하는 조항 역시 삭제하였다(제10조). 표현의 자유에 대한 허가나 검열형태의 제한을 금지하는 조항 역시 사라졌다(제18조). 재산권 제한에 대한 보상의 기준과 방법을 포괄적으로 법률에 유보하였다(제20조 제3항).

대통령은 통일주체국민회의에서 선출된다(제39조). 대통령의 임기는 6년이며, 연임제한에 관한 규정은 없다(제47조). 이로써 영구집권이 가능해졌다. 대통령은 예방적 목적으로 긴급조치를 선포할 수 있는 등 긴급조치의 발동요건이 지극히 완화되어 긴급조치를 통한 통치의 가능성이 열렸다. 대통령의 긴급조치에 대해서 국회가 사전적 혹은 사후적으로 통제할 수 있는 가능성도 없었다. 또 긴급조치는 명시적으로 사법심사의 대상에서 제외되었다(제53조 제4항). 실제 1974년에서 1975년까지 무려 아홉 차례 긴급조치가 발동되었다. 특히 1975년 선포된 긴급조치 제9호는 헌법개정의 논의 자체를 금지하였다. 2013년 헌법재판소는 당시 선포된 긴급조치에 대해서 현행 헌법을 기준으로 위헌결정을 하였다(판례 3 참조).

국회의 구성방법이 대통령을 통제할 수 없도록 되었으며, 통제를 위하여 필요한 권한을 갖지도 못했다. 국회의원 정수의 3분의 1이 통일주체국민회의에서 선출되었다. 그러나 이는 대통령의 추천에 의한 일괄적인 선출이었기 때문에 실제로는 대통령이 국회의 일부를 구성하는 결과가 되었다. 국회의 권한이 약화되었으며, 대통령은 국회를 해산할 수 있다(제59조 제1항). 국회의 국정에 대한 중요한 통제수단인 국정감사권을 폐지하였다. 사법부 역시 대통령에 종속되었다. 대법원장을 비롯하여 모든 법관은 대통령이 임명한다(제103조). 위헌법률심판, 탄핵결정, 정당해산 등 헌법재판은 헌법위원회가 관할한다(제109조). 그러나 헌법위원회는 이러한 기능을 한 번도 행사하지 않았다.

판례 3 대통령 긴급조치에 대한 사법심사

긴급조치 제1호, 제2호는 국민의 유신헌법 반대운동을 통제하고 정치적 표현의 자유를 과도하게 침해하는 내용이어서 국가긴급권의 내재적 한계를 일탈하였으며, 목적의 정당성이나 방법의 적절성을 갖추지 못하였다. 긴급조치 제1호, 제2호는 국가긴급권의 발동이 필요한 상황과는 전혀 무관하게 헌법과 관련하여 자신의 견해를 단순하게 표명하는 모든 행위까지 처벌하고, 처벌의 대상이 되는 행위를 전혀 구체적으로 특정할 수 없었다. 이로써 표현의 자유 제한의 한계를 일탈하여 국가형벌권을 자의적으로 행사하게 되었다. 이는 또한 죄형법정주의의 명확성 원칙에 위배되며, 국민의 헌법개정권력의 행사와 관련한 참정권, 국민투표권, 영장주의 및 신체의 자유, 법관에 의한 재판을 받을 권리 등을 침해한다.

'북한의 남침 가능성의 증대'라는 추상적이고 주관적인 상황인식만으로는 긴급조치를 발령할 만한 국가적 위기상황이 존재한다고 보기 부족하고, 국민이 유신헌법의 문제점을 지적하고 그 개정을 주장하거나 청원하는 활동을 금지하고 처벌하는 긴급조치 제9호는 국민주권주의에 비추어 목적의 정당성을 인정할 수 없다. 표현의 자유를 보장하고 자유로운 토론을 통해 사회적 합의를 도출하는 것은 국민총화를 공고히 하고 국론을 통일하는 진정한 수단이라는 점에서 긴급조치 제9호는 국민총화와 국론통일이라는 목적

> 에 적합한 수단이 아니다. 긴급조치 제9호는 학생의 모든 집회·시위와 정치관여행위를 금지하고, 위반자에 대하여는 주무부장관이 학생의 제적을 명하고 소속 학교의 휴업, 휴교, 폐쇄조치를 할 수 있도록 규정하고 있다. 이는 학생의 집회·시위의 자유, 학문의 자유와 대학의 자율성 내지 대학자치의 원칙을 본질적으로 침해한다. 또 행위자의 소속 학교나 단체 등에 대한 불이익을 규정하여 헌법상의 자기책임의 원리에도 위반되며, 죄형법정주의의 명확성 원칙에 위배되고, 헌법개정권력의 행사와 관련한 참정권, 표현의 자유, 집회·시위의 자유, 영장주의 및 신체의 자유, 학문의 자유 등을 침해한다. [헌재 2013. 3. 21, 2010헌바70등]

Ⅴ. 1980년 제8차 헌법개정

1979년 10월 26일 대통령이 살해된 후 민주화는 국민적 열망이었다. 그러나 1979년 12·12사태와 1980년 5·18 민주화운동 등을 거치면서 신군부가 시나리오에 따라 집권하였다. 신군부는 국가보위비상대책위원회를 설치하고, 산하에 상임위원회를 두었다. 국보위는 공무원사회 숙청, 사회정화조치, 삼청교육, 언론통폐합 등 헌법을 초월하여 권력을 행사하였다. 국보위는 1980년 10월 27일 새로운 헌법이 효력을 발생하면서 국회가 구성될 때까지 국가보위입법회의로 확대개편되었다. 국가보위입법회의는 189건의 법률안을 처리하여 이른바 '5공악법'의 산실이 되었다.

1980년 헌법은 1972년 헌법에 비해서는 권력구조를 개선하였다. 기본권은 1972년 헌법 이전의 모습을 회복하였다. 사회정의의 실현을 헌법의 원리로서 강조하였다. 총강에서 정당의 활성화를 위하여 처음으로 정당운영자금에 대한 보조를 위한 근거를 마련하였다(제7조 제3항). 문화에 대한 국가의 과제를 선언하였다(제8조). 기본권에 대한 개별유보를 삭제하였다. 기본권의 본질적인 내용에 대한 침해금지조항이 다시 도입되었다(제35조 제2항). 연좌제금지를 명시하였다(제12조 제3항). 형사피고인은 유죄의 판결이 확정될 때까지 무죄로 추정된다는 원칙이 도입되었다(제26조 제4항). 행복추구권(제9조), 사생활의 비밀과 자유(제16조), 환경권(제33조) 등 새로운 기본권이 추가되었다.

대통령은 여전히 선거인단을 통하여 간접적으로 선거되었다(제39조 제1항). 대통령의 임기는 7년이며, 장기집권을 방지하기 위하여 중임을 금지하였다(제45조). 또 대통령의 임기연장 또는 중임변경을 위한 헌법개정은 그 헌법개정 제안 당시의 대통령에 대해서는 효력이 없도록 하였다(제129조 제2항). 긴급조치의 요건이 강화되었다. 특히 예방적인 목적의 긴급조치는 허용되지 않았으며, 긴급조치를 사법심사의 대상에서 제외하는 규정을 삭제하였다(제51조). 그러나 대통령제에 이질적인 대통령의 국회해산권은 여전히 유지되었다(제57조). 대신 국회에게 국무총리 및 국무위원의 해임을 의결하는 권한이 부여되었다. 국회의 구성방법이 민주화되었고, 국회의 권한을 강화하였다. 대통령이 국회의 일부를 구성하는 권한을 폐지하였으며, 1972년 헌법에서 폐지되었던 국정감사권 대신 국정조사권이 도입되었다(제97조).

사법부구성에 있어서 대통령의 독단도 어느 정도 완화되었다. 대법원장은 국회의 동의를 얻어 대통령이 임명하며, 대법원판사는 대법원장의 제청으로 대통령이 임명한다. 그 밖의 판사는 대법원장이 임명한다(제105조).

경제질서에 있어서 독과점에 대한 규제·조정, 중소기업에 대한 보호·육성, 소비자보호 등을 새로이 도입하였다(제120조 제3항, 제124조 제2항, 제125조).

제 4 절 1987년 제9차 헌법개정, 그 이후

1987년은 밑으로부터 저항에 의하여 국민이 실질적으로 국가권력의 정당성을 결정하는 위상을 갖게 되었다는 의미에서 민주주의의 원년이었다. 특히 1986년 이후 민주화의 국민적 열망은 정치권력이 통제할 수 없는 상황으로 발전하였다. 이에 당시 집권당 대통령 후보자가 대통령직선제를 주요 내용으로 하는 헌법개정을 수용하는 선언을 하면서(6 · 29 선언) 헌법개정은 급속히 진행되었다. 헌법개정안은 1987년 10월 27일 국민투표에 부쳐져서 통과되고, 10월 29일 공포되어 1988년 2월 25일 효력을 발생하였다.

헌법에 처음으로 독립 조문으로 평화 통일의 과제를 선언하였다(제4조). 기본권을 부분적으로 보충하였다. 신체의 자유에 있어서 구속이유고지제도를 도입하였다(제12조 제5항). 범죄피해자구조청구권을 새로이 기본권으로 보충하였다(제30조). 사회적 약자에 대한 사회보장을 명시하였다. 여자 · 노인 · 청소년 및 장애인 등이 여기에 해당한다(제34조).

국회의 기능을 강화하였다. 국회개회일수에 대한 제한을 삭제하여 국회가 상설화될 수 있게 되었다(제47조). 국회는 국정조사권과 함께 국정감사권을 갖는다(제61조). 대통령은 더 이상 국회해산권을 갖지 않는다. 대통령은 국민에 의하여 직접 선출된다(제67조). 대통령의 임기는 5년으로 단축되었고, 중임할 수 없다(제70조). 헌법재판소가 설치되어 위헌법률심판, 정당해산심판, 탄핵심판 외에 권한쟁의심판과 헌법소원심판을 관할한다(제111조).

경제질서에 있어서 사회정의의 실현을 위한 목표를 세분화하였다. 균형있는 국민경제의 성장 및 안정, 적정한 소득의 분배, 시장의 지배와 경제력의 남용 방지, 경제주체 간의 조화를 통한 경제의 민주화 등이 그것이다.

1987년 헌법은 이후 우리 헌법사에서 유례 없이 안정적인 근본규범으로 기능하고 있으며, 특히 헌법재판소가 헌법수호기관으로서 헌법의 기능유지에 괄목할 만한 기여를 하고 있다. 대통령의 독단적 정국운영, 대통령과 국회의 극한적 대립, 대통령의 임기 및 중임제한의 문제, 새로운 기본권 보충의 필요성, 헌법재판소의 구성문제 등이 여러 차례 헌법개정의 계기를 부여하였고, 또 활발하게 논의되어 왔다. 그러나 1987년 헌법은 지금까지 어떠한 헌법에 비해서도 국가기관과 국민, 국민과 국민의 관계에서 성공적으로 기능하고 있다.

제3장

한국헌법의 기본원리

제 1 절 민주주의원리

Ⅰ. 국민주권주의, 국민의 이중적 지위

대한민국의 주권은 국민에게 있고, 모든 권력은 국민으로부터 나온다(제1조 제2항). 이 조문은 민주주의의 이념적 기초로서 국민주권주의를 설명한 것이다. 즉, 국가권력은 전체 국민의 정당성에 기반하여 성립되고 기능한다.

국민주권주의에서 국민은 이중적 지위를 갖는다. 첫째, 이념적 통일체로서의 국민으로서, 여기에는 공익을 지향하는 추정적 의사가 귀속된다. 이러한 국민은 전체로서 헌법을 제정하는 주체이며, 국가권력은 이러한 국민 전체의 이익을 지향하여야 한다. 둘째, 개별적 의사의 주체로서의 국민이다. 이때 국민은 기본권의 주체로 나타난다.

이와 같은 국민의 이중적 지위에 상응하여 국민주권주의는 민주주의적 정당성의 요소와 기본권적 정당성의 요소를 모두 갖추어야 한다. 주기적으로 국민에 의한 선거를 실시하지만 기본권이 보장되지 않는다면 국민주권주의는 부분적으로만 실현되고 있는 것이다.

Ⅱ. 정치적 평등과 소수의 보호

1. 정치적 평등

민주주의에서 모든 국민은 정치적 의사의 가치에 관한 한 평등하며, 의사결정에 평등한 가치를 가지고 참여한다(정치적 평등)(제11조, 제24조, 제25조, 제41조, 제67조). 평등권이 일반적으로는 실질적·상대적 평등을 지향하는 데 비해서 정치적 영역에서는 형식적·절대적·기계적 평등을 내용으로 한다. 따라서 국회의원선거구를 획정하는 데 있어서 선거구 간에 어느 정도 인구균형이 유지되어야 한다. 헌법재판소는 선거구 간에 인구비율이 2:1이 넘은 경우 헌법에 위반된다는 결정을 한 바 있다(판례 4 참조). 민주주의에서 의사결정은 평등의 가치에 기초하여 다수결에 의하며(제49조 등), 또 다수결원칙이 정당성을 갖는다.

2. 소수의 보호

민주주의는 가치상대주의에 입각하고 있다. 따라서 다수의 의사가 정당하고, 소수의 의사가 부당하다는 명제가 성립되지는 않는다. 소수의 보호는 민주주의를 지배하는 또 하나의 가치이다(소수의 보호).

이는 헌법에서 다음과 같은 다양한 제도를 통해서 실현된다. 선거에 의하여 국가권력에 부여된 정당성은 한시적이며(제70조 등), 이로써 오늘의 소수가 내일의 다수가 되는 기회가 열려 있다. 헌법은 최고위 공직자인 대통령에 대해서는 중임제한을 규정하여(제70조), 다수의 장기적인 횡포를 방지하고, 소수를 보호하는 데에 특별한 의미를 두고 있다. 헌법재판 역시 장기적인 가치인 헌법을 기준으로 국회 다수의 결정인 법률을 심사하는 제도라는 점에서 소수 보호의 기능을 수행한다.

이 밖에 민주적 대표성과 민주주의가 효율적으로 기능하기 위해서 필요한 전문성이 서로 대립관계를 형성하여 정치적 다수의 일방적인 우위를 방지하고 있다. 사법부의 전문성에 입각한 국가권력에 대한 통제(제107조, 제111조), 직업공무원의 정치적 중립성과 신분보장 등이 대표적인 예이다. 지방자치제도 역시 지방의 특수성과 중앙정치의 보편성이 균형을 유지하도록 하여 권력분립의 구성요소를 이루고 있다(제117조).

판례 4 정치적 평등과 선거구 인구불평등

헌법재판소는 국회의원의 지역대표성, 도시와 농어촌 간의 인구편차, 각 분야에 있어서의 개발불균형 등을 근거로 국회의원지역선거구의 획정에 있어 인구편차의 허용기준을 인구편차 상하 50%로 제시한 바가 있다(헌재 2001. 10. 25. 2000헌마92등 참조).

그러나 현재의 시점에서 헌법이 허용하는 인구편차의 기준을 인구편차 상하 33⅓%, 인구비례 2:1을 넘어서지 않는 것으로 변경하는 것이 타당하다. 인구편차 상하 50%의 기준을 적용하게 되면 1인의 투표가치가 다른 1인의 투표가치에 비하여 세 배의 가치를 가지는 경우도 발생한다. 이는 지나친 투표가치의 불평등이다. 더구나, 단원제하에서는 인구편차 상하 50%의 기준을 따를 경우 인구가 적은 지역구에서 당선된 국회의원이 획득한 투표수보다 인구가 많은 지역구에서 낙선된 후보자가 획득한 투표수가 많은 경우가 발생할 수도 있다. 이는 대의민주주의의 관점에서도 결코 바람직하지 않다. 따라서 심판대상 선거구구역표 중, 인구편차 상하 33⅓%를 넘어서는 “경기도 용인시 갑선거구”, “경기도 용인시 을선거구”, “충청남도 천안시 갑선거구”, “충청남도 천안시 을선거구”, “서울특별시 강남구 갑선거구” 및 “인천광역시 남동구 갑선거구” 부분은 해당 선거구가 속한 지역에 거주하는 청구인들의 선거권 및 평등권을 침해한다. [헌재 2014. 10. 30. 2012헌마190등]

Ⅲ. 민주주의의 실현 – 대의제와 권력분립

1. 대의제원리

(1) 간접민주주의

민주주의는 국가권력의 행사에 전체 국민이 개별적·구체적·직접적으로 정당성을 부여하는 형태로 실현될 수는 없다. 즉 민주주의는 필연적으로 간접적으로 실현된다. 현실적으로 보면 인구가 과다하고 지역이 광역화되면서, 그리고 오늘날 국가의 과제가 양적·질적으로 확대되고 전문화되었기 때문에 모든 사안의 결정과 집행에 국민이 직접 참여하는 것은 불가능하다. 민주주의의 직접적인 실현은 이론적으로도 불가능하다. 국가권력에 정당성을 부여하는 국민의 의사는 개별적인 국민의 의사도, 또 그 개별적인 국민의사의 합(合)도 아니며, 공동체를 지향하고, 또 공동체이익에 기초한 국민 전체의 의사이다. 그런데 국민 전체의 의사는 현실적으로 존재하지 않고, 국민 전체의 이익을 지향하는 이념적·규범적인 것이며, 또 이는 변화한다. 따라서 민주주의는 국민 전체의 의사를 형성할 권위와 책임이 인정되어 있는 대의기관을 통하여 실현된다.

(2) 자유위임

대의기관에게는 국민 개개인의 의사로부터 독립하여 국민 전체의 의사를 형성하는 권위가 부여되며, 또 이에 대한 책임과 의무가 부과되어 있다. 이에 따라 공무원은 국민 전체에 대한 책임을 진다(제7조). 또 국회의원은 유권자 및 소속 정당, 그리고 사회의 부분이익으로부터 독립하여, 국가이익을 위하여 직무를 수행한다(자유위임관계)(제46조 제2항). 이와 같은 민주주의의 실현과정을 헌법적으로 보호하기 위하여 국회의원은 면책특권과 불체포특권을, 그리고 국회는 자율권을 갖는다(제44, 45조 및 제64조).

대의과정은 국민 개인의 표현의 자유를 비롯한 각종 자유권의 행사를 통해서 통제된다. 이 밖에 선거와 같은 정치적 책임, 탄핵 및 손해배상청구권과 같은 법적 책임을 통해서 대의권한의 남용이 견제된다.

2. 권력분립원리

헌법은 국가권력이 집중되거나 혹은 독단적으로 행사·남용되지 않도록 국가조직 및 기능원리로서 권력분립원리를 채택하고 있다. 이에 따르면 입법과 행정, 그리고 사법의 기능을 분리하여 여러 독립된 기관에 분산시키고, 이들 기관 간의 견제·균형 및 협력관계를 형성한다. 이로써 국가기관의 권한남용을 방지하여 개인의 기본권을 보장하며, 또 개인의 기본권이 국가기관 간의 협력을 통하여 효율적으로 실현될 수 있도록 하여야 한다.

이러한 형태의 권력분립은 정당정치가 일반화되고, 국가과제가 확대·전문화되어 행정권이 강화된 상황에서는 기능적으로 한계가 있다. 이에 권력분립에 새로운 구성요소를 보충하여 새로이 형성할 필요가 있다. 여당과 야당 간, 지방자치단체와 중앙정부 간, 그리고 사법권과 헌법재판 간의 관계를 권력분립의 시각에서 형성하고, 국가조직이 기본권을 보장하기 위하여 효율적으로 기능할 수 있어야 한다.

예컨대, 국회에서 국회의장이 소수정당에 소속된 국회의원에게 자유로운 심의 및 표결권을 부여하지 않고 행한 가결선포행위에 대해서 국회의원에게 권한쟁의심판청구의 당사자능력을 인정한 것은 정당 간의 권력분립의 중요한 계기가 되었다(판례 97 참조).

Ⅳ. 민주주의와 정당

1. 정당에 관한 헌법규정

민주주의는 국민의 다양한 정치적 의견을 의사결정에 반영하여야 한다. 정당은 다양한 정치적 가치를 유형화하여 국가의사결정에 투입하는 매개기관이다. 이와 같은 정당의 본질상 정당은 자유롭게 설립할 수 있어야 하며, 복수정당제는 보장된다(제8조 제1항). 따라서 명목적으로 정당설립의 자유가 있더라도 실질적으로 일당제 혹은 국가정당이 운영되는 경우에는 이는 민주주의와 조화될 수 없다.

헌법은 정당의 속성과 의무를 명시하고 있다. 즉 정당의 목적과 조직 및 활동이 민주적이어야 하며, 국민의 정치적 의사형성에 필요한 조직을 가져야 한다(제8조 제2항). 정당의 의무에는 특권이 따른다. 즉 정당은 법률이 정하는 바에 의하여 국가의 보호를 받으며, 국가는 법률이 정하는 바에 의하여 정당운영에 필요한 자금을 보조할 수 있다(제8조 제3항). 전자의 보호는 「정당법」이, 그리고 후자의 보조는 「정치자금법」이 규율하고 있다. 정당은 민주주의에 충실할 의무가 있으며, 그러한 범위 내에서 강력한 존속의 보호를 받는다. 즉 정당의 목적이나 활동이 민주적 기본질서에 위배될 때에는 정부는 헌법재판소에 그 해산을 제소할 수 있고, 정당은 헌법재판소의 심판에 의하여 해산된다(제8조 제4항).

2. 정당의 개념과 법적 성격

정당은 "국민의 이익을 위하여 책임 있는 정치적 주장이나 정책을 추진하고 공직선거의 후보자를 추천 또는 지지함으로써 국민의 정치적 의사형성에 참여함을 목적으로 하는 국민의 자발적 조직"이다(정당법 제2조). 정당이 정치적 의사형성에 참여하는 방법으로 「정당법」은 두 가지를 예정하고 있다. 첫째, 책임 있는 정치적 주장이나 정책을 추진한다. 둘째, 공직선거의 후보자를 추천 또는 지지한다. 이 점에서 정당은 일반 단체와는 달리 공적 기능을 수행하는 정치단체이다.

정당이 공적 기능을 수행하지만 정당의 법적 성격은 사적 결사(법인격 없는 사단)이다. 정당에게 사적 결사가 기능하기에 필요한 자율성이 보장되어야 하며, 이는 기본권에 의하여 보호된다. 정당의 이와 같은 두 가지 특성, 즉 공적 기능을 수행한다는 점과 내부적 자율성을 갖는 사적 결사라는 점은 실제에 있어서는 긴장관계에 있으며, 정당을 둘러싼 헌법적 분쟁의 원인이 된다. 정당의 공직선거후보자추천을 둘러싼 분쟁이 여기에 해당하는 대표적인 예이다(아래 3.(2) 참조).

3. 정당에 대한 헌법적 요청과 입법적 구체화

(1) 목적·조직 및 활동의 민주성

정당은 국가와 국민 간의 정치적 의사소통을 매개하는 특수한 목적을 가진 정치단체이다. 이에 상응하여 정당은 목적·조직 및 활동이 민주적이어야 한다.

정당의 목적이 민주적이어야 한다. 정당은 국민의 다양한 정치적 이념을 포섭하여야 하기 때문에 목적의 민주성은 넓은 개념으로 이해하여야 한다. 예컨대 사회주의정당도 존립이 부정될 수 없다. 노동자계급의 독점적인 지배가 아니라 노동자를 사회적 약자로서 보호하기 위하여, 그리고 훼손된 평등을 회복하기 위하여 노동자계급의 이해를 비중 있게 반영하는 이념과 제도를 추구하는 것은 헌법적 가치에 반하지 않는다.

정당의 조직이 민주적이어야 한다. 정당조직의 민주성은 정당의 대외적인 측면과 대내적인 측면에서 실현되어야 한다. 대외적으로 정당은 자신의 정치적 이념과 구체적인 실현의 청사진인 강령 또는 기본정책을 공개하여야 한다. 또 정당은 기본법인 당헌을 공개하여야 한다(정당법 제28조 제1항). 대내적으로 정당의 의사결정이 민주적인 방법과 절차에 의하여 이루어져야 한다. 정당은 당원 전체의 의사를 반영하기 위하여 대의기관과 집행기관을 설치하여야 한다. 정당 소속 국회의원들의 의견을 수렴하여 국가의사형성에 참여할 수 있도록 의원총회를 둔다(정당법 제29조 제1항). 정당 내부질서의 투명성을 확보하기 위하여 중앙당은 정당의 예산과 결산 및 그 내역에 관한 회계검사 등 재정에 관한 사항을 확인·검사하기 위하여 예산결산위원회를 두어야 한다(정당법 제29조 제2항).

정당의 활동이 민주적이어야 한다. 정당 자체가 민주주의적 가치에 반하는 활동을 해서는 안 된다. 이 밖에 정당의 지도부, 그리고 개별적인 정당원의 활동이 민주성의 원칙에 위반해서는 안 된다. 정당활동의 민주성은 위헌정당해산이 문제되는 경우 평가가 필요하며, 이에 대해서는 아래에서 다시 다룬다(아래 44면 이하 참조).

(2) 공직선거후보자 추천의 문제

정당은 대통령선거와 국회의원선거, 그리고 지방자치단체장의 선거와 지방의회의원선거에 후보자를 추천할 수 있다(공직선거법 제47조 제1항). 공직선거후보자추천(공천)은 정당의 중요한 기능이며, 따라서 민주적인 방법과 절차에 따라야 한다(공직선거법 제47조 제2항). 「공직선거법」은 민주적인 절차에 따른 공천의 방법으로 당내경선에 대해서 규율하고 있다. 당내경선은 정당의 당헌·당규 또는 경선후보자 간에 서면에 의한 합의가 있는 경우에는 여론조사에 의하여 대체될 수 있다(공직선거법 제57조의2 제2항). 당내경선에서 정당은 당원이 아닌 자에게도 투표권을 부여할 수 있다(공직선거법 제57조의3).

공천은 공직자선출에 직접적인 관련성을 가지며, 또 유권자의 입장에서 보면 공직선거의 사전적 과정으로서 공직자선택에 중요한 영향을 준다. 따라서 공천은 기본적으로 공직선거의 일부분으로서 공적 기능을 수행하는 정당의 활동이다. 이와 같이 공천은 공직선거의 일부를 구성하기 때문에 헌법상의 선거의 원칙이 존중되어야 한다.

그러나 그렇다고 해서 공천이 정당의 내부사안으로서의 성격을 상실하는 것은 아니며, 따라서 정당의 자율성을 보장하기 위하여 선거의 원칙을 부분적으로 적용제외할 수 있다. 다만 평등선거의 원칙과 자유선거의 원칙은 반드시 적용되어야 한다. 이러한 원칙이 적용되지 않는 경우에는 민주적 선거의 속성을 상실하기 때문이다. 정당은 자율적 조직이기 때문에 보통선거의 원칙은 적용이 배제된다. 당내경선에 정당원뿐 아니라 당원이 아닌 자가 참여할 수 있지만(공직선거법 제57조의3), 이것이 헌법필연적이지는 않다. 비밀선거의 원칙은 선거의 본질적인 속성은 아니다. 따라서 정당 공천에 있어서 거수 혹은 기립방법 등의 공개선거를 할 것인가는 정당이 자율적으로 결정할 수 있다. 직접선거의 원칙 역시 반드시 적용되어야 하는 것은 아니다. 정당은 시·도 당원 전체를 선거기관으로 하거나 혹은 대의기관을 공천기관으로 할 수 있다.

(3) 조직의 진지성

정당은 국민의 정치적 의사형성에 참여하는 데 필요한 조직을 가져야 한다. 이때 필요한 조직의 규모에 대해서는 「정당법」이 규정하고 있다. 「정당법」은 광역정당의 원칙을 선언하고 지역정당을 부인하고 있다. 따라서 정당은 5 이상의 시·도당을 가져야 한다(정당법 제17조). 정당의 진지성은 시·도당의 당원수로 판단된다. 즉, 시·도당은 1,000명 이상의 당원을 가져야 한다(정당법 제18조 제1항). 이들 요건을 충족하지 못하는 경우에는 정당의 등록은 취소된다(정당법 제44조 제1항 제1호). 정당은 선거에 참여할 의무가 있다. 즉 정당은 최근 4년간 국회의원선거 또는 지방자치단체장의 선거나 시·도의회의원선거에 참여하여야 한다(정당법 제44조 제1항 제2호).

기존에 「정당법」은 최소한의 국민의 지지도를 존속의 요건으로 하였다. 즉, 국회의원총선거에서 의석을 얻지 못하고 유효투표 총수의 100분의 2 이상을 득표하지 못한 때에는 정당의 등록을 취소하고(정당법 제44조 제1항 제3호), 등록취소된 정당의 명칭과 같은 명칭은 등록취소된 날부터 최초로 실시하는 임기만료에 의한 국회의원선거의 선거일까지 정당의 명칭으로 사용할 수 없다(정당법 제41조 제4항). 헌법재판소는 이러한 규정이 한 번의 선거결과를 기준으로 정당의 존속 및 활동의 자유를 침해한다는 이유로 위헌으로 결정하였다.

판례 5 국회의원선거결과와 정당등록취소

실질적으로 국민의 정치적 의사형성에 참여할 의사나 능력이 없는 정당을 정치적 의사형성과정에서 배제함으로써 정당제 민주주의 발전에 기여하고자 하는 한도에서 정당등록취소조항의 목적의 정당성과 수단의 적합성을 인정할 수 있다. 그러나 정당등록의 취소는 정당의 존속 자체를 박탈하여 모든 형태의 정당활동을 불가능하게 하므로, 그에 대한 입법은 필요최소한의 범위에서 엄격한 기준에 따라야 한다.

그런데 일정기간 동안 공직선거에 참여할 기회를 수 회 부여하고 그 결과에 따라 등록취소 여부를 결정하는 등 덜 기본권 제한적인 방법이 있고, 정당법에서 법정의 등록요건을 갖추지 못하게 된 정당이나 일정 기간 국회의원선거 등에 참여하지 아니한 정당의 등록을 취소하도록 하는 등 현재의 법체계 아래에서도 입법목적을 실현할 수 있는 다른 장치가 마련되어 있으므로, 정당등록취소조항은 침해의 최소성 요건을 갖추지 못하였다. 나아가, 정당등록취소조항은 정당이 대통령선거나 지방자치선거에서 아무리 좋은 성과를 올리더라도 국회의원선거에서 일정 수준의 지지를 얻는 데 실패하면 등록이 취소되어 불합리하고, 신생·군소정당으로 하여금 국회의원선거에의 참여 자체를 포기하게 할 우려도 있어 법익의 균형성 요건도 갖추지 못하였다. 따라서 정당등록취소조항은 과잉금지원칙에 위반되어 청구인들의 정당설립의 자유를 침해한다. [헌재 2014. 1. 28. 2012헌마431등]

4. 정당 보호

일반적인 단체와 달리 정당은 국가로부터 운영자금의 보조를 받는다(제8조 제3항). 정당에 대한 국고보조를 포함하여 당비, 후원금, 기탁금, 정당의 당헌·당규 등에서 정한 부대수입, 정치활동을 위하여 정당, 공직선거 당선자·후보자 또는 후보예정자, 후원회·정당의 간부 또는 유급사무직원, 그 밖에 정치활동을 하는 자에게 제공되는 금전이나 유가증권 또는 그 밖의 물건과 정치활동에 소요되는 비용을 정치자금이라고 한다(정치자금법 제3조 제1호). 정치자금의 수입과 지출에 대해서는 「정치자금법」이 규율하고 있다.

국고보조금의 계상과 배분은 다음과 같이 이루어진다. 국고보조금으로 최근 실시한 국회의원선거의 선거권자 총수에 보조금 계상단가를 곱한 금액이 계상된다. 2020년 현재 보조금 계상단가는 1,031원이다. 국고보조금은 정당의 지지도에 비례하는 방법과 국회에서 원내교섭단체를 구성하는 정당에게 균등하게 배분하는 방법을 혼합하여 배분된다. 먼저 보조금의 50%는 동일 정당의 소속의원으로 교섭단체를 구성한 정당에게 균등하게 배분된다. 소수정당에 대한 배려가 이루어진다. 예컨대 5석 이상의 의석을 얻은 정당에게 국고보조금 총액의 5%가 지급된다. 이와 같이 배분·지급된 액을 제외한 잔여분 중 50%는 지급 당시 국회의석을 가진 정당에게 의석수의 비율에 따라 배분·지급된다. 그 잔여분은 최근에 실시된 국회의원총선거에서의 득표수 비율에 따라 배분·지급한다(정치자금법 제27조). 이 밖에 공직선거에서 여성 혹은 장애인을 추천한 정당에 대해서는 별도로 국고보조금이 계상되어 지급된다(정치자금법 제26조 제1, 2항, 제26조의2 제1, 2항).

국고보조금은 인건비, 정책개발비, 당원교육훈련비, 선전비, 선거관계비용 등 이외의 용도로 사용할 수 없다. 정당의 정책기능을 강화하기 위하여 경상보조금의 30% 이상을 정책연구소의 설치·운영에 사용하여야 한다. 경상보조금의 10% 이상은 시·도당에 지급하여야 한다. 또 경상보조금의 10% 이상은 여성정치발전을 위하여 사용하여야 한다(정치자금법 제28조).

정치자금의 투명하고 민주적인 관리를 위하여 정당은 회계처리에 관한 절차를 당헌·당규에 정하여야 한다. 중앙당의 예산결산위원회는 회계와 관련된 사항을 확인·검사하고 그 결과를 당원에게 공개하여야 한다(정치자금법 제38조). 이 밖에 정당의 대표, 공직선거후보자 및 예비후보자 등은 회계책임자 1인을 선임하여 관할 선거관리위원회에 신고하여야 한다. 회계책임자는 정치자금의 수입과 지출에 대하여 회계보고를 하여야 한다(정치자금법 제34조, 제40조).

5. 위헌정당해산제도

(1) 위헌정당해산의 요건과 위헌정당해산 제소

위헌정당해산제도는 민주주의의 적으로부터 헌법을 보호하는 목적을 갖는다. 그러나 이는 민주주의의 이념적 기초인 가치상대주의를 부인하는 예외적인 제도이기 때문에 정당해산은 엄격한 요건을 충족하여야 하며, 또 특별한 절차가 예정되어 있다(제8조 제4항).

정당해산의 실질적인 요건은 정당의 목적이나 활동이 민주적 기본질서에 위배되는 것이다. 정당의 목적이나 활동이 민주적 기본질서에 실질적 해악을 끼칠 수 있는 구체적인 위험을 초래하는 상황에 이르렀을 때 민주적 기본질서에 위배된다. 민주적 기본질서에 위배되는가의 여부를 판단하기 위해서는 정당의 강령과 당헌, 지도부 및 당원의 활동, 그리고 발언 등을 종합적으로 고려하여야 한다. 정당의 지도부와 당원의 행동 및 발언 등은 개별적이고 우발적일 수 있기 때문에 지속적으로 반복되어 정당의 정체성과 관련을 가질 때 비로소 심사의 대상이 된다. 또 정당의 목적이나 활동이 민주적 기본질서에 정면으로 위배되는 경우에 한하여 해당 상황을 정당의 정체성과 연계시킬 수 있고, 부분적으로 해석의 여지가 있는 목적이나 활동을 곧 정당의 정체성으로 보아서는 안 된다.

위헌정당해산의 제소권자는 정부이다. 정부의 제소 여부는 재량행위이다. 위헌정당해산제도는 정치적 가치의 획일화를 가져오고, 그 결과 정치과정을 경직되게 할 수 있다. 정당의 존속은 일차적으로는 선거에서 판단되어야 하며, 이것이 정치과정을 개방화한 헌법의 기능에 충실한 헌법운영이다. 따라서 정부는 제소에 신중하여야 하며, 위헌정당해산의 실질적인 요건을 갖추었다고 판단하는 경우에도 정치적인 이유에서 제소를 포기할 수도 있다.

(2) 위헌정당해산결정과 결정의 효력

정부의 제소가 있는 경우에 헌법재판소가 위헌정당해산심판을 관할한다. 위헌정당해산결정으로 정당은 해산된다. 해산된 정당의 대표자 또는 간부는 대체정당을 창당할 수 없다. 대체정당이란 강령 또는 기본정책이 해산된 정당의 그것과 동일하거나 유사한 정당을 말한다(정당법 제40조). 또 해산된 정당의 목적을 달성하기 위한 집회 또는 시위는 금지되며, 이를 선전·선동할 수 없다(집회 및 시위에 관한 법률 제5조). 해산된 정당의 재산은 국고에 귀속된다(정당법 제48조 제2항).

헌법재판소의 위헌정당해산결정은 창설적 효력을 갖는다. 즉, 위헌정당해산결정은 기존의 정당활동의 효력에 영향을 주지 않는다.

해산된 정당에 소속된 국회의원의 신분에 대해서는 헌법 및 「헌법재판소법」이 아무런 규정을 두지 않고 있다. 2014년 헌법재판소는 통합진보당을 해산하는 결정을 하면서 소속 국회의원의 직을 상실시키는 결정을 하였다. 소속 국회의원이 의원의 직을 유지하는 경우에는 위헌적인 정치이념을 대변하고 이를 실현하려는 활동을 허용하여 실질적으로는 그 정당이 계속 존속하는 것과 같은 결과를 가져오며, 따라서 정당해산의 실효성을 확보할 수 없다는 논리였다.

판례 6 통합진보당 해산 및 소속 국회의원의 신분상실 결정

피청구인의 진정한 목적과 활동은 1차적으로 폭력에 의하여 진보적 민주주의를 실현하고 최종적으로는 북한식 사회주의를 실현하는 것으로 판단된다. 피청구인 주도세력의 북한 추종성에 비추어 피청구인의 여러 활동들은 민주적 기본질서에 대해 실질적 해악을 끼칠 구체적 위험성이 발현된 것이며, 우리 헌법상 민주적 기본질서에 위배된다. 피청구인은 적극적이고 계획적으로 민주적 기본질서를 공격하여 그 근간을 훼손하고 이를 폐지하고자 하였으므로, 이로 인해 초래되는 위험성을 시급히 제거하기 위해 정당해산의 필요성이 인정된다. 위법행위가 확인된 개개인에 대한 형사처벌이 가능하지만 그것만으로 정당 자체의 위헌성이 제거되지는 않으며, 피청구인 주도세력은 언제든 그들의 위헌적 목적을 정당의 정책으로 내걸어 곧바로 실현할 수 있다. 따라서 합법정당을 가장하여 국민의 세금으로 상당한 액수의 정당보조금을 받아 활동하면서 민주적 기본질서를 파괴하려는 피청구인의 고유한 위험성을 제거하기 위해서는 정당해산결정 외에 다른 대안이 없다. 따라서 피청구인에 대한 해산결정은 비례의 원칙에 어긋나지 않는다.

위헌정당으로 판단하여 정당 해산을 명하는 것은 헌법을 수호한다는 방어적 민주주의 관점에서 비롯된 것이므로, 이러한 비상상황에서는 국회의원의 국민 대표성은 부득이 희생될 수밖에 없다. 해산되는 위헌정당 소속 국회의원이 의원직을 유지한다면 위헌적인 정치이념을 대변하고 이를 실현하려는 활동을 허용함으로써 실질적으로는 그 정당이 계속 존속하는 것과 마찬가지의 결과를 가져온다. 따라서 해산 정당 소속 국회의원의 의원직을 상실시키지 않는 것은 정당해산제도가 가지는 헌법 수호 기능이나 방어적 민주주의 이념과 원리에 어긋나고 정당해산결정의 실효성을 확보할 수 없게 된다. [헌재 2014. 12. 19. 2013헌다1]

제 2 절 법치국가원리

Ⅰ. 기본권 보장

법치국가원리의 가장 중요한 이념은 개인의 기본권을 보장하는 데에 있다. 이에 구조적으로는 국가와 사회의 구분을 전제로 하며, 개인의 자기결정권이 존중되어야 한다. 국가권력은 헌법적 가치를 실현하기 위하여 필요한 경우에 개인의 기본권을 제한할 수 있지만, 이를 위해서는 합헌적인 법률의 근거가 있어야 한다. 즉, 국가권력은 헌법 및 법에 기속된다. 따라서 행정권의 행사가 법에 기속되며(법치행정), 입법권 역시 헌법에 위반되어서는 안 된다. 개인의 권리가 침해된 경우에는 이를 사법적(司法的)으로 구제할 수 있어야 한다. 국가권력은 기본권을 보장하고, 남용이 방지될 수 있도록 조직되어야 한다. 따라서 권력분립은 법치국가원리를 실현하는 중요한 수단이다.

Ⅱ. 법적 안정성

법치국가원리는 법적 안정성을 보장하여야 한다. 이를 위하여 국가가 제시한 요건을 충족하여 얻은 개인의 법적 지위, 그리고 법적 지위의 변화를 명확히 알 수 있거나, 적어도 예측할 수 있어야 한다. 따라서 개인의 권리를 제한하는 법률의 내용은 명확하여야 한다(법적 명확성). 특히 형법 또는 조세법과 같이 개인에게 불이익을 가하는 국가작용의 근거가 되는 법률의 경우에는 법적 명확성은 더욱 엄격하게 요구된다.

법적 명확성을 실현하기 위하여 시간적으로는 행위 당시에 적용되는 법률에 의하여 개인의 법적 지위가 확정되어야 한다. 그리고 개인의 법적 지위가 신뢰를 침해하는 방법으로 제한되어서는 안 된다(신뢰보호의 원칙). 정책목적을 달성하기 위한 수단은 개인의 기본권을 침해하지 않아야 하며, 기본권을 제한하는 경우에도 이는 최소한의 필요한 범위에서 이루어져야 한다(과잉금지의 원칙 혹은 비례의 원칙). 신뢰보호의 원칙과 과잉금지의 원칙은 모두 기본권 제한의 요건이다. 따라서 이에 대해서는 아래에서 기본권 제한의 요건과 관련하여 설명하기로 한다(아래 83면 이하 참조).

제 3 절 복지국가원리

Ⅰ. 시장과 복지

국가는 스스로의 능력으로는 정상적인 생활을 할 수 없는 국민에게 인간다운 생활을 보장하여야 한다. 우리 헌법에서 모든 국민은 1차적으로는 시장에서 경제활동을 통하여 생활의 경제적 기초를 취득하는 것을 기대하고 있다. 그러나 노동의 공급과 수요의 불균형으로 인하여 개인이 노동의 기회를 갖지 못하거나 임금이 낮은 경우, 혹은 개인의 생활에 필요한 재화 및 서비스의 가격이 개인이 부담하기에 높은 경우에는 개인은 정상적인 생활을 유지할 수 없다. 또 예컨대 장애인과 같이 시장의 상황과 관계없이 자신의 능력으로 정상적인 생활을 형성·유지할 수 없는 인적 집단이 존재한다. 이러한 상황은 개인의 문제일 뿐 아니라 사회통합을 저해하고, 그 결과 국가 그리고 국가의 기본법인 헌법의 위기를 가져온다. 이에 국가는 모든 국민에게 인간다운 생활을 보장하고, 또 이를 실현하기 위하여 필요한 거시질서를 형성하는 과제를 갖는다.

이러한 복지국가원리는 사회적 기본권과 경제질서에 관한 규정을 통하여 실현된다.

Ⅱ. 사회적 기본권과 경제질서

자유권적 기본권은 이를 행사할 조건을 갖춘 경우에 한하여 실현될 수 있으며, 그러한 조건을 갖추고 있지 않은 자에게는 공허하다. 사회적 기본권은 국가와 개인의 관계에서 자유권을 실현하기 위하여 필요한 조건을 보장하는 과제를 갖는다. 교육의 권리, 노동의 권리, 노동자의 권리, 인간다운 생활을 할 권리, 혼인과 가족생활의 보호 등이 그것이다(제31조 이하).

헌법의 경제질서에 관한 규정은 사회적 기본권이 실현되기 위해서 필요한 거시환경을 조성하는 과제를 갖는다. 시장에 대한 국가의 개입은 두 가지 형태로 이루어진다. 첫째, 시장에서 독과점 등을 통하여 인위적으로 공급과 수요가 균형을 상실할 수 있으며, 따라서 시장이 기능하기 위해서는 국가의 조정이 필요하다. 이때 비로소 시장에서 능력에 상응하는 적정한 소득분배와 소비가 이루어질 수 있고, 이러한 구조에서 개인은 자신 및 자신이 부양하는 가족의 수요를 자율적으로 충족시킬 수 있다. 둘째, 시장은 소비가 이루어지는 장(場)이다. 따라서 국가는 가격통제 등의 조치를 취하거나 혹은 국가가 직접 공급자가 되어 개인이 생활에 필수적인 재화 및 서비스에 접근할 수 있도록 하여야 한다.

위와 같은 방법으로 복지를 실현하기 위하여 헌법은 경제질서의 목표로서 균형 있는 국민경제의 성장 및 안정, 적정한 소득분배, 시장의 지배와 경제력의 남용 방지, 경제주체 간의 조화를 통한 경제의 민주화를 제시하고 있다(제119조 제2항).

판례 7 복지국가원리의 본질적인 요소와 사회보장수급권의 제한

이 사건 법률조항(구 국민의료보험법 제41조 제1항)은 보험급여의 제한 사유인 '범죄행위'에 고의나 중과실에 의한 것 이외에 경과실에 의한 것까지 포함하고 있다. 그런데 경과실범의 경우에는 그 비난가능성이 상대적으로 낮으며 우연히 발생한 경과실에 의한 범죄행위에 기인한 보험사고에 대하여 보험급여를 하는 것이 의료보험의 공공성에 위반된다고 보기 어렵다. 보험재정의 공공성을 유지하기 위하여 범죄행위에 기인한 보험사고에 대하여 보험급여를 하지 않는 것은 고의범과 중과실범의 경우로 한정하면 충분하다. 따라서 경과실범에 의한 보험사고의 경우에도 의료보험수급권을 부정하는 것은 기본권 제한에 있어서의 최소침해의 원칙에 어긋난다. 또 보호되는 공익에 비하여 침해되는 사익이 현저히 커서 법익균형의 원칙에도 어긋난다. 이는 재산권에 대한 과도한 제한으로서 헌법에 위반된다.

경과실의 범죄로 인한 사고는 개념상 우연한 사고의 범위를 벗어나지 않으므로 경과실로 인한 범죄행위에 기인하는 보험사고에 대하여 의료보험급여를 부정하는 것은 우연한 사고로 인한 위험으로부터 다수의 국민을 보호하고자 하는 사회보장제도로서의 의료보험의 본질을 침해하여 헌법에 위반된다. [헌재 2003. 12. 18. 2002헌바1]

제 4 절 문화국가원리

Ⅰ. 헌법과 문화

국가는 문화, 특히 민족문화와 전통문화를 육성하여야 한다(제9조). 헌법은 어느 정도의 문화적 동질성과 지속성을 갖추었을 때 기능할 수 있다고 인식하여 우리 헌법은 문화에 대한 국가의 과제를 선언하고 있다.

문화는 헌법의 기본질서와 다음과 같은 관련성을 갖는다. 개인이 사회의 최소한의 문화적 유산을 공유할 수 있을 때 비로소 정치적 의사결정에 참여하여 의견을 형성하고 표현 및 전달하여 정치적 주체가 될 수 있다(민주주의와의 관련성). 권리의 존재 및 권리내용, 권리의 실현 및 침해, 그리고 권리구제의 가능성에 대한 인식은 모두 언어와 문자를 매개로 이루어지며, 또 문화적 맥락에서 비로소 형성될 수 있다(법치국가적 관련성). 최소한의 문화생활에 참여하는 권리는 인간다운 생활을 보장하기 위한 핵심적인 요소이다(복지국가적 관련성).

문화의 가장 중요한 속성인 자율성은 학문과 예술의 자유(제22조), 교육과 관련된 기본권(제31조), 그리고 종교의 자유(제20조) 등의 기본권을 통해서 실현된다.

Ⅱ. 문화창작 및 향유의 권리

문화를 육성하는 국가의 과제는 기본권의 실현에도 일정한 지침을 제공한다. 학문과 예술의 자유는 국가의 개입을 자제하여 실현되지만, 동시에 국가는 적극적인 지원을 통하여 학문과 예술을 진흥하여야 한다. 따라서 공연관람자에게 입장료 외에 문예진흥기금을 부담시키는 것은 헌법에 위반된다. 문화국가원리에 따라 국가는 공연관람을 적극적으로 장려하여야 하며, 오히려 경제적 부담을 지우는 것은 헌법의 문화국가의 과제(제9조)에 위반된다(판례 8 참조).

국가는 문화적 약자의 권리를 보장하여야 한다. 한편으로 국가는 시장에서의 평가와 독립하여 문화적 가치 그 자체를 기준으로 재능이 있는 문화창작인의 활동을 지원하여야 한다. 다른 한편, 국가는 경제적 이유에서 최소한의 문화적 가치를 공유하지 못하는 국민을 보호하여야 한다. 이는 인간다운 최저생활을 할 권리의 해석에 영향을 미쳐야 한다. 즉, 인간다운 최저생활을 보장하기 위해서는 물질적 수요뿐 아니라 문화적 가치를 공유할 수 있는 기회가 보장되어야 한다(아래 판례 55 참조).

판례 8 국가의 문화진흥의무

특별부담금인 문예진흥기금을 관객에게 부담시키는 것은 다음과 같은 이유에서 헌법에 위반된다. 첫째, 문예진흥기금의 모금대상인 시설을 이용하는 자를 공연 등을 관람한다는 이유만으로, 역사적·사회적으로 나아가 법적으로, 다른 사람들과 구분할 만한 동질성 있는 특별한 집단으로 인정할 수 없다. 공연장의 이용이 문화적 향수자라고 구획될 만한 특정한 국민에게만 한정되는 것이 아니기 때문이다. 둘째, 문예진흥기금의 납입의무를 지는 사람들이 우연히 관람기회를 갖는다고 하여 이로써 다른 국민보다 문화예술진흥의 목적을 달성하는 데 객관적으로 더 근접한 위치에 있다고 볼 수 없다. 셋째, 공연 등을 관람하는 일부의 국민들만이 문화예술의 진흥에 집단적으로 특별한 책임을 부담하여야 할 합리적인 이유는 없다. 넷째, 문예진흥기금이 공연관람자 등의 집단적 이익을 위해서 사용되는 것도 아니다. 또 공연 등을 보는 국민이 예술적 감상의 기회를 가진다고 하여 이것을 집단적 효용성으로 평가할 수도 없다. 공연관람자 등이 예술감상에 의한 정신적 풍요를 느낀다면 그것은 헌법상의 문화국가원리에 따라 국가가 적극 장려할 일이지, 이것을 일정한 집단에 의한 수익으로 인정하여 그들에게 경제적 부담을 지우는 것은 헌법의 문화국가이념(제9조)에 역행한다. [헌재 2003. 12. 18. 2002헌가2]

제 5 절 국제질서와 헌법

Ⅰ. 국제평화

헌법은 세계평화 및 국제협력이 우리 민족의 장래의 발전을 위해서 필수적인 조건이라는 점을 인식하고 전문과 총강에 이 점을 명시하고 있다. 헌법 전문은 항구적인 세계평화와 인류공영에 이바지하는 현세대의 과제를 표현하고, 이 점이 후대의 안전과 자유, 행복이 실현되는 전제조건임을 선언하고 있다. 이 점은 헌법 제5조에서 다시 한번 강조되어 있다. 즉, 국가는 국제평화의 유지를 위하여 노력하여야 한다.

국제평화와 관련된 헌법적 과제는 다음과 같이 구체화되어 있다. 첫째, 대한민국의 영토는 한반도와 그 부속도서이다(제3조). 이 규정은 헌법의 장소적 효력범위를 표현한 것이지만, 동시에 한반도와 그 부속도서 외에 다른 나라의 영토에 대한 야심이 없음을 선언하는 의미가 있다. 둘째, 인류평화에 위해(危害)한 대표적인 형태인 침략전쟁을 부인하고 있다(제5조 제1항). 즉, 타국의 영토를 차지하기 위한 전쟁, 채권을 확보하기 위한 전쟁, 분쟁을 해결하기 위한 수단으로서 전쟁은 금지된다. 이 점은 분단국가인 우리 현실에서 통일정책의 기본방향으로 헌법 제4조 평화통일조항을 통해서 다시 한번 확인되고 있다. 셋째, 국군은 국가의 안전보장과 국토방위의 과제를 가지며(제5조 제2항), 침략전쟁의 목적으로 동원될 수 없다.

Ⅱ. 국제협력

국제평화는 국제협력과 교류를 통하여 국가 간에 이해를 증진

할 때 실현될 수 있다. 구체적으로 국가 간에 노동력, 자본, 서비스, 상품이 자유롭게 이동할 수 있어야 한다. 특히 자유로운 인적 교류를 통한 국제협력을 뒷받침하기 위해서 외국인의 지위는 국제법과 조약이 정하는 바에 의해서 보장된다(제6조 제2항).

Ⅲ. 국제법의 국내법적 효력

국제협력은 국가 간의 합의인 조약, 그리고 오랫동안 일반적으로 국가 간의 관계에 적용된 것으로 인정된 규범, 즉 국제관습법이 국내법과 같은 효력을 가질 때 비로소 실현된다. 이에 헌법에 의하여 체결·공포된 조약과 일반적으로 승인된 국제법규는 국내법과 같은 효력을 갖는다(제6조 제1항). 헌법에 의하여 체결·공포된 조약과 일반적으로 승인된 국제법규는 국내법 중 법률과 같은 효력을 갖는다. 법률과 같은 효력을 갖는 헌법 제60조 제1항에 열거된 조약은 체결·비준에 있어서 국회의 동의를 받아야 한다. 상호원조 또는 안전보장에 관한 조약, 중요한 국제조직에 관한 조약, 우호통상항해조약, 주권의 제약에 관한 조약, 강화조약, 국가나 국민에게 중대한 재정적 부담을 지우는 조약 또는 입법사항에 관한 조약 등이 여기에 해당한다.

일반적으로 승인된 국제법규는 대부분의 국가가 승인한 조약, 혹은 국제관습법 등을 말한다. 대부분의 국가가 비준한 조약은 우리나라가 당사국이 아닌 경우에도 일반적으로 승인된 국제법규가 될 수 있다. 우리나라가 가입하기 전 국제연합(UN) 헌장, 국제노동기구(ILO) 헌장 등이 대표적인 예이다. 현재 일반적으로 승인된 국제법규의 기능은 지극히 제한적이다. 우리나라는 국제연합 헌장 등 보편적인 국제조약에 가입해 있고, 또 오늘날 국가 간의 관계는 조약에 의하여 밀도 있게 규율되고 있기 때문이다.

Ⅳ. 외국인의 법적 지위 보장

외국인은 국제법과 조약이 정하는 바에 의하여 그 지위가 보장된다(제6조 제2항). 국제협력을 통하여 국제정치적 및 사회적 평화를 유지하기 위해서는 국가 간의 교류와 협력뿐 아니라 국민 간의 교류를 통하여 상호 이해가 증진되어야 한다. 이를 위해서는 외국인에게 내국민과 같은 권리를 부여하여 내·외국인평등을 실현하거나 혹은 적어도 외국인이 국내에 편입하여 생활하는 데 필요한 최소한의 권리를 보장하여야 한다.

일반 국제법에 의하여 보편적으로 형성된 외국인의 법적 지위는 국내법적으로 보장되어야 한다. 첫째, 외국인에게 권리 주체의 지위를 인정하여야 한다. 둘째, 외국인은 원칙적으로 사법(私法)상의 권리를 자유롭게 취득할 수 있어야 한다. 셋째, 합법적으로 취득된 외국인의 사법상의 권리는 존중되어야 한다. 넷째, 외국인에게 국내법에 의한 사법적(司法的) 구제수단이 인정되어야 한다. 다섯째, 국가는 외국인의 생명·자유·재산 및 명예를 보호하여야 한다. 다만 외국인에게 정치적 권리나 특정한 직업에 관한 권리가 당연히 보장되지는 않는다.

내·외국인평등의 원칙은 아직 일반적인 국제법의 원칙으로 승인되지는 못하고 있다. 이 원칙은 양자 혹은 다자조약을 통하여 실현되어야 한다. 따라서 우리 정부는 외국인의 법적 지위를 보장하기 위하여 외국과 적극적으로 조약을 체결하여야 한다. 결과적으로 이러한 노력은 외국에서 우리 국민의 법적 지위를 보장하는 수단이 된다.

조약과 국제법에 의하여 외국인의 법적 지위를 보장할 뿐 아니라 입법자는 국내법적으로 국적 및 거주지를 연결점으로 하지 않고 사항적 기준에 따라 외국인의 법적 지위를 보장하여야 한다. 예컨대, 사회보험에의 가입 및 급여의 지급에 있어서 고용관계 등 경제적 활동, 그리고 보험료의 납부 여부가 연결점이 되어야 하며, 국적 및 거주지는 중요한 기준이 아니다. 나아가서 외국인이 내국인과의 관계에서 비합리적인 차별을 받지 않아야 한다. 외국인의 국내유입이 활발해지면서 「재한외국인 처우 기본법」이 제정·시행되고 있다. 결혼이민자인 외국인에 대해서는 이미 우리 영토 및 가치에 편입되었다고 보고, 밀도 있는 보호가 이루어진다. 이를 위하여 「다문화가족지원법」이 제정·시행되고 있다.

제 4 장

국민과 영역, 분단국가와 통일의 과제

헌법은 인적 적용범위인 국민과 장소적 적용범위인 영토에 대해서 규정하고 있다. 국민의 요건은 법률로 정한다(제2조). 대한민국의 영토는 한반도와 그 부속도서로 한다(제3조). 헌법은 대한민국의 영토를 한반도 전체로 하면서, 동시에 대한민국이 분단국가임을 인정하고 통일의 과제 및 방법론에 대해서 규율하고 있다(제4조).

제1절 국 민

Ⅰ. 국민의 개념, 국적의 취득

국민은 국가의 인적 구성요소로서 자연인을 말한다. 이때 국민은 기본권의 주체로서 국민보다는 좁은 개념이다. 기본권의 주체에는 자연인뿐 아니라 부분적으로 법인 및 단체가 포함되기 때문이다. 국민은 국내 헌법 및 법률상의 권리·의무의 주체이다. 이러한 지위에서 국민은 국가에 의하여 보호되고, 또 국가기능에 참여하는 권리를 갖는다.

국민의 요건, 즉 국적의 취득과 상실에 대해서 자세히는 「국적법」이 규율하고 있다. 부(父) 또는 모(母)가 대한민국 국민인 자의 자녀는 대한민국 국적을 취득한다(속인주의, 부모양계혈통주의). 1997년 「국적법」 개정 이전에는 부의 국적을 기준으로 자녀의 국적을 결정하였다(부계혈통주의). 그러나 이는 남녀평등의 원칙에 위반되기 때문에 개정되었다. 속인주의를 적용할 수 없는 경우에는 속지주의를 적용한다. 즉, 부모의 국적이 불명한 경우, 부모 모두 국적이 없는 경우에는 대한민국에서 출생한 자는 대한민국의 국적을 취득한다(속지주의의 보충적인 적용). 이 밖에 대한민국에서 발견되었지만 출생지가 불명확한 기아(棄兒)는 대한민국에서 출생한 것으로 추정하여 대한민국 국적을 취득한다(국적법 제2조).

외국인은 인지·귀화 등의 방법에 의하여 대한민국 국적을 취득할 수 있다(국적법 제3, 4조). 외국인이 귀화에 의하여 대한민국 국적을 취득하기 위해서는 다음과 같은 요건을 충족하여야 한다(일반귀화요건)(국적법 제5조). 첫째, 5년 이상 계속하여 대한민국에 주소가 있어야 한다. 둘째, 대한민국의 민법상 성년이어야 한다. 셋째, 품행이 단정하여야 한다. 넷째, 자신의 자산 또는 기능에 의하거나 생계를 같이하는 가족에 의존하여 생계를 유지할 능력이 있어야 한다. 다섯째, 국어능력과 대한민국의 풍습에 대한 이해 등 대한민국 국민으로서의 기본 소양을 갖추고 있어야 한다.

우리 사회에서 외국인이 대한민국 국민과 혼인하여 귀화하는 경우가 늘어나고 있다. 이 경우에는 거주기간이 귀화의 요건이며, 일반귀화의 요건을 충족할 필요는 없다. 즉 외국인이 대한민국 국민과 혼인한 상태로 대한민국에 2년 이상 계속하여 주소가 있거나 혼인한 후 3년이 경과하고 혼인한 상태로 대한민국에 1년 이상 계속하여 주소가 있으면 귀화할 수 있다(국적법 제6조).

Ⅱ. 복수국적의 문제

대한민국 국민이 동시에 다른 나라의 국적을 갖는 가능성, 즉 복수국적은 원칙적으로 허용되지 않는다. 다만 예외적으로 혼인을 이유로 간이귀화를 한 자, 특별한 공로가 있거나 우수한 능력을 보유한 자로서 국익에 기여할 것으로 인정되어 특별귀화를 하는 자, 혹은 외국에서 거주하다가 영주할 목적으로 만 65세 이후에 입국하여 국적회복허가를 받은 자는 복수국적을 가질 수 있다. 이들은 외국 국적을 행사하지 않겠다는 서약을 하여야 한다.

Ⅲ. 북한 주민의 국적

헌법과 「국적법」은 북한 주민의 법적 지위에 대해서 규율하고 있지 않다. 그러나 해방 후 제정된 과도정부법률 중 「국적에 관한 임시조례」 제2조 제1호는 조선인을 부친으로 하여 출생한 자는 조선의 국적을 갖는다고 하였고, 이 규정은 1948년 헌법에 의하여 계속 효력을 가졌다. 1948년 헌법 부칙에 의하면 기존의 법령은 헌법에 저촉되지 않는 한 효력을 가졌기 때문이다(제100조).

따라서 북한 주민 역시 대한민국 국민이다. 이들이 현재 우리 헌법의 효력이 미치는 지역에 들어오는 경우에는 대한민국 국민으로서의 권리와 의무의 주체가 된다. 따라서 조선인을 부친으로 태어난 중국교포가 우리나라에 체류하고 있는 경우에 불법체류를 이유로 강제퇴거명령을 내리는 것은 위법이다.

북한 주민의 인권보호 및 증진을 목적으로 2016년 「북한인권법」이 제정되었다. 이 법에 의하여 북한주민의 인권상황과 인권증진을 위한 정보를 수집·기록하기 위하여 통일부에 북한인권기록센터를 둔다(북한인권법 제13조).

판례 9 북한 주민의 국적과 권리의무

조선인을 부친으로 하여 출생한 자는 남조선과도정부법률 제11호 국적에 관한 임시조례의 규정에 따라 조선국적을 취득하였다가 제헌헌법의 공포와 동시에 대한민국 국적을 취득하였다. 설사 그가 북한법의 규정에 따라 북한국적을 취득하여 중국 주재 북한대사관으로부터 북한의 해외공민증을 발급받았더라도 북한지역 역시 대한민국의 영토에 속하는 한반도의 일부이므로 그가 대한민국 국적을 취득하고 이를 유지함에 있어 아무런 영향을 끼칠 수 없다.

대한민국 밖으로 강제퇴거를 시키기 위해서는 대한민국의 국적을 갖지 않은 외국인이어야 한다. 따라서 재외국민이 다른 나라의 여권을 소지하고 대한민국에 입국하였다 하더라도 그가 대한민국의 국민이었던 점이 인정되는 이상 다른 나라의 여권을 소지한 사실 자체만으로는 그 나라의 국적을 취득하였다거나 대한민국의 국적을 상실한 것으로 추정·의제되는 것은 아니다. 따라서 다른 특별한 사정이 없는 한 그와 같은 재외국민을 외국인으로 볼 것은 아니다. [대판 1996. 11. 12, 96누1221]

Ⅳ. 재외국민에 대한 보호

국가는 재외국민을 보호하여야 한다(제2조 제2항). 재외국민에 대한 보호를 위하여 「재외동포의 출입국과 법적 지위에 관한 법률」(재외동포법)이 제정·시행되고 있다. 국민의 범위와 관련하여 민족적 동질성을 기초로 대한민국 국적을 보유한 적이 있는 한 현재의 국적은 중요한 기준이 아니다. 위 법률에 의한 재외동포는 대한민국의 국민으로서 외국의 영주권을 취득한 자 또는 영주할 목적으로 외국에 거주하고 있는 자(재외국민), 그리고 정부수립 이전에 국외로 이주한 동포를 포함하여 대한민국의 국적을 보유하였던 자 또는 그 직계비속으로서 외국국적을 취득한 자(외국국적동포)를 말한다(재외동포법 제2조).

주민등록을 한 재외국민과 국내거소신고를 한 외국국적동포는 체류자격, 국내에서의 취업, 국내 토지의 취득·보유·이용 및 처분, 금융거래 및 외국환거래, 그리고 국민건강보험 등에 있어서 대한민국 국민과 같거나 혹은 유사한 법적 지위를 갖는다(재외동포법 제3, 10, 11, 12, 14, 16조). 재외국민의 정치적 권리가 부분적으로 인정된다. 해당 지방자치단체의 국내거소신고인명부에 올라 있는 국민은 공직선거의 선거권을 가지며, 또 피선거권에 있어서도 자격이 인정된다(공직선거법 제15조 제2항 제3호).

주민등록이나 국내거소신고가 되어 있지 않은 자로서 외국에서 투표하려는 선거권자는 부재자투표를 할 수 있다(공직선거법 제218조의4). 국민투표에 있어서는 주민등록이나 국내거소신고가 되어 있지 않은 재외국민도 국민투표권을 갖는다(국민투표법 제14조).

제 2 절 영 역

헌법의 적용범위는 영토와 영해 그리고 영공을 포함한다. 헌법은 영토에 대해서 규율하고 있다. 즉, "대한민국의 영토는 한반도와 그 부속도서로 한다"(제3조). 영해의 범위는 「영해 및 접속수역에 관한 법률」이 규율하고 있다. 영해의 범위는 국제연합 「해양법협약」을 존중하여 해안기선으로부터 12해리까지로 한다. 다만 대한해협을 구성하는 구역에서 영해의 범위는 해안기선으로부터 3해리까지이다(법 제1조). 영공에 대해서는 아직 국제적인 합의가 존재하지 않으며, 이에 관한 실정법적 규율도 되어 있지 않다.

영토규정은 분단국인 대한민국의 정통성문제에 대해서 해석의 지침이 된다. 즉, 대한민국의 영토를 한반도와 그 부속도서라고 규정함으로써 역사적으로는 대한민국이 대한제국과 계속성을 갖는 한반도에서 유일한 국가이다. 따라서 북한, 즉 조선민주주의인민공화국에도 헌법의 효력은 미치며, 다만 현실적으로 국가권력의 행사가 제한되어 있을 뿐이다.

제 3 절 남북관계와 통일의 과제

Ⅰ. 북한의 이중적 지위, 남북특수관계론

대한민국의 영토는 한반도와 그 부속도서이므로 우리 헌법상 북한이 국가로서의 성격을 갖지는 않는다. 현재 북한의 법적 지위는 사실상의 정부에 해당한다. 따라서 통일정책을 수행하는 과정에서 북한을 사실상의 정부로 인정하여 북한의 체제를 인정하고 내부간섭을 하지 않는다는 내용의 합의를 할 수 있다. 그러나 그렇더라도 대한민국과 북한이 서로 국가와 국가의 관계가 될 수는 없다. 북한은 한편으로는 대한민국과 전쟁을 한 경험이 있고, 또 정치적 및 군사적 대립관계에 있다. 다른 한편, 헌법은 평화적인 통일의 과제를 부과하고 있다. 이에 대한민국과 북한은 적대대립과 동시에 교류협력의 상대방이라는 이중적인 지위를 갖는다. 남과 북의 적대대립의 관계와 교류협력의 관계는 각각 주로 「국가보안법」과 「남북교류협력에 관한 법률」에 의하여 규율되고 있다.

1992년 효력을 발생한 남북기본합의서, 즉 「남북 사이의 화해와 불가침 및 교류·협력에 관한 합의서」는 남북관계를 특수관계로 규정하였다. 이에 따르면 남과 북은 "나라와 나라 사이의 관계가 아닌 통일을 지향하는 과정에서 잠정적으로 형성되는 특수관계"에 있다(남북기본합의서 전문). 이와 같이 남과 북이 국가 간의 관계가 아니기 때문에 남북기본합의서는 조약이 아니라 일종의 신사협정의 성격을 가지며, 실제 국회의 동의절차를 거치지 않았다.

판례 10 북한의 이중적 지위, 남북기본합의서의 법적 성격

남북기본합의서는 남북관계를 '나라와 나라 사이의 관계가 아닌 통일을 지향하는 과정에서 잠정적으로 형성되는 특수관계'임을 전제로 하고 있다. 그런데 이는 민족 내부의 특수관계를 바탕으로 한 당국 간의 합의로서 남북당국의 성의있는 이행을 상호 약속하는 일종의 공동성명 또는 신사협정에 준하는 성격을 갖는다. 남북한 당국이 각기 정치적인 책임을 지고 상호 간에 성의 있는 이행을 약속하였지만 법적 구속력이 있는 것은 아니다. 따라서 이를 국가 간의 조약 또는 이에 준하는 것으로 볼 수 없고, 국내법과 동일한 효력이 인정되는 것도 아니다. [헌재 2000. 7. 20. 98헌바63]

Ⅱ. 통일의 과제와 방법

헌법 제3조는 영토에 관한 규범적 선언이다. 그러나 한반도는 사실상 남과 북으로 분단되어 있기 때문에 헌법 제3조는 통일의 과제를 선언하는 의미도 있다.

헌법 제4조는 통일의 방법과 이념적 기반을 제시하고 있다. 즉 "대한민국은 통일을 지향하며, 자유민주적 기본질서에 입각한 평화적 통일정책을 수립하고 이를 추진한다". 통일은 평화적인 방법으로 이루어져야 한다. 이는 경우에 따라서 남과 북의 합의에 의할 수도 있지만, 북한 지역에서 체제가 변화하거나 급변사태가 발생하여 북한이 우리의 정치 및 사회경제질서에 포섭되는 방법으로 이루어질 수도 있다. 통일의 헌법적 기반인 자유민주주의는 일반적인 민주주의와 구별되는 특별한 형태의 민주주의를 염두에 둔 것은 아니다. 자유와 평등의 이념 중 어느 하나를 일방적으로 희생시키지 않는 범위 내에서 개방적인 가치질서를 의미한다. 헌법재판소는 자유민주주의의 가치로서 다원적 세계관, 가치상대주의 및 가치의 평등, 그리고 이를 구성하는 요소로서 일인 혹은 일당독재의 배제, 국민 다수의 지배, 자유와 평등에 기초한 법치주의 등을 들고 있다. 제도적으로는 기본권 보장, 권력분립, 의회제도, 복수정당제도, 선거제도, 사유재산제와 시장경제, 사법권의 독립 등이 갖추어져야 한다.

남북통일은 오랫동안 이질적인 법, 정치 및 사회경제질서를 가졌던 공동체가 새로운 질서를 형성하는 과정이기 때문에 이에 따르는 혼란을 방지하기 위하여 경과조치가 필요할 것이다. 이 점에 있어서 남북대표 간에 밀접한 협의가 있거나 북한 주민의 이익을 충실하게 반영하여 실질적으로 합의에 의하여 통일이 될 수 있어야 할 것이다.

제 5 장

국민의 권리와 의무

헌법 제2장에서는 국민의 권리와 의무를 중심으로 국가와 국민의 관계를 규율하고 있다. 아래에서는 국민의 권리, 즉 기본권을 중심으로 국민과 국가의 관계를 살펴본다.

제 1 절 기본권의 의의와 유형

Ⅰ. 의 의

기본권은 국가생활공동체 내에서 개인의 지위를 국가에 대한 권리를 중심으로 규율하는 근본규범이다. 국가는 개인의 기본권을 보호하여야 하며, 또 기본권 행사를 통해서 비로소 국가공동체가 형성된다. 국가권력은 민주주의적 정당성에 기초하여 행사되지만(민주주의적 정당성), 기본권을 보장하여 국민에게 국가의사결정에 참여하는 기회를 보장할 때 비로소 정당성이 완성된다(기본권적 정당성). 표현의 자유가 대표적인 예이다.

Ⅱ. 유형과 기능방식

기본권은 그 기능방식에 따라서 다음과 같이 다섯 가지로 유형화될 수 있다. 이를 통하여 헌법이 보장하는 기본권의 목록을 파악할 수 있다.

첫째, 개인의 의사결정 및 그 실현과정에 국가의 간섭을 배제하고, 허용되지 않는 국가권력의 간섭을 방어하는 내용의 기본권이다(자유권적 기본권－방어권적 성격). 헌법 제12조 신체의 자유, 제14조 거주·이전의 자유, 제15조 직업선택의 자유, 제16조 주거의 자유, 제17조 사생활의 비밀과 자유, 제18조 통신의 자유, 제19조 양심의 자유, 제20조 종교의 자유, 제21조 언론·출판과 집회·결사의 자유, 제22조 학문과 예술의 자유, 제23조 재산권 등이 여기에 속한다.

둘째, 모든 국민은 법 앞에 평등하고, 합리적인 이유 없는 차별은 금지된다(제11조). 평등권은 개인 혹은 개인이 처한 상황을 법률에 의하여 차별하는 것을 금지한다(법적 평등). 나아가서 국가는 개인이 자유를 실현하기 위하여 필요한 사실적 조건을 평등하게 보호하여야 한다(사실적 평등). 더 적극적으로 국가는 개인이 기본권을 실현하기 위하여 필요한 조건을 충족하는 데 불리한 상황에 있는 경우 일정한 범위에서 해당 기본권이 실현되는 결과를 보장할 수 있다(적극적 평등실현(affirmative action)).

셋째, 국가의 적극적인 행위의무를 내용으로 하는 기본권이다. 헌법 제31조 교육의 권리, 제32조와 제33조 노동의 권리 및 노동3권, 제34조 인간다운 생활을 할 권리, 제35조 환경권, 제36조 혼인과 가족의 보호 및 보건권이 여기에 해당한다. 헌법 제30조 범죄피해자구조청구권은 국가가 범죄예방을 게을리한 결과 발생한 피해에 대해서 국가에 책임을 묻는 의미도 있다. 그러나 이에 대한 국가의 법적 책임이 있는 것은 아니기 때문에 범죄피해로 인하여 정상적인 생활을 할 수 없는 상황을 복지국가적 이념에 의하여 보호하는 성격이 보다 강하다. 사회적 기본권은 국가의 간섭을 배제하는 자유권적 기본권과는 달리 국가의 적극적인 행위를 통해서 비로소 실현된다. 경우에 따라 자유권적 기본권도 그 실현을 위해서 국가의 적극적인 행위가 필요하다. 제3자의 행위로 인하여 개인의 자유권이 침해될 수 있으며, 이때 국가는 적극적으로 제3자의 행위를 배제하여야 한다(국가의 기본권 보호의무). 산모(産母)가 임신중절에 의하여 직접적으로 혹은 간접적으로 태아의 생명을 침해하는 행위에 대해서 이를 형법적으로 처벌하는 국가의 역할이 여기에 해당한다.

넷째, 국가기능에 적극적으로 참여하는 내용의 기본권이다. 국민은 공직의 담당자를 선출하고(제24조), 또 직접 공직을 담당할 권리를 갖는다(제25조). 헌법 제26조 청원권은 기원적으로는 개인의 권리가 침해된 경우에 이를 구제하기 위한 목적으로 형성되었다. 그러나 권리구제를 위한 소송법적 수단이 충실해지면서 청원권은 개인 혹은 집단이 국가의사 형성과정에 의견을 투입하는 수단으로 기능하고 있다. 따라서 국가기능에 적극적으로 참여하는 기본권의 성격을 강하게 띠게 되었다.

다섯째, 권리구제를 위한 기본권이다. 국가는 권리의 침해를 사전에 예방하거나, 이미 권리가 침해된 경우에는 사후에 이를 구제하여야 한다. 헌법 제27조 재판을 받을 권리는 개인에게 권리의 존속을 보장하는 기본권이다. 국가작용에 있어서 개인에게 피해가 발생한 경우 피해를 (적법한 행위에 의하여 발생한 경우에는) 보상 혹은 (불법행위에 의하여 발생한 경우에는) 배상하여야 한다. 헌법 제23조 제3항 재산권 수용 등에 대한 보상청구권, 제28조 형사보상청구권, 그리고 제29조 국가배상청구권이 여기에 해당한다. 제26조 청원권은 자신의 권리침해를 전제로 행사되는 권리는 아니지만 어느 정도 권리구제의 기능을 수행한다.

제 2 절 기본권의 주체

기본권의 주체는 기본적으로 대한민국의 국적을 가진 자연인이다. 외국인과 법인 및 단체도 경우에 따라서 기본권의 주체가 된다.

Ⅰ. 대한민국 국적의 자연인

우리 국적을 가진 자연인은 당연히 기본권의 주체가 된다. 태아는 형성 중에 있는 생명으로서 부분적으로 기본권의 주체가 될 수 있다. 예컨대 태아는 생명권의 주체가 될 수 있다. 그러나 아직 원시선이 형성되지 않은 분열된 세포군으로 존재하는 '초기배아'는 생명으로서의 속성이 없으므로 생명권의 주체가 될 수 없다.

공무원은 국민의 기본권을 보장하는 수범자이기 때문에 원칙적으로 기본권의 주체가 아니다. 그러나 기본권의 성격, 공무원으로서의 직무와 제한되는 기본권 간의 관련성 및 밀접성, 직무상 행위와 사적인 행위 간의 구별가능성 등을 종합적으로 고려하여 기본권의 주체가 될 수 있다. 이에 대해서는 공무원제도와 관련하여 따로 서술한다(아래 215면 이하 및 판례 68 참조).

Ⅱ. 외국인의 기본권적 지위

헌법은 외국인의 기본권 주체성에 대해서 직접 규율하고 있지 않다. 헌법 제6조 제2항이 조약과 국제법에 의하여 외국인의 법적 지위를 보장하고 있지만, 조약과 국제법은 법률적 효력을 갖기 때문에 외국인의 기본권적 지위를 결정하는 기준은 아니다.

외국인의 기본권 주체성을 판단하는 기준으로 다음과 같은 두 가지 입장이 있다.

첫째, 인권 개념을 기준으로 외국인의 기본권 주체성을 판단할 수 있다. 이에 따르면 기본권 중에서 인권의 범주에 속하는 기본권에 대해서는 외국인이 주체가 될 수 있다. 이러한 기준이 일반적으로 타당할 수 있지만, 적용에 한계가 있다. 인권의 범주가 불명확하기 때문이다. 예컨대, 헌법 제21조 표현의 자유는 국제인권법의 시각에서 보면 인권의 범주에 속하는 대표적인 권리이다. 그러나 헌법의 시각에서 보면 민주주의와 밀접한 관련성을 갖는 정치적 기본권에 속한다. 따라서 어떠한 시각에서 보는가에 따라서 외국인의 기본권 주체성에 대한 판단이 달라지게 된다.

둘째, 우리 사회경제적 공동체에 편입 여부를 기준으로 외국인의 기본권 주체성을 판단할 수 있다. 헌법재판소는 국민과 유사한 지위에 있는 외국인에게 기본권 주체성이 인정될 수 있다고 하고 있다. 이미 대한민국에서 일정한 생활관계를 형성·유지하고 있는지 여부가 중요한 기준이다. 이러한 논리에 따르면 기본권과 인권의 구분이 모호한 직업의 자유, 그리고 일부 사회적 기본권에 있어서도 외국인이 기본권의 주체가 될 수 있다. 예컨대, 헌법재판소는 직업의 자유의 한 내용으로 직장선택의 자유, 그리고 근로의 권리의 내용 중 근로환경의 권리에 대해서 외국인의 기본권 주체성을 인정하였다.

헌법재판소는 지금까지 인간의 존엄과 가치, 행복추구권, 평등권, 신체의 자유, 변호인의 조력을 받을 권리, 주거의 자유, 직업선택의 자유의 일부로서 직장변경의 자유, 재판을 받을 권리, 부모의 자녀에 대한 교육권, 노동의 권리 중 노동환경에 관한 권리 등에 있어서 외국인의 기본권 주체성을 인정한 바 있다.

판례 11 직장선택의 자유와 외국인의 기본권

청구인들은 국내 기업에 취업하기 위하여 외국인고용법상 고용허가를 받고 적법하게 입국하여, 우리나라에서 일정한 생활관계를 형성·유지하며 살아오고 있다. 청구인들은 이미 적법하게 고용허가를 받아 적법하게 입국하여 우리나라에서 일정한 생활관계를 형성·유지하는 등, 우리 사회에서 정당한 노동인력으로서의 지위를 부여받은 상황이다. 따라서 청구인들이 선택한 직업분야에서 이미 형성된 근로관계를 계속 유지하거나 포기하는 데 있어 국가의 방해를 받지 않고 선택·결정을 할 자유는 외국인인 청구인들도 누릴 수 있는 인간의 권리로서의 성질을 지닌다. 그렇다면, 위와 같은 직장 선택의 자유라는 권리의 성질에 비추어 보면 청구인들에게 직장 선택의 자유에 대한 기본권 주체성을 인정할 수 있다. [헌재 2011. 9. 29. 2007헌마1083등]

Ⅲ. 법인 및 단체의 기본권적 지위

사법상의 법인은 기본권의 주체가 될 수 있다. 다만 기본권의 성질상 법인이 해당 기본권을 행사할 수 있어야 한다. 예컨대, 법인은 인격권의 주체가 될 수는 있지만 양심의 자유의 주체가 될 수는 없다.

법인이 아닌 단체 역시 기본권의 주체가 될 수 있다. 다만 법인은 그 자체로서 독립적인 인격을 가지며, 이에 기초하여 기본권의 주체가 될 수 있지만, 법인이 아닌 단체의 경우에는 다음과 같은 제한이 있다. 즉, 해당 단체가 독립적인 의사 및 행위주체의 성격을 가져야 한다. 헌법상 이러한 지위가 인정되는 정당과 노동조합은 법인은 아니지만 기본권의 주체가 될 수 있다. 이에 비해서 단체 내부에 설치되어 있으며 외부에 대해서 단체와 별도로 독립한 실체를 갖지 못하는 단체의 위원회는 기본권의 주체가 될 수 없다(판례 100 참조).

제 3 절 기본권의 성격과 효력

기본권은 주관적 공권으로서 국가권력을 구속한다. 동시에 기본권은 헌법이 지향하는, 혹은 기본권이 내포하고 있는 객관적 가치를 실현하는 성격을 갖는다. 이에 기본권은 국가와 개인의 관계에서 권리·의무를 규율할 뿐 아니라(Regel), 기본권이 내포하는 가치를 실현하는 원칙규범(Prinzipien)으로 이해된다.

기본권이 객관적 가치질서요소의 성격을 갖기 때문에 국가권력, 특히 입법자는 입법에 있어서 기본권적 가치를 실현하여야 하며, 또 개별 법률은 기본권적 가치를 존중하여 해석되어야 한다. 이에 국가뿐 아니라 개인도 다른 개인의 기본권을 침해하는 행위를 하여서는 안 된다. 이로써 기본권은 개인 간에도 효력을 갖는다(기본권의 사인 간의 효력).

기본권은 일반적으로는 사법의 일반규정, 예컨대 민법 제2조 신의성실, 제103조 반사회질서위반금지에 관한 규정을 통하여 간접적으로 사인 간에 효력을 갖는다. 다만 해당 사법이 기본권적 가치를 실현하는 매개규범이 없는 경우에는 기본권은 사법관계에 직접 효력을 가질 수 있다.

판례 12 종교의 자유의 사인 간의 효력

기본권은 1차적으로 개인의 자유로운 영역을 공권력의 침해로부터 보호하기 위한 방어적 권리이지만 다른 한편으로 헌법의 기본적인 결단인 객관적인 가치질서를 구체화한 것으로서, 사법(私法)을 포함한 모든 법영역에 그 영향을 미친다. 따라서 사인 간의 사적인 법률관계도 헌법상의 기본권 규정에 적합하게 규율되어야 한다. 다만 기본권규정은 그 성질상 사법관계에 직접 적용될 수 있는 예외적인 것을 제외하고는 사법상의 일반원칙을 규정한 민법 제2조, 제103조, 제750조, 제751조 등의 내용을 형성하고 그 해석기준이 되어 간접적으로 사법관계에 효력을 미치게 된다.

종교의 자유라는 기본권의 침해와 관련한 불법행위의 성립 여부도 위와 같은 일반규정을 통하여 사법상으로 보호되는 종교에 관한 인격적 법익침해 등의 형태로 구체화되어 논하여져야 한다. [대판 2010. 4. 22. 2008다38288]

국가는 소극적인 불개입뿐 아니라 적극적인 행위를 통하여 기본권을 실현하여야 한다. 여기에는 개인이 다른 개인의 기본권을 침해하는 행위를 방지하는 국가의 과제가 포함된다(국가의 기본권 보호의무).

판례 13 일본군위안부 피해자에 대한 국가의 기본권 보호의무

피청구인이 협정('대한민국과 일본국 간의 재산 및 청구권에 관한 문제의 해결과 경제협력에 관한 협정') 제3조에 따라 분쟁해결의 절차로 나아갈 의무는 일본국에 의해 자행된 조직적이고 지속적인 불법행위에 의하여 인간의 존엄과 가치를 심각하게 훼손당한 자국민들이 배상청구권을 실현하도록 협력하고 보호하여야 할 헌법적 요청에 의한 것이다. 그 의무의 이행이 없으면 청구인들의 기본권이 중대하게 침해될 가능성이 있다. 따라서 피청구인의 작위의무는 헌법에서 유래하며, 그것이 법령에 구체적으로 규정되어 있는 경우에 해당한다.

특히, 우리 정부가 직접 일본군위안부 피해자들의 기본권을 침해하는 행위를 한 것은 아니지만, 일본에 대한 배상청구권의 실현 및 인간의 존엄과 가치의 회복에 대한 장애상태가 초래된 것은 우리 정부가 청구권의 내용을 명확히 하지 않고 '모든 청구권'이라는 포괄적인 개념을 사용하여 협정을 체결한 것에도 책임이 있다. 따라서 국가는 그 장애상태를 제거하는 행위로 나아가야 할 구체적 의무가 있다. … 이상과 같은 점을 종합하면 협정 제3조에 의한 분쟁해결절차로 나아가는 것만이 국가기관의 기본권 기속성에 합당한 재량권 행사이며, 피청구인의 부작위로 인하여 청구인들에게 중대한 기본권의 침해를 초래하였으므로, 이는 헌법에 위반된다. [헌재 2011. 8. 30, 2006헌마788]

이와 같이 기본권이 국가와 개인의 관계를 규율할 뿐 아니라 기본권적 가치를 실현하는 적극적인 성격을 갖게 되면서 기본권의 내용은 어느 정도 개방화되었다. 따라서 기본권적 가치가 실현되는 절차적·제도적 및 조직적 규율이 중요성을 갖게 되었다(기본권의 절차적·제도적·조직법적 실현). 우리 헌법은 제12조 신체의 자유에 관한 조문에서 유일하게 적법절차에 관한 규정을 두고 있다. 그러나 적법절차는 기본권의 형성 및 제한의 일반적인 요건의 성격을 갖는다. 예컨대 헌법재판소는 신체의 자유 이외의 기본권에서도 이를 제한하는 경우 절차법적 요건을 결여하였다는 이유로 위헌결정을 한 바 있다.

판례 14 교원의 신분보장과 기본권의 절차적 실현

… 절대적이고 통제받지 않는 자유재량은 남용을 불러온다는 것이 인류역사의 경험이라는 점에서 볼 때, 자의적인 재임용거부로부터 대학교원을 보호할 수 있도록 구제수단을 마련해 주는 것은 국가의 최소한의 보호의무에 해당한다. 즉, 임면권자가 대학교원을 재임용하지 않는 이유를 밝히고 그 이유에 대하여 당해 교원이 해명할 기회를 주는 것은 적법절차의 최소한의 요청이다. 재임용심사의 과정에서 임면권자에 의한 자의적인 평가를 배제하기 위

하여 객관적인 기준의 재임용 거부사유와 재임용에서 탈락하게 되는 교원에게 자신의 입장을 진술하고 평가결과에 이의를 제기할 수 있는 기회를 주어야 한다. 나아가 재임용이 거부되는 경우에 이의 위법 여부를 다툴 수 있는 구제절차를 마련하여야 한다. [헌재 2003. 2. 27. 2000헌바26]

제 4 절 기본권의 제한과 제한의 한계

Ⅰ. 기본권의 상대적 효력, 제한의 형식

기본권이 절대적으로 보호되는 것은 아니다. 기본권의 행사로 인하여 타인의 권리가 침해되어서는 안 되며, 또 개인의 기본권은 공동체이익을 보호하기 위해서 제한될 수 있다. 특히 국가의 사회경제적 과제가 증대하면서 직업의 자유, 재산권 등의 기본권은 정신적 영역에 적용되는 기본권에 비해서 제한의 필요성이 커졌다.

일부 기본권은 헌법에 의해서 직접 제한된다. 그러나 대부분의 기본권은 법률에 의해서 제한된다. 헌법제정권자가 기본권을 제한해야 할 필요성과 내용을 모두 예견할 수는 없기 때문에 헌법에 의하여 기본권이 제한되는 유형은 많지 않고, 또 그 내용이 추상적이다. 따라서 법률에 의한 구체화를 필요로 한다. 헌법이 직접 개인의 기본권을 제한하는 예로는 제8조 제2항 및 제4항 정당의 활동제한, 제21조 제4항 타인의 명예나 권리, 공중도덕이나 사회윤리를 침해하는 언론의 자유에 대한 제한, 제23조 제2항 재산권의 공공복리적합의무, 제29조 제2항 이른바 이중배상금지, 제33조 제2항 공무원의 노동3권 제한 등이 있다.

법률에 의한 기본권제한은 다시 일반적 법률유보에 의한 제한과 개별적 법률유보에 의한 제한으로 나눌 수 있다. 법률에 의한 기본권제한의 일반적인 규정은 헌법 제37조 제2항이다. 즉, "국민의 모든 자유와 권리는 국가안전보장·질서유지 또는 공공복리를 위하여 필요한 경우에 한하여 법률로써 제한할 수 있으며, 제한하는 경우에도 자유와 권리의 본질적인 내용을 침해할 수 없다". 일부 기본권의 경우 기본권을 보장하는 규정 자체에 제한의 가능성에 관한 규정을 두고 있다. 헌법 제12조 제1항 신체의 자유, 제23조 제1항 재산권 보장, 제27조 재판을 받을 권리, 제28조 형사보상청구권, 제29조 국가배상청구권이 이러한 예에 해당한다.

Ⅱ. 기본권 제한의 심사단계

기본권을 제한하는 공권력의 행사가 헌법에 위반되는가의 여부는 다음과 같은 세 단계의 심사를 거쳐서 판단된다. 첫째, 공권력에 의하여 제한되는 개인의 법적 지위 혹은 행위가 기본권이 보호하는 범위에 속하는가 여부이다. 예컨대 개인의 구체적인 권리가 아니라 앞으로 기대되는 이익 혹은 단순한 사실상의 이익은 재산권의 보호범위에 속하지 않는다. 또 외설적인 표현이 언론·출판의 자유가 보호하는 범위에 속하는가 하는 문제가 논란이 된 바 있다 (아래 118면 참조). 둘째, 헌법 제37조 제2항에 규정된 기본권을 제한하는 요건이 충족되었는가 여부이다. 셋째, 기본권 제한의 요건이 충족되었다고 하더라도 해당 공권력의 행사로 인하여 기본권의 본질적인 내용이 침해되었는가 여부에 대한 심사가 필요하다. 아래에서는 기본권 제한의 요건과 본질적인 내용 침해금지에 관하여 서술하고, 기본권의 보호범위에 대해서는 개별 기본권을 서술하면서 살펴본다.

판례 15 단순한 기대이익과 재산권의 보호범위

청구인들이 현재의 장소에서 영업함으로써 얻고 있는 영업이익 내지 영업권은 헌법 제23조에 의하여 보호되는 재산권에 포함되지 않는다. 이 사건 법률조항들은 청구인들이 약국 경영을 위하여 보유하는 약국 내부의 시설 등에 대한 구체적인 권리를 침해하는 것이 아니다. 그리고 청구인들의 약국 경영활동은 국가에 의하여 강제된 것이 아니고, 자신의 자유로운 결정과 계획, 그에 따른 사적 위험부담과 책임하에 행위하면서 법질서가 반사적으로 부여하는 기회를 활용한 것이다. 따라서 청구인들이 현재의 장소에서 영업함으로써 얻고 있는 영업이익 내지 영업권은 헌법 제23조 제1항 제1문에서 보호되는 재산권의 범위에 속하지 않는다. [헌재 2003. 10. 30, 2001헌마700등]

Ⅲ. 기본권 제한의 요건

기본권을 제한하기 위해서는 다음과 같은 실질적, 형식적 및 방법상의 요건을 충족하여야 한다.

1. 실질적 요건

기본권 제한이 국가안전보장, 질서유지, 공공복리의 목적을 달성하기 위한 것이어야 한다. 국가안전보장은 "국가의 존립 · 헌법의 기본질서의 유지 등을 포함하는 개념으로서 국가의 독립, 영토의 보전, 헌법과 법률의 기능, 헌법에 의하여 설치된 국가기관의 유지" 등의 의미로 이해된다. 질서유지는 "공동체의 평화를 위하여 개인 혹은 집단 간의 조화로운 생활을 보장하기 위한 규칙의 형성과 유지"라고 이해된다. 공공복리는 국가안전보장이나 질서유지에 비해서 추상적이고 개방적인 개념이다. 헌법 제119조 제2항에 규정된 경제질서의 목표, 모든 국민의 사회보장, 환경보전, 지속가능성 등이 공공복리에 해당한다.

2. 법률에 의한 제한

기본권을 제한하기 위해서는 법률의 근거가 있어야 한다. 그러나 기본권이 직접 법률에 의하여 제한되어야 하는 것은 아니다. 기본권은 행정입법에 의하여 제한될 수도 있으며, 오히려 이러한 경우가 일반적이다. 이때 해당 행정입법은 법률에 그 근거가 있어야 한다. 따라서 법률에 근거 없는 행정입법 혹은 행정처분에 의한 기본권 제한은 헌법에 위반된다.

기본권은 법률의 효력을 갖는 국제조약에 의해서도 제한될 수 있다(제6조 제1항, 제60조 제1항). 또 대통령의 긴급명령 및 긴급재정명령에 의해서 기본권이 제한될 수 있다. 이들 대통령의 명령은 법률의 효력이 있다(제76조). 대통령이 비상계엄을 선포한 경우에는 법률에 의하지 않고 기본권이 제한될 수 있다. 즉, 비상계엄이 선포된 때에는 영장제도, 언론·출판·집회·결사의 자유, 그리고 정부나 법원의 권한에 관하여 특별한 조치를 할 수 있다(제77조 제3항).

3. 법적 명확성의 원칙, 신뢰보호 및 소급입법금지의 원칙, 과잉금지의 원칙

(1) 법적 명확성의 원칙

기본권을 제한하는 법률은 그 내용이 명확하여야 한다. 이때 비로소 개인이 자신의 법적 지위를 예측할 수 있다. 그리고 이러한 인식에 기초하여 법적 지위에 불이익한 효과를 가져오는 행위를 자제하고, 법적 지위를 유리하게 변경시키는 행위를 적극적으로 도모할 수 있기 때문이다.

기본권을 제한하는 요건과 효과가 모두 서술적으로 규율되어야 하는 것은 아니다. 다만 법률을 적용하는 법관의 입장에서 보충적인 가치판단을 통하여 그 의미 내용이 확인될 수 있어야 한다. 그리고 그 결과 법률을 해석·집행하는 기관에게 자의적인 법해석이나 법집행이 배제될 수 있어야 한다.

법적 명확성의 요청은 형법과 조세법과 같이 개인에게 불이익을 가하는 국가작용에 있어서는 더욱 엄격하게 요구된다. 또 표현의 자유를 제한하는 법률은 표현의 자유경쟁을 통한 의사형성을 위축시키는 효과가 있기 때문에 법적 명확성이 강하게 요구된다.

판례 16 표현의 자유와 법적 명확성의 원칙

이 사건 법률조항(전기통신기본법 제47조 제1항)은 표현의 자유에 대한 제한입법이며, 동시에 형벌조항에 해당하므로, 명확성원칙이 엄격하게 적용된다. 이 사건 법률조항은 "공익을 해할 목적"의 허위의 통신을 금지한다. 그런데 "공익"은 형벌조항의 구성요건으로서 구체적인 표지를 정하고 있는 것이 아니라, 기본권 제한에 필요한 최소한의 요건 또는 언론·출판의 자유의 한계를 그대로 법률에 옮겨 놓은 것에 불과할 정도로 그 의미가 불명확하고 추상적이다. 따라서 어떠한 표현행위가 "공익"을 해하는지 여부에 대한 판단은 각자의 가치관, 윤리관에 따라 크게 달라질 수밖에 없다. 이는 판단주체가 법전문가라 하여도 마찬가지이고, 법집행자의 통상적 해석을 통하여 그 의미내용이 객관적으로 확정될 수 있다고 보기 어렵다.

나아가 현재의 다원적이고 가치상대적인 사회구조하에서 구체적으로 어떤 행위상황이 문제되었을 때에 공익은 하나로 수렴되지 않는 경우가 대부분인 바, 공익을 해할 목적이 있는지 여부를 판단하기 위한 공익 간 형량의 결과가 언제나 객관적으로 명백한 것도 아니다.

결국, 이 사건 법률조항은 수범자인 국민에 대하여 일반적으로 허용되는 '허위의 통신' 가운데 어떤 목적의 통신이 금지되는지 고지하여 주지 못하므로 표현의 자유에서 요구하는 명확성의 요청 및 죄형법정주의의 명확성원칙에 위배하여 헌법에 위반된다. [헌재 2010. 12. 28. 2008헌바157등]

(2) 신뢰보호 및 소급입법금지의 원칙

법적 명확성을 실현하기 위하여 시간적으로는 행위 당시에 적용되는 법률에 의하여 개인의 법적 지위가 확정되어야 한다. 그리고 법적 지위는 개인의 신뢰를 침해하는 방법으로 제한되어서는 안 된다(신뢰보호).

소급입법은 개인의 신뢰를 제한하는 국가작용이다. 특히 형법에서 행위 후에 새로이 구성요건을 형성하거나 처벌을 무겁게 하는 소급입법은 절대적으로 금지된다(제13조 제1항). 그러나 일반적으로 소급입법이 절대적으로 금지되는 것은 아니다. 소급입법은 신뢰를 제한하는 정도를 기준으로 진정소급입법과 부진정소급입법으로 구분되며, 이에 대한 헌법적 평가가 다르다.

진정소급입법은 이미 과거에 완성된 사실 또는 법률관계에 대해서 부여되었던 법적 효과를 소급적으로 불이익하게 변경하는 입법이다. 이는 개인의 신뢰를 침해하는 정도가 크기 때문에 원칙적으로 허용되지 않는다. 다만 진정소급입법이 절대적으로 금지되는 것은 아니다. 국민이 소급입법을 예상할 수 있었던 경우, 법적 상태가 불확실하고 혼란스러워 보호할 만한 신뢰이익이 적은 경우, 소급입법에 의한 당사자의 손실이 없거나 경미한 경우, 그리고 신뢰보호의 요청에 우선하는 중대한 공익상의 사유가 있는 경우에는 진정소급입법은 예외적으로 허용된다.

판례 17 진정소급입법의 예외적 허용

친일재산의 소급적 박탈은 일반적으로 소급입법을 예상할 수 있었던 이례적인 경우에 해당하며, 그로 인해 발생되는 법적 신뢰의 침해는 우리 헌법의 이념 속에서 용인될 수 있다. 첫째, 친일재산을 보유하고 후대에 전수하여 자신과 그 후손들이 대대로 부귀를 누리는 것이 가능하지 않을 것이라고 충분히 예상할 수 있었다. 둘째, 친일재산의 환수를 포함한 일제 식민지 역사의 청산 작업은 언제든지 현실로 성립될 수 있는 이른바 '잠재적 현실'이었다. 셋째, 일제과거사의 청산 문제, 그 가운데에서도 친일행위의 대가로 취득한 재산의 처리 문제는 오늘날 우리 사회의 비중 있는 사회적 과제로 남아 있다.

이와 같이 친일재산의 사회적 환수 요청이 제기될 수 있다는 점은 충분히 예상할 수 있었다. 따라서 이 사건 조항은 진정소급입법에 해당하지만 소급입법을 예상할 수 있었던 예외적인 사안이고 진정소급입법을 통해 침해되는 법적 신뢰는 심각하다고 볼 수 없는 데 반해 이를 통해 달성되는 공익적 중대성은 압도적이므로 진정소급입법이 허용되는 경우에 해당한다. [헌재 2011. 3. 31. 2008헌바141등]

부진정소급입법은 과거에 시작되었으나 구성요건이 완성되지 않고 진행 중인 사실 혹은 법률관계에 대해서 구성요건이 완성되었더라면 부여하였을 법적 효과를 불이익하게 변경하는 입법이다. 부진정소급입법은 일반적으로 개인의 신뢰를 침해하는 정도가 약하기 때문에 원칙적으로 허용된다. 그러나 부진정소급입법으로 인하여 개인의 신뢰가 중대하게 침해된 경우에는 예외적으로 허용되지 않는다.

판례 18 부진정소급입법이 예외적으로 허용되지 않는 경우

이 사건에서 청구인은 당초 구법규정에 따라 증자소득공제를 기대하고 증자(增資)를 하였는데, 구법은 기업이 증자를 통하여 재무구조 개선을 하도록 유도하기 위한 목적으로 제정되었다. 그런데 구법이 위헌·무효라거나 내용이 모호하거나, 특별히 공익 내지 형평성에 문제가 있다고는 할 수 없으며, 청구인이 구법상의 증자소득공제율이 조만간에 개정될 것을 예견하였다는 사정도 없었다. 또한 이 사건 규정이 투자 유인이라는 입법목적의 달성 정도에 따라 합리적으로 개정된 것이라 하더라도 이로써 청구인과 같이 구법을 신뢰한 국민들의 기대권을 압도할 만큼 공익의 필요성이 긴절한 것은 아니다.

그렇다면 적어도 입법자로서는 구법에 따른 국민의 신뢰를 보호하는 차원에서 상당한 기간 정도의 경과규정을 두는 것이 바람직한데도 그러한 조치를 하지 않아 결국 청구인의 신뢰가 상당한 정도로 침해되었다. 따라서 이 사건 규정과 같은 부진정소급입법의 경우 당사자의 구법에 대한 신뢰는 보호가치가 있다고 할 특단의 사정이 있으므로, 적어도 이 사건 규정의 발효일 이전에 도과된 사업년도분에 대해서는 이 사건 규정은 적용될 수 없다. [헌재 1995. 10. 26. 94헌바12]

(3) 과잉금지의 원칙

국가안전보장 등의 목적을 달성하기 위하여 개인의 기본권을 제한하는 경우에도 최소한의 필요한 범위에서 이루어져야 한다. 이를 과잉금지의 원칙 혹은 비례의 원칙이라고 한다.

과잉금지의 원칙은 다음과 같은 세 가지 개념요소로 구성되어 있다. 첫째, 기본권 제한의 수단이 국가목적을 달성하기 위해서 적합하여야 한다(적합성의 원칙). 둘째, 적합한 수단이 다수 존재하는 경우에는 개인의 기본권을 최소한도로 제한하는 수단이 선택되어야 한다(최소침해의 원칙). 따라서 기본권을 제한하지 않으면서 혹은 기본권을 덜 제한하는 방법을 통하여 목적을 달성할 수 있음에도 불구하고 더 제한하는 방법을 선택한 경우에는 헌법에 위반된다. 예컨대 기본권을 제한할 필요가 있는 경우에도 기본권 행사의 방법에 대한 규제를 통하여 목적을 달성할 수 있는 경우에 기본권의 행사 여부를 규제하는 조치는 최소침해의 원칙에 반한다. 또 개인의 행위를 원칙적으로 허용하고 예외적으로 금지하는 조치를 통하여 입법목적을 달성할 수 있음에도 불구하고 원칙과 예외를 거꾸로 규율하는 입법 역시 최소침해의 원칙을 침해한다. 마지막으로 국가목적을 달성하기 위하여 침해되는 기본권과 이를 통해서 보호되는 공익이 비례관계에 있어야 한다(법익균형의 원칙).

판례 19 형벌의 형성과 과잉금지의 원칙

법정형의 종류와 범위를 정하는 것이 기본적으로 입법자의 권한에 속하지만, 형벌은 죄질과 책임에 상응하도록 적절한 비례성이 지켜져야 한다. 군대 내 명령체계유지 및 국가방위라는 이유만으로 가해자와 상관 사이에 명령복종관계가 있는지 여부를 불문하고 전시와 평시를 구분하지 아니한 채 다양한 동기와 행위태양의 범죄를 동일하게 평가하여 사형만을 유일한 법정형으로 규정하고 있는 이 사건 법률조항은, 범죄의 중대성 정도에 비하여 심각하게 불균형적인 과중한 형벌을 규정하고 있다. 이는 죄질과 그에 따른 행위자의 책임 사이에 비례관계가 준수되지 않아 인간의 존엄과 가치를 존중하고 보호하려는 실질적 법치국가의 이념에 어긋나고, 형벌체계상 정당성을 상실한 것이다. [헌재 2007. 11. 29. 2006헌가13]

Ⅳ. 본질적 내용 침해금지

국가작용이 기본권 제한의 요건을 충족하는 경우에도 기본권의 본질적인 내용을 침해하는 것은 허용되지 않는다. 기본권이 제한되어 기능을 상실하고, 그 결과 기본권 자체가 무의미하게 되는 경우 기본권의 본질적인 내용이 침해된 것이다.

생명권의 제한에 있어서는 본질적인 내용 침해금지의 규정이 적용될 수 없다. 생명권은 기본권 내용의 본질과 외연이 구별될 수 없기 때문에 생명권에 대한 제한은 곧 본질적 내용을 침해하게 된다. 따라서 생명권의 경우에도 본질적 내용의 침해가 금지된다면 생명권에 대한 제한은 불가능하며, 결과적으로 생명권은 절대적 효력을 갖는다. 그러나 우리 헌법이 생명권을 제한될 수 없는 절대적 기본권으로 규정하고 있지는 않기 때문에 생명권의 경우에는 본질적인 내용 침해금지의 원칙은 적용될 수 없다.

판례 20 퇴직금 최우선변제제도와 재산권의 본질적인 내용

저당권제도는 저당권에 유통을 보장하는 등 근대적 저당제도를 확립하지 못하고 있어서, 저당채무자가 그 채무를 변제하지 않는 경우 저당권자의 채권확보 내지 회수수단으로는 저당목적물을 환가하여 그로부터 우선변제를 받는 것이 유일한 수단이다. 이 사건 법률조항은 퇴직금채권자에게 저당권자에 우선하여 그 퇴직금의 액수에 관하여 아무런 제한 없는 우선변제수령권을 인정하고 있으므로, 저당권의 유일한 채권확보 내지 회수수단에 결정적 장애를 주어 담보물권제도의 근간을 흔들고 있다. 나아가 기업이 금융압박으로 인하여 도산하는 경우 사용자의 총자산을 환가하여 근로자의 퇴직금총액을 질권이나 저당권의 피담보채권보다 우선하여 변제하게 되므로, 퇴직금총액이 크면 클수록 그 질권이나 저당권의 담보

가치는 감소하며 궁극에 가서는 그 담보가치의 효용성이 형해화될 수도 있다. 또한 퇴직금은 시간이 지남에 따라 그 액수가 점점 늘어나게 되므로, 시간이 지남에 따라 질권이나 저당권의 본질적 내용을 침해하는 정도가 커지게 되고 기업금융제도를 점점 더 위축시키게 된다. 아울러 기업의 사용자와 근로자는 크게 보면 모두 그 기업의 일체적인 운영주체라고 할 수 있으나, 질권자나 저당권자는 그 기업을 위하여 기업의 자금을 제공한 제3자이다. 그렇다면 기업이 경영압박을 당하거나 도산을 하는 것은 사용자뿐만 아니라 근로자에게도 일부 그 책임이 있는 경우도 있다. 그런데 담보물권제도라는 사법질서의 근간을 흔들면서 그 기업을 위하여 자금을 제공한 제3자를 희생시키고 오히려 그 기업의 근로자를 우선적으로 보호한다는 것은 매우 부당하다.

따라서 이 사건 법률조항이 근로자에게 그 퇴직금 전액에 대하여 질권자나 저당권자에 우선하는 변제수령권을 인정하여 결과적으로 질권자나 저당권자가 그 권리의 목적물로부터 거의 또는 전혀 변제를 받지 못하게 되는 경우에는, 그 질권이나 저당권의 본질적 내용을 이루는 우선변제수령권이 형해화된다. 따라서 이 사건 법률조항 중 '퇴직금' 부분은 질권이나 저당권의 본질적 내용을 침해할 소지가 있다. [헌재 1997. 8. 21. 94헌바19등]

제 5 절 개별기본권

Ⅰ. 인간의 존엄과 가치, 행복추구권

1. 인간의 존엄과 가치

헌법 제10조 인간의 존엄과 가치는 기본권질서의 이념적 출발점이며, 전체 헌법질서에서 구조적 원리로서 기능한다. 국가조직은 인간의 존엄을 효율적으로 실현하기 위한 수단으로서 존재의의가 있다. 인간의 존엄과 가치는 개별기본권에 대한 해석의 지침으로 기능한다. 이 점은 부분적으로 헌법에 명시되어 있다. 제32조 제3항은 근로조건의 기준으로 인간의 존엄을, 제34조 제1항은 사회보장의 목표로서 인간다운 생활을, 그리고 제36조 제1항은 혼인과 가족생활의 구성원리로서 개인의 존엄을 들고 있다.

헌법 제37조 제1항에 의하면 국민의 자유와 권리는 헌법에 열거되지 않았다는 이유로 경시되어서는 안 된다. 이때 경시되어서는 안될 권리를 구명하는 데 있어서도 인간의 존엄과 가치가 판단기준이 된다. 이 밖에 인간의 존엄과 가치는 이미 구체적이고 독자적인 기본권으로서의 성격이 인정되었지만 헌법에 명시되지 않는 기본권을 포섭하는 근거가 된다. 생명권, 인격권, 개인정보자기결정권 등이 여기에 속한다. 인간의 존엄성을 기초로 보장되는 일반적 인격권을 근거로 헌법재판소는 형법의 낙태죄에 대해서 헌법불합치결정을 하였다(헌재 2019. 4. 11, 2017헌바127).

판례 21 사형제도와 생명권

사형은 일반국민에 대한 심리적 위하를 통하여 범죄의 발생을 예방하며 극악한 범죄에 대한 응보를 통하여 정의를 실현하고, 당해 범죄인의 재범 가능성을 영구히 차단함으로써 사회를 방어하려는 것으로 그 입법목적은 정당하고, 입법목적의 달성을 위한 적합한 수단이다. 사형은 무기징역형이나 가석방이 불가능한 종신형보다도 범죄자에 대한 법익침해의 정도가 큰 형벌로서, 인간의 생존본능과 죽음에 대한 근원적인 공포까지 고려하면, 무기징역형 등 자유형보다 더 큰 위하력(威嚇力)을 발휘함으로써 가장 강력한 범죄억지력을 가지고 있다. 극악한 범죄의 경우에는 무기징역형 등 자유형의 선고만으로는 범죄자의 책임에 미치지 못할 뿐만 아니라 피해자들의 가족 및 일반국민의 정의관념에도 부합하지 못한다. 또 입법목적의 달성에 있어서 사형과 동일한 효과를 나타내면서도 사형보다 범죄자에 대한 법익침해 정도가 작은 다른 형벌이 명백히 존재한다고 보기 어려우므로 사형제도가 최소침해의 원칙에 반하지 않는다. 한편, 오판가능성은 사법제도의 숙명적 한계이지 사형이라는 형벌제도 자체의 문제가 아니며 심급제도, 재심제도 등의 제도적 장치 및 그에 대한 개선을 통하여 해결할 문제이지, 오판가능성을 이유로 사형의 부과 자체가 위헌이라고 할 수는 없다.

사형제도에 의하여 달성되는 범죄예방을 통한 무고한 일반국민의 생명 보호 등 중대한 공익의 보호와 정의의 실현 및 사회방위라는 공익은 사형제도로 발생하는 극악한 범죄를 저지른 자의 생명권이라는 사익보다 결코 작지 않다. 또 다수의 인명을 잔혹하게 살해하는 등의 극악한 범죄에 대하여 한정적으로 부과되는 사형이 그 범죄의 잔혹함에 비하여 과도한 형벌은 아니다. 따라서 사형제도는 법익균형성원칙에 위배되지 않는다. [헌재 2010. 2. 25. 2008헌가23]

판례 22 자기결정권과 낙태죄

자기낙태죄 조항은 모자보건법이 정한 예외를 제외하고는 임신기간 전체를 통틀어 모든 낙태를 전면적·일률적으로 금지하고, 이를 위반할 경우 형벌을 부과함으로써 임신의 유지·출산을 강제하고 있으므로, 임신한 여성의 자기결정권을 제한한다.

자기낙태죄 조항은 모자보건법에서 정한 사유에 해당하지 않는다면 결정가능기간 중에 다양하고 광범위한 사회적·경제적 사유를 이유로 낙태갈등 상황을 겪고 있는 경우까지도 예외 없이 전면적·일률적으로 임신의 유지 및 출산을 강제하고, 이를 위반한 경우 형사처벌하고 있다. 따라서, 자기낙태죄 조항은 입법목적을 달성하기 위하여 필요한 최소한의 정도를 넘어 임신한 여성의 자기결정권을 제한하고 있어 침해의 최소성을 갖추지 못하였고, 태아의 생명 보호라는 공익에 대하여만 일방적이고 절대적인 우위를 부여함으로써 법익균형성의 원칙도 위반하였으므로, 과잉금지원칙을 위반하여 임신한 여성의 자기결정권을 침해한다. [헌재 2019. 4. 11. 2017헌바127]

2. 행복추구권

행복추구권은 일반적인 행동의 자유를 내용으로 한다. 행복추구권은 보호영역을 특정할 수 없는 비정형적인 기본권의 근거로서 기능한다. 사적 자치의 권리, 학생의 과외교육을 받을 권리, 휴식권, 광장통행권 등이 행복추구권에 의하여 보호된다. 행복추구권에서 파생하는 성적 자기결정권은 형법의 간통죄를 위헌으로 결정하는 기준이 되었다.

행복추구권은 국가의 간섭을 받지 않고 개인의 의사와 책임에 따른 행동을 할 수 있는 권리이다. 그러나 국가에게 적극적인 행위를 요청하는 근거는 아니다. 따라서 국가에 생활보장을 위한 권리를 청구하는 경우 행복추구권이 아니라 헌법 제34조 인간다운 생활을 할 권리가 심사의 기준이 된다. 또 행복추구권은 정형화되지 않은 일반적인 행동권을 보장하기 때문에 헌법에 규정된 개별기본권이 보호하는 법적 지위 및 행위가 심판의 대상이 되는 경우 행복추구권이 아니라 해당 기본권이 심사의 기준이 된다.

판례 23 성적 자기결정권과 간통죄

헌법 제10조는 개인의 인격권과 행복추구권을 보장하고 있고, 인격권과 행복추구권은 개인의 자기운명결정권을 전제로 한다. 자기운명결정권에는 성행위 여부 및 그 상대방을 결정할 수 있는 성적 자기결정권이 포함되어 있으므로, 심판대상조항(형법 제241조)

은 개인의 성적 자기결정권을 제한한다. … 이러한 사회구조의 변화, 결혼과 성에 관한 국민의 의식 변화, 그리고 성적 자기결정권을 보다 중요시하는 인식의 확산에 따라, 배우자 있는 사람이 배우자 아닌 사람과 성관계를 하였다고 하여 이를 국가가 형벌로 다스리는 것이 적정한지에 대해서는 이제 더 이상 국민의 인식이 일치한다고 보기 어렵게 되었다. … 이러한 정조의무는 개인과 사회의 자율적인 윤리의식, 그리고 배우자의 애정과 신의에 의하여 준수되어야 하지, 형벌로 그 생성과 유지를 강요해 봐야 실효성이 없다. 이와 같은 사정을 종합해 보면, 선량한 성풍속 및 일부일처제에 기초한 혼인제도를 보호하고 부부 간 정조의무를 지키게 하고자 간통행위를 처벌하는 심판대상조항은 그 수단의 적절성과 침해최소성을 갖추지 못하였다.

심판대상조항으로 달성하려는 일부일처제에 기초한 혼인제도 및 부부 간 정조의무 보호라는 공익이 더 이상 심판대상조항을 통하여 달성될 것으로 보기 어려운 반면, 심판대상조항은 개인의 내밀한 성생활의 영역을 형벌의 대상으로 삼음으로써 국민의 성적 자기결정권과 사생활의 비밀과 자유라는 기본권을 지나치게 제한하는 것이므로, 결국 심판대상조항은 법익의 균형성도 상실하였다. [헌재 2015. 2. 26. 2009헌바17등]

Ⅱ. 평 등 권

1. 헌법규정

모든 국민은 법 앞에 평등하다. 헌법은 차별금지의 기준으로 성별·종교·사회적 신분을 명시하고 있다(제11조 제1항). 이 밖에 비본질적인 요소를 기준으로 불평등이 제도화되는 것을 방지하기 위한 규정을 두고 있다. 즉, 사회적 특수계급의 제도는 인정되지 않으며, 어떠한 형태로도 이를 창설할 수 없다. 또 훈장 등의 영전은 이를 받은 자에게만 효력이 있고, 어떠한 특권도 이에 따르지 않는다(제11조 제2, 3항). 법 앞에 평등은 행정권뿐만 아니라 입법권을 기속하는 원칙규범이며, 따라서 법적용뿐 아니라 법의 내용 자체가 평등하여야 한다.

헌법은 특수신분관계에 대한 차별취급을 직접 규정하고 있다. 공적 기능을 유지하기 위하여 군인·군무원 등에 대해서는 정치활동과 노동3권이 제한된다(제7조 제2항 및 제33조 제2, 3항). 군인·군무원·경찰공무원 등은 공무원의 불법행위로 인하여 발생한 손해에 대해서 법률이 정한 보상을 받는 경우에 국가배상청구권을 행사할 수 없다(제29조 제2항).

2. 법적 평등과 사실적 평등

평등권은 개인이 처한 다양한 상황을 평준화하는 목적을 갖지는 않는다. 평등권은 사안의 속성을 비교하여 같은 상황은 같게, 그리고 다른 상황은 다르게 취급할 것을 요청한다(법적 평등). 따라서 역설적으로 보면 평등권은 개인이 처한 상황이 다른 경우에 이를 지속시키는 결과를 낳을 수 있다. 그러나 개인이 자유를 실현하기 위한 기회를 가질 수 없는 경우, 혹은 그러한 상황에서 정상적인 생활을 할 수 없는 경우에는 평등권은 자유를 실현하기 위한 기회를 부여하거나, 혹은 정상적인 생활에 필요한 지원을 하여야 한다. 이는 국가의 적극적인 행위를 통하여 실현된다(사실적 평등).

사실적 평등을 실현하는 방법은 예컨대 취업보호에 있어서 두 가지 형태로 나타난다. 첫째, 취업을 충실히 준비할 수 없는 상황에 있는 자에게 가산점을 부여하여 기회의 평등을 실현하는 방법이다(기회의 평등). 둘째, 취업의 기회를 사회적 보호의 필요가 있는 집단에게 할당하는 방법이다(결과의 평등).

판례 24 장애인 의무고용과 사실적 평등 실현

장애인의 완전한 참여와 평등을 보장하여 장애인으로 하여금 사회공동체에 주체적으로 참여하여 진정한 자립을 기할 수 있도록 하고, 비장애인과 균등한 참여 기회를 보장받아 취업 및 고용이 이루어지도록 하여 궁극적으로는 더불어 살아가는 사회공동체를 구현하여야 한다. 장애인은 신체적·정신적 조건으로 말미암아 유형·무형의 사회적 편견 및 냉대를 받기 쉽고 이로 인하여 능력에 맞는 직업을 구하기가 지극히 어렵다. 따라서 장애인의 근로의 권리를 보장하기 위하여는 사회적·국가적 차원에서의 조치가 필요하다.

이러한 관점에서 볼 때, 자유민주적 기본질서를 지향하는 우리 헌법이 원칙적으로 기업의 경제활동의 자유를 보장(헌법 제119조 제1항)하고 개인의 계약자유의 원칙을 천명(헌법 제10조 전문)하고 있다 하더라도 일정한 범위에서 이러한 자유를 제약하는 것은 불가피하다. 즉, 일자리의 창출은 국가 이외에도 일반 사기업이 담당하므로, 장애인의 고용보장과 관련하여 사기업에 대해서도 상당한 정도내에서의 의무의 부과는 불가피하다. [헌재 2003. 7. 24, 2001헌바96]

3. 상대적 평등과 절대적 평등

평등권이 모든 개인을 모든 측면에서 평등하게 취급하는 것을 요구하지는 않는다. 오히려 평등권은 각자의 다양한 상황을 존중하고 이를 선택된 기준에 따라 평가하여 같은 상황은 같게(수평적 평등), 그리고 다른 상황은 다르게(수직적 평등) 평가하는 내용을 갖는다. 따라서 본질적으로 같은 상황을 자의적으로 다르게 취급하거나, 또 본질적으로 다른 상황을 자의적으로 같게 취급하는 것이 금지된다(자의금지의 원칙).

일반적인 생활영역에서 상대적·실질적 평등이 실현되는 반면, 정치적 영역에서 평등권은 절대적·형식적·기계적 평등을 내용으로 한다. 민주주의에서 모든 국민은 정치적 의사의 가치에 관한 한 평등하기 때문이다. 이러한 평등권의 특수한 내용은 국회의원선거구 인구불균형, 공직선거에 적용되는 기탁금제도 등에 대한 헌법심사에서 중요한 역할을 하였다(판례 4 참조).

4. 평등권 심사기준

평등권 심사에 있어서 자의금지의 원칙이 적용되는 결과, 특히 (다른 상황을 다르게 취급하여야 한다는 내용의) 수직적 평등실현에 있어서 상황, 그리고 평등을 실현하는 기준에 대한 판단에 있어서는 입법 형성의 여지가 넓다. 그러나 헌법이 특별히 평등취급을 요청하고 있는 경우, 즉 헌법이 직접 차별금지기준 및 차별금지영역을 제시하고 있거나 혹은 차별취급으로 인하여 기본권에 대한 중대한 제한이 가해지는 경우에는 입법 형성의 여지는 좁아진다. 이 경우 자의금지의 원칙이 아니라 비례의 원칙에 따라 엄격한 심사가 이루어진다. 비례의 원칙을 적용하는 경우에는 차별의 종류 및 정도가 차별을 행하는 목적과 비례관계에 있는지가 심사의 기준이 된다.

판례 25 평등심사의 기준: 비례의 원칙이 적용되는 경우

평등위반 여부를 심사함에 있어 엄격한 심사척도에 의할 것인지, 완화된 심사척도에 의할 것인지는 입법자에게 인정되는 입법형성권의 정도에 따라 다르다. 헌법에서 특별히 평등을 요구하고 있는 경우와 차별적 취급으로 인하여 관련 기본권에 대한 중대한 제한을 초래하는 경우에는 입법형성권은 축소되어 보다 엄격한 심사척도가 적용된다.

'제대군인 지원에 관한 법률'에 의한 가산점제도는 헌법 제32조

제4항이 특별히 남녀평등을 요구하고 있는 '근로' 내지 '고용'의 영역에서 남성과 여성을 달리 취급하는 제도이고, 또한 헌법 제25조에 의하여 보장된 공무담임권의 행사에 중대한 제약을 초래하기 때문에 엄격한 심사척도가 적용된다. 엄격한 심사는 자의금지원칙에 따른 심사, 즉 합리적 이유의 유무를 심사하는 것에 그치지 아니하고 비례성원칙에 따른 심사, 즉 차별취급의 목적과 수단 간에 엄격한 비례관계가 성립하는지를 기준으로 한 심사를 말한다. [헌재 1999. 12. 23. 98헌마363]

Ⅲ. 자유권적 기본권

1. 신체의 자유

(1) 헌법 규정

모든 국민은 신체의 자유를 갖는다(제12조). 신체의 자유를 제한하기 위해서는 그 요건과 내용이 법률에 규정되어야 하며, 적법절차에 따라야 한다. 신체의 자유가 제한되는 형태는 체포·구속·압수·수색·심문·처벌·보안처분·강제노역이다. 보안처분에 대해서도 법적 근거가 필요하다. 보안처분은 형벌만으로는 행위자의 장래의 재범에 대한 위험성을 제거하기에 충분하지 못한 경우에 사회방위와 행위자의 사회복귀를 위하여 취해지는 특별예방적 목적의 조치를 말한다. 치료감호, 보안관찰, 성범죄자에 대한 전자장치 부착명령, 성충동억제 약물치료 등이 보안처분에 포함된다.

법률에 근거 없는 신체의 자유에 대한 제한은 금지된다. 이때 법률은 헌법에 합치하는 법률을 말한다. 헌법은 신체의 자유를 제한하기 위하여 필요한 적법절차에 대해서 자세한 규정을 두고 있다. 소급입법에 의한 소추와 처벌은 금지된다. 동일한 범죄에 대해서 거듭처벌을 받지 않는다(제13조 제1항).

(2) 신체의 자유를 보장하기 위한 실체법적 원칙

1) 죄형법정주의

헌법은 죄형법정주의에 따라 신체의 자유를 보호한다. 이에 따르면 신체의 자유를 제한하는 구성요건, 처벌의 종류와 내용은 형식적 법률에 명확히 규율되어야 한다. 형법에서 해석을 통하여 유사한 사안에 대해서 범죄와 형벌을 인정하는 유추해석은 금지된다.

판례 26 죄형법정주의와 유추해석금지

일반적으로 형벌법규 이외의 법규범에서는 법문의 의미가 명확하지 않거나 특정한 상황에 들어맞는 규율을 하고 있는지 모호할 경우에는, 입법목적이나 입법자의 의도를 합리적으로 추론하여 문언의 의미를 보충하고 확정하는 체계적·합목적적 해석을 할 수도 있고, 유사한 규범이나 유사한 사례로부터 확대해석을 하거나 유추해석을 하여 법의 흠결을 보충할 수도 있다. 나아가 법률의 문언 그대로 구체적 사건에 적용할 경우에는 오히려 부당한 결론에 도달하게 되고 입법자가 그러한 결과를 의도하지 않았다고 판단되는 경우에는 문언을 일정 부분 수정하여 해석하는 경우도 있다.

그러나 형벌조항을 해석함에 있어서는 헌법에 규정된 죄형법정주의원칙 때문에 입법목적이나 입법자의 의도를 감안하는 확대해석이나 유추해석은 일체 금지되고 형벌조항의 문언의 의미를 엄격하게 해석해야 한다. [헌재 2012. 12. 27. 2011헌바117]

2) 형벌불소급의 원칙

죄형법정주의는 시간적으로는 현재의 법률에 의하여 구성요건과 처벌이 결정되어야 한다는 의미를 내포한다. 따라서 소급입법에 의하여 새로이 구성요건을 도입하거나 처벌의 정도를 중하게 하는 것은 허용되지 않는다. 일반적으로는 소급입법이 원칙적으로 금지되지만 예외적으로 허용되는 것과 달리, 형법에서 소급입법은 절대적으로 금지된다. 형벌과 같은 신체의 자유를 제한하는 내용을 갖는 보안처분에 있어서도 소급입법은 허용되지 않는다(헌재 1989. 7. 14, 88헌가5등). 이에 비해서 성폭력범죄자에 대해서 소급입법에 의하여 전자장치 부착명령을 내리는 것은 비형벌적 보안처분으로서 형벌불소급의 원칙에 위배되지 않는다(헌재 2012. 12. 27, 2010헌가82등).

판례 27 보안처분과 형벌불소급의 원칙

헌법이 제12조 제1항 후문에서 "… 법률과 적법한 절차에 의하지 아니하고는 처벌·보안처분 또는 강제노역을 받지 아니한다"라고 규정하여 처벌과 보안처분을 나란히 열거하고 있는 점을 생각해 보면, 상습범 등에 대한 보안처분의 하나로서 신체의 자유를 박탈하는 내용의 보호감호처분은 형벌과 같은 차원에서의 적법한 절차와 헌법 제13조 제1항에 정한 죄형법정주의의 원칙에 따라 비로소 과해질 수 있다. 따라서 그 요건이 되는 범죄에 관한 한 소급입법에 의한 보호감호처분은 허용될 수 없다. [헌재 1989. 7. 14, 88헌가5등]

3) 연좌제금지

신체의 자유는 개인에게 책임을 물을 수 있는 행위에 대한 비난가능성이 존재할 때 제한될 수 있다. 따라서 다른 사람의 행위를 원인으로, 즉 자신의 행위와 관련이 없음에도 불구하고 행위자와 일정한 친족관계에 있다는 이유로 불이익한 처우를 하는 것은 허용되지 않는다(제13조 제3항). 다만 관련 불이익을 받는 자가 해당 행위를 행한 자와 실질적으로 밀접한 관련이 있는 경우에는 연좌제금지에 위반되는 것은 아니다. 예컨대, 선거에서 후보자와 밀접한 관련 속에서 중요한 역할을 하는 배우자의 위법행위, 선거사무장이나 회계책임자의 위법행위를 이유로 후보자에게 불이익을 주는 것은 연좌제금지에 위반되지 않는다.

판례 28 반국가행위자 재산의 몰수와 연좌제

'반국가행위자의 처벌에 관한 특별조치법' 제8조는 제2조 제2항에서 "이 법에서 반국가행위자의 재산이라 함은 행위자가 실질적으로 소유하고 있는 동산·부동산·유가증권 기타 일체의 재산적 가치있는 물건 또는 권리를 말한다"고 규정하고 있다. 또 제10조에서 몰수판결의 효력은 몰수대상물의 명의자 또는 점유자에 대하여도 효력이 있다고 규정하고 있다. 이를 종합하여 보면, 친족의 재산까지도 반국가행위자의 재산으로 검사가 적시하면 특조법 제7조 제7항에 의하여 증거조사 없이 몰수형이 선고될 수 있으므로, 헌법 제13조 제3항에서 금지한 연좌형이 될 소지도 크다. 따라서 특조법 제8조는 헌법 제13조 제3항에도 위반된다. [헌재 1996. 1. 25, 95헌가5]

4) 이중처벌금지

모든 국민은 동일한 범죄에 대하여 거듭 처벌받지 않는다(제13조 제1항). 금지의 대상은 원칙적으로 범죄에 대한 국가의 형벌권 실행으로서 과벌을 말한다. 국가가 행하는 일체의 제재나 불이익처분이 병과가 금지되는 처벌에 속하는 것은 아니다. 따라서 예컨대 행정법 위반행위에 대해서 형벌을 가하고, 행정법상의 의무를 이행하도록 하기 위하여 과태료를 부과하는 것은 헌법이 금지하는 이중처벌에 해당하지 않는다.

범죄행위에 대해서 형벌 외에 보호감호처분 등 보안처분을 하는 것이 금지되는 것은 아니다. 형벌과 보안처분은 그 본질과 목적 및 기능이 전혀 다르기 때문이다. 형벌은 기본적으로 과거의 범죄행위에 대한 법적 비난이다. 이에 비해서 보호감호처분은 행위자의 재범의 위험을 방지하고, 사회방위와 행위자의 사회복귀를 목적으로 한다.

(3) 신체의 자유를 보장하기 위한 절차법적 원칙

1) 적법절차의 적용범위

적법절차는 신체의 자유에 한정되지 않고 모든 기본권의 제한에 있어서, 그리고 국가작용 전반에 적용되어야 한다. 다만 적법절차조항이 일률적인 내용을 갖는 것은 아니며 사항의 성질, 관련 당사자의 사익, 절차의 이행으로 제고될 가치, 국가작용의 효율성, 절차에 소요되는 비용, 불복의 기회 등 여러 요소를 고려하여 개별적으로 판단된다. 헌법에 명시되어 있지는 않지만 실질적으로 신체의 자유를 제한하는 인신구속의 경우에도 적법절차가 적용되어야 한다. 따라서 이러한 절차가 보장되지 않은 상태에서 정신질환자를 강제입원시키는 조치는 헌법에 위반된다.

판례 29 정신질환자 강제입원과 적법절차

강제입원은 기본적으로 신체의 자유를 제한 내지 박탈하는 인신구속의 성질을 가지므로 부당한 강제입원으로부터 환자의 권리를 보호할 수 있는 절차가 필요하다. 예컨대 신체의 자유를 제한 당하는 당사자에 대한 사전고지, 청문 및 진술의 기회, 강제입원에 대한 불복, 부당한 강제입원에 대한 사법심사, 국가 또는 공적기관에서 제공하는 절차보조인의 조력과 같은 절차가 보장되어야 한다.

정신보건법은 보호입원제도를 두면서 이러한 절차들을 전혀 마련하고 있지 아니하다. 또 정신질환자의 판단능력은 모두 다를 수 있음에도 불구하고, 입원을 결정함에 있어 정신질환자에게는 판단능력 내지 입원에 대한 동의능력이 전혀 없는 것으로 간주하여 이들의 의사를 고려하지 않고 있다. 또한 입원 전이나 입원 당시에 당사자에게 고지하는 제도가 없고, 입원 후에야 이를 통지하는 사후통지제도만을 두고 있다(제24조 제5항). 공적기관에서 제공하는 절차보조인과 같이 보호입원 전반에 걸쳐 객관성을 담보할 수 있는 자의 관여도 허용하고 있지 않다.

이와 같이 보호입원제도는 입원의 필요성에 대한 판단에 있어 객관성과 공정성을 담보할 만한 장치를 두고 있지 않고, 보호입원 대상자의 의사 확인이나 부당한 강제입원에 대한 불복제도도 충분히 갖추고 있지 않아, 보호입원 대상자의 신체의 자유를 과도하게 제한하고 있어, 침해의 최소성에 반한다. [헌재 2016. 9. 29. 2014헌가9]

2) 영장제도, 체포 및 구속적부심사청구권

영장제도는 구속의 적부에 대하여 중립적이고 공정한 제3자로 하여금 판단케 하여 신체의 자유를 제한하는 데 신중과 공정을 기하려는 목적을 갖는다. 영장은 검사의 신청에 의하여 법관이 발부한다(제12조 제3항). 구속영장을 청구받은 판사는 지체없이 피의자를 심문한 후 구속영장의 발부 여부를 결정한다(영장실질심사제도). 영장은 원칙적으로 체포·구속 전에 발부되어야 한다. 현행범인인 경우와 긴급체포의 경우에는 사후에 영장을 신청하여 발부받을 수 있다(제12조 제3항 2문). 긴급구속은 장기 3년 이상의 형에 해당하는 죄를 범하고 도피 또는 증거인멸의 우려가 있을 때 이루어진다. 헌법 제77조 제3항에 의하여 비상계엄이 선포된 경우에는 영장제도에 대해서 특별한 조치를 취할 수 있다. 이 경우 예컨대 현행범인 혹은 긴급구속의 요건을 갖추지 않은 경우에도 사전영장 대신 사후영장에 의하여 체포 혹은 구속을 할 수 있을 것이다.

체포·구속을 당한 자는 법원에 구속의 적부(適否)에 대한 심사를 청구할 수 있다(제12조 제6항). 구속적부심을 통해서 영장발부의 타당성이 재심사된다. 이는 영장제도를 보충하여 다시 한번 부당한 체포·구속을 예방하고 공정한 수사를 촉진하는 목적을 갖는다. 피의자는 동일한 영장에 대해서 적부심사를 재청구할 수 없으며, 또 공범이 수사를 방해할 목적으로 순차적으로 적부심사를 신청할 수 없다. 구속적부심사는 원칙적으로 영장을 발부한 법관이 아닌 법관이 행한다. 구속적부심의 결과 구속이 이유 없다고 판단되면 구속된 피의자는 석방되며, 수사기관은 동일한 범죄사실에 대하여 다시 체포 또는 구속할 수 없다.

3) 체포·구속이유 고지제도

체포·구속되는 자는 체포·구속이유를 고지받을 권리가 있으며, 체포·구속되는 자의 가족 등 법률이 정하는 자에게는 체포 및 구속의 이유와 일시·장소 등을 지체없이 통지하여야 한다(제12조 제5항). 법률이 정하는 자란 변호인이 있는 때에는 변호인, 변호인이 없는 때에는 피고인 또는 피의자의 법정대리인, 배우자, 직계친족, 형제자매 중 피고인이 지정한 자를 말한다. 이때 비로소 체포·구속된 자가 효과적으로 자신을 방어할 수 있기 때문이다. 체포·구속이유 등에 대한 고지는 체포 및 구속 즉시 서면의 형식으로 이루어져야 한다.

4) 변호인의 조력을 받을 권리

체포·구속되는 자는 일반적으로는 자신을 효과적으로 방어할 능력을 갖춘 법률전문가가 아니다. 따라서 법률전문가인 수사기관, 그리고 형사사건에서 원고의 지위에 있는 검사와의 관계에서 효과적으로 자신을 방어할 능력이 없다. 이에 피의자 및 피고인이 실질적으로 대등한 지위에서 수사 및 공판에 임하여 공격 및 방어의 기회를 가질 수 있도록 변호인의 조력을 받을 권리가 보장된다

(제12조 제4항). 체포 및 구속기관은 체포 및 구속을 할 때 변호인의 조력을 받을 권리가 있음을 고지하여야 한다. 변호인의 조력을 받을 권리는 형사절차에 적용되는 기본권이기 때문에 형사절차가 종료되어 수용 중인 수형자는 원칙적으로 변호인의 조력을 받을 권리의 주체가 될 수 없다.

변호인의 충분한 조력을 받을 권리가 보장되어야 한다. 이를 위하여 피의자 및 피고인은 변호인을 선임하고, 자유롭게 접견·교통할 수 있어야 한다. 접견·교통은 자유롭게 이루어져야 하기 때문에, 예컨대 관계 공무원이 가까이에서 감시하면서 대화내용을 듣거나 녹취하는 등 불안한 분위기를 조성하여서는 안 된다. 또 피의자 및 피고인은 변호인을 통하여 수사서류를 포함한 소송관계 서류를 열람·등사하고, 이에 대한 검토 결과에 기초하여 공격과 방어를 할 수 있어야 한다.

피의자 및 피고인이 변호인을 선임하기 위하여 필요한 자력(資力)이 없는 때에는 변호인의 조력을 받을 권리는 무의미해진다. 이에 헌법은 형사피고인에게 국선변호인의 조력을 받을 권리를 보장하고 있다(제12조 제4항). 법원은 구속된 피고인, 미성년자, 70세 이상의 자, 농아자, 심신장애의 의심이 있는 자, 사형·무기 또는 3년 이상의 징역이나 금고에 해당하는 사건으로 기소된 피고인에 대해서 변호인이 없는 때에는 직권으로 변호인을 선정한다. 또 빈곤 그 밖의 사유로 변호인을 선임할 수 없는 자가 피고인인 경우에는 피고인의 청구가 있으면 국선변호인을 선정한다(형사소송법 제33조). 피의자가 구속적부심을 신청한 경우에는 예외적으로 피의자도 국선변호인의 조력을 받을 수 있다(형사소송법 제214조의2 제10항).

판례 30 변호인의 조력을 받을 권리의 내용

변호인의 조력을 받을 권리는 무죄추정을 받고 있는 피의자·피고인에 대하여 신체구속의 상황에서 생기는 여러 가지 폐해를 제거하고 구속이 그 목적의 한도를 초과하여 이용되거나 작용하지 않도록 하기 위한 것으로 '변호인의 조력'은 '변호인의 충분한 조력'을 의미한다. 변호인의 조력을 받을 권리의 필수적 내용은 신체구속을 당한 사람과 변호인과의 접견교통권이며, 이러한 접견교통권의 충분한 보장은 구속된 자와 변호인의 대화내용에 대하여 비밀이 완전히 보장되고 어떠한 제한·영향·압력 또는 부당한 간섭 없이 자유롭게 대화할 수 있는 접견을 통하여서만 가능하다. 이러한 자유로운 접견은 구속된 자와 변호인의 접견에 교도관이나 수사관 등 관계공무원의 참여가 없어야 한다. 변호인과의 자유로운 접견은 변호인의 조력을 받을 권리의 가장 중요한 내용이어서 국가안전보장, 질서유지, 공공복리 등 어떠한 명분으로도 제한될 수 없다.

행형법 제62조가 "미결수용자에 대하여 본법 또는 본법의 규정에 의하여 발하는 명령에 특별한 규정이 없는 때에는 수형자에 관한 규정을 준용한다"라고 규정하여 미결수용자(피의자, 피고인)의 변호인 접견에도 행형법 제18조 제3항에 따라서 교도관이 참여할 수 있게 한 것은 신체구속을 당한 미결수용자에게 보장된 변호인의 조력을 받을 권리를 침해하는 것이어서 헌법에 위반된다. [헌재 1992. 1. 28. 91헌마111]

5) 고문금지, 불리한 진술을 강요당하지 않을 권리, 자백의 증거능력 제한

모든 국민은 고문을 받지 않는다(제12조 제2항). 고문금지는 주로 피의자에 대한 수사단계에서 문제되지만 피의자에 한하지 않고 모든 국민에게 적용된다. 고문행위는 실정법적으로 형법상의 폭행 및 가

혹행위죄, 「특정범죄가중처벌 등에 관한 법률」에 의한 체포·감금 등의 가중처벌에 관한 죄가 적용된다. 또 고문행위는 손해배상 혹은 국가배상청구권을 성립시킨다.

고문은 일반적으로 자신에게 불리한 진술을 강요하여 얻은 자백을 유죄의 증거로 사용하려는 목적을 갖기 때문에 불리한 진술을 강요당하지 않을 권리와 자백의 증거능력을 제한하는 조치는 고문금지의 실효성을 보충한다.

모든 국민은 형사상 자기에게 불리한 진술을 강요당하지 않는다(제12조 제2항). 이때 '진술'은 생각이나 지식 및 경험사실을 언어로 표현하는 것이다. 수사기관은 수사대상인 자에게 불리한 진술을 강요당하지 않을 권리가 있음을 고지하여야 한다. 진술거부권을 고지하지 않고 작성된 피의자 신문조서의 증거능력은 부인된다. 불리한 진술을 강요당하지 않을 권리는 수사단계 및 공판절차뿐 아니라 행정절차나 국회에서의 증인·감정인에 대한 질문 등에 있어서도 적용된다.

자백의 증거능력 및 증명력은 제한된다(제12조 제7항). '증거능력'이란 형사사건에서 유죄를 입증하는 자료로 사용될 수 있는 자격을 말한다. '증명력'은 유죄판결의 이유로 사용되는 증거의 진실성과 신빙성의 정도를 말한다. 임의성이 없는 자백은 증거능력 자체가 없다. 즉, 피고인의 자백이 고문·폭행·협박·구속의 부당한 장기화 또는 기망 기타의 방법에 의하여 자의로 진술된 것이 아니라고 인정될 때에는 이를 유죄의 증거로 삼거나 이를 이유로 처벌할 수 없다. 자백의 임의성에 관하여 의심이 있는 경우에는 피고인이 임의성이 없음에 대한 입증책임을 지지 않고 검사가 임의성이 있었음을 입증하여야 한다. 자백이 임의성이 있는 경우에는 증거능력은 있지만 증명력은 제한된다. 즉, 피고인의 자백이 그에게 불리한 유일한 증거일 때에는 이를 유죄의 증거로 삼거나 이를 이유로 처벌할 수 없다. 일반적으로 자백이 임의성이 있는 경우에 유죄판결을 하기 위해서는 보강증거를 필요로 한다.

판례 31 자백의 임의성과 증명력

자백에 대한 보강증거는 범죄사실의 전부 또는 중요 부분을 인정할 수 있는 정도가 되지 않더라도 피고인의 자백이 가공적인 것이 아닌 진실한 것임을 인정할 수 있는 정도이면 족할 뿐만 아니라 직접증거가 아닌 간접증거나 정황증거도 보강증거가 될 수 있다. 또한 자백과 보강증거가 서로 어울려서 전체로서 범죄사실을 인정할 수 있으면 유죄의 증거로 충분하다. [대판 1999. 3. 23, 99도338]

2. 주거의 자유, 사생활의 비밀과 자유, 개인정보자기결정권, 통신의 비밀

헌법 제16조 주거의 자유, 제17조 사생활의 비밀과 자유, 그리고 제18조 통신의 비밀에 관한 규정은 모두 개인의 사생활을 보호한다. 주거의 자유는 개인의 사생활이 이루어지는 공간을, 사생활의 비밀과 자유는 사생활의 내용을, 그리고 통신의 자유는 사생활에서의 의사소통을 보호한다. 이 밖에 헌법이 명시하고 있지는 않지만 정보사회에서 개인의 지위를 보장하기 위하여 개인정보자기결정권이 독자적인 기본권으로 인정되고 있다.

(1) 주거의 자유

모든 국민은 주거의 자유를 침해받지 않는다. 주거에 대한 압수나 수색을 할 때에는 검사의 신청에 의하여 법관이 발부한 영장을 제시하여야 한다(제16조). 주거의 자유의 보호영역은 공간적으로 외부와 구획된 모든 사적 공간이다. 주택은 물론이고 그 밖에 기능상

생활을 위한 공간 역시 주거에 해당된다. 예컨대 작업장, 영업장소, 학교의 연구실 등도 주거에 해당한다. 주거의 자유는 현재 사실상의 주거를 보호한다. 주거자가 현재 존재하는가의 여부는 중요한 기준이 아니다.

주거의 자유는 국가가 법적 근거 없이 개인의 주거를 침입하는 것을 금지한다. 구체적으로는 주거자의 명시적 혹은 묵시적인 승낙 없이, 혹은 주거자의 의사에 반하여 주거에 침입하는 것이 금지된다. 주거자의 의사에 반하지는 않으나 불법적인 목적을 가지고 있는 경우에도 주거의 자유를 침해한다. 주거자가 불법목적을 인식하였더라면 승낙하지 않았을 것이기 때문이다.

주거의 자유 제한에 있어서 영장제도가 적용된다. 즉, 주거에 대한 압수·수색을 위해서는 검사가 신청하여 법관이 발부한 영장이 제시되어야 한다. 이때 영장은 압수·수색 전에 발부되고 제시되어야 한다. 긴급구속을 하는 경우 혹은 현행범인을 구속하는 경우에는 사후에 영장이 제시될 수 있다.

행정절차에 영장제도가 적용되는가에 대해서는 논란이 있다. 해당 행정절차가 실질적으로 형사사건을 수사하기 위한 자료를 수집하는 데 직접적인 목적이 있는 경우, 행정목적을 달성하기 위해서 행사되는 강제의 형태가 상대방의 의사를 현저히 구속함으로써 직접적인 물리력의 강제와 같다고 할 수 있는 경우에는 영장제도가 적용되어야 할 것이다.

주거의 자유는 그 밖에도 여러 법률의 규정에 의하여 제한된다. 「경찰관직무집행법」에 의해서 위해(危害)를 방지하거나 피해자를 구조하기 위해서(법 제7조), 혹은 「감염병의 예방 및 관리에 관한 법률」상의 방역 및 소독조치를 위하여(법 제42, 47, 48조), 「민사집행법」에 의하여 집달관이 강제집행을 위한 목적으로 주거를 수색하는 형태의 제한이 그 예이다(법 제5조).

(2) 사생활의 비밀과 자유

모든 국민은 사생활의 비밀과 자유를 침해받지 아니한다(제17조). 사생활의 비밀과 자유란 개인이 일반적인 생활규범의 범위 내에서 자신의 사생활을 자유롭게 설계·형성하고 이에 대해서 외부의 간섭을 받지 않을 권리를 말한다. 사생활의 비밀과 자유는 사생활의 은밀한 부분에 대한 탐지 또는 그 사실의 폭로에 의하여 침해된다. 탐지 혹은 폭로된 사실이 개인의 사회적 평가에 영향을 미치는가, 또 진실인가의 여부는 중요한 기준이 아니다. 사실의 공표를 구성요건으로 하고, 공표사실이 진실로서 오로지 공공의 이익인 경우 면책될 수 있는 형법의 명예훼손죄와 구별되는 점이다(형법 제307조, 제310조 참조).

사생활의 비밀과 자유는 국가의 정보수요 및 국민의 알 권리와의 긴장관계 속에서 구체적으로 실현된다. 오늘날과 같은 고도의 정보사회에서 국가는 계획활동을 위하여 개인정보를 수집할 필요성이 크다. 따라서 주거조사 혹은 인구조사와 같은 목적에 사용되고, 조사대상자에게 익명이 보장되는 조건하에서 이러한 국가행위가 금지되는 것은 아니다. 다만 정보수집을 위하여 개인의 사생활을 조사하는 국가기관은 수집된 자료를 다른 목적으로 유출하지 않을 의무가 있다.

공적 인물(public figure)의 성격을 띠고, 또 그와 관련된 사생활이 동시에 공적 사안일 때에는 일반 개인에 비해서 사생활의 비밀과 자유에 의하여 보호되는 범위가 줄어든다. 공적 사안에 관한 한 국민에게 알 권리가 있기 때문이다.

(3) 개인정보자기결정권

개인정보자기결정권은 자신에 관한 정보가 언제, 누구에게, 어느 범위까지 알려지고, 또 이용되도록 할 것인가를 정보주체 스스로가 결정할 수 있는 권리이다. 그러나 국가의 기능유지를 위하여 혹은 과제를 수행하기 위하여 국가는 개인정보를 수집·활용할 수 있어야 한다. 개인정보보호에 대해서 자세히는 「개인정보보호법」이 규율하고 있다. 정보의 수집과 이용·처리단계에서 다음과 같은 문제들이 제기된다.

개인정보의 수집단계에서 개인의 정보자기결정권이 존중되어야 한다. 개인정보가 필요한 경우에도 되도록 익명의 형태로 정보를 수집하여야 한다. 인터넷게시판에 의견을 게시하는 경우에 본인확인을 하고, 정보통신서비스제공자가 그러한 개인정보를 일정 기간 보관하도록 하는 것은 개인정보자기결정권을 침해한다(헌재 2012. 8. 23, 2010헌마47등). 익명성이 보장되지 않는 정보수집을 하는 경우에는 정보수집의 범위와 목적이 법률에 명백히 표현되어야 한다. 실명(實名)으로 정보를 수집할 필요가 있는 경우에는 정보수집의 원래 목적에 엄격히 기속되어야 한다. 또 이러한 정보가 다른 목적으로 사용되고, 그 결과 불이익처분이 이루어져서는 안 된다.

개인은 자신에 관한 어떠한 정보가 보관·이용되고 있는가를 알 수 있어야 한다. 이를 위하여 현재 개인정보파일의 등록 및 공개제도가 운영되고 있다(개인정보보호법 제32조). 개인은 자신의 정보가 올바르게 처리되고 있는가에 대해서 열람하고 필요한 경우에는 정정 또는 삭제를 청구할 수 있다(개인정보보호법 제35조, 제36조).

판례 32 주민등록번호 변경과 개인정보자기결정권

주민등록번호는 단순한 개인식별번호에서 더 나아가 표준식별번호로 기능함으로써, 결과적으로 개인정보를 통합하는 연결자(key data)로 사용되고 있는 바, 개인에 대한 통합관리의 위험성을 높이고, 종국적으로 개인을 모든 영역에서 국가의 관리대상으로 전락시킬 위험성이 있다. 따라서 주민등록번호의 관리나 이용에 대한 제한의 필요성이 크다. 또한, 현대사회는 개인의 각종 정보가 타인의 수중에서 무한대로 집적·이용 또는 공개될 수 있으므로 연결자 기능을 하는 주민등록번호가 불법 유출 또는 오·남용되는 경우 개인의 사생활뿐만 아니라 생명·신체·재산까지 침해될 소지가 크고, 실제 유출된 주민등록번호가 범죄에 악용되는 등 해악이 현실화되고 있다.

이러한 현실에서 주민등록번호 유출 또는 오·남용으로 인하여 발생할 수 있는 피해 등에 대한 아무런 고려 없이 주민등록번호 변경을 일률적으로 허용하지 않는 것은 개인정보자기결정권을 과도하게 침해할 수 있다. [헌재 2015. 12. 23. 2013헌바68등]

(4) 통신의 비밀

모든 국민은 통신의 자유를 침해받지 아니한다(제18조). 통신의 자유는 우편 혹은 전기통신 등의 방법에 의하여 격지자(隔地者) 간에 의사전달과정을 보호하는 기본권이다. 통신의 내용·당사자, 통신의 방법 등을 본인의 의사에 반하여 공개하거나 강제하는 것이 금지된다. 구체적으로 국가기관이 개인의 통신내용을 침해하거나, 업무상 알게 된 통신내용을 외부에 공표하는 것, 또 국가가 알게 된 통신내용을 정보활동의 목적에 제공하거나 제공받는 행위가 금지된다. 통신의 비밀을 침해하는 불법적인 방법으로 취득된 정보에 대해서는 증거능력이 인정되지 않는다.

통신의 자유에 관한 기본적인 사항과 제한은 「통신비밀보호법」이 규율하고 있다. 범죄수사를 위해서 필요한 경우에는 감청 및 우편물에 대한 검열 등 통신제한조치를 취할 수 있다. 범죄수사를 위한 통신제한조치를 취하기 위해서는 검사의 신청에 의하여 법관이 허가서를 발부하여야 한다. 통신제한조치의 기간은 원칙적으로 2개월로 한정되어 있다(통신비밀보호법 제6조). 정보수사기관의 장은 국가안전보장의 목적으로 통신제한조치를 취할 수 있다. 이 경우 통신제한

조치의 기간은 원칙적으로 4개월로 제한되어 있다(통신비밀보호법 제7조).

판례 33 통신제한조치의 기간 연장과 통신의 자유

통신제한조치 기간의 연장을 허가함에 있어 총 연장기간 또는 총 연장횟수의 제한을 두고 그 최소한의 연장기간 동안 범죄혐의를 입증하지 못하는 경우 통신제한조치를 중단하게 한다고 하여도, 여전히 통신제한조치를 해야 할 필요가 있으면 법원에 새로운 통신제한조치의 허가를 청구할 수 있으므로 이로써 수사목적을 달성할 수 있다. 또한 법원이 실제 통신제한조치의 기간연장절차의 남용을 통제하는 데 한계가 있는 이상 통신제한조치 기간연장에 사법적 통제절차가 있다는 사정만으로는 그 남용으로 인하여 개인의 통신의 비밀이 과도하게 제한되는 것을 막을 수 없다. 그럼에도 통신제한조치 기간을 연장함에 있어 법운용자의 남용을 막을 수 있는 최소한의 한계를 설정하지 않은 이 사건 통신비밀보호법의 조항은 최소침해의 원칙에 위반한다.

나아가 통신제한조치가 내려진 피의자나 피내사자는 자신이 감청되고 있다는 사실을 모르는 기본권 제한의 특성상 방어권을 행사하기 어려우므로 통신제한조치 기간의 연장을 허가함에 있어 총 연장기간 또는 총 연장횟수의 제한이 없을 경우 수사와 전혀 관계없는 개인의 내밀한 사생활의 비밀이 침해당할 우려도 심히 크기 때문에 기본권 제한의 법익균형성 요건도 갖추지 못하였다. [헌재 2010. 12. 28, 2009헌가30]

3. 양심의 자유, 종교의 자유

(1) 양심의 자유

모든 국민은 양심의 자유를 가진다(제19조). 양심은 도덕적·윤리적인 선악에 대한 판단으로서 개인의 인격형성의 기반이 되므로 강력하게 보호된다. 양심은 세계관·인생관·주의·신조 등은 물론 이에 이르지 않더라도 개인의 인격형성에 관계되는 내심에 있어서의 가치적 · 윤리적 판단을 말한다. 양심의 자유는 양심형성의 자유와 양심실현의 자유를 내용으로 한다.

개인은 외부의 간섭이 없이 자유로운 결정에 의하여 양심을 형성할 수 있어야 한다. 이러한 양심형성의 자유는 양심의 자유의 본질적인 내용으로서 절대적으로 보호된다. 자유민주주의를 부인하는 가치의 형성 역시 내심에 머물러 있는 한 제한되지 않는다. 외부에 공표할 것을 염두에 두고 쓰는 것이 아니며, 내심의 사항을 기재한 일기장은 양심의 자유에 의해서 보호된다. 따라서 이러한 일기장의 기재내용을 이유로 처벌할 수 없다. 그러나 일기장의 기재내용이 양심에 해당하지 않는 경우에는 사생활의 비밀과 자유에 의하여 보호된다. 이는 절대적으로 보호되는 것은 아니다.

양심실현의 자유에 의하여 개인은 양심의 내용을 외부에 공표하도록 강요당하지 않으며, 또 외부에서 개인의 양심의 내용을 추지(推知)할 수 있도록 양심에 반하는 행위를 강요당하지 않는다. 따라서 법률이 양심의 영역과 관련하여 의무를 부과하고, 그 위반이 양심상의 명령에 따른 것이며, 그 위반에 대해서 제재 혹은 이행강제가 가해지는 경우에는 양심의 자유가 제한된다. 다만 양심형성의 자유와는 달리 양심실현의 자유는 절대적으로 보호되는 것은 아니다.

2018년 헌법재판소는 양심상 병역거부와 관련된 「병역법」 규정을 헌법불합치로 결정하였다. 대체복무제를 인정하지 않음으로써 양심을 강요하는 결과가 되었고, 이들을 형사처벌하는 방법을 통하여 병역의무의 이행이라는 목적을 달성할 수 없으며, 병역의무와 부담의 형평을 갖는 대체복무를 도입하여 병역의무를 이행하는 것과 같은 상태를 실현할 수 있기 때문이다. 이후 대법원은 병역을 거부하는 정당한 사유에 양심상의 이유가 포함된다는 내용으로 적극적인 해석을 하였으며, 이는 기존의 판례를 변경한 것이었다(대판 2018. 11. 1, 2016도10912)

판례 34 양심상의 이유로 인한 병역거부와 양심의 자유

양심적 병역거부자에게 군사훈련을 받는 병역을 부과할 경우 그들의 양심과 충돌을 일으킨다. 따라서 이에 대한 대안으로 대체복무제가 논의되어 왔다. 양심적 병역거부자의 수는 병역자원의 감소를 논할 정도가 아니고, 이들을 처벌한다고 하더라도 교도소에 수감할 수 있을 뿐 병역자원으로 활용할 수는 없으므로, 대체복무제를 도입하더라도 우리나라의 국방력에 의미 있는 수준의 영향을 미친다고 보기는 어렵다. 국가가 관리하는 객관적이고 공정한 사전심사절차와 엄격한 사후관리절차를 갖추고, 현역복무와 대체복무 사이에 복무의 난이도나 기간과 관련하여 형평성을 확보해 현역복무를 회피할 요인을 제거한다면, 심사의 곤란성과 양심을 빙자한 병역기피자의 증가 문제를 해결할 수 있으므로, 대체복무제를 도입하면서도 병역의무의 형평을 유지할 수 있다. 따라서 대체복무제라는 대안이 있음에도 불구하고 군사훈련을 수반하는 병역의무만을 규정한 병역종류조항은 침해의 최소성 원칙에 어긋난다.

병역종류조항이 추구하는 '국가안보' 및 '병역의무의 공평한 부담'이라는 공익은 대단히 중요하다. 그러나 병역종류조항에 대체복무제를 도입하더라도 위와 같은 공익은 충분히 달성할 수 있다. 반면, 병역종류조항이 대체복무제를 규정하지 아니함으로 인하여 양심적 병역거부자들은 최소 1년 6월 이상의 징역형과 그에 따른 막대한 유·무형의 불이익을 감수하여야 한다. 양심적 병역거부자들에게 공익 관련 업무에 종사하도록 한다면, 이들을 처벌하여 교도소에 수용하는 것보다는 넓은 의미의 안보와 공익실현에 더 유익한 효과를 거둘 수 있다. 따라서 병역종류조항은 법익의 균형성 요건을 충족하지 못하였다. [헌재 2018. 6. 28. 2011헌바379등]

(2) 종교의 자유

모든 국민은 종교의 자유를 가진다. 국교는 인정되지 아니하며, 종교와 정치는 분리된다(제20조). 종교의 자유는 양심의 자유와는 달리 피안의 세계에 대한 내적 확신을 보호한다. 종교의 자유는 피안의 세계에 대한 믿음(신앙의 자유)과 그 실현행위에 국가가 간섭하는 것을 금지한다(종교실현의 자유).

종교의 자유의 가장 본질적인 내용은 신앙의 자유이다. 신앙의 자유는 절대적으로 보호된다. 신앙을 갖거나 갖지 않을 자유, 신앙선택의 자유 및 기존의 신앙을 변경할 자유가 보호된다. 종교의 자유는 신앙을 외부로 표현하도록 강제당하지 않을 자유, 그리고 개인의 신앙을 추지(推知)할 수 있는 행위를 강제당하지 않을 자유를 포함한다.

종교실현의 자유에는 일반적으로 예배의 형태로 이루어지는 종교의식의 자유와 포교의 자유, 그리고 종교적 집회·결사의 자유가 포함된다. 학교에서 일반적인 종교교육 이외에 포교의 자유에 의하여 '임의'의 형태로 이루어지는 한 특정 종교에 대한 종교교육도 허용된다. 예컨대, 학교에 대한 자기선택권이 부여되어 있지 않는 중고등학교에서 필수과목의 형태로 특정 종교를 교육하는 것은 종교의 자유와 양립될 수 없다. 종교적 집회·결사의 자유는 헌법 제21조 일반적인 집회·결사의 자유에 비해서 두터운 보호를 받는다. 종교집회는 「집회 및 시위에 관한 법률」에 의한 사전신고 등 규제조항의 적용을 받지 않는다(집시법 제15조).

종교의 자유는 종교 그 자체를 보호대상으로 한다. 종교인의 모든 활동이 종교의 자유에 의하여 보호되는 것은 아니다. 따라서 종교인의 소득은 과세의 대상이며, 과세대상이 될 수 있다. 또 종교단체의 세속적 활동은 해당 생활영역을 규율하는 기본권의 적용대상이다. 예컨대 종교교단이 설립한 교육기관이 학교 혹은 학원의 형태로 운영될 경우에는 「교육기본법」과 「학원의 설립·운영 및 과외교습에 관한 법률」이 적용된다.

국교불인정은 종교 간의 평등을 제도적으로 보장한다. 이에 따르면 특정 종교에 대해서 국가가 특권을 부여하거나 혹은 우대하는 것은 금지된다. 특히 국·공립학교에서 특정 종교를 필수과목으로 교육하는 것은 국교불인정의 원칙과 조화될 수 없다. 정교분리의 원칙은 국가권력의 세속화를 표현한 것이다. 국가는 종교적 중립을 지켜야 하며, 이러한 지위에서 종교의 다원성을 보장하여야 한다.

판례 35 학교에서의 종교교육과 종교의 자유

고등학교 평준화정책에 따른 학교 강제배정제도가 위헌이 아니지만 종립학교가 가지는 종교교육의 자유 및 운영의 자유와 학생들의 소극적 종교행위의 자유 및 소극적 신앙고백의 자유 사이에 충돌이 생기게 된다. 종교교육으로 인하여 학생들이 입을 수 있는 피해는 그 정도가 가볍지 아니하며 그 구제수단이 별달리 없음에 반하여 학교법인은 제한된 범위 내에서 종교의 자유 및 운영의 자유를 실현할 수 있다. 종립학교가 고등학교 평준화정책에 따라 학생 자신의 신앙과 무관하게 입학하게 된 학생들을 상대로 종교적 중립성이 유지된 보편적인 교양으로서의 종교교육의 범위를 넘어서서 학교의 설립이념이 된 특정의 종교교리를 전파하는 형태의 종교교육을 실시하는 경우에는 구체적인 사정을 종합적으로 고려하여 사회공동체의 건전한 상식과 법감정에 비추어 볼 때 용인될 수 있는 한계를 초과한 종교교육에 대해서는 위법성을 인정할 수 있다.

이때 고려되어야 하는 사정은 다음과 같다. 즉 그 종교교육의 구체적인 내용과 정도, 종교교육이 일시적인 것인지 아니면 계속적인 것인지 여부, 학생들에게 그러한 종교교육에 관하여 사전에 충분한 설명을 하고 동의를 구하였는지 여부, 종교교육에 대한 학생들의 태도나 학생들이 불이익이 있을 것을 염려하지 아니하고 자

> 유롭게 대체과목을 선택하거나 종교교육에 참여를 거부할 수 있었는지 여부 등의 구체적인 사정을 종합적으로 고려하여 사회공동체의 건전한 상식과 법감정에 비추어 볼 때 용인될 수 있는 한계를 초과한 종교교육인 경우에는 위법성을 인정할 수 있다. [대판 2010. 4. 22, 2008다38288]

4. 학문과 예술의 자유

모든 국민은 학문과 예술의 자유를 가진다(제22조 제1항). 저작자·발명가·과학기술자와 예술가의 권리는 법률로써 보호한다(제2항). 학문의 자유는 객관적인 방법론에 입각한 진리발견과정을, 예술의 자유는 인간의 미(美)를 추구하기 위한 감성적·심미적 활동을 보호한다. 학문과 예술의 자유는 이러한 활동을 개인의 자기결정으로 보호하여 문화적 공동체의 실현에 기여한다. 독창성과 자율성을 특징으로 하는 문화국가의 이념을 학문과 예술의 자유를 해석하는 데 존중하여야 한다.

(1) 학문의 자유

학문의 자유는 학문연구 및 활동의 자유를 보호한다. 여기에는 연구과제, 연구의 방법·기간 및 연구장소의 선택에 있어서의 자유가 포함된다. 학문의 자유가 절대적으로 보장되는 것은 아니다. 사회의 보편적인 가치에 기초하여 연구의 대상 및 방법이 통제될 수 있다. 한편 국가는 개인의 학문활동에 개입을 자제하여야 할 뿐 아니라, 적극적으로 학문의 자유를 실현하기 위하여 필요한 인적·물적 시설을 지원하여야 한다. 이때 비로소 효율적으로 학문이 연구될 수 있기 때문이다.

학문활동의 자유에는 교수의 자유, 연구결과 발표의 자유 및 학문적 목적의 집회·결사의 자유가 포함된다. 교수의 자유는 학문연구의 자유의 연장선상에 있으며, 대학이나 고등교육기관에서 강학(講學)의 자유를 말한다. 헌법 제31조 교육의 권리는 주로 지식의 전달과정을 규율하고 있다. 이에 비해서 교수의 자유는 진리탐구의 과정을 보호하기 때문에 상대적으로 교수방법 및 내용에 대해서 교수의 자율성이 존중되어야 한다.

학문연구가 수행되는 대표적인 기관은 대학이다. 대학의 자율성은 법률이 정하는 바에 의하여 보장된다(제31조 제4항). 체계적으로 보면 대학의 자율성은 학문의 수행에 기여하기 때문에 헌법 제31조 교육의 권리가 아니라, 제22조 학문의 자유와 관련하여 규율하는 것이 타당하다. 대학에서 인사·연구·학생선발 및 전형을 포함하여 학사, 대학질서 및 대학시설과 재정의 자치가 학외의 간섭을 받지 않고 학내구성원에 의해서 자율적으로 결정되어야 한다. 다만 교수, 학생, 직원 등 대학의 다양한 구성집단이 이러한 자치권을 동등하게 향유하는 것은 아니다. 대학의 자율은 기본적으로 학문의 자유를 실효성 있게 보장하기 위한 원칙이다. 그런데 대학에서 학문을 수행하는 주체인 교수집단은 교육을 받는 자인 학생집단과는 그 비중이 다르기 때문이다. 따라서 특히 학문연구에 직접 관련된 인사 및 학사관리에 있어서 교수집단은 학생집단에 비해서 우월한 비중을 가져야 한다.

(2) 예술의 자유

예술의 자유는 감성적·심미적 행위인 창작에 있어서 개인의 자율성을 보장한다. 나아가 국가는 헌법 제9조 문화창달에 관한 과제로부터 적극적으로 예술을 보호하고 장려하여야 한다.

예술의 자유의 핵심적인 내용은 창작의 자유이다. 예술의 소재 및 행태를 선택하는 데 있어서 국가의 간섭을 받지 않는다. 음반 및 비디오 창작활동, 영화 제작 등도 예술의 자유에 의하여 보호된다. 대중을 대상으로 하는 예술창작행위는 일정한 품질을 보장하여야 한다. 따라서 제작자에게 예술창작을 위하여 필요한 일정한 시설요건을 등록에 있어서 요구하는 것이 헌법에 위반되지는 않는다. 그러나 시설요건이 과다한 경우에는 허가제와 같이 운영될 위험이 있기 때문에 허용되지 않는다.

예술의 자유에는 예술표현의 자유와 예술표현을 위한 집회 및 결사의 자유가 포함된다. 예술표현을 위한 집회 및 결사의 자유는 예술창작의 자유와는 달리 사회적 관련성이 크므로 제한의 가능성이 넓다. 그러나 일반적인 집회 및 결사의 자유에 비해서는 두터운 보호를 받는다. 예술목적의 집회에 대해서는 「집회 및 시위에 관한 법률」에 의한 각종 규제조항의 적용을 받지 않는다(집시법 제15조).

헌법은 학문과 예술의 결과물에 대한 권리를 보호하고 있다(제22조 제2항). 이는 과학기술 및 예술활동 등의 결과를 인격권 및 재산권으로 보호하여 이들 활동을 촉진시키는 목적을 갖는다. 이러한 헌법의 요청은 「저작권법」 및 「특허법」 등을 통하여 실현되고 있다.

5. 언론·출판의 자유와 집회·결사의 자유

(1) 기능과 규범구조

개인은 자유롭게 의견을 형성하고 이를 발표·전달하는 자유를 갖는다. 국가가 의견의 형성을 강요하거나 혹은 의견표현과정을 지배하는 것은 금지된다. 표현의 자유는 민주주의가 실현되기 위해서 필수적인 요소이다. 민주주의에서는 자유로운 의견형성과 교환을 통해서 형성되는 국민의 의사에 국가권력의 정당성이 있다. 표현의 자유에 의해서 사회구성원은 의사소통을 하며 대의과정에 개인의 의사를 투입할 수 있으며, 이로써 여론형성에 참여할 수 있다. 이러한 기능에서 표현의 자유는 의사소통을 위한 기본권, 그리고 정치적 기본권에 해당한다.

표현의 자유는 일반적으로 헌법 제37조 제2항에 의하여 제한된다. 이 밖에 헌법은 표현의 자유를 제한하는 방법과 관련하여 독자적인 기준을 두고 있다. 즉, 언론·출판에 대한 허가나 검열, 집회·결사에 대한 허가는 허용되지 않는다(제21조 제2항). 언론매체가 갖는 공적 기능을 고려하고, 언론활동의 공공성을 보장하기 위하여 방송·통신사업에 일정한 시설기준을 정할 수 있다. 또 신문의 기능을 법에 정하여 신문의 공적 기능을 법률에 의하여 구체화하도록 하고 있다(제21조 제3항). 헌법은 언론·출판행위에 특별히 적용되는 제한규정을 두고 있다. 즉, 언론·출판은 타인의 명예나 권리 또는 공중도덕이나 사회윤리를 침해하여서는 안 된다. 언론·출판이 타인의 명예나 권리를 침해한 때에는 피해자는 이에 대한 피해의 배상을 청구할 수 있다(제21조 제4항).

헌법은 제21조에서 언론·출판의 자유와 집회·결사의 자유를 함께 보장하고 있다. 언론·출판의 자유와 집회·결사의 자유는 그 기능형태가 다르다. 언론·출판의 자유는 기본적으로 개별적인 표현행위를 보호하는 반면, 집회·결사의 자유는 집단적 의사표시 및 형성행위를 보호한다. 아래에서는 언론·출판의 자유와 집회·결사의 자유를 나누어 설명한다.

(2) 언론·출판의 자유

1) 언론·출판의 자유의 내용

언론·출판의 자유는 구두 및 문자에 의한 의사표현행위를 보호한다. 여기에는 사상의 표현과 전파의 자유가 포함된다. 언론의 자유에는 익명으로 표현하는 자유도 포함된다. 의사의 가치 및 중요성은 보호의 여부에 영향을 미치지 않는다. 개인의 의사는 다른 사람의 의사와 다를 수 있을 뿐이며, 결코 옳고 그름에 따라 헌법적 보호 여부가 결정되지 않기 때문이다. 단순한 사실의 전달은 기본적으로 언론의 자유에 의한 보호대상이 아니다. 다만 현실적으로 사실의 전달에는 많은 경우 의사판단이 포함되어 있으며, 이 경우 사실의 전달은 언론·출판의 자유에 의하여 보호된다. 따라서 주로 정보를 전달하는 상업광고도 언론의 범위에 속한다. 다만 그 제한에 있어서 완화된 기준이 적용된다.

판례 36 인터넷 본인확인제 및 언론의 자유

이 사건 법령조항들(정보통신망 이용촉진 및 정보보호 등에 관한 법률 제44조의5 제1항 제2호 등)은 국내 인터넷 이용자들의 해외 사이트로의 도피, 국내 사업자와 해외 사업자 사이의 차별 내지 자의적 법집행의 시비로 인한 집행 곤란의 문제를 발생시키고 있다. 나아가 본인확인제 시행 이후에 명예훼손, 모욕, 비방의 정보의 게시가 표현의 자유의 사전 제한을 정당화할 정도로 의미 있게 감소하였다는 증거도 없다. 반면에, 게시판 이용자의 표현의 자유를 사전에 제한하여 의사표현 자체를 위축시킴으로써 자유로운 여론의 형성을 방해하고, 본인확인제의 적용을 받지 않는 정보통신망상의 새로운 의사소통수단과 경쟁하여야 하는 게시판 운영자에게 업무상 불리한 제한을 가하며, 게시판 이용자의 개인정보가 외부로 유출되거나 부당하게 이용될 가능성이 증가하게 되었다. 이러한 인터넷게시판 이용자 및 정보통신서비스 제공자의 불이익은 본인확인제가 달성하려는 공익보다 결코 더 작다고 할 수 없으므로, 법익의 균형성도 인정되지 않는다.

따라서 본인확인제를 규율하는 이 사건 법령조항들은 과잉금지원칙에 위배하여 인터넷게시판 이용자의 표현의 자유, 개인정보자기결정권 및 인터넷게시판을 운영하는 정보통신서비스 제공자의 언론의 자유를 침해한다. [헌재 2012. 8. 23. 2010헌마47등]

음란물의 표현이 언론의 자유에 의하여 보호되는가는 지속적인 논의의 대상이다. 음란이란 "인간의 존엄 내지 인간성을 왜곡하는 노골적이고 적나라한 성표현으로서 오로지 성적 흥미에만 호소할 뿐 전체적으로 보아 하등의 문학적·예술적·과학적 또는 정치적 가치를 지니지 않은 표현"을 말한다. 음란물도 표현행위의 속성을 갖는다. 또 음란물을 언론의 자유의 보호범위에서 제외하면 언론의 자유를 보호하는 헌법적 기준이 적용될 수 없기 때문에 언론의 자유를 위축시킨다. 헌법재판소는 처음에는 음란물을 언론의 자유의 보호범위에서 배제하였으나 이후 판례를 변경하여 음란표현이 언론의 자유의 보호범위에 포함되며, 다만 헌법 제37조 제2항에 의하여 제한될 수 있다는 입장이다(헌재 2009. 5. 28, 2006헌바109등).

2) 자유언론제도와 언론의 사회적 기능

언론의 자유가 실효성을 갖기 위해서는 언론기관을 설립하는 자유 등을 내용으로 하는 자유언론제도가 확립되어야 한다. 따라서 언론기관을 설립하는 요건을 지나치게 엄격하게 하는 것은 언론의 자유를 침해한다. 다만 다양한 사회구성원의 의사가 다양한 매체를 통하여 전파될 수 있어야 하며, 언론기관은 이러한 과제를 존중하여야 한다. 언론의 이러한 사회적 기능은 「신문 등의 진흥에 관한 법률」에 구체화되어 있으며, 여기에서 예컨대 대기업의 신문기업 지배력을 제한하고 있다.

3) 알 권리, 언론매체이용권, 보도의 자유

언론의 자유를 실효성 있게 보장하기 위하여 다음과 같은 독자적인 기본권이 파생된다.

첫째, '알 권리'이다. 개인은 필요한 정보에 접근하여 정보를 수집할 수 있을 때 비로소 의사를 형성하고 표현할 수 있다. 특히 해당 정보가 개인의 구체적인 권리를 실현하기 위해서 필수적인 경우에는 정보청구권, 즉 알 권리가 주관적 공권으로서 인정된다.

둘째, '언론매체이용권(Access권)'이다. 언론매체의 지면이 제한되어 있으며, 또 언론사 자체의 언론의 자유 역시 존중되어야 하기 때문에 일반적으로 개인이 언론매체를 이용할 수 있는 청구권은 인정될 수 없다. 그러나 언론기관의 보도를 통해서 개인의 인격이 침해되었을 때 이를 구제하는 방법으로서 언론매체이용권은 보장된다. 「언론중재 및 피해구제 등에 관한 법률」은 권리구제형 언론매체이용권으로서 반론보도청구권과 정정보도청구권 및 추후보도청구권을 보장하고 있다(언론중재법 제14조 이하).

셋째, 언론의 자유에서 '보도의 자유'가 파생한다. 언론기관이 국가의 간섭을 받지 않고 보도의 방향 및 내용을 결정할 수 있어야 한다는 의미에서 보도의 자유는 당연히 보장된다. 이 밖에 보도의 자유는 언론기관 내부에서 편집과 경영의 분리를 통해서 편집권이 경영권의 간섭으로부터 자유로울 수 있을 때 실현된다. 언론기관의 공적 기능을 중시하여 경영권의 편집 및 보도에 대한 간섭을 차단하기 위해서 「신문 등의 진흥에 관한 법률」은 신문의 편집의 자유와 독립을 보장하고, 편집인이 사업자로부터 독립하여 자율성을 갖도록 하였다(신문법 제4조).

보도의 자유는 개인의 명예에 관한 권리와 긴장관계에 있다. 국민이 신속히 정보에 접하며, 이로써 정치적 의사형성에 참여할 수 있도록 언론기관의 보도에 의한 명예훼손에 대한 심사에는 완화된 기준이 적용된다. 특히 당해 표현으로 인한 피해자가 공적 인물(public figure)이며, 또 그 표현이 공적인 관심사안인 경우에는 이에 대한 명예훼손적 표현에 대한 사법적 심사는 완화된다.

판례 37 공적 사안에 대한 보도와 명예훼손

방송국 프로듀서 등 피고인들이 이른바 '한미 쇠고기 수입 협상'의 협상단 대표와 주무부처 장관이 미국산 쇠고기 실태를 제대로 파악하지 못하였다는 취지의 허위사실을 적시하여 이들의 명예를 훼손하였다는 내용으로 기소되었다. 그러나 이는 정부가 미국 도축시스템의 실태 중 아무 것도 본 적이 없다는 구체적 사실을 적시한 것이 아니라, 미국산 쇠고기 수입위생조건 협상에 필요한 만큼 미국 도축시스템의 실태를 제대로 알지 못하였다는 주관적 평가를 내린 것이다. 따라서 이 부분 보도내용은 비판 내지 의견 제시로서 명예훼손죄에서 말하는 '사실의 적시'에 해당하지 않는다.

언론보도로 인한 명예훼손이 문제되는 경우에는 공적 존재에 대한 공적 관심사안과 사적인 영역에 속하는 사안 간 심사기준에 차이를 두어야 한다. 당해 표현이 공공적·사회적인 의미를 갖는 사안인 경우에는 언론의 자유에 대한 제한이 완화되어야 한다. 정부 또는 국가기관의 정책결정 또는 업무수행과 관련된 사항을 주된 내용으로 하는 언론보도로 인하여 그 정책결정이나 업무수행에 관여한 공직자에 대한 사회적 평가가 다소 저하될 수 있다. 그러나 그 보도의 내용이 공직자 개인에 대한 악의적이거나 심히 경솔한 공격으로서 현저히 상당성을 잃은 것이 아닌 한, 그 보도로 인하여 공직자 개인에 대한 명예훼손이 된다고 할 수 없다. [대판 2011. 9. 2, 2010도17237]

4) 언론·출판의 자유의 제한 및 제한의 한계

언론·출판의 자유를 허가나 사전검열을 통해서 제한하는 것은 금지된다(제21조 제2항).

언론의 자유를 원칙적으로 제한하고 예외적으로 허용하는 규정을 두면서 예외적인 허용 여부에 대해서 행정청이 넓은 재량을 갖는 경우에는 허가에 해당한다. 사전검열은 의사표현의 발표 여부가 오로지 행정청의 허가에 종속되어 있는 사전심사를 말한다. 이는 비상계엄이 선포된 경우를 제외하고는 허용되지 않는다.

판례 38 검열의 개념요소

검열은 행정권이 주체가 되어 사상이나 의견 등이 발표되기 이전에 예방적 조치로서 그 내용을 심사·선별하여 발표를 사전에 억제하는, 즉 허가받지 않은 것의 발표를 금지하는 제도이다. 그러므로 일반적으로 (1) 허가를 받기 위한 표현물의 제출의무, (2) 행정권이 주체가 된 사전심사절차, (3) 허가를 받지 않은 의사표현의 금지, (4) 심사절차를 관철할 수 있는 강제수단 등의 요건을 갖춘 경우가 검열에 해당한다.

영화법 제12조 제1항, 제2항 및 제13조 제1항이 규정하고 있는 영화에 대한 심의제는 심의기관인 공연윤리위원회가 영화의 상영에 앞서 그 내용을 심사하여 심의기준에 적합하지 않은 영화에 대하여는 상영을 금지할 수 있고, 심의를 받지 않고 영화를 상영할 경우에는 형사처벌까지 할 수 있다는 것이다. 이는 명백히 사전검열에 해당한다. 검열을 행정기관이 아닌 독립적인 위원회에서 행한다고 하더라도 행정권이 주체가 되어 검열절차를 형성하고 검열기관의 구성에 지속적인 영향을 미칠 수 있는 경우에는 실질적으로 검열기관은 행정기관에 해당한다. 그러므로 공연윤리위원회가 민간인으로 구성된 자율적인 기관이라고 할지라도 영화법에서 영화에 대한 사전허가제도를 채택하고, 공연법에 의하여 공연윤리위원회를 설치토록 하여 행정권이 공연윤리위원회의 구성에 지속적인 영향을 미칠 수 있게 하였으므로 공연윤리위원회는 검열기관으로 볼 수밖에 없다. [헌재 1996. 10. 4. 93헌가13등]

언론·출판의 자유에 대한 사후제한에 있어서도 국가안전보장·질서유지·공공복리에 위해(危害)를 주는 것이 명백하고, 그 위해가 현존하는 경우에 한하여 제한될 수 있다. 따라서 명백하고 현존하는 위험이 확인되지 않음에도 불구하고 군사에 관한 대부분의 사항을 국가비밀로 분류하는 것은 언론의 자유를 침해한다.

표현의 자유를 제한하는 유형은 내용에 대한 제한과 내용중립적인 제한이 있다. 표현의 실체적 내용을 제한하는 경우에는 심사기준은 강화된다. 이 경우 개인의 의사표현 자체가 제한되고, 그 결과 균형 있는 여론형성의 가능성이 차단되기 때문이다. 이에 비해서 내용중립적인 제한에 대한 심사기준은 완화된다. 이 경우에는 의사표현 자체가 아니라 표현의 시기·장소·형식 등이 규제의 대상이기 때문이다.

(3) 집회·결사의 자유

집회와 결사의 자유는 모두 집단적인 의사의 형성과 표현을 보호한다. 집회는 단기적인 형태의 집단적 의사표현행위이다. 이에 비해서 결사는 시간적으로 지속성을 갖는 집단의 의견형성과 표현을 위한 조직형태를 말한다.

1) 집회의 자유

가) 집회의 개념과 유형

집회는 다수인이 공동목적을 위하여 의견을 형성·표현하기 위한 일시적인 모임이다. 집회가 성립되기 위해서는 2인 이상의 모임이어야 한다. 이른바 '1인 시위'는 헌법과 「집회 및 시위에 관한 법률」(집시법)상의 시위는 아니다. 1인 시위는 집회의 자유가 아니라 언론의 자유에 의하여 보장된다. 집회이기 위해서는 다수인 사이의 공동목적이 있어야 한다. 공동의 목적이 없이 단순히 운집한 군중은 집회가 아니다. 집회에는 시위가 포함된다. 시위는 불특정 다수인의 의견에 영향을 주거나 제압을 가하는 행위로서, 구체적으로 다수인이 공동목적을 가지고 도로·광장·공원 등 공중이 자유로이 통행할 수 있는 장소를 행진하거나 혹은 위력 또는 기세를 보이는 형태로 이루어진다(집시법 제2조 제2호).

다수인의 공동목적이라는 요건을 충족하는 한 사전에 계획된 집회뿐 아니라 긴급히 조직되는 집회(긴급집회), 그리고 즉석에서 동기가 부여되어 우발적으로 행해지는 집회(우발적인 집회) 역시 보호된다(대판 1991. 4. 9, 90도2435).

나) 집회의 자유에 대한 절차법적 및 실체법적 제한

집회는 질서유지에 영향을 미치므로 언론의 자유에 비해서 더 많은 제한을 받는다. 집회를 사전허가제를 통하여 제한하는 것은 금지된다. 그러나 집회에 대한 모든 사전적인 제한이 금지되는 것은 아니다. 집회의 자유에 대해서는 다음과 같은 절차법적 및 실체법적 제한이 있다.

옥외집회를 개최하기 위해서는 집회의 720시간 전부터 48시간 전에 관할 경찰서장에게 신고서를 제출하여야 한다. 신고사항에 대한 심사의 결과 형식적 요건을 갖추지 못한 경우에 금지통고를 할 수 있다. 또 신고서제출 후 보완통고를 하였음에도 불구하고 보완하지 않은 경우에도 금지통고를 할 수 있다. 금지통고에 대해서는 이의신청과 행정소송을 제기할 수 있다(집시법 제8조 이하).

집회의 자유는 본질적으로 평화로운 집단적 의사표현을 보호한다. 헌법재판소의 결정에 의하여 해산된 정당의 목적을 달성하기 위한 집회 또는 시위, 집단적인 폭행·협박·손괴·방화 등으로 공공의 안녕질서에 직접적인 위협을 끼칠 것이 명백한 집회 또는 시위는 금지된다(집시법 제5조 제1항 제1, 2호). 원칙적으로 야간, 즉 해진 후, 해 뜨기 전의 옥외집회는 허용되지 않는다. 헌법재판소는 야간옥외집회를 원칙적으로 금지하는 「집시법」의 규정에 대해서 헌법불합치결정을 하였다. 그러나 이후 국회는 정해진 기간 내에 입법개선을 하지 않았으며, 헌법재판소는 해당 규정을 '일몰시간 후부터 같은 날 24시까지의 옥외집회 또는 시위'에 적용하는 한 헌법에 위반된다는 결정을 하였다.

판례 39 야간옥외집회 금지와 집회의 자유

집시법 제10조에 의하면 낮 시간이 짧은 동절기의 평일의 경우에는 직장인이나 학생은 사실상 집회를 주최하거나 참가할 수 없게 되어, 집회의 자유를 실질적으로 박탈하거나 명목상의 것으로 만들게 된다. 또한 도시화·산업화가 진행된 현대 사회에서, '야간'이라는 시간으로 인한 특징이나 차별성은 보다 구체적으로 표현하면 '심야'의 특수성으로 인한 위험성이라고 할 수 있다. 따라서 집시법 제10조는 목적달성을 위해 필요한 정도를 넘는 지나친 제한이다. 나아가 집시법은 제8조, 제12조, 제14조 등에서 국민의 평온과 사회의 공공질서가 보호될 수 있는 보완장치를 마련하고 있으므로, 옥외집회가 금지되는 야간시간대를 집시법 제10조와 같이 광범위하게 정하지 않더라도 입법목적을 달성하는 데 큰 어려움이 없다.

집시법 제10조 단서는, 관할경찰관서장이 일정한 조건하에 집회를 허용할 수 있도록 규정하고 있다. 그러나 그 허용 여부를 행정청의 판단에 맡기고 있는 이상, 과도한 제한을 완화하는 적절한 방법이라고 할 수 없다. 따라서 집시법 제10조 중 '옥외집회'에 관한 부분은 과잉금지 원칙에 위배하여 집회의 자유를 침해하는 것으로 헌법에 위반된다. [헌재 2009. 9. 24, 2008헌가25]

집회의 장소는 공간적으로 제한된다. 즉, 국회의사당, 각급 법원, 대통령관저, 국무총리공관, 외교기관 등으로부터 100미터 이내의 장소에서 집회는 금지된다(집시법 제11조). 집회의 자유가 국가기관들의 대의기능을 저해해서는 안 된다는 취지이다. 그러나 현재 「집시법」

은 기능적인 기준이 아니라 공간적인 기준에 따라 집회를 일률적으로 제한하고 있기 때문에 입법취지에 적합한 규율이라고 볼 수 없다. 헌법재판소는 외교기관 주변 100미터 이내에서 집회 및 시위를 금지하는 규정에 대해서는 외교기관의 기능과 관계없이 집회 및 시위를 금지하였다는 이유로 위헌결정을 하였다(판례 40 참조). 같은 이유로 헌법재판소는 국회의사당 및 법원 주변 100미터 이내, 그리고 국무총리 공관 주변 100미터 이내에서 집회 및 시위를 금지하는 규정에 대해서 모두 헌법불합치결정을 하였다.

헌법불합치결정 이후 개정 「집시법」은 집회 및 시위가 대규모로 확산될 우려가 없기 때문에 해당 기관의 기능이나 안녕이 침해될 우려가 없다고 인정되는 때에는 집회 및 시위를 할 수 있도록 완화하였다. 국회의사당의 경우 국회의 활동을 방해할 우려가 없는 경우, 법원 및 헌법재판소의 경우 법관이나 재판관의 직무상 독립이나 구체적 사건의 재판에 영향을 미칠 우려가 없는 경우, 국무총리 공관의 경우 국무총리를 대상으로 하지 않는 경우 등이 금지완화 사유에 해당한다.

판례 40 집회금지장소와 집회의 자유

이 사건 법률조항에 의하여 전제된 추상적 위험성에 대한 입법자의 예측판단은 구체적으로 다음과 같은 경우에 부인될 수 있다. 첫째, 외교기관에 대한 집회가 아니라 우연히 금지장소 내에 위치한 다른 항의대상에 대한 집회의 경우, 이 사건 법률조항에 의하여 전제된 법익충돌의 위험성이 작다. 이 사건 법률조항에 의하여 집회금지구역 내에서 외교기관이나 당해 국가를 항의의 대상으로 삼지 않는, 다른 목적의 집회가 함께 금지된다. 둘째, 소규모 집회의 경우, 일반적으로 보호법익이 침해될 위험성이 작다. 예컨대 외국의 대사관 앞에서 소수의 참가자가 소음의 발생을 유발하지 않는

평화적인 피켓시위를 하는 경우, 일반 대중의 합세로 인하여 대규모시위로 확대될 우려나 폭력시위로 변질될 위험이 없는 이상, 소규모의 평화적 집회의 금지를 정당화하는 근거를 발견하기 어렵다. 셋째, 예정된 집회가 외교기관의 업무가 없는 휴일에 행해지는 경우, 외교기관에의 자유로운 출입 및 원활한 업무의 보장 등 보호법익에 대한 침해의 위험이 일반적으로 작다.

따라서 입법자가 "외교기관 인근에서의 집회의 경우에는 일반적으로 고도의 법익충돌위험이 있다"는 예측판단을 전제로 하여 집회를 원칙적으로 금지할 수는 있으나, 일반·추상적인 법규정으로부터 발생하는 과도한 기본권 제한의 가능성이 완화될 수 있도록 일반적 금지에 대한 예외조항을 두어야 한다. 이 사건 법률조항은 전제된 위험상황이 구체적으로 존재하지 않는 경우에도 이를 예외없이 금지하고 있는데, 이는 필요한 조치의 범위를 넘는 과도한 제한이다. [헌재 2003. 10. 30, 2000헌바67등]

2) 결사의 자유

결사는 공동의 목적을 가진 다수인의 자발적이고 계속적인 조직이다. 결사의 자유에는 단체의 결성, 가입 및 탈퇴의 자유가 포함된다. 또 결사 자체의 존속과 해체, 그리고 활동의 자유가 보장된다. 소극적인 결사의 자유로서 결사에 가입하지 않을 자유가 보장된다. 그러나 공법상의 강제결사로서 공공목적을 수행하는 경우, 예컨대 변호사회 등의 경우에는 소극적인 결사의 자유는 인정되지 않는다.

결사의 자유에 대한 허가제에 의한 사전제한은 금지된다. 단체의 결성을 일반적으로 금지하고 결사의 목적·활동내용 등을 사전에 심사하여 특정한 경우에 한하여 결사를 허용하는 것은 허가제에 해당한다.

6. 거주 · 이전의 자유

모든 국민은 거주 · 이전의 자유를 갖는다(제14조). 개인은 국가의 간섭을 받지 않고 자신의 생활공간을 자유로이 선택할 수 있다. 역사적으로 보면 거주 · 이전의 자유는 본적지 이외의 지역에 이주하여 영업활동을 한다는 이유로 불이익을 받아서는 안 된다는 내용의 경제적 기본권으로 형성되었다. 거주 · 이전의 자유는 오늘날에도 국제교류 및 협력을 실질적으로 보장하는 기본권으로서, 경제적 활동의 자유와 밀접한 관련을 갖는다. 이 점에서 보면 거주 · 이전의 자유는 국가 간을 이동하는 근로자의 권리, 그리고 이를 실효적으로 보장하기 위하여 필요한 국제노동법 및 국제사회보장법의 중요한 기본권적 기초이다.

거주 · 이전의 자유에는 국내에서 거주지를 자유로이 선택하고 바꿀 자유뿐 아니라 국외로 거주지를 이전할 자유 및 해외여행의 자유가 포함된다. 출국 및 입국의 자유, 그리고 국적변경의 자유가 보장된다.

거주 · 이전의 자유가 직접적으로 제한되는 경우는 드물다. 대부분의 경우 입법자는 목적을 달성하기 위하여 거주 · 이전의 자유에 간접적이고 사실적인 불이익을 가한다. 예컨대, 대도시인구집중을 억제하기 위하여 대도시에 등기를 하는 법인에 대해서 중과세하는 것, 거주지 중심의 학군제로 인하여 자녀의 학교선택권이 제한되는 것, 그리고 미리 영업허가예정지역을 공고하고 영업지역의 이전을 제한하는 것은 거주 · 이전의 자유에 대한 간접적 제한에 해당하며, 이들 사안에 대하여 헌법재판소는 모두 합헌결정을 하였다.

7. 직업선택의 자유

(1) 직업선택의 자유의 성격, 사회적 관련성

모든 국민은 직업선택의 자유를 갖는다(제15조). 직업은 경제생활에서 개인이 인격을 실현하는 수단이며, 동시에 개인의 경제적 생활의 기반이다. 객관적으로 보면 직업선택의 자유는 특정직업에서 독점을 허용하지 않으면서, 공정경쟁의 기회를 보장하는 자유경쟁질서의 요소이다. 특정 직업을 국가가 독점하는 것은 원칙적으로 허용되지 않는다. 법적 독점은 물론이고, 사실상의 독점도 그것이 법적 독점에 유사한 효과를 갖는 경우에는 허용되지 않는다.

직업의 자유는 공공의 이익과 밀접한 관련성을 갖는다. 그리고 그 결과 직업의 선택 및 행사에 각종 규제가 따른다. 첫째, 국민의 건강 등 헌법이 보호하는, 그 취급에 있어서 위험이 따르는 법익을 취급하는 직업을 행사하는 경우이다(위험의 측면). 의사의 직업활동 일반, 그리고 특히 「국민건강보험법」에서 의사의 활동에 대한 규제가 대표적인 예이다. 둘째, 생활의 필수품을 제공하는 내용의 영업에는 사회적 책임이 부여되기 때문에 이에 대한 규제가 정당성을 갖는다(수요의 측면). 특히 필수적인 생활재이지만 일반적으로 개인이 이를 구입할 경제적 능력이 없는 경우에 국가의 개입이 필요하며, 그만큼 직업의 자유는 제한된다. 셋째, 시장의 지배와 경제력의 남용을 방지하기 위하여 영업이 공정경쟁의 환경에서 이루어져야 한다는 헌법적 제한이 있다(경제질서의 측면).

판례 41 직업의 자유와 의료행위의 공공성

헌법의 규정과 의료법의 입법목적에 비추어 볼 때, 이 사건 법률조항들의 입법목적은 의료기관 개설자격을 의료전문성을 가진 의료인이나 공적인 성격을 가진 자로 엄격히 제한하여 그 이외의 자가 의료기관을 개설하는 행위를 금지함으로써, 의료의 적정을 기하고 건전한 의료질서를 확립하여 국민의 건강을 보호 증진하고, 영리 목적으로 의료기관을 개설하는 경우에 발생할지도 모르는 국민 건강상의 위험을 미리 방지하는 것이다.

이러한 입법목적은 국민건강의 위해방지라는 공공복리를 위하여 개인의 기본권을 제한하는 경우로서 정당하다. 또한 의료기관을 개설할 수 있는 주체를 의료인과 의료법인 등 일정한 범위로 제한하는 것은, 의료인이 아닌 자 또는 공적인 성격을 갖지 않은 자가 의료인을 고용한 다음 의료기관을 개설하는 행위를 사전에 차단함으로써 의료의 질을 관리하고 건전한 의료질서를 확립하기 위한 것으로 입법목적을 달성하기 위한 적절한 수단이다. [헌재 2005. 3. 31, 2001헌바87]

(2) 직업선택의 자유와 직업행사의 자유, 공정경쟁의 보호

개인은 국가의 간섭을 받지 않고 자신이 원하는 직업을 선택하고, 변경할 수 있다. 직업선택의 자유에는 선택한 직업을 자유롭게 '행사'할 권리가 포함된다. 일반적으로 직업을 행사하면서 개인은 사회적 관련성을 갖게 되며, 그만큼 직업선택의 자유에 비해서 직업행사의 자유는 강한 규제의 대상이 된다. 직업선택의 자유는 누구든지 자신이 원하는 직업에 접근하여 다른 사람과 공정하게 경쟁할 수 있는 객관적인 질서가 형성되어 있을 때 비로소 실현된다. 따라서 직업선택의 자유는 공정경쟁을 보호하는 내용을 갖는다.

(3) 직업선택의 자유에 대한 단계적 제한

제한의 대상이 직업에의 접근 자체인가, 아니면 직업의 행사인가에 따라 헌법적 심사에서 적용되는 기준이 다르다. 직업의 자유에 있어서 기본권 제한 일반에 적용되는 과잉금지의 원칙은 다음과 같이 세분화되어 적용된다(이른바 '단계이론').

(1) 입법자는 직업의 자유를 제한하는 경우 먼저 '직업행사의 자유'를 제한하여 목적을 달성할 수 있는가를 검토하여야 한다. 직업행사의 자유를 제한하는 방법을 통하여 입법목적을 달성할 수 없는 경우에 한하여 직업선택의 자유를 제한할 수 있다. '직업선택의 자유'에 대한 제한은 직업행사의 자유를 제한하는 경우에 비해서 기본권 제한의 경제적 효과가 크기 때문이다. (2) 직업선택의 자유를 제한하는 경우에 우선 국가는 개인의 주관적 속성에 귀속될 수 있는, 혹은 개인의 능력으로 충족시킬 수 있는 '주관적 조건'을 제시하여 직업선택의 자유를 제한하여야 한다. 각종 자격제도가 여기에 해당한다. (3) 주관적 조건을 제시하여 직업선택의 자유를 제한하는 방법으로 입법목적을 달성할 수 없는 경우에 비로소 '객관적 조건'을 제시하여 직업선택의 자유를 제한할 수 있다. 이와 같은 방법으로 직업선택의 자유를 제한하기 위해서는 해당 직업의 선택을 허용하는 경우에 중대한 공공의 이익에 위험이 발생할 것이 확실하거나, 심각한 위험을 방지하기 위하여 제한이 불가피하여야 한다.

판례 42 안마사자격의 비맹(非盲)제외기준과 직업선택의 자유

이 사건 자격조항은 시각장애인의 생계를 보장하기 위한 것으로서, 궁극적으로는 그들에게 삶의 보람을 얻게 하고 인간다운 생활을 할 권리를 실현시키려는 목적이 있으므로 입법목적이 정당하다. 또 다른 직종에 비해 공간이동과 기동성을 거의 요구하지 않을 뿐더러 촉각이 발달한 시각장애인이 영위하기에 용이한 안마업의 특성 등에 비추어 시각장애인에게 안마업을 독점시킴으로써 그들의 생계를 지원하고 직업활동에 참여할 기회를 제공하므로 이 사건 자격조항은 이러한 입법목적을 달성하는 데 적절한 수단이다. 나아가 안마업은 시각장애인이 선택할 수 있는 거의 유일한 직업이므로 시각장애인 안마사제도는 시각장애인의 생존권 보장을 위한 불가피한 선택인 점 등에 비추어 이 사건 자격조항은 최소침해의 원칙에 반하지 않는다.

이 사건 자격조항은 시각장애인의 생존권 보장이라는 헌법적 요청에 따라 시각장애인과 비시각장애인을 둘러싼 여러 상황을 적절하게 형량한 것으로서 시각장애인의 생존권 등 공익과 그로 인해 잃게 되는 일반국민의 직업선택의 자유 등 사익 사이에 법익 불균형이 발생한다고 할 수도 없다. 또한 시각장애인 안마사제도는 생활전반에 걸쳐 시각장애인에게 가해진 유·무형의 사회적 차별을 보상해주고 실질적인 평등을 실현하는 수단이다. 그러므로 비시각장애인을 시각장애인에 비하여 비례의 원칙에 반하여 차별하는 것이 아니며, 비시각장애인의 직업선택의 자유를 과도하게 침해하여 헌법에 위반된다고 보기도 어렵다. [헌재 2010. 7. 29. 2009헌마644등]

8. 재산권

(1) 재산권의 규범구조 및 특성

모든 국민의 재산권은 보장된다. 그 내용과 한계는 법률로 정한다(제23조 제1항). 재산권의 행사는 공공복리에 적합하여야 한다(제2항). 공공필요에 의한 재산권의 수용·사용 또는 제한과 그에 대한 보상은 법률로써 하되, 정당한 보상을 지급하여야 한다(제3항). 헌법 제23조 이외에 여러 조항이 재산권 질서를 규율하고 있다. 소급입법에 의하여 재산권이 박탈되어서는 안 된다(제13조 제2항). 저작자·발명가·과학기술자와 예술가의 권리는 법률로써 보호된다(제22조 제2항). 국가는 시장경제질서가 기능하기 위하여 필요한 규제와 조정의 권한을 갖는다(제119조 제2항). 이를 통하여 국가는 재산권 질서에 광범한 개입을 할 수 있게 되었다. 헌법은 세부적으로는 농지소작제를 금지하고(제121조), 국토의 효율적이고 균형있는 이용·개발과 보전을 위하여 제한과 의무를 부과할 수 있다(제120조 제2항, 제122조). 사영기업의 국·공유화는 원칙적으로 금지된다. 다만 예외적으로 허용될 수 있다(제126조).

재산권보장은 다음과 같은 이중적인 의미가 있다. 첫째, 인간의 존엄을 보장하기 위하여 필요한 경제적·물질적 기초를 보호한다. 둘째, 재산권보장은 자본주의 시장경제질서를 형성하는 객관적 질서요소로 기능한다. 이러한 측면에서 재산권보장은 사유재산제도를 정당화하고, 또 사유재산제도에 기초하여 실현된다. 이 점에서 재산권과 헌법 제119조 이하 경제질서에 관한 규정들은 서로 규범적 기준으로 작용하면서 실현된다.

재산권은 특유한 규범구조를 갖고 있다. 일반적으로 기본권은 헌법의 해석과 구체화를 통하여 그 내용이 결정된다. 이에 비해서 재산권은 그 내용 자체가 법률에 의하여 형성된다. 다른 기본권이 보호하는 대상, 즉 생명·신체·자유 등과 달리 재산권의 보호대상은 시장질서 등 사회적 기제를 통하여 형성되며, 그만큼 사회적 관련성이 강하다는 점을 고려한 것이다.

(2) 재산권의 보호대상

재산권은 개인의 경제적 생활의 기초를 보호한다. 전통적으로 여기에 해당하는 대표적인 권리는 물권적 소유권이었다. 그러나 산업화 이후 고용관계에서 성립되는 임금채권이, 그리고 현대 복지국가에서 사회보장청구권 등 공법상의 청구권이 개인생활의 경제적 기초가 되면서 재산권 보장의 범위는 확대되었다.

재산권에 의하여 보호되기 위해서는 다음과 같은 요건이 충족되어야 한다. 첫째, 개인이 스스로의 노력 혹은 희생에 의해서 성취된 재산적 권리이어야 한다. 따라서 예컨대 사회보장청구권 중 가입자가 납부하는 보험료에 의하여 형성된 사회보험청구권, 또는 국가 및 사회를 위한 희생에 대한 보상의 성격을 갖는 국가유공자보상청구권 등은 재산권적 보호의 대상이다. 이에 비해서 국가의 일방적인 급여인 「국민기초생활보장법」상의 생계급여수급권은 재산권적 보호의 대상에서 제외된다. 둘째, 해당 권리에 대해서 개인의 사적 유용성과 처분성이 인정되어야 한다. 구체적인 권리가 아닌 단순한 사실상의 이익이나 재화의 획득에 대한 기대는 아직 개인에게 귀속된 것이 아니므로 사적 유용성이 없다(판례 15 참조). 또 행정청의 재량에 의한 급여는 아직 개인이 처분할 수 있는 상태가 아니기 때문에 재산권의 보호대상에서 제외된다.

(3) 재산권 보장의 내용과 입법형성

헌법 제23조 제1항 재산권보장의 기본적인 의미는 개인이 보유하는 재산에 관한 권리의 존속을 보장하는 데 있다(존속보장). 공공필요에 의하여 더 이상 재산에 관한 권리의 존속이 보장될 수 없을 때 2차적으로 제23조 제1항 2문 및 제3항에 의하여 해당 권리가 갖는 가치가 보장되어야 한다(가치보장).

재산권은 그 내용이 입법적으로 형성된다. 입법자는 추상적이고 일반적인 형식으로 재산에 관한 권리와 의무를 형성한다. 이때 재산권은 재산권에 내재해 있는 사회적 기속성과 균형을 이루며 조정된다. 따라서 재산권의 사회적 관련성이 크면 클수록 입법적 형성의 범위가 넓다. 사회보장청구권, 토지재산권 등이 여기에 해당하는 대표적인 예이다. 이때 재산권의 입법적 형성에 의하여 개인의 재산권이 실질적으로 제한되더라도 일반적으로는 보상이 되지는 않는다. 다만 사회적 제약의 범위 내에서 이루어지는 재산권에 대한 입법적 형성에 해당하지만 구체적인 경우에 예외적으로 재산권자에게 과도한 피해가 발생한 경우에는 보상이 필요하다(조정보상). 이는 사회적 기속의 범위를 넘어 재산권에 구체적·개별적으로 특별한 희생이 발생했을 때 행해지는 보상(수용보상)과는 다르다. 수용보상에 대해서는 아래에서 설명한다. 조정보상은 반드시 금전보상의 형태일 필요는 없다. 입법자는 지정의 해제 또는 토지매수청구권제도와 같이 금전보상에 갈음하거나 기타 손실을 완화할 수 있는 제도를 보완하는 등 여러 가지 방법을 사용할 수 있다.

판례 43 재산권 제한과 입법형성

도시계획법 제21조에 의한 재산권의 제한은 개발제한구역으로 지정된 토지를 원칙적으로 지정 당시의 지목과 토지현황에 의한 이용방법에 따라 사용할 수 있는 한, 재산권에 내재하는 사회적 제약을 비례의 원칙에 합치하게 합헌적으로 구체화한 것이다. 그러나 종래의 지목과 토지현황에 의한 이용방법에 따른 토지의 사용도 할 수 없거나 실질적으로 사용·수익을 전혀 할 수 없는 예외적인 경우에도 아무런 보상 없이 이를 감수하도록 하는 한, 비례의 원칙에 위반되어 당해 토지소유자의 재산권을 과도하게 침해하여 헌법에 위반된다.

다음과 같은 두 경우가 여기에 해당한다. 첫째, 나대지의 경우이다. 나대지는 구역의 지정과 동시에 건물의 신축이 금지되는 결과 실제로는 지정 당시의 지목과 토지의 현황에 따른 용도로도 사용할 수 없게 된다. 둘째, 사정변경으로 인하여 토지의 용도가 폐지되는 경우이다. 토지가 종래 농지 등으로 사용되었으나 개발제한구역의 지정이 있은 후에 주변지역의 도시과밀화로 인하여 농지가 오염되거나 수로가 차단되는 등의 사유로 토지를 더 이상 종래의 목적으로 사용하는 것이 불가능하거나 현저히 곤란하게 된 경우가 좋은 예이다.

이러한 경우에 입법자는 비례의 원칙을 충족시키고 이로써 법률의 위헌성을 제거하기 위하여 예외적으로 발생한 특별한 부담에 대하여 보상규정을 두어야 한다(조정적 보상). 이러한 보상규정은 입법자가 헌법 제23조 제1항 및 제2항에 의하여 재산권의 내용을 구체적으로 형성하고 공공의 이익을 위하여 재산권을 제한하는 과정에서 이를 합헌적으로 규율하기 위하여 두어야 한다. [헌재 1998. 12. 24, 89헌마214등]

(4) 재산권 제한과 정당한 보상

사회적 제약을 넘는 재산권에 대한 수용·사용 혹은 그 밖의 형태의 제한이 이루어지는 경우에는 법률에 의한 정당한 보상을 하여야 한다(제23조 제3항). 재산권에 대한 수용·사용 등을 하기 위해서는 공공필요가 있어야 한다. '공공필요'는 국민의 재산을 그 의사에 반하여 강제적으로 취득하여야 할 공익적 필요를 말하며, 이는 기본권 제한의 일반적인 사유인 공공복리보다는 좁은 개념이다. '공공필요'는 '공익성'과 '필요성'의 요건을 충족하여야 한다. 공공필요의 요건을 갖추는 경우에는 민간기업도 수용권의 주체가 될 수 있다.

판례 44 재산권 수용의 요건인 공공필요

헌법 제23조 제3항에서 규정하고 있는 '공공필요'는 "국민의 재산권을 그 의사에 반하여 강제적으로 취득해야 할 공익적 필요성"으로서, '공공필요'의 개념은 '공익성'과 '필요성'의 요소로 구성되어 있다.

'공익성'의 정도를 판단함에 있어서는 공용수용을 허용하고 있는 개별법의 입법목적, 사업내용, 사업이 입법목적에 이바지하는 정도는 물론, 특히 그 사업이 대중을 상대로 하는 영업인 경우에는 그 사업 시설에 대한 대중의 이용·접근가능성도 아울러 고려하여야 한다. '필요성'이 인정되기 위해서는 공용수용을 통하여 달성하려는 공익과 그로 인하여 재산권을 침해당하는 사인의 이익 사이의 형량에서 사인의 재산권 침해를 정당화할 정도로 공익의 우월성이 인정되어야 한다. 또 사업시행자가 사인인 경우에는 그 사업 시행으로 획득할 수 있는 공익이 현저히 해태되지 않도록 보장하는 제도적 규율도 갖추어야 한다.

그런데 이 사건에서 문제된 지구개발사업의 하나인 '관광휴양지조성사업' 중에는 고급골프장, 고급리조트 등의 사업과 같이 입법목적에 대한 기여도가 낮을 뿐만 아니라, 대중의 이용·접근가능성이 작아 공익성이 낮은 사업도 있다. 또한 고급골프장 등 사업은 그 특성상 사업운영과정에서 발생하는 지방세수 확보와 지역경제 활성화는 부수적인 공익일 뿐이고, 이 정도의 공익이 그 사업으로 인하여 강제수용을 당하는 주민들의 기본권 침해를 정당화할 정도로 우월하다고 볼 수는 없다. 따라서 이 사건 법률조항은 공익적 필요성이 인정되기 어려운 민간개발자의 지구개발사업을 위해서까지 공용수용이 허용될 수 있는 가능성을 열어두고 있어 헌법 제23조 제3항에 위반된다. [헌재 2014. 10. 30. 2011헌바129등]

공공필요에 의한 재산권의 수용·사용 및 제한에 대해서는 정당한 보상을 지급하여야 한다. 이 경우 사회적 제약을 넘는 특별희생이 발생한 것이며, 따라서 다른 재산권자와 비교하여 상실된 형평을 회복하기 위하여 보상이 필요하다.

재산권 제한에 대한 정당한 보상은 완전보상을 의미한다. 완전보상이란 해당 재산권이 갖는 시장에서의 객관적 가치에 대한 보상을 말한다. 주관적 사용가치나 인근 지역이 개발되는 결과 발생하는 개발이익과 같은 우연한 동기에 의한 지가상승 등은 보상의 기준이 될 수 없다.

판례 45 정당한 보상과 완전보상

정당한 보상이란 원칙적으로 피수용 재산의 객관적인 재산가치를 완전하게 보상하는 완전보상을 의미한다. 토지수용으로 인한 손실보상액의 산정을 공시지가를 기준으로 하되 공시기준일부터 재결시까지의 시점보정을 지가상승률 등에 의하여 행하도록 규정한 것은 공시지가가 공시기준일 당시의 표준지의 객관적 가치를 정당하게 반영하는 것이고, 표준지와 지가산정 대상토지 사이에 가격의 유사성을 인정할 수 있도록 표준지의 선정이 적정하며, 공시기준일 이후 수용시까지의 시가변동을 산출하는 시점보정의 방법이 적정한 것으로 보이므로 재산권을 침해하지 않는다. 또한 당해 토지의 협의성립 또는 재결 당시 공시된 공시지가 중 당해 사업인정의 고시일에 가장 근접한 시점에 공시된 공시지가로 하도록 규정한 것은 시점보정의 기준이 되는 공시지가에 개발이익이 포함되는 것을 방지하기 위한 것으로서 개발이익이 배제된 손실보상액을 산정하는 적정한 수단에 해당되므로 헌법 제23조 제3항에 위반되지 않는다.

공익사업의 시행으로 지가가 상승하여 발생하는 개발이익은 사업시행자의 투자에 의한 것으로서 피수용자인 토지소유자의 노력이나 자본에 의하여 발생하는 것이 아니므로, 이는 형평의 관념에 비추어 볼 때 토지소유자에게 당연히 귀속되어야 하는 것은 아니다. 또한 개발이익은 공공사업의 시행에 의하여 비로소 발생하는 것이므로, 그것이 피수용 토지가 수용 당시 갖는 객관적 가치에 포함된다고 볼 수도 없다. [헌재 2009. 9. 24. 2008헌바112]

Ⅳ. 국가기능에 참여하는 내용의 기본권

1. 청원권

모든 국민은 법률이 정하는 바에 의하여 국가기관에 문서로 청원할 권리를 가진다(제26조 제1항). 국가는 청원에 대하여 심사할 의무를 진다(제2항). 청원권은 기원적으로 보면 사법적 권리구제수단, 특히 행정소송이 정비되지 않았던 시대에 국가작용에 의하여 침해된 개인의 권리를 구제하기 위한 수단이었다. 그러나 오늘날 행정소송이 정비되면서 청원권은 권리구제의 기능도 있지만, 개인 또는 집단이 국가기관에 절차와 형식에 관계없이 의견을 표현하며, 이를 통하여 국정에 참여하고, 또 통제하는 기능이 더 강하다. 이 점에서 청원권은 국가기능에 참여하는 기본권의 성격을 강하게 띠었다.

청원권에 대해서 자세히는 「청원법」이 정하고 있다. 청원은 문서의 형식으로 모든 국가기관, 즉 국가 혹은 공공단체의 기관에 대하여 할 수 있다. 국가작용에 의한 권리 침해가 청원권 행사의 요건은 아니며, 권리 침해의 여부에 관계없이 청원을 할 수 있다. 국가는 개인의 청원을 방해해서는 안 된다. 개인은 청원을 이유로 불이익을 받지 않는다(청원법 제12조). 공동으로 청원을 할 수도 있다(청원법 제6조 제2항).

청원의 대상은 피해의 구제, 공무원 비위의 시정 또는 공무원에 대한 징계나 처벌의 요구, 법률·명령·규칙의 제정·개정 또는 폐지, 공공의 제도 또는 시설의 운영, 그리고 그 밖에 국가기관의 권한에 속하는 사항 등이다(청원법 제4조). 청원의 내용과 관련해서는 다음과 같은 제한이 있다. 감사·수사·재판·행정심판·조정·중재 등 다른 법령에 의한 조사·불복 또는 구제절차가 진행 중인 때, 허위의 사실로 타인으로 하여금 형사처분 또는 징계처분을 받게 하거나 국가기관 등을 중상모략하는 사항인 때, 사인 간의 권리관계 또는 개인의 사생활에 관한 사항인 때, 그리고 청원인의 성명·주소 등이 불분명하거나 청원내용이 불명확한 때에는 청원을 수리하지 않는다(청원법 제5조). 또 타인을 모해(謀害)하기 위한 목적으로 허위사실을 청원하는 것은 금지되며, 이 경우 처벌을 받는다(청원법 제11, 13조).

청원을 수리한 기관은 성실하고 공정하게 청원을 심사·처리하여야 한다. 심사에 있어서 필요한 경우 청원인, 이해관계인 및 학식과 경험이 풍부한 사람으로부터 진술을 들을 수 있다. 청원을 접수한 때에는 특별한 사유가 없는 한 90일 이내에 처리결과를 청원인에게 통지하여야 한다(청원법 제9조). 청원처리내용에 대한 소송은 허용되지 않는다. 청원에 대한 처리통보는 법적 효력이 있는 법률행위가 아니기 때문이다. 통보는 구체적인 공권력의 행사가 아니기 때문에 헌법소원의 대상이 될 수도 없다(헌재 2000. 10. 25, 99헌마458).

2. 선거권

(1) 선거의 원칙

모든 국민은 법률이 정하는 바에 의하여 선거권을 가진다(제24조). 선거에 관한 자세한 사항은 「공직선거법」이 규율하고 있다. 선거권은 다양한 선거의 원칙에 의하여 제도적으로 뒷받침되고 있다. 헌법은 국회의원선거 및 대통령선거에 관하여 보통·평등·직접·비밀선거의 원칙을 보장하고 있다(제41조 제1항 및 제67조 제1항). 이 밖에 자유선거의 원칙도 선거의 원칙으로 확립되어 있다. 선거의 원칙에 대해서 자세히는 뒤에서 설명한다(제6장 제2절 Ⅱ. 참조).

(2) 선거권연령, 외국인 및 재외국민의 선거권, 선거권 자격, 부재자투표

헌법은 선거권연령을 직접 규정하고 있지는 않다. 「공직선거법」에 의하면 만 18세에 달한 자에게 선거권이 부여된다(공직선거법 제15조).

외국인은 국가기관을 구성하는 선거권의 주체가 될 수 없다. 다만 지방선거에서 외국인으로 「출입국관리법」상의 영주의 체류자격을 취득한 후 3년이 경과한 경우에 해당 지방자치단체의 외국인등록대장에 등록된 자에게는 선거권이 부여된다(공직선거법 제15조 제2항 제3호).

해외에 거주하는 재외국민, 그리고 국내에 거주하는 해외국민도 일정한 조건하에 선거권을 갖는다. 「재외동포의 출입국과 법적 지위에 관한 법률」에 의하여 해당 국회의원지역선거구의 선거구역 또는 지방자치단체의 국내거소신고인명부에 3개월 이상 계속 올라 있는 국민은 국회의원, 지방자치단체의 의회의원 및 장의 선거권을 갖는다. 주민등록이 되어 있거나 국내거소신고를 한 국민은 국외부재자투표를 할 수 있다. 주민등록이 되어 있지 않고 국내거소신고도 하지 않은 국민(재외선거인)은 해당 외국의 공관에 설치된 재외투표소에서 투표를 할 수 있다(공직선거법 제15조, 제218조의4 이하).

금치산선고를 받은 자, 1년 이상의 징역 또는 금고의 형의 선고를 받고 그 집행이 종료되지 아니하거나 그 집행을 받지 않기로 확정되지 않은 사람(다만, 그 형의 집행유예를 선고받고 유예기간 중에 있는 사람은 제외한다), 선거범, 「정치자금법」상의 정치자금부정수수죄를 범한 사람, 또는 대통령 · 국회의원 · 지방의회의원 · 지방자치단체의 장으로서 재임 중의 직무와 관련하여 형법상의 수뢰 · 사전수뢰 · 알선수뢰 등의 죄를 범한 자로서 100만원 이상의 벌금형의 선고를 받고 그 형이 확정된 후 5년 또는 형의 집행유예의 선고를 받고 그 형이 확정된 후 10년을 경과하지 않거나 징역형의 선고를 받고 그 집행을 받지 않기로 확정된 후 또는 그 형의 집행이 종료되거나 면제된 후 10년을 경과하지 않은 자, 법원의 판결 또는 다른 법률에 의하여 선거권이 정지 또는 상실된 자에게는 선거권이 인정되지 않는다(공직선거법 제18조 제1항).

판례 46 집행유예자 및 수형자에 대한 선거권 제한

범죄자의 선거권을 제한할 필요가 있다 하더라도 범죄의 경중을 전혀 고려하지 않고 수형자와 집행유예자 모두의 선거권을 제한하는 것은 최소침해의 원칙에 어긋난다. 집행유예 선고가 실효되거나 취소되지 않는 한 집행유예자는 교정시설에 구금되지 않고 일반인과 동일한 사회생활을 하고 있으므로, 선거권을 제한해야 할 필요성이 크지 않다. 또한 집행유예자는 1년 이상 5년 이하의 기간 형의 집행을 유예받을 수 있어 형벌에 따른 선거권 제한이 범죄에

> 대한 책임과 비례하지 않을 가능성이 크다. 집행유예자와 수형자의 선거권을 제한하는 것은 지나치게 광범위할 뿐만 아니라 범죄의 성격과 선거권 제한과의 직접적 연관성을 찾기 어려운 부분도 있다.
>
> 따라서 '중대한 범죄자에 대한 제재나 일반 시민의 법치주의에 대한 존중의식 제고' 등의 공익보다 이로 인하여 침해되는 '집행유예자와 수형자 개인의 사익 또는 민주적 선거제도의 공익적 가치'가 더 크다. 심판대상조항은 보통선거원칙에 위반하여 집행유예자와 수형자를 차별 취급하는 것이므로 평등의 원칙에도 어긋난다.
> [헌재 2014. 1. 28. 2012헌마409등]

3. 공무담임권

(1) 공직에의 평등한 접근권

모든 국민은 법률이 정하는 바에 의하여 공무담임권을 가진다(제25조). 여기에는 선출직 공무원과 비선출직 공무원이 모두 포함된다. 공무담임권이 모든 국민에게 현실적으로 국가 혹은 공공단체에서 직무를 담당할 권리를 부여하는 것은 아니다. 공무담임권은 공직에 평등하게 접근할 수 있는 권리, 따라서 자의적으로 배제되거나 혹은 공직관계가 정지되지 않을 권리를 보장한다. 이러한 의미에서 공무담임권은 평등권의 특별한 형태이다.

직업공무원의 임용에 있어서는 다음과 같은 기준이 적용된다. 첫째, 직업공무원의 임용에 있어서 적극적으로는 능력·전문성·적성·품성 등에 따라 균등하게 공직취임권이 보장되어야 한다(국가공무원법 제35조). 둘째, 소극적으로 보면 경제적 혹은 신분적, 그리고 종교적 이유로 공직취임에 있어서 이익 또는 불이익이 가해져서는 안 된다(국가공무원법 제59조의2). 공무원시험에서 응시연령을 제한하는 것은 공직사회의 위계와 연령이 미치는 영향, 연령에 따른 적응능력의 차이와 공직사회의 효율성 등의 요소를 고려하면 그 자체가 헌법에 위반되지는 않는다. 그러나 그 상한연령을 지나치게 낮추는 것은 허용되지 않는다.

판례 47 공무원시험응시연령과 공무담임권

5급 공개경쟁채용시험의 응시연령의 상한을 32세로 하는 것은 공직취임권을 직접적으로 제한하며, 그러한 제한을 정당화하려면 과잉금지의 원칙에 부합하여야 한다. 그런데 32세까지는 5급 공무원의 직무수행에 필요한 최소한도의 자격요건을 갖추고, 32세가 넘으면 그러한 자격요건을 상실한다고 보기 어렵고, 6급 및 7급 공무원 공채시험의 응시연령 상한을 35세로 규정하면서 그 상급자인 5급 공무원의 채용연령을 32세로 제한한 것은 합리적이라고 볼 수 없다. 따라서 5급 공채시험 응시연령의 상한을 '32세까지'로 제한하고 있는 것은 기본권 제한의 최소침해성원칙에 부합되지 않는다. 다만 5급 공무원의 공채시험에서 응시연령의 상한을 제한하는 것이 전면적으로 허용되지 않는다고 보기는 어렵고, 정년제도의 틀 안에서 공무원 채용 및 공무수행의 효율성을 도모하기 위하여 필요한 최소한도의 제한은 허용된다. 그 한계는 공무원정년제도와 인사정책 및 인력수급의 조절 등 여러 가지 입법정책을 고려하여 입법기관이 결정할 사항이다. [헌재 2008. 5. 29. 2007헌마1105]

(2) 공직유지권

공무담임권은 공직을 유지할 권리를 포함한다. 공무원은 일반 국민에 비해서 높은 정도의 준법의무가 있지만(국가공무원법 제56조), 실체법적인 비난의 정도를 고려하지 않고 일정한 형을 선고받은 경우에 공직을 박탈하는 것은 허용되지 않는다. 예컨대, 범죄의 종류와 내용에 관계없이 금고 이상의 형의 선고유예를 받은 경우에 당연퇴직하도록 하는 공무원법의 규정은 헌법에 위반된다. 또 형이 확정되지 않은 경우에도 금고 이상의 형의 선고를 받았다는 이유로 지방자치단체의 장의 직무를 정지시키고 부단체장으로 하여금 직무를 수행하게 하는 규정은 공무담임권을 침해한다.

판례 48 공무원 범죄와 공무원의 공직유지권

공무담임권의 보호영역에는 공직취임의 기회의 자의적인 배제뿐 아니라, 공무원 신분의 부당한 박탈도 포함된다. 국가공무원법은 공무원이 금고 이상의 형의 선고유예를 받은 경우에는 공무원직에서 당연히 퇴직하도록 규정하고 있다. 그런데 같은 금고 이상의 형의 선고유예를 받은 경우라고 하여도 범죄의 종류, 내용이 지극히 다양하므로 그에 따라 국민의 공직에 대한 신뢰 등에 미치는 영향도 큰 차이가 있다. 따라서 입법자는 국민의 공직에 대한 신뢰보호를 위하여 해당 공무원이 반드시 퇴직하여야 할 범죄의 유형, 내용 등으로 당연퇴직의 사유 및 범위를 가급적 한정하여 규정하였어야 한다.

위 규정은 금고 이상의 선고유예의 판결을 받은 모든 범죄를 포괄하여 규정하고 있을 뿐 아니라, 심지어 오늘날 누구에게나 위험이 상존하는 교통사고 관련 범죄 등 과실범의 경우도 당연퇴직의 사유에서 제외하지 않으므로 최소침해의 원칙에 반한다. 위 규정은 지방공무원의 당연퇴직사유를 공무원 채용시의 임용결격사유와 동일하게 규정하고 있는데, 일단 공무원으로 채용된 공무원을 퇴직시키는 것은 공무원이 장기간 쌓은 지위를 박탈하는 것이므로 당연퇴직사유를 임용결격사유와 동일하게 취급하는 것은 타당하지 않다. [헌재 2003. 10. 30, 2002헌마684등]

Ⅴ. 사회적 기본권

1. 교육을 받을 권리

(1) 헌법적 의의와 규범구조

모든 국민은 능력에 따라 균등하게 교육을 받을 권리를 가진다(제31조 제1항). 교육의 권리는 인간의 존엄을 실현하기 위하여 필요한 정신적 기초를 형성하는 기회를 평등하게 보장한다. 또 교육의 권리는 직업선택을 위하여 필요한 지식과 능력을 갖추기 위한 과정으로서, 직업선택의 자유를 실현하는 기반이 된다. 객관적으로 보면 민주주의는 교육(교양)에 기반하여 성숙한 정치적 판단능력을 갖는 시민이 국가의사결정에 적극적으로 의견을 투입할 수 있는 상황에서 기능하기 때문에 교육의 권리는 민주주의의 실현에 기여한다.

헌법 제31조는 모든 국민에게 균등하게 교육을 받을 기회를 보장하기 위하여 필요한 규정을 자세히 두고 있다. 학교교육은 자녀를 양육하는 부모의 협력을 필요로 한다. 이에 모든 국민은 보호하는 자녀에게 적어도 초등교육과 법률이 정하는 교육을 받게 할 의무가 있다(제31조 제2항). 이러한 의무가 부모의 경제적 능력에 관계없이 실현될 수 있도록 의무교육은 무상으로 한다. 현재 의무교육기간은 6년의 초등교육과 3년의 중등교육이다(교육기본법 제8조 제1항). 장애인에 대해서는 유치원과 고등학교 과정 역시 의무교육으로 하고 있다(장애인 등에 대한특수교육법 제3조). 현대사회에서 개인은 계속 교육을 통해서 정보를 제공받지 않으면 자기계발의 가능성이 제한된다. 따라서 국가는 평생교육을 진흥하여야 한다(제31조 제5항).

교육은 중요한 국가의 과제이기 때문에 국가의 규율을 필요로 하지만 개인에게 국가가 지시하는 가치를 일방적으로 주입하는 내용으로 행사되어서는 안 된다. 이에 헌법은 교육의 자주성·전문성·정치적 중립성을 보장하고 있다(제31조 제4항).

(2) 능력에 따른 교육을 받을 권리와 균등하게 교육을 받을 권리

교육의 기회가 수학능력 이외의 사유로 차별취급을 받아서는 안 된다. 따라서 신분·경제적 능력 등을 교육기회를 부여하는 기준으로 하는 것은 교육의 권리를 침해한다.

누구든지 자신의 지적·신체적 및 정신적 상황에 상응하여 균등하게 교육을 받을 수 있어야 한다. 예컨대, 경제적 능력이 없는 개인에게는 경제적 지원을 하여 교육을 받을 수 있도록 하여야 한다. 일반학교에 접근할 수 없거나, 혹은 그 곳에서 정상적인 교육을 받을 수 없는 장애인이 균등하게 교육을 받을 수 있도록 장애인 교육시설을 설치·운영하여야 한다. 다만 교육의 권리를 실현하기 위한 다양한 방법과 내용에 대한 판단은 입법자에게 유보되어 있으며, 또 이들 조치는 재정적인 지원을 필요로 한다. 따라서 헌법으로부터 직접 교육시설을 확충하는 내용의 구체적이고 직접적인 청구권이 도출되는 것은 아니다.

모든 국민은 무상의무교육제도를 통하여 경제적 능력의 유무에 관계없이 우리 사회의 가치를 공유하고, 또 정상적인 사회생활을 하기 위하여 필요한 지식을 획득할 수 있어야 한다. 무상의무교육의 기간·내용 등에 대한 구체적인 판단은 기본적으로는 입법자에게 유보되어 있다. 다만 무상교육의 내용에는 경제적인 차별 없이 균등하게 교육을 받는 데 필요한 비용이 포함되어야 한다. 수업료와 입학금의 면제, 학교와 교사 등 인적·물적 기반 및 이를 유지하기 위한 인건비와 시설유지비, 신규 시설투자비 등의 마련, 그 밖에 의무교육을 실질적으로 보장하기 위하여 필수적인 비용이 여기에 해당한다.

(3) 부모의 교육의 의무와 권리

부모는 자녀를 교육할 권리와 의무를 갖는다. 특히 학교 밖 가정에서 교육은 부모의 독점적 영역이다. 국가는 학교 밖에서 자녀에 대한 부모의 사적 교육을 지원하고 장려하여야 한다. 따라서 경제적 능력 등의 차이로 인하여 현저히 교육기회의 형평이 상실되고, 그 결과 공교육의 기능을 저해하는 효과가 있지 않는 한 과외교습을 일률적으로 제한하는 것은 부모의 교육권을 과잉 침해한다.

학교교육에 있어서 부모는 자녀가 능력에 관계없이 최소한의 교육의 기회를 보장받을 수 있도록 국가에 요구할 권리가 있으며, 부모는 자녀가 초등교육과 법률이 정하는 학교교육을 받도록 배려할 의무가 있다. 학교교육에 있어서는 국가의 교육과제와 부모의 교육권이 협력관계에 있다.

판례 49 부모의 교육권, 학생의 교육을 받을 권리와 과외금지

자녀의 양육과 교육에 있어서 학교 밖의 교육영역에서는 원칙적으로 부모의 교육권이 우위를 차지한다. 학교교육에 관한 한, 국가는 교육제도의 형성에 관한 폭넓은 권한을 갖지만, 과외교습과 같은 사적인 교육을 제한하는 경우에는 특히 자녀인격의 자유로운 발현권과 부모의 교육권을 존중해야 하므로 국가에 의한 규율의 한계가 있으며, 비례의 원칙을 준수하여야 한다.

일률적인 과외금지와 같은 사교육에 대한 규율은, 사적인 교육의 영역에서 부모와 자녀의 기본권에 대한 중대한 침해라는 개인적인 차원을 넘어서 국가를 문화적으로 빈곤하게 만든다. 국가 간의 경쟁에서 살아남기 힘든 오늘날의 무한경쟁시대에서 문화의 빈곤은 궁극적으로는 사회적·경제적인 후진성으로 이어질 수밖에 없다. 따라서 과외를 금지하는 입법목적의 실현효과에 대하여 의문의 여지가 있고, 반면에 이로 인하여 발생하는 기본권 제한의 효과 및 문화국가실현에 대한 불리한 효과가 현저하므로, 제한을 통하여 얻는 공익적 성과와 제한이 초래하는 효과가 합리적인 비례관계를 현저하게 일탈하여 법익의 균형성을 갖추지 못하고 있다. [헌재 2000. 4. 27, 98헌가16등]

(4) 교육의 자주성 · 전문성 · 정치적 중립성과 교육제도 법정주의

헌법은 피교육자에게 특정가치 혹은 정파의 주의 · 주장을 주입하는 것을 제도적으로 방지하여 다원적 가치관에 기초한 교육이 이루어질 수 있도록 교육의 자주성 · 전문성 · 정치적 중립성을 보장하고 있다. 국가는 실제 교육을 담당하는 교사와의 관계에서 세부적인 교육내용을 국가목적에 따라 선점(先占)하여서는 안 된다. 피교육자는 아직 교육단계에 있기 때문에 일방적이고 교조적인 주입교육에 대해서 독자적인 판단을 할 수 없는 상태에 있다. 이에 국가는 피교육자가 균형있는 인격을 형성할 수 있도록 보호하여야 한다. 교육의 정치적 중립성을 위하여 「정당법」 및 「공직선거법」은 초중등교원에게 정당가입 및 선거운동을 금지하고 있다. 또 교원노동조합은 정치활동을 할 수 없다.

판례 50 교원노동조합의 정치활동 금지

교원의 행위는 교육을 통해 건전한 인격체로 성장해 가는 과정에 있는 미성숙한 학생들의 인격형성에 지대한 영향을 미칠 수 있다. 교원의 정치적 표현행위가 교원노조와 같은 단체의 이름으로 교원의 지위를 전면에 드러낸 채 대규모로 행해지는 경우 다양한 가치관을 조화롭게 소화하여 건전한 세계관 · 인생관을 형성할 능력이 미숙한 학생들에게 편향된 가치관을 갖게 할 우려가 있다. 교원노조에게 일반적인 정치활동을 허용할 경우 교육을 통해 책임감 있고 건전한 인격체로 성장해가야 할 학생들의 교육을 받을 권리

> 는 중대한 침해를 받을 수 있다.
>
> 이러한 점 등에 비추어 보면, 교원노조라는 집단성을 이용하여 행하는 정치활동을 금지하는 것이 과잉금지원칙에 위반된다고 볼 수 없다. 교원노조는 교육의 정치적 중립성 요청으로 인해 그 업무와 활동에 있어서 강하게 정치적 중립이 요구되며, 교원노조법은 공무원노조법과 달리 '일체의' 정치활동을 금지하고 있다. 그러나, 교원노조에게도 교원의 근로조건 향상을 위한 활동 등은 허용되며, 정치활동이 자유로운 대학교원단체의 경우 그 교육대상이 교원의 정치적 경향성에 별다른 영향을 받지 않는 대학생이라는 점에서 교원노조를 일반노조나 공무원노조, 대학교원단체와 달리 취급하는 것이 평등원칙 위반은 아니다. [헌재 2014. 8. 28. 2011헌바32등]

교육의 원칙이 행정부의 자의에 의하여 왜곡되지 않도록 교육과 관련된 중요한 사항 및 교원의 지위를 법률에 정하도록 하였다. 국회는 자주성·전문성·정치적 중립성과 같은 교육의 기본원칙을 존중하는 기초 위에서 교육제도와 교육재정, 교원의 지위 등을 효율적으로 보장하여야 한다.

2. 근로의 권리

(1) 규범구조와 헌법적 의의

모든 국민은 근로의 권리를 갖는다. 이를 위하여 국가는 사회적·경제적 방법으로 근로자의 고용증진에 노력하여야 한다(제32조 제1항). 사회적 약자인 여자와 연소자의 근로는 특별한 보호를 받으며(제4, 5항), 국가유공자·상이군경 및 전몰군경의 유가족은 법률이 정하는 바에 의하여 우선적으로 근로의 기회를 부여받는다(제6항). 헌법은 근로의 권리 이외에 근로조건에 관한 지침을 제시하고 있다. 근로조건의 기준은 인간의 존엄성을 보장하도록 법률로 정한다(제3항). 국가는 적정임금의 보장에 노력하여야 하며, 특히 최저임금제를 시행하여야 한다(제1항). 모든 국민은 근로의 의무를 갖는다. 근로의 의무의 내용과 조건은 민주주의원칙에 따라 법률로 정한다(제2항).

근로의 권리는 다양한 헌법적 의의를 갖는다. 첫째, 오늘날 개인은 일반적으로 자영노동보다는 고용에 대한 대가로 임금을 지급받고 이를 기초로 경제생활을 영위한다. 그런데 자본집약적인 현대 산업구조에서 필연적으로 노동력의 공급과잉과 이로 인한 실업의 문제가 발생된다. 근로의 권리는 이러한 사회문제에 대한 헌법적 대응이다. 둘째, 개인이 근로의 기회를 갖지 못한다면 직업선택의 자유는 자유로운 경제활동을 보장하는 기본권으로 기능할 수 없다. 즉, 근로의 권리는 직업의 자유를 실질적으로 보장하기 위한 전제조건이다. 셋째, 오늘날 개인은 소득활동기간에는 임금, 그리고 노령·장애·사망 등으로 인하여 소득활동을 할 수 없는 기간에는 사회보장청구권을 경제적 생활의 기초로 하고 있다. 그런데 근로의 기회를 갖지 못하여 소득이 없는 경우에 현재의 수요를 충족시킬 수 없을 뿐 아니라 소득의 일부인 보험료를 재원으로 하여 운영되는 사회보험청구권 등을 갖지 못하여 장래의 수요에 대비할 수 없는 2차적인 위험이 나타난다. 넷째, 근로의 기회를 갖지 못하게 되면 인격실현의 기회가 박탈되는 파급효과를 갖는다. 또 실업상태에서는 사회에 참여하는 동기가 저해되고, 그 결과 사회적 소외를 겪게 된다.

(2) 고용청구권과 해고 보호

근로의 권리는 근로의 능력과 의지가 있음에도 불구하고 기회를 갖지 못한 자에게 근로의 기회를 부여하거나, 또 기존의 고용관계를 유지시키는 형태로 실현된다. 그러나 근로의 권리는 시장경제와 자본주의에서 규범력에 한계가 있다. 개인에게 근로의 권리를 보장하기 위해서는 필연적으로 국가가 사용자의 자율적인 결정권을 제한하여야 하기 때문이다. 따라서 근로의 권리는 국가의 적극적인 고용 및 노동정책을 통하여 고용을 증진하는 객관적 목표로서 이해된다. 국가는 고용보험을 시행하여 근로의 권리에 내재하고 있는 실현의 한계를 극복할 수 있다. 고용보험은 개인에게 근로의 권리를 직접 실현시키는 것은 아니다. 그러나 고용보험은 고용을 상실한 개인에게 새로운 일자리를 찾거나 혹은 새로운 일자리에서 요구되는 전문지식을 얻기 위해서 필요한 취업교육을 받을 수 있도록 지원을 하고(고용안정·직업능력개발사업), 또 동시에 한시적으로 경제적 기반을 보장할 수 있다(구직급여).

근로의 권리가 근로자를 해고로부터 보호하는 것은 아니다. 즉 근로의 권리로부터 직장존속보장청구권이 도출되지는 않는다. 그러나 여성노동은 특별히 보호되어야 하기 때문에 예컨대 여성의 임신 및 출산 등 노동에 비본질적인 사실을 퇴직의 사유로 하는 것은 헌법 제32조 제4항에 위반된다. 일반적으로 사용자는 정당한 사유없이 근로자를 해고할 수 없다(근로기준법 제23조 제1항). 그러나 사용자는 근로자의 일신상의, 혹은 행태상의 이유에서, 그리고 기업경영상의 이유에서 근로자를 해고할 수 있다. 경영상의 이유로 해고를 하기 위해서는 긴박한 경영상의 필요가 있어야 하고(근로기준법 제24조 제1항), 사용자는 해고를 피하기 위한 노력을 하여야 한다(제2항).

판례 51 근로의 권리와 직장존속보장청구권

국가에 대한 직접적인 직장존속보장청구권을 근로자에게 인정할 헌법상의 근거는 없다. 따라서 근로관계를 당연히 승계하여야 할 헌법상의 의무는 없다. 한국보건산업진흥원법 부칙 제3조가 기존 연구기관의 재산상의 권리·의무만을 새로이 설립되는 한국보건산업진흥원에 승계시키고, 직원들의 근로관계가 당연히 승계되는 것으로 규정하지 않았다 하여 위헌이라 할 수 없다. 다만, 헌법상 국가(입법자)는 근로관계의 존속보호를 위하여 최소한의 보호를 제공하여야 하며, 이러한 의무의 이행 여부는 당해 법률조항만에 의할 것이 아니라, 노사관계에 관한 법체계 전반을 통하여 판단하여야 한다.

헌법 제33조에서 노동기본권을 보장하고 있는 점, 법원이 재판을 통하여 고용승계 여부에 관한 당사자의 의사와 태도를 합리적으로 해석함으로써 근로관계 존속보호의 기능을 수행할 가능성이 열려 있는 점, 고용보험제도를 비롯하여 고용안정, 취업기회의 제공, 직업능력의 개발을 위한 부수적 법제가 마련되어 있는 점 등을 고려할 때, 현행법제상 국가는 근로관계의 존속보호를 위한 최소한의 보호조치마저 제공하고 있지 않다고 보기 어렵다. 근로관계의 승계를 규정하고 있는 다른 법률들과 비교하거나, 합병·영업양도로 근로관계가 승계되는 경우와 비교하여 차이가 있더라도, 거기에는 합리적인 이유가 있으므로 평등원칙에 위반된다고 할 수 없다. [헌재 2002. 11. 28, 2001헌바50]

(3) 근로조건의 보호

근로의 조건은 인간의 존엄성을 보장하여야 한다. 이를 위하여 적정한 수준의 근로조건이 보장되어야 하며, 특히 최저임금제를 시행하여야 한다. 최저임금은 적어도 「국민기초생활보장법」상의 생계급여의 수준 이상으로 책정되어야 한다. 모든 개인은 스스로의 노동을 통하여 생활의 경제적 기초를 형성한다는 헌법의 전제에서 보면 노동을 행하는 자의 '노동임금'과 그렇지 않은 자의 이른바 '사회적 임금'이 같은 수준일 수는 없기 때문이다. 또 근로환경이 보장되어야 한다. 사용자는 근로자가 노동과정에서 노동력 및 건강의 손실을 받지 않도록 각종 안전시설을 하여야 한다. 이에 대해서 자세히는 「근로기준법」이 정하고 있다(근로기준법 제76조).

(4) 여자 · 연소자 및 국가유공자에 대한 특별한 보호

여자의 근로는 특별한 보호를 받으며, 고용 · 임금 및 근로조건에 있어서 부당한 차별을 받지 않는다. 여성에 한하여 특별한 고용조건을 부여하는 것은 헌법에 위반된다. 여자는 신체적 및 생리적, 그리고 사회적 · 가족구조적인 이유에서 고용 및 근로조건에 있어서 불리한 조건에 있다. 국가는 여성의 이러한 불리한 상황을 보호하기 위하여 적극적인 조치를 취하여야 한다. 특히 여성이 출산 및 육아의 부담을 지고 있다는 점을 고려하여 이로 인하여 취업이 단절되는 등의 불이익을 받지 않도록 하여야 한다. 이는 「근로기준법」 및 「남녀고용평등과 일 · 가정 양립 지원에 관한 법률」에 자세히 규율되어 있다.

연소자는 성장 중에 있는 인격체이기 때문에 연소자의 건전한 신체 · 정신 및 심리적인 발달에 부정적인 영향을 미치는 노동은 금지된다. 15세 미만의 연소자는 근로자가 되지 못하며, 18세 미만의 연소자를 도덕상 · 보건상 유해 · 위험한 사업에 사용할 수 없다(근로기준법 第64, 65조). 이 밖에 근로시간과 관련된 제한이 있다. 즉, 15세 이상 18세 미만의 연소자의 근로시간은 1일 7시간, 1주일 35시간을 초과하지 못한다(근로기준법 第69조). 또 연소자는 갱내근로를 할 수 없다(근로기준법 第72조).

국가유공자 · 상이군경 및 전몰군경의 유가족에게 우선적으로 취업할 기회가 부여된다. 이는 국가를 위한 희생에 대한 보상의 성격이 있다. 국가유공자 등에 대한 취업보호는 「국가유공자 등 예우 및 지원에 관한 법률」에 규율되어 있다. 민간기업은 일정한 비율로 국가유공자 등을 고용하여야 하며, 이를 이행하지 않는 경우에는 제재를 가하거나 국가유공자 등을 우선적으로 채용하도록 유인하고 있다(국가유공자법 第28조 이하). 이들에 대한 취업보호는 가산점제도를 통하여 시행되고 있다.

판례 52 취업보호의 대상인 국가유공자의 범위

취업보호의 대상자는 조문의 문리해석대로 '국가유공자', '상이군경', 그리고 '전몰군경의 유가족'이라고 보아야 한다. 이 사건 조항은 일반 응시자들의 공직취임의 기회를 차별하는 것이며, 이러한 기본권 행사에 있어서의 차별은 차별목적과 수단 간에 비례성을 갖추어야 한다. '국가유공자의 가족'의 경우 가산점의 부여는 헌법이 직접 요청하고 있는 것이 아니고, 그러한 법률상의 입법정책은 능력주의 또는 성과주의를 바탕으로 하는 공직취임권의 규율에 있어서 중요한 예외이다. 헌법적 요청이 있는 경우에는 합리적 범위 안에서 능력주의가 제한될 수 있지만, 단지 법률적 차원의 정책적 관점에서 능력주의의 예외를 인정하려면 해당 공익과 일반응시자의 공무담임권의 차별 사이에 엄밀한 법익형량이 이루어져야 한다.

이 사건 조항의 경우 명시적인 헌법적 근거 없이 국가유공자의 가족들에게 만점의 10%라는 높은 가산점을 부여하고 있다. 그러한 가산점 부여 대상자의 광범위성과 가산점 10%의 심각한 영향력과 차별효과를 고려할 때, 그러한 입법정책만으로 헌법상의 공정경쟁의 원리와 기회균등의 원칙을 훼손하는 것은 부적절하며, 국가유공자의 가족의 공직 취업기회를 위하여 매년 많은 일반 응시자들에게 불합격이라는 심각한 불이익을 입게 하는 것은 정당화될 수 없다. 이 사건 조항의 차별로 인한 불평등 효과는 입법목적과 그 달성수단 간의 비례성을 현저히 초과하므로, 이 사건 조항은 일반 공직시험 응시자들의 평등권을 침해한다. 같은 이유에서 이 사건 조항은 그들의 공무담임권을 침해한다. [헌재 2006. 2. 23. 2004헌마675]

3. 노동 3권

(1) 규범구조, 헌법적 의의와 기능

모든 근로자는 단결권·단체교섭권 및 단체행동권을 가진다. 헌법은 노동 3권의 목적과 성격을 명시하였다. 즉, 노동 3권은 근로자의 근로조건을 향상하는 목적을 가지며, 이는 근로자의 자주적인 권리이다(제33조 제1항). 노동 3권은 공무원 및 주요 방위산업체 종사자에게는 제한적으로 보장된다. 공무원인 근로자는 법률이 정하는 자에 한하여 노동 3권이 보장되며(제2항), 법률이 정하는 주요 방위산업체에 종사하는 근로자의 단체행동권은 법률이 정하는 바에 의하여 제한하거나 인정하지 않을 수 있다(제3항).

시장경제질서에서 근로조건은 원칙적으로 사용자와 근로자가 '계약자유의 원칙'에 따라 합의에 의해서 결정된다. 그러나 이 경우에 근로자는 사회적 약자의 지위에 있고, 이러한 상황에서 사용자와 근로자가 대등한 협상력을 기초로 근로조건을 형성하는 것은 어렵다. 이러한 불균형이 그대로 유지되는 경우 근로자는 열악한 근로조건 및 환경에서 일하게 된다. 이는 국가공동체의 최소한의 사회경제적 동질성을 위협하고, 결국 국가의 위기, 그리고 동시에 헌법의 위기를 가져온다.

노동 3권은 주관적으로는 근로자의 인간다운 생활을 보장하는 데 기여한다. 헌법 제32조 근로의 권리가 근로의 기회 및 근로조건의 실체적 내용을 보호하는 반면, 노동 3권은 사용자와 근로자가 대등한 협상력을 갖고 협상하기 위하여 필요한 각종 제도 및 절차를 보호한다. 또 노동 3권은 어느 정도 객관적인 기능을 수행한다. 노동 3권을 기초로 자본과 노동이 대립 혹은 협력하면서 극한적인 노사투쟁을 순화시킬 수 있기 때문이다. 이로써 노동 3권을 통하여 산업안정과 평화가 유지되며, 경제 및 노동질서 등 객관적인 질서를 형성한다.

(2) 노동 3권의 보호 범위

노동 3권의 보호 범위와 관련하여 헌법 제33조는 단결권·단체교섭권 및 단체행동권의 3개의 권리를 각각 보장하는가, 또는 3개의 권리 묶음을 하나의 기본권으로 보장하고 있는가의 문제가 제기된다. 전자의 이해방법에 따르면 3개의 권리 중 하나라도 부인하는 입법은 곧 헌법 제33조 제1항에 위반된다. 즉, 헌법 제37조 제2항에 의하여 기본권 제한의 정당성 심사를 할 필요가 없다. 이에 비해서 후자의 이해방법에 의하면 3개의 권리 중, 예컨대 단체행동권을 인정하지 않는 경우에 이는 기본권의 제한에 해당하며, 따라서 헌법 제37조 제2항에 의한 심사가 필요하다.

노동 3권은 모두 근로조건의 향상에 기여하지만 기능영역이 다르며, 기능방식에 있어서도 차이가 있다. 그 결과 노사관계 및 사회경제질서에 미치는 영향이 다르다. 그렇다면 근로조건을 향상하는 목적에 근본적인 장애가 되지 않으며 헌법 제37조 제2항의 요건을 충족하는 한, 노동 3권 중 하나의 권리를 부인하더라도 이는 노동 3권을 제한하는 것이며, 헌법 제33조 제1항을 위반한다고 볼 수는 없다. 즉 이 경우 헌법 제37조 제2항에 의한 심사의 대상이 된다. 헌법 제33조가 3개의 기본권을 보호하는 규정이라고 이해하는 때에는 공무원의 노동 3권의 형성에 있어서 헌법에 우호적이지 않은 결과가 된다. 공무원인 근로자에 대해서 노동 3권을 제한할 수 있는데, 이때 3개의 기본권론에 따르면 입법자는 노동 3권을 모두 인정하거나, 혹은 모두 부인하여야 한다. 그러나 이는 헌법의 취지에 맞지 않다. 헌법 제33조 제2항은 법률이 정하는 공무원에게 노동 3권의 일부를 보장하는, 따라서 일부를 허용하지 않을 수 있는 근거가 되기 때문이다. 따라서 노동 3권은 3개의 권리가 하나의 기본권을 구성하는 것으로 이해하여야 한다.

판례 53 노동 3권의 보호범위와 단체행동권의 제한

이 사건 경비업법 조항은 근로자의 단체행동권을 전면적으로 박탈하고 있으므로 헌법 제33조 제1항 자체에 위반된다는 반대견해가 있다. 그러나 이 사건 법률조항에 의한 쟁의행위의 금지는, 특수경비원에게 보장되는 근로3권 중 단체행동권을 제한하는 것으로서, 헌법 제37조 제2항의 과잉금지원칙에 위반되는지 여부가 문제될 뿐이지, 그 자체로 근로3권의 보장에 관한 헌법 제33조 제1항에 위배된다고 볼 수는 없다. 특히 반대견해에서는 헌법 제33조 제2항과 제3항의 규정에서 '공무원'과 '주요방위산업체에 종사하는 근로자'에 대해서만 특별히 유보조항을 두고 있는 점을 근거로 제시하고 있으나, 이 사건 법률조항에 의한 단체행동권의 제한은 헌법 제33조 제2항과 제3항의 개별유보조항이 아니라 헌법 제37조 제2항의 일반유보조항에 의한 것이므로, 헌법 제33조 제2항과 제3항으로부터 이 사건 법률조항이 헌법 제33조 제1항에 위배된다는 결론은 도출될 수 없다. [헌재 2009. 10. 29. 2007헌마1359]

(3) 단결권 · 단체교섭권 · 단체행동권

1) 단결권

근로자는 근로조건을 개선할 목적으로 사용자와 협상할 단체를 형성 · 유지하는 권리를 갖는다. 노동조합결성권이 대표적이다. 단결권에 의하여 근로자 개인에게는 노동조합을 조직할 권리, 그리고 노동조합에 가입하고 이로부터 탈퇴할 권리가 보장된다(노동조합 및 노동관계조정법(노조법) 제5조). 사용자가 노동조합의 결성 및 활동을 방해하는 행위는 부당노동행위에 해당한다. 노동조합에 가입하지 않을 것, 혹은 탈퇴를 조건으로 근로자를 고용하는 것 역시 부당노동행위이다(노조법 제81조 제1, 2호). 노동조합은 자주적인 결사체로서 조직형태를 자유롭게 선택할 수 있다. 즉 기업별 혹은 산업별로 노동조합을 조직할 수 있다.

노동조합의 조합원이 될 것을 조건으로 근로자를 고용하는, 이른바 union shop제도는 일정한 조건하에서 인정된다. 즉, 노동조합이 당해 사업장 근로자의 3분의 2 이상을 대표하고 있을 때에는 노동조합의 조합원이 될 것을 고용조건으로 하는 단체협약을 체결할 수 있다. 다만 이 경우에도 사용자는 근로자가 당해 노동조합에서 제명된 것, 또는 그 노동조합을 탈퇴하여 새로 노동조합을 조직하거나 다른 노동조합에 가입하였다는 이유로 신분상의 불이익한 행위를 할 수 없다(노조법 제81조 제2호).

2) 단체교섭권

근로자단체는 단체의 명의로 사용자 또는 사용자단체와 근로조건에 대해서 자주적으로 교섭할 권한을 갖는다. 단체교섭은 근로자의 근로조건을 유지·개선하고, 경제적·사회적 지위를 향상시키기 위한 가장 중요한 수단이며, 따라서 노동조합의 핵심적인 활동영역이다. 단체교섭은 근로조건을 개선하기 위한 목적에서 행하기 때문에 그 밖의 조건을 협상의 대상으로 할 수는 없다.

단체교섭의 결과인 단체협약은 다른 사법상의 계약에 비해서 두터운 법적 보호를 받는다. 또 단체협약은 교섭 및 계약의 당사자가 아닌 제3자, 즉 노동조합원이 아닌 근로자에 대해서도 효력을 갖는다(일반적 구속력)(노조법 제35조).

사용자는 단체교섭에 응할 의무가 있다(노조법 제30조 제2항). 국가는 단체교섭을 방해하거나 이에 개입해서는 안 되며, 단체교섭의 결과인 단체협약의 준수를 감시할 의무가 있다. 단체협약이 부당한 노동조건을 포함하고 있는 경우에는 국가는 이를 취소할 권한이 있다. 단체교섭은 단체협약의 체결을 목적으로 하므로 단체교섭권에는 단체협약체결권이 포함되어 있다.

3) 단체행동권

단체교섭이 실패한 경우 근로자는 최후의 수단으로 집단적 의사표현인 단체행동권을 행사할 수 있다. 단체행동권은 업무의 정상적인 운영을 저해하는 형태로 이루어진다. 단체행동의 종류로는 파업·태업·불매운동·피케팅 등의 방식이 있다. 단체행동은 일반적으로 파업의 형태로 이루어진다. 이는 노무제공의 의무를 거부하는 것으로 민법적으로 보면 채무불이행에 해당하지만 헌법이 이를 근로자의 의사를 관철하기 위한 수단으로 보장하고 있다. 정당한 쟁의행위에 대해서는 민·형사상의 책임이 면제된다(노조법 제3, 4, 39조). 쟁의행위의 법적 책임과 관련해서는 형법상의 업무방해죄가 문제된다. 그러나 쟁의행위는 어느 정도 업무에 지장을 초래하는 것이 일반적이며, 따라서 업무방해죄는 엄격한 조건하에 적용되어야 한다(대판 2011. 3. 17, 2007도482).

사용자는 단체행동에 대해서 직장폐쇄를 통해서 대항할 수 있다. 다만 사용자는 방어적인 목적으로 직장폐쇄를 할 수 있을 뿐이다. 즉, 사용자는 노동조합이 쟁의행위를 개시한 이후에만 직장폐쇄를 할 수 있다(노조법 제46조). 이에 비해서 공격적인 직장폐쇄는 허용되지 않는다.

단체행동은 사회경제적 파급효과가 크고, 또 직접적이기 때문에 그 행사에 있어서 목적과 방법, 그리고 절차상의 제한이 있다. 단체행동권은 근로조건의 향상을 위한 기본권이므로 단체교섭의 대상이 될 수 없는 사항, 예컨대 정치적 목적을 달성하기 위한 단체행동은 허용되지 않는다. 정치적 파업에서는 직접적 혹은 간접적으로 교섭의 상대방이 사용자가 아니라 국가이다. 그런데 국가가 결정권이 있는 사안에 대해서 사용자가 영향을 미칠 수 없기 때문이다.

방법상의 제한으로 단체행동은 폭력이나 파괴행위, 또 생산 기타 주요 업무에 관계되는 시설을 점거하는 형태로 행할 수 없다(노조법 제42조). 그 밖에 업무를 방해하거나 쟁의행위에의 참가를 강요하는 것은 금지된다(노조법 제38조 제1항). 절차적으로 보면 단체행동은 근로조건을 개선하기 위한 최후의 수단이다. 따라서 단체행동권의 행사에 신중을 기하도록 조정·중재 및 긴급조정 등의 제도를 두고 있다. 쟁의행위가 중재에 회부되면 15일간 쟁의행위를 할 수 없다(노조법 제62, 63조). 쟁의행위가 공익사업에 관한 것이거나 그 규모가 크거나 성질이 특별한 것으로서 현저히 국민경제를 해치거나 국민의 일상생활을 위태롭게 할 위험이 현존하는 때에는 고용노동부장관은 긴급조정의 결정을 할 수 있다(노조법 제76조 제1항). 긴급조정이 결정되면 쟁의행위는 즉시 중지되고, 30일간 쟁의행위를 할 수 없다(노조법 제77조).

(4) 공무원과 교원의 노동 3권, 주요방위산업체 근로자의 단체행동권

공무원은 법률이 정하는 자에 한하여 노동 3권을 행사할 수 있다. 「노동조합 및 노동관계조정법」은 공무원 및 교원에 대해서 따로 법률로 정하도록 하고 있다.

1) 공무원의 노동 3권

공무원의 단결권은 부분적으로 「공무원의 노동조합설립 및 운영 등에 관한 법률」(공무원노조법)에 의하여 실현되고 있다. 이 법에 의하여 6급 이하의 일반직공무원 및 이에 상당하는 일반직공무원, 특정직공무원 중 6급 이하의 일반직공무원에 상당하는 외무행정·외교정보관리직 공무원, 6급 이하의 일반직공무원에 상당하는 별정직공무원 등이 노동조합을 설립하고 이에 가입 또는 탈퇴할 수 있다(공무원노조법 제6조). 공무원노동조합은 노동조합에 관한 사항, 또는 공무원의 보수·복지, 그 밖의 근무조건에 관한 사항에 대하여 국회사무총장, 인사혁신처장 등 정부측 교섭대표 및 지방자치단체의 장과 교섭하고 단체협약을 체결할 수 있다.

단체교섭의 대상 및 효력에 있어서 다음과 같은 제한이 있다. 단체교섭의 대상과 관련하여 정책결정에 관한 사항이나 임용권의 행사 등 그 기관의 관리·운영에 관한 사항으로서 근무조건과 직접 관련 없는 사항은 교섭대상이 될 수 없다(공무원노조법 제8조). 단체교섭의 효력과 관련하여 단체협약의 내용 중 법령·조례 또는 예산에 의하여 규정되는 내용은 단체협약으로서의 효력을 인정하지 않는다. 다만, 이 경우 정부측 교섭대표는 단체협약으로서의 효력을 갖지 않는 내용에 대해서는 그 내용이 이행될 수 있도록 성실히 노력하여야 한다(공무원노조법 제10조).

판례 54 공무원노동조합의 단체교섭사항 제한

정책결정에 관한 사항이나 기관의 관리·운영 사항이 근무조건과 직접 관련되지 않을 때 이를 교섭대상에서 제외하도록 한 이유는, 이 사항들은 모두 국가 또는 지방자치단체가 행정책임주의 및 법치주의원칙에 따라 자신의 권한과 책임하에 전권을 행사하여야 하며, 이를 교섭대상으로 한다면 행정책임주의 및 법치주의원칙에 반하게 되고, 설령 교섭대상으로 삼아 단체협약을 체결한다 하더라도 무효가 되어 교섭대상으로서의 의미를 갖지 못하기 때문이다. 이러한 상황이 발생하는 것을 방지하기 위해서는 위 사항들을 교섭대상에서 제외하는 것이 부득이하므로 이 사건 규정이 과잉금지원칙에 위반되지 않는다. [헌재 2013. 6. 27. 2012헌바169]

공무원의 단체행동은 원칙적으로 허용되지 않는다. 다만, 사실상의 노무에 종사하는 공무원은 예외적으로 노동운동을 할 수 있다(국가공무원법 제66조 제1항). 예컨대, 과학기술정보통신부 소속의 현업기관의 작업현장에서 노무에 종사하는 우정직공무원이 여기에 해당한다. 다만 서무·인사 및 기밀업무에 종사하는 자, 경리 및 물품출납사무에 종사하는 자, 노무자의 감독사무에 종사하는 자, 국가보안시설의 경비업무에 종사하는 자, 승용자동차 및 구급차의 운전에 종사하는 자들은 제외된다.

2) 교원의 노동 3권

교원의 노동 3권에 대해서는 「교원의 노동조합 설립 및 운영 등에 관한 법률」이 규율하고 있다. 교원노동조합은 교원의 임금, 근무조건, 후생복지 등 경제적·사회적 지위 향상에 관하여 단체교섭권과 단체협약체결권을 갖는다(교원노조법 제6조). 다만 교원은 정치적 중립의 의무가 있기 때문에 교원노동조합의 경우 공무원에 비해서 더욱 강력하게 정치활동의 자유를 제한하고 있다. 즉, 교원노조는 일체의 정치활동을 할 수 없다(교원노조법 제3조)(판례 50 참조).

3) 주요 방위산업체 종사자의 노동 3권

주요 방위산업체에 종사하는 근로자는 법률이 정하는 바에 의하여 단체행동권을 제한하거나 인정하지 않을 수 있다. 「방위사업법」에 의하여 지정된 주요 방위사업체에 종사하는 근로자 중 전력, 용수 및 주로 방산물자를 생산하는 업무에 종사하는 자는 쟁의행위를 할 수 없다. 단체행동권의 제한 혹은 인정 여부는 구체적인 직무를 기준으로 판단하여야 한다. 즉, 단체행동권의 제한은 방산물자의 생산이라는 실질적인 기준에 따라 주요 방산물자를 직접 생산하거나 생산과정상 긴밀한 연계성이 인정되는 공장에 속하는 근로자에 한정되어야 한다. 주요 방위사업체에 근무한다는 사실만을 이유로 실제 수행하는 업무와는 관계없이 단체행동권을 제한 혹은 부인하여서는 안 된다(헌재 1998. 2. 27, 95헌바10).

4. 인간다운 생활을 할 권리

(1) 규범구조와 헌법적 의의

모든 국민은 인간다운 생활을 할 권리를 가지며, 국가는 사회보장·사회복지의 증진에 노력하여야 한다(제34조 제1, 2항). 헌법은 사회적 약자에 대한 보호를 특히 강조하고 있다. 국가는 여자의 복지와 권익의 향상을 위하여 노력하여야 한다(제3항). 국가는 노인과 청소년의 복지향상을 위한 정책을 실시하여야 한다(제4항). 신체장애자 및 질병·노령 기타의 사유로 생활능력이 없는 국민은 법률이 정하는 바에 의하여 국가의 보호를 받는다(제5항). 국가는 재해를 예방하고 그 위험으로부터 국민을 보호하기 위하여 노력하여야 한다(제6항).

인간다운 생활을 할 권리가 기본권으로 보장되면서 사회보장급여는 이제 더 이상 국가목적을 위하여 실시하는 사회정책의 결과 개인이 갖는 시혜 혹은 반사적 이익이 아니라, 개인의 국가에 대한 권리의 성격을 갖게 되었다. 다만 일반적으로 기본권으로부터 특정한 내용과 종류, 그리고 특정한 수준의 사회보장급여에 대한 청구권이 직접 도출되는 것은 아니다. 아래에서 살펴보는 바와 같이 인간다운 생활을 보장하는 이념과 방법이 다양하며, 그 실현에 있어서 국가의 재정능력과 같은 현실적인 상황이 중요한 변수이기 때문이다.

(2) 이념과 목표, 실현방법

인간다운 생활을 할 권리를 실현하기 위하여 국가는 다양한 이념과 목표를 추구하여야 한다. 첫째, 국가는 질병·노령·장애·사망·실업 등과 같이 개인이 감당할 수 없는 사회적 위험이 발생하여 소득을 상실하고, 그 결과 정상적인 생활을 유지할 수 없는 상황을 보호하여야 한다. 둘째, 국가는 사회적 위험이 발생했을 때 개인의 기존 생활수준을 어느 정도 보장하여야 한다. 셋째, 개인은 평등하게 사회보장급여에 의한 보호를 받을 수 있어야 한다. 넷째, 국가는 모든 국민에게 인간다운 최저생활을 보장하여야 한다. 최저생활보장은 복지국가, 그리고 인간다운 생활을 할 권리의 최소한의 내용이며, 절대적 정의의 요청이다.

위와 같은 이념과 목표는 주로 사회보장법을 통하여 실현된다. 사회보장의 중요한 제도수단은 사회보험과 공공부조이다. 사회보험을 통해서 국가는 사회적 위험이 발생하기 전에 사회적 위험에 대한 자기배려를 할 능력이 있는 자에게 의무적으로 보험료를 납부하게 하고 사회적 위험이 발생했을 때 그것을 극복하기 위한 급여를 제공한다. 이는 보험료납부에 대한 반대급부의 성격이 있으며, 재산권적 보호의 대상이다. 따라서 사회적 위험이 발생하였음에도 불구하고 사회보험에 비본질적인 이유로 급여를 제한하는 것은 인간다운 생활을 할 권리뿐 아니라 재산권을 침해한다(판례 7 참조). 현재 사회보험법으로 「국민건강보험법」, 「노인장기요양보험법」, 「국민연금법」, 「산업재해보상보험법」, 「고용보험법」 등이 시행되고 있다. 비전형적인 원인에 의하여 발생한 빈곤을 보호하기 위하여 「국민기초생활보장법」이 시행되고 있다.

세법 역시 사회적 위험을 극복하기 위하여 필요한 개인의 소득을 과세의 대상에서 제외하고, 또 사회적 위험을 사전에 배려하기 위하여 지출되는 소득 부분, 그리고 사회적 위험이 발생했을 때 지급되는 급여에 대한 세법적 배려를 하여 사회보장의 기능을 수행한다. 특히 최저생계비에 미달하는 소득은 처음부터 과세의 대상에서 제외되어야 한다.

(3) 인간다운 최저생활 보장

위에서 언급한 인간다운 생활을 할 권리는 일반적으로 법률에 의하여 구체화된다. 헌법이 인간다운 생활을 보장하기 위한 사회정책의 내용과 방법에 대한 구체적인 규정을 두고 있지는 않기 때문이다. 다만 최저생활을 보장받을 권리는 구체적 권리로 인정될 수 있다. 이는 다른 사회보장청구권에 비하여 그 이념 및 실현구조에 있어서 차이가 있기 때문이다. 첫째, 이념적으로 보면 최저생활을 보장받을 권리는 절대적으로 보장되어야 한다. 둘째, 최저생활을 보장받을 권리는 헌법해석을 통하여 어느 정도 그 규범적 내용을 형성할 수 있다. 이에 대해서는 아래에서 설명한다. 셋째, 최저생활을 보장받을 권리는 사용자 등 다른 개인의 권리와 조정이 필요한 성격을 갖지 않는다. 사회보험에서는 가입자와 사용자가 함께 부담하는 보험료가 재원이기 때문에 사용자의 부담능력을 고려하여야 하는 상황과 차이가 있다. 넷째, 최저생활을 보장받을 권리는 그 권리의 중요성에 비추어 볼 때 국가의 재정능력이 실현에 장애가 된다고 볼 수도 없다.

최저생활을 보장받을 권리는 다음과 같은 두 가지 기준에 따라서 입법적 형성을 통제할 수 있다. 첫째, 우리 헌법이 예정하는 인간은 사회에서 고립된 개인주의적 인간도, 또 인격성이 단체에 함몰된 집단주의적 인간도 아닌 사회적 관련성을 갖는 인격체이다. 따라서 인간다운 최저생활을 보장하기 위해서는 이에 필요한 물질적인 수요뿐 아니라 사회경제적 참여와 의사소통의 기회 및 이를 위하여 필요한 문화적 수요 역시 보호되어야 한다. 그리고 이를 통하여 사회통합이 실현되어야 한다. 따라서 「국민기초생활보장법」이 이러한 측면을 보호하지 않는다면 이는 헌법에 위반된다. 「국민기초생활보장법」은 이러한 이념을 규정하고 있다. 즉 "이 법에 따른 급여는 건강하고 문화적인 최저생활을 유지할 수 있는 것이어야 한다"(법 제4조 제1항). 다만 이 이념을 구체화하지 않고, 또 필요한 법적 절차를 규율하지 않고 있다. 둘째, 현재의 급여수준이 명백히 최저생활을 하는 데 필요한 수준에 이르지 못하는 경우에는 급여

수준에 대한 헌법적 통제가 적극적으로 이루어져야 한다. 다만 최저생활을 보장하기 위하여 필요한 급여수준을 헌법적 기준에 따라 통제하는 것은 일반적으로는 어렵다.

판례 55 최저생활을 보장받을 권리

'인간다운 생활'이란 추상적이고 상대적인 개념으로서 문화의 발달, 역사적·사회적·경제적 여건에 따라 어느 정도는 달라질 수 있을 뿐 아니라, 생계보호의 수준을 구체적으로 결정할 때 국민 전체의 소득수준과 생활수준, 국가의 재정규모와 정책, 국민 각 계층의 상충하는 갖가지 이해관계 등 복잡하고도 다양한 요소들을 함께 고려하여야 한다. 따라서 생계보호의 구체적 수준을 결정하는 것은 입법부 또는 입법에 의하여 다시 위임을 받은 행정부 등 해당 기관의 광범위한 재량에 맡겨져 있다. 그러므로 국가가 생계보호에 관한 입법을 전혀 하지 않았든가 혹은 그 내용이 현저히 불합리하여 헌법상 용인될 수 있는 재량의 범위를 명백히 일탈한 경우에 한하여 헌법에 위반된다.

국가가 행하는 생계보호의 수준이 그 재량의 범위를 명백히 일탈하였는가 여부, 즉 인간다운 생활을 보장하기 위한 객관적 내용의 최소한을 보장하고 있는가 여부는 생활보호법에 의한 생계보호급여만이 아니라 그 외의 법령에 의거하여 국가가 생계보호를 위하여 지급하는 각종 급여나 각종 부담의 감면 등을 총괄한 수준을 가지고 판단하여야 한다. 그런데 1994년도를 기준으로 생활보호대상자에 대한 생계보호급여와 그 밖의 각종 급여 및 각종 부담감면의 액수를 고려할 때, 이 사건 생계보호기준이 청구인들의 인간다운 생활을 보장하기 위하여 국가가 실현해야 할 객관적 내용의 최소한도의 보장에도 이르지 못하였다거나 헌법상 용인될 수 있는 재량의 범위를 명백히 일탈하였다고는 보기 어렵다. 따라서 생계보호의 수준이 최저생계비에 못미치더라도 그 사실만으로 헌법에 위반된다거나 청구인들의 행복추구권이나 인간다운 생활을 할 권리

를 침해하였다고 볼 수 없다. [헌재 1997. 5. 29. 94헌마33]

(4) 보건에 관한 권리

모든 국민은 보건에 관하여 국가의 보호를 받는다(제36조 제3항). 국가는 개인의 건강을 해치는 행위를 하여서는 안되고, 개인은 이러한 국가작용을 배제할 권리가 있다. 나아가서 국가는 적극적으로 국민의 질병보호와 건강증진을 위하여 각종 제도를 마련하고 여기에 국민 모두가 접근할 수 있도록 하여야 한다. 보건에 관한 권리의 내용은 인간다운 생활을 할 권리와 부분적으로 중첩된다. 또 이러한 권리는 인간다운 생활을 할 권리와 마찬가지로 법률에 의하여 구체화되어야 하며, 헌법으로부터 직접 구체적인 청구권이 도출되지는 않는다.

5. 환경권

(1) 환경권의 규범구조와 특성

모든 국민은 건강하고 쾌적한 환경에서 생활할 권리를 가지며, 국가와 국민은 환경보전을 위하여 노력하여야 한다. 환경권의 내용과 행사에 대해서는 법률로 정한다. 국가는 주택개발정책 등을 통하여 모든 국민이 쾌적한 주거생활을 할 수 있도록 노력하여야 한다(제35조). 자본주의의 발달로 자연환경이 과도하게 개발되고 또 피폐해지면서 현세대뿐 아니라 미래세대의 생활환경까지 파괴하여 인간에게 쾌적한 생활공간을 앗아간다는 인식이 환경권을 기본권으로 인정하기에 이르렀다.

환경권은 자연환경뿐 아니라 인공환경을 보호한다. 그런데 특히 자연환경은 규범 이전에, 그리고 규범과 독립하여 존재하며, 이는 국가가 처분할 수 있는 범위를 벗어난다. 따라서 헌법은 환경보존을 국가와 함께 국민의 과제로 하고 있다. 환경권은 환경 그 자체가 아니라, 환경과 관련된 인간의 행태를 규율한다.

자연 그 자체 혹은 동물이 환경권의 주체가 될 수는 없다. 자연 및 동물은 독자적인 의지능력이 없고, 또 의지능력에 기초하여 행태를 조절하는 능력이 없다. 따라서 환경권의 관심은 자연을 보호하려는 인간의 의지와 행태이며, 자연 그 자체가 기본권적으로 보호될 수는 없다.

판례 56 동물의 권리주체성(이른바 '도롱뇽 소송')

자연물인 도롱뇽 또는 그를 포함한 자연 그 자체는 소송을 수행할 당사자능력이 없다. 국가는 각종 개발·건설계획을 수립하고 시행함에 있어 소중한 자연환경을 보호하여 그 자연환경 속에서 살아가는 국민들이 건강하고 쾌적한 삶을 영위할 수 있도록 보장하고 나아가 우리의 후손에게 이를 물려줄 수 있도록 적극적인 조치를 취하여야 한다. 환경영향평가제도는 환경 등에 미치는 영향이 큰 사업에 대한 계획을 수립·시행함에 있어서 그 사업이 환경 등에 미칠 영향을 미리 평가·검토하여 건전하고 지속가능한 개발이 되도록 하여 쾌적하고 안전한 국민생활을 도모함을 목적으로 한다.

한국철도시설공단이 국가의 전 지역에서 장기간 이루어지는 고속철도사업을 시행함에 있어서는 환경영향평가절차를 충실히 이행하여야 한다. 이를 이행한 후 환경영향평가시에 고려되지 않았던 새로운 사정이 발견되어 그 사업으로 인하여 사업시행구간 관련 토지소유자들의 환경이익을 침해할 수 있다는 개연성이 나타나고 종전의 환경영향평가만으로는 그와 같은 개연성에 관한 우려를 해소하기에 충분하지 못한 경우에는 새로이 환경영향평가를 실시하거나 그 환경이익의 침해를 예방할 수 있는 적절한 조치를 먼저 행한 후 사업을 시행하여야 한다. 위 토지소유자들은 이를 사법상의 권리로 청구할 수 있다.

환경영향평가를 통한 권리의 보장은 실체적인 환경이익의 침해를 보호하기 위한 것이다. 따라서 비록 다시 환경영향평가를 함이 상당한 새로운 사정들이 발생되었다고 하더라도, 그 새로운 사정들과 소유자들의 환경이익 사이에 구체적인 피해가능성 내지는 연관성을 인정하기 어려운 사정이 소명되는 경우 또는 새로운 환경영향평가절차 내지는 이에 준하는 조사가 이루어지고 환경이익의 침해를 예방할 수 있는 적절한 방법이 보완되는 등 소유자들의 환경이익이 침해될 수 있다는 개연성이 부정될 만한 사정이 소명되는 경우에는 더 이상 사업시행의 중지를 구할 수는 없다. [대결 2006. 6. 2, 2004마1148, 1149]

(2) 환경권의 기능과 환경관련법제

환경은 한번 침해되면 회복이 어렵거나 혹은 회복에 오랜 기간이 소요되는 특성이 있다. 따라서 환경권의 실현에 있어서 처음부터 미래세대를 배려하여야 하며, 이러한 이유에서 환경권은 지속가능성(sustainability; sustainable development)의 논의에서 핵심적인 위치를 차지하고 있다.

환경권은 많은 경우 개인의 기본권, 특히 재산적 권리에 대한 자유로운 사용권 및 개발권을 제한하여 실현된다. 이와 같은 국가의 과제는 재산권 제한을 정당화하는 공공복리의 중요한 요소이다. 그러나 환경보전의 과제가 다른 기본권에 우월한 위상을 갖는 것은 아니기 때문에 각종 기본권들은 국가의 환경보전정책에 대한 한계로서 기능한다. 국가가 환경매체를 오염시켜 개인의 재산적 가치를 침해하거나, 혹은 개인의 생명·신체를 침해할 때에는 환경권은 방어권적 기본권으로 기능한다. 환경권은 환경오염을 위협하는 제3자의 행위에 대해서는 국가의 기본권 보호의무를 발생시킨다. 이에 기초하여 환경권은 사인의 침해행위를 배제하는 청구권의 헌법적 기초가 된다.

환경을 보전하기 위하여 오염매체별 혹은 오염원을 기준으로 각종 환경법이 제정되어 있다. 환경관련법의 기본법은 「환경정책기본법」이다. 개별 환경법으로 「대기환경보전법」, 「물환경보전법」, 「자연환경보전법」, 「폐기물관리법」, 「소음·진동관리법」, 「화학물질관리법」 등이 있다. 이 밖에 「오존층 보호를 위한 특정물질의 제조규제 등에 관한 법률」, 「가축분뇨의 관리 및 이용에 관한 법률」, 「자원의 절약과 재활용촉진에 관한 법률」, 「토양환경보전법」, 「해양환경관리법」, 「원자력안전법」 등이 환경법에 해당한다. 환경오염으로 인한 피해를 신속히 조정하여 구제하기 위하여 「환경분쟁조정법」이 시행되고 있다.

(3) 환경법의 원칙

환경법에는 환경의 특수성이 충분히 반영되어야 하며, 이때 다음과 같은 원칙이 제시되고 있다.

첫째, 사전배려의 원칙이다. 환경은 일단 오염되면 그 파급효과가 지역적 및 시간적으로 광범하고 지속적이다. 따라서 구체적인 환경위험뿐 아니라 위험으로 발전할 우려가 있는 상태를 예방하여야 한다. 사전배려의 원칙을 실현하는 중요한 제도로서 「환경영향평가법」에 의하여 환경영향평가제도가 시행되고 있다.

둘째, 오염원인자책임의 원칙이다. 환경오염은 원인자가 직접 제거하는 것이 일반적인 형평의 원칙에 적합하다. 또 이 경우에 환경회복을 위하여 가장 효율적이고, 또 그 비용이 저렴하다. 오염원인자책임의 원칙은 환경오염을 배제하거나 회복하기 위한 각종 금지 혹은 명령의 형태로 나타난다. 「환경정책기본법」 제7조 비용부담에 관한 규정, 「물환경보전법」 제41조와 「대기환경보전법」 제35조의 배출부과금제도 등이 오염원인자에게 비용부담을 배분하는 수단들이다. 이에 비해서 「먹는물관리법」 제31조의 수질개선부담금은 먹는 샘물 제조업자에게 재정적 부담을 지움으로써 지하수자원을 고갈시키고 침해하는 기업활동을 억제하도록 간접적으로 유도하는 목적을 갖는다.

셋째, 공동부담의 원칙이다. 공동부담의 원칙은 오염원인자책임의 원칙에 보충적으로 적용된다. 즉, 공동부담의 원칙은 주로 오염원인자를 확정할 수 없거나, 환경오염을 원인으로 하는 급박한 상황이 발생하여 오염원인자에게 이를 제거하도록 명하는 방법을 통해서는 환경침해를 극복할 수 없는 경우에 적용된다. 그러나 기업의 고용보장과 경쟁보호, 또는 사회적 약자의 보호를 위해서 오염원인자책임의 원칙보다는 공동부담의 원칙을 취하는 것이 더욱 적합한 경우도 있다. 또 현실적으로 환경오염의 원인관계가 대단히 복잡한 경우에는 어느 정도 정책적인 판단을 할 수밖에 없다. 이 때 국가에게는 공동부담의 원칙을 채택하는 재량이 부여되어 있다. 「환경정책기본법」은 특히 제56조 및 제57조에서 국가 혹은 지방자치단체로 하여금 사업자가 행하는 환경보전을 위한 시설의 설치·운영을 지원하기 위하여 필요한 세제상의 조치 및 그 밖의 재정지원을 하도록 하고, 환경보전에 관련되는 학술조사·연구 및 기술개발에 필요한 재정지원을 하도록 하고 있다. 이는 간접적으로 공동부담의 원칙을 구체화한 것이다.

넷째, 협력의 원칙이다. 환경보전의 과제는 국가뿐 아니라 관련 당사자 모두, 즉 국가와 사회 모두의 협력을 통해서 이루어져야 한다. 환경관련입법은 과학기술의 발달에 따라 가변적인 판단기준을 법제화하여야 하며, 이때 일반적으로 불확정개념이 사용된다. 불확정개념을 행정적인 차원에서 집행하는 데 필요한 전문지식을 보유하고 있는 기업과의 협력은 필수적이다. 이 점에 주목하여 「환경정책기본법」은 국민 일반, 특히 사업자의 협력의무를 규율하고 있다(환경정책기본법 제5, 6조). 협력의 원칙은 국가의 환경보전정책을 통하여 불이익을 받을 수 있는 기업의 이해관계를 환경정책과 관련된 의사형성 및 결정과정에 조기에 반영하는 제도를 통하여 실현된다. 이로써 환경보전정책이 설득력을 갖고, 그 결과 집행이 수월해지는 부수적인 효과가 있다. 협력의 원칙은 주변환경에 영향을 미치는 계획이나 승인에 있어서 인근 주민의 의견을 수렴하는 절차를 마련하여 실현된다. 이로써 주민의 이익을 사전에 배려하고, 또 행정의 효율성과 정당성을 높일 수 있다.

6. 혼인과 가족의 보호

(1) 헌법의 규범구조

혼인과 가족생활은 개인의 존엄과 양성의 평등을 기초로 성립·유지되어야 하며, 국가는 이를 보장한다(제36조 제1항). 국가는 모성의 보호를 위하여 노력하여야 한다(제2항). 모든 국민은 보건에 관하여 국가의 보호를 받는다(제3항). 보건에 관한 권리는 헌법 제34조 인간다운 생활을 할 권리의 내용을 구성하며, 또 혼인과 가족에 한정하여 보호될 필연성은 없다. 보건의 권리에 대해서는 위에서 설명하였다.

혼인과 가족은 한편으로는 사적 자율성이 존중되어야 하는 영역이다. 다른 한편 혼인과 가족은 종족유지와 교육, 그리고 생활보장의 기능을 수행하는 사회적 성격을 띠고 있다. 특히 후자의 성격을 중시하여 헌법은 혼인과 가족을 보호 대상으로 하고 있다. 헌법은 전통적으로 가부장 중심으로 혼인과 가족이 형성되어 왔다는 점을 극복하여야 한다는 점을 명확히 하였다. 즉, 독립적인 인격체로서 여성의 지위를 존중하여 양성의 평등을 강조하였다. 또 자녀가 더 이상 후견의 대상이 아니라 존엄한 인격체임을 가족질서의 기준으로 제시하였다. 모성(母性)은 신체적·생리적, 그리고 사회적·가족구조적인 이유에서 보호가 필요하다. 그동안 여성이 주로 부담했던 자녀양육이 지원되지 못하였다. 이에 헌법은 모성을 보호하도록 하고 있다. 특히 저출산과 고령화의 시대에 세대 간의 균형발전을 위하여 여성의 출산 및 자녀양육이 적극적으로 지원되어야 한다.

(2) 가족구성원의 자기결정권 보호

국가는 혼인, 그리고 가족의 형성·유지에 있어서 개인의 결정을 존중하여야 한다. 예컨대, 혼인의 성립(혼인의 자유)은 물론이고, 기존의 혼인관계를 해체하고(이혼의 자유) 새로운 혼인관계를 형성하는 권리도 보호되어야 한다. 따라서 혈족관계에 있는 자 간의 혼인금지의 범위를 지나치게 넓게 하는 것은 혼인의 자유를 침해한다. 이에 헌법재판소는 동성동본 간의 혼인을 금지한 민법 규정에 대해서 헌법불합치결정을 내린 바 있다.

판례 57 동성동본금혼 규정의 위헌성

동성동본금혼제는 그 제도 생성 당시의 국가정책, 국민의식이나 윤리관 및 경제구조와 가족제도 등이 혼인제도에 반영된 것으로서, 충효정신을 기반으로 한 농경 중심의 가부장적·신분적 계급사회에서 사회질서를 유지하기 위한 수단이었다. 그러나 자유와 평등을 근본이념으로 하고 남녀평등의 관념이 정착되었으며 경제적으로 고도로 발달한 산업사회인 현대의 자유민주주의사회에서 동성동본금혼을 규정한 민법 제809조 제1항은 이제 사회적 타당성 내지 합리성을 상실하였다. 또 '인간으로서의 존엄과 가치 및 행복추구권'을 규정한 헌법이념 및 '개인의 존엄과 양성의 평등'에 기초한 혼인과 가족생활의 성립·유지라는 헌법규정에 정면으로 배치되며, 남계혈족에만 한정하여 성별에 의한 차별을 함으로써 평등의 원칙에도 위반된다. 또한 그 입법목적이 이제는 혼인에 관한 국민의 자유와 권리를 제한할 '사회질서'나 '공공복리'에 해당될 수 없다는 점에서 헌법 제37조 제2항에도 위반된다. [헌재 1997. 7. 16. 95헌가6등]

혼인과 가족생활에서 양성의 평등과 개인의 존엄을 보장하여야 한다. 따라서 성인남성 우위의 가부장적 가족제도는 헌법적 타당성이 없으며, 양성의 평등과 가족구성원 각자의 인격을 존중하는 방향으로 개선되어야 한다. 그동안 가족법에서 여성의 행위능력, 상속지분의 문제 등이 개선되어 왔다. 호주제도는 성인남성 중심의 가부장적 유물에 해당하며, 헌법재판소는 호주제에 대해 헌법불합치결정을 하였다.

판례 58 가족에서의 남녀평등과 호주제

호주제는 당사자의 의사나 복리와 무관하게 남계혈통 중심의 가(家)의 유지와 계승이라는 관념에 뿌리 박은 특정한 가족관계의 형태를 일방적으로 규정·강요함으로써 개인을 가족 내에서 존엄한 인격체로 존중하는 것이 아니라 가의 유지와 계승을 위한 도구적 존재로 취급하고 있다. 이는 개인과 가족의 자율적 결정권을 존중하라는 헌법 제36조 제1항에 부합하지 않는다.

오늘날 가족관계는 한 사람의 가장(호주)과 그에 복속하는 가속(家屬)으로 분리되는 권위주의적인 관계가 아니라, 가족원 모두가 인격을 가진 개인으로서 성별을 떠나 평등하게 존중되는 관계로 변화하고 있다. 사회의 분화에 따라 가족의 형태도 모와 자녀로 구성되는 가족, 재혼부부와 그들의 전혼소생자녀로 구성되는 가족 등으로 매우 다변화되었다. 또, 여성의 경제력 향상, 이혼율 증가 등으로 여성이 가구주로서 가장의 역할을 맡는 비율이 점증하고 있다. 호주제가 설사 부계혈통주의에 입각한 전래의 가족제도와 일정한 연관성을 지니더라도, 그 존립의 기반이 붕괴되어 더 이상 변화된 사회환경 및 가족관계와 조화되기 어렵고 오히려 현실적 가족공동체를 질곡하기도 하여 존치할 이유를 찾아보기 어렵다. [헌재 2005. 2. 3. 2001헌가9등]

자녀로 하여금 부의 성을 따르게 하는, 이른바 '부성주의(父姓主義)' 자체가 헌법에 위반되는 것은 아니다. 그러나 부가 사망하거나 부모가 이혼한 후 재혼하는 상황에서 모(母) 혹은 계부(繼父)의 성을 선택할 수 없게 하는 것은 가족관계에서 개인의 존엄과 양성의 평등을 침해한다(헌재 2005. 12. 22, 2003헌가5등).

(3) 가족과 혼인의 소극적 · 적극적 보호

국가는 가족과 혼인을 다른 공동체에 비해서 불이익하게 취급해서는 안 되며(소극적 과제), 또 혼인 및 가족생활의 성립 · 유지를 적극적으로 지원하여야 한다(적극적 과제).

고용에 있어서 미혼을 조건으로 하는 것은 허용되지 않는다(남녀고용평등과 일 · 가정 양립 지원에 관한 법률 제7조 제2항). 가족관계에서 소득활동을 하지 않는 배우자가 수행하는 가사활동의 경제적 가치를 적극적으로 인정하여야 한다. 이러한 이념은 민법에서 이혼시 재산분할청구권을 통하여(민법 제839조의2), 그리고 「국민연금법」 등 연금법에서는 연금분할청구권을 통하여 실현되고 있다(국민연금법 제64조, 공무원연금법 제45조). 부부의 자산소득을 합산하여 과세하는 경우에는 누진세가 적용되는 불이익이 발생한다. 따라서 이러한 과세방법은 혼인한 부부를 혼인하지 않은 동거남녀나 독신자에 비해서 불이익하게 취급하기 때문에 허용되지 않는다. 같은 이유에서 부부의 재산을 합산하여 종합부동산세의 과세대상으로 하는 것도 재산권을 침해할 뿐 아니라 혼인공동체를 다른 공동체에 비해서 차별하기 때문에 위헌이다(헌재 2008. 11. 13, 2006헌바112등).

판례 59 부부 자산소득의 합산과세와 혼인 · 가족의 보호

헌법 제36조 제1항은 혼인과 가족생활을 스스로 결정하고 형성할 수 있는 자유와, 혼인과 가족에 대한 제도를 보장한다. 헌법 제36조 제1항은 혼인과 가족에 관련되는 공법 및 사법의 모든 영역에 영향을 미치는 헌법원리 내지 원칙규범으로서의 성격도 갖는다. 국가는 혼인과 가족을 적극적으로 지원하고 제3자에 의한 침해로부터 보호해야 하며, 소극적으로는 불이익을 야기하는 제한조치를 통해서 혼인과 가족에 대한 차별을 금지해야 한다. 부부 간의 인위적인 자산 명의의 분산과 같은 가장행위 등은 상속세 및 증여세법상 증여의제규정 등을 통해서 방지할 수 있고, 부부의 공동생활에서 얻어지는 절약가능성을 담세력과 결부시켜 조세의 차이를 두는 것은 타당하지 않다.

자산소득이 있는 모든 납세의무자 중에서 혼인한 부부가 혼인하였다는 이유만으로 혼인하지 않은 자산소득자보다 더 많은 조세를 부담하는 것은 부당하며, 부부 자산소득 합산과세를 통해서 혼인한 부부에게 가하는 조세부담의 증가라는 불이익은 자산소득합산과세를 통하여 달성하는 사회적 공익보다 크다. 따라서 소득세법 제61조 제1항이 자산소득합산과세의 대상이 되는 혼인한 부부를 혼인하지 않은 부부나 독신자에 비하여 차별취급하는 것은 헌법 제36조 제1항에 위반된다. [헌재 2002. 8. 29. 2001헌바82]

국가는 적극적으로 혼인 및 가족생활의 성립·유지를 촉진하기 위하여 자녀양육, 노인부양 등에 따르는 가족의 경제적 부담을 지원하여야 한다. 국가는 세대 간의 균형발전을 위하여 자녀를 출산하고 양육하는 모성을 보호하여야 한다. 또 자녀양육이 단순히 개인의 문제가 아니라 사회적 문제라는 점을 인식하고 적극적으로 사회보장법 및 세법의 수단을 활성화하여야 한다.

자녀양육의 지원은 아동의 건전한 육성이라는 '사회 및 가족정책적' 문제이며, 동시에 여성의 취업보호를 위한 '고용정책적' 성격을 갖는다. 또 사회보험 가입자가 자녀양육으로 인하여 취업과 소득이 단절되고, 그 결과 급여기대권을 상실할 수 있다는 점에서 보면 '사회보험정책'의 성격을 갖는다. 여성의 출산 및 양육과 고용

보호는 「남녀고용평등과 일·가정 양립 지원에 관한 법률」이 규율하고 있다. 「국민연금법」은 출산 및 양육기간을 부분적으로 보험료 납부 없이 보험가입기간으로 인정하여 보호하고 있다(국민연금법 제19조).

7. 범죄피해자구조청구권

(1) 헌법적 성격

타인의 범죄행위로 인하여 생명·신체에 대한 피해를 받은 국민은 법률이 정하는 바에 의하여 국가로부터 구조를 받을 수 있다(제30조). 범죄피해자구조청구권은 국가가 범죄예방을 게을리하여 발생한 범죄피해에 대하여 책임을 묻는 측면이 있다. 그러나 범죄피해에 국가가 직접 개입되어 있지는 않기 때문에 이에 대해서 국가에게 법적 책임을 물을 수 있는 이론적 근거는 없다. 따라서 범죄피해자구조청구권은 범죄피해로 인하여 정상적인 생활이 저해된 상황을 보호하여 인간다운 생활을 보장하는 사회적 기본권의 성격이 더 강하다.

(2) 범죄피해자보호법

범죄피해자구조청구권은 「범죄피해자보호법」에 의하여 실현되고 있다. 범죄피해자에게 당해 사건과 관련하여 수사담당자와 상담하거나 재판절차에 참여하여 진술하는 등 형사절차상의 권리를 행사할 수 있도록 보장하여야 한다. 또 피해자의 요청이 있는 경우 수사결과, 공판기일, 재판결과, 형집행 및 보호관찰집행 등의 정보를 제공할 수 있다(범죄피해자보호법 제8조). 국가 또는 지방자치단체는 피해자의 명예와 사생활을 보호하여야 한다. 피해자가 형사소송에서의 진술·증언과 관련하여 보복을 당할 우려가 있을 때에는 피해자보호를 위하여 적절한 조치를 강구하여야 한다(범죄피해자보호법 제9조).

「범죄피해자보호법」은 사람의 신체·생명을 해하는 범죄를 통하여 발생한 사망, 장해 또는 중상해에 해당하는 위험을 보호한다. 그 밖에 범죄피해방지 및 범죄피해자 구조활동으로 인하여 피해를 받은 자도 범죄피해자로 본다(범죄피해자보호법 제3조). 다음과 같은 경우에 구조청구권이 성립된다. 첫째, 피해자가 가해자로부터 피해의 전부 혹은 일부를 배상받지 못하는 경우이다. 둘째, 자기 또는 타인의 형사사건의 수사 또는 재판에서 고소·고발 등 수사단서를 제공하거나 진술, 증언 또는 자료제출을 하다가 피해자가 된 경우이다(범죄피해자보호법 제16조).

위와 같은 요건을 충족한 경우에 사망피해에 대해서는 유족구조금이, 장해 또는 중상해에 대해서는 장해구조금 및 중상해구조금이 지급된다(범죄피해자보호법 제22조, 시행령 제20조 이하).

Ⅵ. 권리구제를 위한 기본권

1. 재판을 받을 권리

(1) 재판을 받을 권리의 규범구조

모든 국민은 헌법과 법률이 정한 법관에 의하여 법률에 의한 재판을 받을 권리를 가진다(제27조 제1항). 재판의 공정성을 위하여 재판은 공개적으로 이루어져야 한다. 효율적인 권리구제를 위하여 신속한 재판이 이루어져야 한다. 특히 신체구속 및 신분상 불이익의 위험이 큰 형사피고인의 경우 신속한 권리구제의 필요성이 있다(제3항). 범죄의 확인 및 형의 부과는 최종적으로 법관의 결정에 의한다. 따라서 형사피고인은 유죄의 판결이 확정될 때까지 무죄로 추정된다(제4항). 형사사건에서 재판의 당사자는 국가와 피고인이다. 그런데 헌법은 실체적 진실의 발견에 기여할 수 있도록 형사피해자에게 법률이 정하는 바에 의하여 당해 사건의 재판절차에서 진술할 수 있도록 하였다(제5항).

헌법은 예외적인 경우에 특별법원인 군사법원의 관할을 인정하고 있다(제2항).

(2) 헌법과 법률이 정한 법관에 의하여 재판을 받을 권리

1) 재판을 받을 권리

법적 분쟁은 중립적이고 독립적인 법관에 의하여 재판을 통하여 공정하게 판단되어야 한다. 법원에 의한 재판을 받을 권리를 보장하지 않고 해당 법률관계의 당사자인 국가기관이 분쟁을 최종적으로 결정하는 것은 헌법에 위반된다. 예컨대 국가배상청구권과 관련하여 중립성과 독립성이 희박한 국가배상심의회의 결정에 대한 피해자의 동의를 「민사소송법」상의 재판상 화해가 성립된 것으로 보고 그 효력을 다툴 수 없게 한 것은 재판청구권을 침해한다.

판례 60 국가배상심의회의 결정의 효력과 재판을 받을 권리

국가배상에 관한 분쟁을 신속히 종결·이행시키고 배상결정에 안정성을 부여하여 국고의 손실을 가능한 한 경감하기 위하여 당사자가 동의를 한 배상결정에 재판상의 화해의 효력과 같은, 강력하고도 최종적인 효력을 부여하여 재심의 소에 의하여 취소 또는 변경되지 않는 한 그 효력을 다툴 수 없도록 하고 있다.

그러나 사법절차에 준하는 각종 중재·조정절차와는 달리 배상결정절차에 있어서는 심의회의 제3자성·독립성이 희박하며, 심의절차의 공정성·신중성도 결여되어 있고, 심의회에서 결정되는 배상액이 법원의 그것보다 낮으며, 또 불제소합의의 경우와는 달리 신청인의 배상결정에 대한 동의에 재판청구권을 포기할 의사까지 포함되는 것으로 볼 수도 없다. 이러한 점을 종합하여 볼 때 이는 재판청구권을 과도하게 제한하여 과잉입법금지의 원칙에 반한다. 또 권력을 입법·행정 및 사법 등으로 분립한 뒤 실질적 의미의 사법작용인 분쟁해결에 관한 종국적인 권한을 원칙적으로 헌법과 법률에 의한 법관으로 구성되는 사법부에 귀속시키고 나아가 국민에게 법관에 의한 재판을 청구할 수 있는 기본권을 보장하는 헌법의

정신에도 충실하지 못하다. [헌재 1995. 5. 25, 91헌가7]

공개법정에서 증거자료가 조사·진술되어야 하며, 소송의 당사자에게는 이에 대해서 공격과 방어의 기회가 보장되어야 한다. 따라서 형사사건에서 피고인의 절차 참여를 배제하여 공격·방어권을 제한하는 것은 재판을 받을 권리를 침해한다. 예컨대 궐석재판을 통하여 피고인이 방어권을 전혀 행사할 수 없는 상태에서 중형이 선고되는 경우에는 공정한 재판을 받을 권리를 침해한다.

2) 법관에 의하여 재판을 받을 권리

모든 국민은 헌법과 법률이 정한 자격과 절차에 의하여 임명되고 재판상 독립(제103조)과 신분보장(제106조)이 된 법관에 의한 재판을 받을 권리를 갖는다. 재판에서는 법관이 분쟁에 적용될 법률을 해석·적용할 뿐 아니라 법관에 의하여 사실을 확인받을 권리가 보장되어야 한다. 따라서 행정청에서 이루어지는 전심절차의 심결이나 결정이 법령에 위반된 경우에 한하여 대법원에 상고심을 허용하는 것은 법관에 의한 재판을 받을 권리를 침해한다. 이러한 경우에는 대법원은 법률심이기 때문에 사실확인에 있어서 법관의 판단을 받을 기회가 보장되지 않기 때문이다.

판례 61 사실확정에 있어서 법관에 의한 재판을 받을 권리

법관에 의한 사실확정과 법률의 해석·적용의 기회에 접근하기 어렵도록 제약이나 장벽을 쌓아서는 안 되며, 만일 그러한 보장이 제대로 되지 않은 경우 재판을 받을 권리의 본질적 내용을 침해한다.

특허청의 심판절차에 의한 심결이나 보정각하결정은 특허청의 행정공무원에 의한 것으로서 이는 헌법과 법률이 정한 법관에 의한 재판이 아니다. 따라서 특허법 제186조 제1항은 법관에 의한 사실확정 및 법률적용의 기회를 박탈한 것으로서 '법관에 의한' 재판을 받을 권리의 본질적 내용을 침해한다. 특허법 제186조 제1항이 행정심판에 해당하는 특허청의 항고심판 심결이나 결정에 대한 법원의 사실적 측면과 법률적 측면에 대한 심사를 배제하고 대법원으로 하여금 특허사건의 최종심 및 법률심으로서 단지 법률적 측면의 심사만을 할 수 있도록 하고 재판의 전심절차로서만 기능하게 하는 것은, 일체의 법률적 쟁송에 대한 재판기능을 대법원을 최고법원으로 하는 법원에 속하도록 규정하고 있는 헌법 제101조 제1항 및 제107조 제3항에 위반된다. [헌재 1995. 9. 28. 92헌가11등]

법관에 의한 재판을 받을 권리는 법률에서 행정심판제도를 두고 있는 경우에 행정심판과 재판을 받을 권리와의 관계에서 문제된다. 이와 관련하여 헌법은 다음과 같은 기준을 제시하고 있다. 첫째, 헌법은 재판의 전심절차로서 행정심판을 명시하고 있다(제107조 제3항). 그러나 전심절차가 법적 분쟁에 있어서 최종적이어서는 안 되며, 법관에 의한 판단을 받을 기회가 보장되어야 한다. 둘째, 전심절차는 법률로 정하여야 하며, 이때 사법절차가 준용되어야 한다. 전심절차에 준용되어야 하는 사법절차의 내용에 대해서 자세히는 사법부에 관한 설명에서 다루기로 한다(아래 311면 이하 참조).

(3) 신속한 공개재판을 받을 권리

재판이 실질적인 권리구제로서 기능하기 위해서는 신속하게 이루어져야 한다. 예컨대, 헌법재판에서 헌법재판소는 심판사건을 접수한 날로부터 180일 이내에 종국결정의 선고를 하여야 한다(헌법재판소법 제38조). 또 민사소송에서는 소가 제기된 날로부터 5개월 이내에 판결을 선고하여야 한다(민사소송법 제199조).

재판의 공정성을 위해서 재판은 공개된다(제27조 제3항). 공개재판의 원칙에 대해서는 헌법 자체가 예외를 인정하고 있다. 즉, 국가안전보장 또는 안녕질서를 방해하거나 선량한 풍속을 해할 염려가 있는 때에는 예외적으로 법원의 결정에 의해서 심리를 공개하지 않을 수 있다(제109조).

(4) 무죄추정의 원칙

형사피고인은 유죄의 판결이 확정될 때까지는 무죄로 추정된다(제27조 제4항). 무죄로 추정되는 기간은 최종심에서 유죄판결이 확정되기 전까지를 말한다. 따라서 1심 및 2심에서 유죄판결이 선고되었다는 이유로 무죄추정의 원칙이 배제되는 것은 아니다. 무죄추정의 원칙으로부터 형사사건에서 불구속수사 및 불구속재판의 원칙이 도출된다.

모든 국민은 유죄가 확정될 때까지 무죄로 추정되기 때문에 유죄가 확정될 때까지 형사절차상의 불이익뿐 아니라 그 밖의 기본권과 관련된 불이익을 받지 않는다. 따라서 아직 유죄판결이 확정되기 전에 단순히 공소가 제기되었다는 사실만으로 직업행사와 관련하여 업무정지명령 혹은 직위해제처분 등의 불이익을 가하는 것은 무죄추정의 원칙에 반한다. 형이 확정되지 않은 경우에도 금고 이상의 형의 선고를 받았다는 이유로 지방자치단체의 장의 직무를 정지시키는 규정 역시 무죄추정의 원칙에 반한다(헌재 2010. 9. 2, 2010헌마418). 이 밖에 미결수용자가 수사 혹은 재판을 받기 위하여 구치소 밖으로 나올 때 사복을 입지 못하게 하면 심리적으로 위축되어 공격과 방어를 충실히 할 수 없게 되는 상황이 발생하는데, 이는 무죄추정의 원칙에 반한다(헌재 1999. 5. 27, 97헌마137등).

(5) 형사피해자의 재판절차에서의 진술권

형사피해자는 형사재판에 있어서 재판의 당사자는 아니지만 헌법은 형사피해자에게 재판에서 진술할 권리를 부여하고 있다(제27조 제5항). 이는 실체적 진실을 발견하기 위하여, 또 형사사법의 절차적 정당성을 확보하여 공정한 재판을 진행하는 데 기여한다. 법원은 범죄로 인한 피해자의 신청이 있는 경우에는 그 피해자를 증인으로 심문하여야 한다(형사소송법 제294조의2 제1항).

(6) 군사법원에 의한 재판

헌법은 군사법원을 특별법원으로 두고 있다. 다만 군사법원에 의하여 재판을 받는 예외적인 상황을 명시하여 군사법원의 재판권이 남용되지 않도록 하고 있다. 즉, 군인 또는 군무원이 아닌 국민은 대한민국 영역 안에서는 중대한 군사상 기밀·초병·초소·유독음식물공급·포로·군용물에 관한 죄 중 법률이 정한 경우, 그리고 비상계엄이 선포된 경우를 제외하고는 군사법원의 재판을 받지 않는다(제27조 제2항). 비상계엄이 선포된 경우에는 일정한 범위의 범죄에 대해서는 군사법원에서 단심(單審)으로 할 수 있다. 다만 선고의 내용이 사형인 경우에는 대법원이 최종심이어야 한다(제110조 제2, 4항).

군사법원의 특수성을 고려하여 조직·권한 및 재판관의 자격을 일반법원과 달리 정하는 것은 헌법상 허용된다. 그러나 이 경우에도 재판청구권의 본질적인 내용이 침해되어서는 안 된다. 「군사법원법」은 대법원을 군사재판의 최종심으로 하고 있으며, 재판관의 재판상 독립과 신분을 보장하고 있다. 또 군사법원의 재판관은 일반법원의 법관과 동등한 자격을 가진 군판사를 포함시켜 구성하여야 한다. 다만 군사법원의 기능과 구성에 있어서 다음과 같은 특성이 있다. 군에서 지휘관에 해당하는 관할관이 심판관의 임명권 및 재판관 지정권을 가진다. 관할관은 판결에 대한 확인권과, 경우에 따라서 형을 감경하는 권한이 있다. 또 심판관은 일반 장교 중에서 임명할 수 있기 때문에 재판을 받을 권리에 비해서 군의 특성이 재판을 지배할 위험이 있다.

판례 62 군사법원의 특수성과 재판을 받을 권리

구 군사법원법은 군사법원을 군부대 등에 설치하도록 하고, 군사법원에 군 지휘관을 관할관으로 두도록 하며, 국방부장관, 각군 참모총장 및 관할관이 군판사 및 심판관의 임명권과 재판관의 지정권을 갖고 심판관은 일반장교 중에서 임명할 수 있도록 규정하였다. 이는 헌법 제110조 제1항, 제3항의 위임에 따라 군사법원을 특별법원으로 설치함에 있어서 군대조직 및 군사재판의 특수성을 고려하고 군사재판을 신속·적정하게 하여 군기를 유지하고 군지휘권을 확립하기 위한 것으로서 필요하고 합리적인 이유가 있다.

헌법은 군사법원을 특별법원으로 설치하도록 허용하면서 대법원을 군사재판의 최종심으로 하고 있고, 군사법원법이 재판관의 재판상의 독립, 재판관의 신분을 보장하고 있다. 또한 군사법원의 재판관은 반드시 일반법원의 법관과 동등한 자격을 가진 군판사를 포함시켜 구성된다. 이러한 사정을 감안하면 일반법원과 따로 군사법원을 군부대 등에 설치하였다는 사유만으로 헌법이 허용한 특별법원으로서 군사법원의 한계를 일탈하여 사법권의 독립을 침해하고 위임입법의 한계를 일탈하거나 헌법 제27조 제1항의 재판청구권, 헌법 제11조의 평등권을 본질적으로 침해한 것이라고 할 수 없다. [헌재 1996. 10. 31. 93헌바25]

2. 형사보상청구권

(1) 형사보상청구권의 헌법적 의의

형사피의자 또는 형사피고인으로서 구금되었던 자가 법률이 정하는 불기소처분을 받거나 무죄판결을 받은 때에는 법률이 정하는 바에 의하여 국가에 정당한 보상을 청구할 수 있다(제28조). 형사보상청구권은 「형사보상 및 명예회복에 관한 법률」(형사보상법)에 의하여 구체화되어 있다. 형사보상청구권은 형사사법절차에서 나타날 수 있는 수사기관 등의 과오로 인한 희생을 보상하기 위한 제도이다. 따라서 구금의 위법 여부는 형사보상청구권의 성립에 영향을 주지 않는다. 또 과실을 요건으로 하지 않는다. 형사보상청구권은 신체의 희생에 대한 정당한 보상과 실질적 명예회복을 내용으로 한다.

(2) 형사보상청구권의 성립요건과 내용

형사보상청구권을 행사하는 주체는 형사피고인 또는 피의자 및 이들의 상속인이다(형사보상법 제3조). 형사보상청구권은 구금을 당한 자가 청구한다. 따라서 불구속기소 후 무죄판결을 받은 자는 청구할 수 없다. 형사보상청구권이 기소로 인한 단순한 명예훼손에 대해서는 보상하지 않는다는 것을 알 수 있다.

형사피고인 혹은 형사피의자가 구금 후 법률이 정한 무죄판결에 상응하는 처분을 받은 경우에도 형사보상청구권을 행사할 수 있다. 불기소처분을 받은 경우, 면소 또는 공소기각의 재판을 받아 확정된 피고인이 면소 또는 공소기각의 재판을 할 만한 사유가 없었더라면 무죄재판을 받을 만한 현저한 사유가 있었을 경우가 여기에 해당한다. 또 「치료감호법」상 피치료감호청구인의 치료감호사건이 범죄로 되지 않거나, 범죄사실의 증명이 없는 때에 해당되어 청구기각의 판결을 받아 확정된 경우에도 형사보상청구권이 성립된다(형사보상법 제26조). 그러나 기소편의주의에 따라서 내려지는 검사의 불기소처분은 법률이 정한 불기소처분에 해당하지 않기 때문에 형사보상청구권을 성립시키지 않는다.

다음과 같은 경우에는 형사보상청구권을 일부 혹은 전부 인정하지 않을 수 있다(형사보상법 제4조). 첫째, 형사미성년 혹은 심신장애를 사유로 무죄재판을 받은 경우, 둘째, 본인이 수사 또는 심판을 그르

칠 목적으로 거짓 자백을 하거나 다른 유죄의 증거를 만듦으로써 기소, 미결구금 또는 유죄재판을 받게 된 것으로 인정된 경우, 셋째, 1개의 재판으로 경합범의 일부에 대하여 무죄재판을 받고 다른 부분에 대하여 유죄재판을 받았을 경우이다.

보상의 내용은 정당한 보상이어야 한다. 이는 형사보상청구권자가 입은 손실에 대한 완전한 보상을 의미한다. 여기에는 구금 혹은 사망으로 인한 신체 및 재산상의 손실, 그리고 정신적인 고통이 포함된다. 재산상의 손실에는 소극적인 손실뿐 아니라 구금되지 않았더라면 얻을 수 있었던 이익의 상실도 포함된다. 다만 형사보상청구권은 형사절차와 인과관계가 있는 모든 손실을 개별적으로 보상하는 것은 아니고, 어느 정도 손해를 정형화하여 보상하고 있다. 「형사보상법」은 보상의 내용과 관련하여 구금에 있어서는 하한과 상한을, 사망에 대해서는 상한을 정하고 있다. 구금의 경우 보상의 하한과 상한은 보상청구의 원인이 발생한 연도의 「최저임금법」상의 일급최저금액 및 그 5배에 해당한다. 사형집행으로 사망한 경우에 보상금은 구금에 대한 보상금 외에 3천만원 이내의 범위에서 인정하는 액을 가산하여 결정된다(형사보상법 제5조 제1항, 제3항, 시행령 제2조).

3. 국가배상청구권

(1) 국가배상청구권의 규범구조와 헌법적 의의

공무원의 직무상 불법행위로 인하여 손해를 받은 국민은 법률이 정하는 바에 의하여 국가 또는 공공단체에 정당한 배상을 청구할 수 있다. 이 경우 공무원 자신의 책임은 면제되지 않는다(제29조 제1항). 군인 등 특수신분을 갖는 자에 대해서는 헌법에 의하여 직접 국가배상청구권이 제한된다. 즉, 군인·군무원·경찰공무원 기타 법률이 정하는 자가 전투·훈련 등 직무집행과 관련하여 받은 손해에 대하여는 법률이 정하는 보상 외에 국가 또는 공공단체에 공무원의 직무상 불법행위로 인한 배상은 청구할 수 없다(제2항).

사법관계에서 타인의 불법행위로 인하여 손해를 받은 사람은 가해자를 상대로 손해배상청구권을 행사한다. 공무원의 불법행위로 인하여 손해를 받은 국민에 대해서 국가를 배상책임의 주체로 한 것은 다음과 같은 헌법적 의미가 있다. 첫째, 국가무책임(無責任)사상을 취하지 않고 국가의 불법행위책임을 인정하는 의미가 있다. 둘째, 공무원의 불법행위로 인하여 발생한 손해에 대해서 공무원 자신을 책임의 주체로 하는 경우 공무원이 자력(資力)이 없을 때에는 권리구제가 실현되지 않을 수 있다. 국가배상청구권은 충실한 권리구제를 위하여 국가가 직접 손해에 대한 배상을 하도록 한 것이다. 셋째, 국민의 권리구제를 위하여 국가가 배상책임을 지더라도 공무원의 책임이 면제되지 않는다면 국가와 공무원의 관계에서 공무원은 항상 구상권이 행사될 수도 있다는 우려를 갖는다. 그만큼 공무원은 법률이 정한 경우에 한하여 업무를 수행하는 등 수동적인 자세를 보일 것이다. 국가배상청구권은 불법행위책임을 국가에게 부담시키며, 공무원의 내부관계에서의 책임을 제한함으로써 공무원의 적극적인 업무수행을 지원하는 효과가 있다.

(2) 배상책임의 법적 성격

국가배상책임의 법적 성격에 대해서는 오랫동안 판례와 학설에서 대립이 있어 왔다.

첫째, 국가배상청구권은 민법상의 손해배상책임을 특별법인 「국가배상법」에 규율한 것이며, 국가배상청구권을 사법상(私法上)의 권리로 이해하는 방법이다(사법적 청구권). 이 경우 공무원의 책임은 외부책임, 즉 피해자에 대한 민사상의 책임이며, 충실한 권리구제를 위하여 국가가 공무원의 책임을 대위(代位)하는 것이다(대위책임). 이때 민법상의 청구권과 국가배상청구권은 경합하게 된다. 따라서 손해를 당한 국민은 국가와 불법행위를 행한 공무원에 대해서 선택적으로 청구권을 행사할 수 있다(선택적 청구권). 이와 같은 이해에 따르면 헌법 제29조 제1항 단서에서 공무원 자신의 책임이 면제되지 않는다는 의미는 발생한 손해에 대한 공무원의 책임은 유지된다는 것이다.

둘째, 국가배상청구권은 공권력 행사의 특수성, 충실한 권리구제, 그리고 국가책임과 공무원 책임의 조화를 도모하는 목적을 가지며, 민법상의 불법행위로 인한 손해배상청구권과 전혀 다른 이념이 지배한다고 이해하는 방법이다. 이에 따르면 국가배상청구권에서 법률관계의 당사자는 국가와 피해를 받은 국민이며, 불법행위를 행한 공무원은 직접적인 법률관계의 당사자는 아니다. 따라서 국가배상청구권은 국가와 손해를 받은 국민 간의 관계를 규율하는 공법상의 청구권이며(공법상의 청구권), 국가는 공무원이 행한 불법행위에 대해서 자기책임을 부담한다(자기책임). 이와 같이 손해에 대해서 국가가 책임의 주체이며, 공무원의 책임이 존재하는 것이 아니기 때문에 개인은 국가배상청구권을 행사할 수 있을 뿐이며 불법행위를 행한 공무원에게 민사상의 불법행위로 인한 손해배상청구권을 행사할 수 없다(선택적 청구권의 부인). 이와 같은 이해에 따르면 헌법 제29조 제1항 단서에 의하여 면제되지 않는 공무원 자신의 책임은 공무원의 국가에 대한 직무위반에 따르는 책임을 의미하며, 국가는 직무위반의 정도에 따라서 공무원에게 내부책임을 물을 수 있을 뿐이다.

위와 같이 대립하는 이해방법 중 두 번째 방법이 헌법이 국가배상청구권을 독자적인 기본권으로 인정한 의의에 부합한다. 그러나 대법원의 다수의견은 국가배상의 법적 성격을 다음과 같이 다원적으로 이해하고 있다. 즉, 손해배상의 성격은 공무원의 행위책임의 정도에 따라 차이가 있다. 공무원이 고의 혹은 중과실에 의하여 손해를 발행시킨 경우에는 이는 더 이상 국가행위의 성격을 갖지 못하며 본래는 공무원 개인이 손해배상책임을 부담한다. 다만 피해자의 권리보호를 위하여 국가배상청구권이 인정된다. 이러한 이해에 따르면 국가배상책임은 대위책임이 된다. 따라서 손해가 발생한 개인은 공무원에게도 손해배상청구권을 행사할 수 있다. 이에 비해서 공무원이 경과실로 인하여 손해를 발생시킨 경우에는, 이는 통상 예상할 수 있는 흠으로서 국가행위의 성격에 영향을 주지 않는다. 따라서 이때 성립되는 배상책임은 국가의 자기책임이며, 국가만이 손해배상책임을 지고, 손해에 대한 공무원의 책임은 존재하지 않는다(대판 1996. 2. 15, 95다38677).

헌법 제29조 제1항 단서의 공무원의 책임은 위와 같이 공무원의 국가에 대한 내부책임을 의미하기 때문에 이 규정을 헌법에 두는 것은 옳지 않다. 이로써 발생한 손해에 대한 공무원의 책임으로 오해할 가능성을 주기 때문이다. 공무원의 국가와의 관계에서 성립되는 내부구상의 책임은 헌법에 규율될 사안이 아니며, 또 현재 「국가배상법」 제2조 제2항은 내부구상책임의 근거로서 충분하다.

(3) 국가배상청구의 요건

국가배상청구권이 성립하기 위해서는 '공무원'의 '직무상' '불법행위'로 인하여 '손해'가 발생하여야 한다.

불법행위의 주체에는 신분상의 공무원뿐 아니라 공무를 위탁받아 행하는 기능상의 공무원(예컨대 집행관), 그리고 공법상의 의무를 수행하는 자(예컨대 소집 중인 예비군) 등이 포함된다.

불법행위는 직무집행과 관련하여 발생하여야 한다. 따라서 직무와 관련이 없는, 예컨대 순수히 사적(私的)인 동기에서 행한 불법행위로 인하여 손해가 발생한 경우에는 민법상의 불법행위책임이 성립할 뿐 국가배상책임이 인정되지 않는다. 직무행위는 객관적으로 직무에 속하는 행위 및 이와 밀접하게 관련된 행위이다. 공무원의 불법행위에 대한 주관적인 인식이 필요한 것은 아니다. 이와 같은 요건이 갖추어져 있는 한 권력행위뿐 아니라 비권력행위도 포함된다. 그러나 국가 혹은 지방자치단체의 사경제적인 사법상의 행위에 의하여 손해가 발생한 경우에는 민법상의 손해배상청구권이 적용된다. 국가배상책임을 발생시키는 직무행위는 주로 행정작용이며, 입법 및 사법작용은 극히 제한된 경우에 한하여 국가배상책임의 원인이 된다.

판례 63 재판작용에 의한 불법행위와 손해배상책임

국가배상책임이 인정되려면 법관이 위법 또는 부당한 목적을 가지고 재판을 하였거나 법관의 직무에 있어서 준수하여야 할 기준을 현저하게 위반하는 등 특별한 사정이 있어야 한다. 재판에 대하여 따로 불복절차 또는 시정절차가 마련되어 있는 경우에는 그 절차에 따라 자신의 권리 내지 이익을 회복하도록 하여야 하며, 불복에 의한 시정을 구할 수 없었던 것 자체가 법관이나 다른 공무원의 귀책사유로 인한 것이거나 그와 같은 시정을 구할 수 없었던 부득이한 사정이 있었다는 등의 특별한 사정이 없는 한, 원칙적으로 국가배상에 의한 권리구제를 받을 수 없다.

그러나 재판에 대하여 불복절차 내지 시정절차 자체가 없는 경우에는 부당한 재판으로 인하여 불이익 내지 손해를 입은 사람은 국가배상 이외의 방법으로는 자신의 권리 내지 이익을 회복할 방법이 없으므로, 배상책임의 요건이 충족되는 한 국가배상책임을 인정하여야 한다. 헌법재판소 재판관이 청구기간 내에 제기된 헌법소원심판청구 사건에서 청구기간을 오인하여 각하결정을 한 경우, 이에 대한 불복절차 내지 시정절차가 없는 때에는 국가배상책임(위법성)을 인정할 수 있다. [대판 2003. 7. 11. 99다24218]

국가배상책임은 불법행위책임이며, 따라서 행위자의 고의 혹은 적어도 과실에 의하여 법령에 위반되는 행위가 존재하여야 한다. 이때 법령에는 헌법·법률·기타 하위규범은 물론이고 법의 일반원칙 및 관습법과 같은 불문법도 포함된다.

과실에 대한 엄격한 입증책임을 개인에게 부담시킬 경우에는 손해배상청구권을 행사하는 것이 실질적으로 어렵게 된다. 그렇기 때문에 국가배상청구권의 실효성을 높이기 위해서 과실에 대한 입증책임을 완화할 필요가 있다. 이러한 노력은 다음과 같은 두 가지 형태로 이루어진다. 첫째, 행위자의 과실을 객관적인 주의의무에 대한 위반으로 이해하는 방법이다. 이러한 이해방법에 따르면 개인의 주관적인 심리상태와 관계없이 특정행위와 관련하여 객관적으로 요구되는 주의의무를 게을리하여 위법행위가 발생했으면 과실이 인정된다. 둘째, 공무원의 위법행위가 객관적으로 존재하면 이로써 공무원의 과실을 추정하거나 입증책임을 통상의 경우에 비하여 권리구제에 유리하게 분배하는 방법이다. 과실이 추정되는 경우에는 입증책임이 전환되어 국가는 공무원의 과실이 없음을 반증하여야 한다. 법령의 해석이 어렵고, 또 이에 대한 학설과 판례가 일치된 입장으로 정리되어 있지 않은 등의 사정이 없는 한 공무원의 법령위반행위에는 과실이 존재하는 것으로 인정된다.

판례 64 국가배상책임과 공무원의 고의·과실

헌법 제29조 제1항 제1문은 '공무원의 직무상 불법행위'로 인한 국가 또는 공공단체의 책임을 규정하면서 제2문은 '이 경우 공무원 자신의 책임은 면제되지 아니한다'고 규정하는 등 국가배상책임은 공무원의 책임을 일정부분 전제하고 있다. 헌법 제29조 제1항에 법률유보 문구를 추가한 것은 국가재정을 고려하여 국가배상책임의 범위를 법률로 정하도록 한 것이며, 공무원의 고의 또는 과실이 없는데도 국가배상을 인정할 경우 피해자 구제가 확대되기도 하겠지만 현실적으로 원활한 공무수행이 저해될 수 있어 이를 입법정책적으로 고려할 필요가 있다. 외국의 경우에도 대부분 국가에서 국가배상책임에 공무수행자의 유책성을 요구하고 있으며, 최근에는 국가배상법상의 과실관념의 객관화, 조직과실의 인정, 과실 추정과 같은 논리를 통하여 피해자에 대한 구제의 폭을 넓히려는 추세에 있다. 피해자구제 기능이 충분하지 못한 점은 위 조항의 해석·적용을 통해서 완화될 수 있다. 이러한 점들을 고려할 때, 위 조항이 국가배상청구권의 성립요건으로서 공무원의 고의 또는 과실을 규정한 것을 두고 입법형성의 범위를 벗어나 헌법 제29조에서 규정한 국가배상청구권을 침해한다고 보기는 어렵다.

국가의 행위로 인한 모든 손해가 이 조항으로 구제되어야 하는 것은 아니다. 긴급조치 제1호 또는 제9호로 인한 손해의 특수성과 구제 필요성 등을 고려할 때 공무원의 고의 또는 과실 여부를 떠나 국가가 더욱 폭 넓은 배상을 할 필요가 있다면, 이는 국가배상책임의 일반적 요건을 규정한 심판대상조항이 아니라 국민적 합의를 토대로 입법자가 별도의 입법을 통해 구제하면 된다. [헌재 2020. 3. 26, 2016헌바55]

공무원의 직무상 불법행위로 인하여 손해가 발생하여야 한다. 손해의 종류에는 제한이 없다. 즉, 신체 및 생명과 관련된 손해와 재산적 손해, 그리고 정신적 손해가 모두 포함된다. 또 소극적 손해뿐 아니라 적극적 손해, 즉 불법행위가 존재하지 않았더라면 있었을 이익의 상실도 포함된다. 다만 손해는 불법행위와 상당인과관계가 있어야 한다.

(4) 배상의 범위·주체, 내부적인 구상권

국가는 손해에 대해서 정당한 배상을 하여야 한다. '정당한 배상'이란 불법행위와 상당인과관계가 있는 모든 손해에 대한 배상을 말한다. 여기에는 정신적 손해에 대한 배상이 포함된다(헌재 2018. 8. 30, 2014헌바180등). 「국가배상법」은 생명 및 신체상의 손해, 그리고 정신상의 손해 및 재산상의 손해에 대한 기준을 제시하고 있다(국가배상법 제3조). 이러한 기준은 구속적인 규정은 아니며, 또 배상액의 상한에 관한 규정도 아니다(대판 1970. 1. 29, 69다1203).

헌법상 국가배상책임의 주체는 국가 또는 공공단체이다. 「국가배상법」은 국가배상의 주체로 국가와 지방자치단체를 들고 있다(국가배상법 제2조). 결국 지방자치단체가 아닌 공공단체에 대해서는 민법상의 불법행위로 인한 손해배상청구권이 적용된다. 공무원의 선임·감독권자와 봉급·급여 등 비용을 부담하는 자가 다른 경우에는 청구권자는 선택적으로 배상을 청구할 수 있다. 다만 이 경우 손해를 배상한 자는 내부관계에서 손해를 배상할 책임이 있는 자에게 구상할 수 있다(국가배상법 제6조).

공무원의 국가 또는 지방자치단체와의 관계에서 국가배상책임은 무과실책임이다. 따라서 국가 또는 지방자치단체는 해당 공무원에 대한 선임·감독에 있어서 과실이 없다는 이유로 손해배상책임을 면할 수 없다. 민법상의 사용자책임과 다른 점이다(민법 제756조 제1항 참조).

국가배상청구권의 성립으로 인하여 공무원의 책임이 면제되지는 않는다. 다만 국가배상청구권은 국가의 자기책임이기 때문에 공무원의 책임은 손해에 대한 배상책임이 아니다. 이는 공무원이 국가와의 관계에서 법령에 위반하여 손해를 발생시켰다는 사실에 대한 책임을 의미하며, 따라서 내부적인 구상권의 근거로서 이해되어야 한다. 「국가배상법」은 공무원의 책임을 이중적으로 완화하고 있다(국가배상법 제2조 제2항). 첫째, 공무원이 '고의 혹은 중과실'로 불법행위를 행한 경우에 한하여 공무원에 대해서 국가가 배상한 액만큼 내부적으로 구상할 수 있다. 경과실에도 책임을 묻는다면 공무원에게 적극적인 업무수행의 동기를 박탈할 염려가 있기 때문이다. 둘째,

구상권의 행사는 임의적이다. 따라서 공무원이 고의 혹은 중과실에 의하여 법령에 위반하는 행위를 한 경우에도 국가 또는 지방자치단체는 구상권을 포기할 수 있다.

(5) 이른바 이중배상금지의 원칙

군인·군무원·경찰공무원 등 위험직무를 수행하는 공무원에게는 국가배상청구권이 제한되어 있다. 즉, 그들이 전투·훈련 등 직무 집행과 관련하여 전사·순직하거나 공상을 입은 경우에 본인이나 그 유족이 다른 법령에 따라 재해보상금·유족연금·상이연금 등의 보상을 지급받을 수 있을 때에는 「국가배상법」 및 민법에 따른 손해배상을 청구할 수 없다. 「국가배상법」은 예비군을 국가배상청구권이 제한되는 인적 범위에 추가하고 있다(국가배상법 제2조 제1항 단서). 또 경찰공무원에는 전투경찰이 포함된다(헌재 1996. 6. 13, 94헌마118등).

헌법 제29조 제2항에 해당하는 내용을 갖는 국가배상법 제2조 제1항 단서에 대해서는 이미 1971년 대법원이 헌법에 위반된다는 판결을 한 바 있다(대판 1971. 6. 22, 70다1010). 이 규정은 이후 1972년에 헌법에 삽입되어 위헌 시비를 배제하려고 하였다. 이들에게 국가배상청구권을 제한하는 것은 재정적인 이유가 작용하였다. 그러나 불법행위책임을 묻는 국가배상청구권을 재정적인 이유에서 제한하는 것은 헌법적 타당성이 없다. 지금까지 헌법재판소 및 법원은 헌법 제29조 제2항을 유지하면서 그로 인한 불합리를 해석을 통하여 교정하는 시도를 해 왔다(대판 1979. 1. 30, 77다2389). 궁극적으로는 헌법 제29조 제2항은 삭제되어야 한다.

판례 65 이중배상금지 규정에 대한 합헌적 해석

국가배상법 제2조 제1항 단서 중 군인에 관련되는 부분을, 일반국민이 직무집행 중인 군인과의 공동불법행위로 직무집행 중인 다른 군인에게 공상을 입혀 그 피해자에게 공동의 불법행위로 인한 손해를 배상한 다음 공동불법행위자인 군인의 부담부분에 관하여 국가에 대하여 구상권을 행사하는 것을 허용하지 않는다고 해석한다면, 이는 헌법 제29조에 근거 없이 구상권을 배제하는 것으로 해석하여 합리적인 이유 없이 일반국민을 국가에 대하여 지나치게 차별하므로 헌법 제11조, 제29조에 위반된다. [헌재 1994. 12. 29. 93헌바21]

제 6 절 국민의 의무

Ⅰ. 헌법이 기능하기 위한 전제조건

국민의 의무는 국가 혹은 헌법의 존속을 위한 전제조건이다. 국방의 의무와 납세의 의무가 대표적인 예이다. 이 밖에 헌법의 가치를 구현하기 위하여 필요한 지식과 가치 등을 자녀에게 교육시킬 부모의 의무, 경제활동에 적극적으로 참여하여 헌법이 예정하는 생산과 소비, 그리고 분배에 참여할 의무가 있다. 국민은 법령을 충실하게 준수하여야 하며, 기본권이 보장되는 법치국가를 실현하기 위하여 다른 사람의 기본권을 존중하여야 한다. 민주주의가 실현되기 위해서는 국가권력의 행사를 건설적으로 평가·비판하는 국민의 참여 의지가 있어야 한다. 복지국가가 실현되기 위해서는 사회적 약자가 소득의 재분배에 참여하여 모든 국민이 인간다운 최저생활을 할 수 있어야 하며, 이를 위하여 국민은 기꺼이 재정부담의 의지를 가져야 한다.

위와 같은 헌법이론적인 차원에서 나타나는 의무를 우리 헌법이 모두 명시하고 있지는 않다. 아래에서는 우리 헌법에 명시된 국민의 의무에 대해서 살펴본다.

Ⅱ. 납세의 의무와 국방의 의무

납세의 의무와 국방의 의무는 국가의 존속을 보장하기 위한 국민의 재정적 부담 및 역무희생을 내용으로 한다(제38, 39조).

국방의 의무는 「병역법」 등에 의하여 군복무를 하게 하는 등 직접적인 병력형성의무뿐 아니라 「예비군법」, 「민방위기본법」, 「비상대비자원관리법」 등에 의한 간접적인 병력형성의무 및 병력형성 이후 군작전명령에 복종하고 협력할 의무를 포함한다. 병역의무의 이행으로 인하여 불이익한 처우를 받지 않는다(제39조 제2항). 이때 불이익한 처우란 단순한 사실상 및 경제상의 불이익이 아니라, 법적인 불이익을 말한다. 병역의 의무가 특별한 희생은 아니기 때문에 국가가 이를 보상하거나 적극적으로 특혜를 부여하여야 하는 것은 아니다.

Ⅲ. 교육의 의무

교육은 헌법질서를 실현하기 위하여 필요한 가치 및 지식이 전달되는 과정이며, 이러한 의미에서 교육은 헌법이 기능하기 위한 전제조건이다. 자기결정능력이 아직 성숙되지 않은 자녀에 대한 교육의 여부 및 방법은 부모의 의지에 달려 있다. 이에 모든 국민은 보호하는 자녀에게 적어도 초등교육과 법률이 정하는 교육을 받게 할 의무를 진다(제31조 제2항).

Ⅳ. 근로의 의무

모든 국민은 근로의 의무를 진다. 국가는 근로의 의무의 내용과 조건을 민주주의원칙에 따라 법률로 정한다(제32조 제2항). 근로의 의무가 강제노동을 정당화하는 것은 아니다. 그렇다고 근로의 의무가 단순히 도덕적인 의무에 그치는 것은 아니다. 만약 근로의 의무에 법적 성격이 부인된다면 근로의 의무를 이행하지 않은 경우에 부과되는 어떠한 형태의 불이익도 허용되지 않기 때문이다. 예컨대, 개인은 국가가 고용증진의무를 이행하기 위하여 알선하는 근로의 종류가 일반적으로 수행할 수 있는 경우에는 이에 응할 의무가 있다. 이에 응하지 않는 경우에 국가는 근로를 강제할 수는 없지만, 소극적인 제재, 즉「고용보험법」혹은「국민기초생활보장법」에 의한 급여를 제한하는 형태로 제재를 가할 수 있다(고용보험법 제60조; 국민기초생활보장법 제9조 제5항).

V. 재산권 행사의 공공복리적합의무

재산권의 행사는 공공복리에 적합하여야 한다(제23조 제2항). 재산권은 그 형성에 있어서 사회적 관련성이 강하다. 이와 같은 이유에서 재산권은 그 내용과 한계를 법률로 정하도록 하는 특별한 구조를 띠고 있으며, 그 행사는 공공복리에 적합하여야 한다. 재산권 행사의 공공복리적합의무는 입법적 구체화를 필요로 한다. 이때 추구하는 목적과 재산권에 부과되는 의무가 비례관계를 상실하고 개인에게 발생한 희생이 수인할 수 없는 정도에 이른 경우에는 국가는 이를 보상하여야 한다(위 판례 43 참조).

제6장

국가기관의 조직과 기능

제 1 절 정부형태론

Ⅰ. 대통령중심제와 의원내각제, 이원정부제

정부형태는 권력분립의 원칙이 국가권력의 조직 및 기능에 구체화된 모습을 기준으로 한 분류이다. 일반적으로 적극적·능동적 국가권력인 국회와 행정부의 관계를 중심으로 정부형태를 분류한다. 대표적인 정부형태는 대통령중심제와 의원내각제이다. 이 밖에 이원정부제가 제3의 정부형태로 논의되고 있다.

1. 대통령중심제

대통령중심제에서 대통령은 국정의 최고책임자이면서, 동시에 행정부의 수반이다. 국회와 대통령은 각각 국민에 의하여 직접 구성되어 독자적인 정당성을 갖는다. 즉, 대통령과 국회의원은 모두 국민에 의하여 직접 선출된다. 그 결과 국회와 대통령은 서로 상대방의 존속을 부인할 수 없으며, 헌법에 정해진 임기 동안 존속한다.

대통령중심제는 제도적으로 동일한 경우에도 여러 가지 변수에 의하여 그 운영의 현실이 달라진다. 정당의 기속력과 국회의 구도가 대표적인 변수이다. 대통령이 소속한 정당이 국회에서 다수세력이며, 정당의 기속력이 강한 경우에는 대통령은 독단적으로 국정을 운영할 위험이 나타난다(제왕적 대통령제). 이에 비해서 대통령이 소속한 정당이 국회에서 소수세력이며, 정당의 기속력이 강한 경우에는 협력적 견제의 정치문화의 전통이 있는 경우가 아니라면 대통령과 국회는 서로 대립하여 국정이 혼란해 질 위험이 있다. 이 경우에 대통령중심제에서는 이를 조정하는 제도적 장치가 없다. 의원내각제에서 국회와 행정부가 대립하는 경우에 국회의 정부에 대한 불신임과 정부의 국회해산을 통하여 서로 존속을 부인할 수 있다. 그리고 이후 국민의 선거를 통하여 새로운 국회가 구성되며, 결과적으로 국민이 직접 조정역할을 하는 점과 비교된다.

대통령중심제가 독단적인 국정운영에 흐르지 않고, 또 국회와 대립하여 국정이 마비되지 않도록 하기 위해서는 다음과 같은 요건을 갖추어야 한다.

첫째, 국회가 헌법이 예정하고 있는 바와 같이 독자성을 갖고 대통령을 견제할 수 있어야 한다. 미국이 이에 대한 좋은 예이다. 미국의 경우 정당의 기속력이 거의 없기 때문에 국회가 독자성을 유지할 수 있다. 또 정당조직에 있어 중앙당이 존재하지 않기 때문에 정당에서 모든 결정을 지도하는 관례가 없다. 우리나라에서처럼 정당의 기속력이 쉽게 부인될 수 없는 상황에서는 예컨대 교섭단체 내에서 의원 간에 이견(異見)이 상당 부분 존재하여 당론을 결정할 수 없는 경우에는 사안별로 자유투표를 도입하여야 할 것이다. 둘째, 대통령의 독단적인 정국 운영을 방지하기 위해서는 지방자치를 활성화하여 권력을 수직적으로 분산하고 중앙과 지방이 견제하여 균형을 유지할 수 있어야 한다. 셋째, 사법부의 기능이 활성화되어야 한다. 대통령의 헌법 및 법률상의 행위는, 특히 개인의 기본권에 직접 영향을 미치는 경우에는 사법심사의 대상이 되어야 한다. 넷째, 국민이 국회와 대통령이 상호 견제할 수 있도록 국회의 구도를 결정한 경우에 정치권력은 이를 존중하여 국민이 만들어 준 정치구도의 틀에서 협력적 견제의 정치력을 발휘하는 자세가 필요하다.

2. 의원내각제

의원내각제에서는 국회만이 국민에 의하여 직접 구성된다. 행정권은 국회의 다수세력에 의하여 구성된 내각이 담당한다. 대통령이 존재하더라도 일반적으로 대통령은 국가통합의 매개체로서 상징적인 지위와 권한을 가질 뿐 실질적으로 정치적 지도기능을 수행하지는 않는다. 행정부가 국회 다수세력에 의하여 구성되면서 국회에서 내각으로 행정권의 위임이 이루어진다. 따라서 제도필연적으로 국회는 행정부의 위임을 철회하는 권한이 있다. 이와 같이 국회에서 다수세력의 변화에 따라 행정부가 불신임될 수 있으며, 따라서 행정부의 임기는 존재하지 않는다. 권력분립의 시각에서 국회의 행정부 불신임에 상응하여 행정부는 국회해산권을 갖는다. 실제 의원내각제를 채택하고 있는 대부분의 헌법에서 국회와 행정부가 서로 대립하는 경우에 행정부는 국회를 해산하고 국회를 재구성하기 위한 선거를 실시한다. 이 점이 대통령중심제에 비해서 의원내각제가 갖는 뚜렷한 장점이다.

위와 같이 의원내각제에서는 국회와 행정부가 임기 중에 서로 존속을 부인할 수 있으며, 이 점에서 대통령중심제와 비교하면 의원내각제에서 빈번하게 정권이 교체될 가능성이 있는 것은 사실이다. 그러나 이러한 가능성의 실현 여부는 여러 변수에 따라 다르게 나타나며, 의원내각제가 대통령중심제에 비해서 정국의 불안정을 가져온다는 평가는 논리의 비약이다.

의원내각제의 기능현실은 선거제도와 정당구도에 따라 다르게 나타난다. 국회의원선거에서 다수대표제를 채택하는 경우에는 국회에 진출할 수 있는 정당은 제한되어 있으며, 일반적으로 양당제로 정국이 운영된다. 이때 일반적으로 하나의 정당이 국회에서 절대다수의석을 갖게 되며, 따라서 의사결정은 다수결에 의하여 이루어진다. 영국이 대표적인 예이다. 국회의원선거에서 비례대표제를 선택하는 경우에는 국회에서 하나의 정당이 절대다수의석을 차지하는 경우는 드물다. 따라서 일반적으로 2개 혹은 3개 이상의 정당이 연합하여 내각을 구성한다(연립정권). 독일이 이러한 예에 속한다.

의원내각제가 성공적으로 운영되기 위해서는 다음과 같은 조건을 갖추어야 한다.

첫째, 국회가 행정부를 구성하기 위하여 필요한 다수세력을 형성하여 의결능력을 가져야 한다. 이는 양당제구도에서는 쉽게 실현될 수 있다. 다당제구도에서는 하나의 정당이 과반수의석을 차지하기는 어렵기 때문에 정당 간에 연립정권을 구성할 수 있어야 한다. 국회의 정당구도가 지나치게 파편화되어 있는 경우에는 그만큼 행정부의 구성이 어렵다. 이 경우 이념 및 정책연합을 통하여 연립정권을 구성할 수 있는 정치적 타협의 정치문화가 조성되어 있어야 한다. 또 지역선거구에서 일정 비율 이상의 득표를 한 정당에 한하여 비례대표의석 배분에 참여할 수 있도록 하여 소수정당이 난립하는 것을 방지하는 예도 있다. 독일 선거법의 이른바 '저지조항'이 여기에 해당한다.

둘째, 의원내각제에서는 국회가 국정의 중심에 위치하며, 국회를 지배하는 정당이 내각을 구성하여 정당이 국정운영에 있어서 지도적인 역할을 한다. 정당은 정치적 이념 및 정책에 있어서 정체성과 안정성을 가져야 한다. 이때 비로소 국민은 선거에서 자신의 선택이 갖는 정치적 의미를 인식하고 결정할 수 있다. 이와 같이 정당이 이념적 및 정책적 정체성과 안정성을 갖기 위해서는 정당의 이념 및 정책이 우연한 요소, 즉 정당을 지배하는 한 사람 혹은 과두집단의 근시안적·정략적 결정에서 독립하여 민주적인 방법과 절차에 따라 결정되고 존속하여야 한다.

셋째, 의원내각제에서는 국회와 행정부가 상호 존속을 부인할 수 있기 때문에 빈번하게 정권이 변동될 수 있으며, 이는 정국불안의 요인이 될 수 있다. 따라서 의원내각제에서는 정권의 교체에도 불구하고 정책의 안정성과 계속성을 유지할 수 있는 조직기반이 필요하다. 특히 의원내각제가 기능하기 위해서는 정치적 중립성과 신분보장을 속성으로 하는 직업공무원제도가 확립되어야 한다.

3. 이원정부제

이원정부제는 '정부의 안정'을 도모하는 대통령중심제의 장점과, 국회를 국정의 중심에 위치하게 하고 내각이 국회에 책임을 지게 하여 '책임정치'를 실현하는 의원내각제의 장점을 함께 취하고자 하는 제3의 정부형태이다. 이원정부제에서는 대통령과 국회가 모두 국민에 의하여 직접 구성된다. 이는 대통령중심제의 요소이다. 행정권은 대통령에 의하여 일원적으로 행사되지 않고, 대통령과 수상이 함께 담당한다. 수상은 대통령을 정점으로 하는 행정부의 2인자가 아니라 대통령과 함께 독자적으로 행정권을 담당하는 국가기관이다. 행정부와 국회의 관계는 다음과 같이 형성되어 있다. 즉, 국회는 수상을 불신임할 수 있다. 그러나 의원내각제에서와는 달리 수상은 국회를 해산하는 권한을 갖고 있지 않다. 대통령이 국회를 해산할 수 있다.

현재 이원정부제를 채택하는 대표적인 국가가 프랑스이다. 그러나 사실 프랑스헌법은 기본적으로 대통령중심제에 가깝다. 대통령이 소속된 정당이 동시에 국회에서 다수의석을 갖는 경우에는 대통령중심제로 운영된다. 이에 비해서 대통령이 소속된 정당이 국회에서 소수세력인 경우, 즉 분리정부가 나타나는 경우에는 국회에서 선출된 수상이 행정권을 대통령과 분점하여 관할한다(동거정부: cohabitaion).

우리의 경우 대통령의 독단적인 국정운영을 통제하기 위하여 오랫동안 이원정부제가 논의되어 왔다. 그러나 이원정부제의 기능은 더 복잡한 변수에 종속되어 있다. 무엇보다도 국가권력을 사안별로 나누어 이를 대통령 혹은 수상에게 분배하는 것은 현실성이 없다. 대통령과 수상 간에 긴밀한 협조의 전통이 존재하지 않는 한 정부운영에 있어서 긴장관계가 나타날 위험이 크다. 따라서 대통령의 독단적인 정국운영에 대한 통제는 행정권을 이원화하는 방법이 아니라 다른 국가기관, 특히 국회가 대통령을 정점으로 하는 행정권에 대한 견제권한을 강화하는 방법으로 실현하는 것이 바람직하다.

Ⅱ. 우리 헌법상의 정부형태

우리 헌법상의 정부형태는 대통령중심제이다(헌재 1994. 4. 28, 89헌마221). 대통령은 실질적인 정치권력을 행사하는 국가기관이다. 국무총리가 헌법기관이지만 국무총리는 대통령을 보좌하는 기관으로서 행정부의 2인자의 지위를 갖는다. 대통령과 국회의원이 모두 국민에 의하여 직접 선출된다. 대통령은 국회를 해산할 수 없으며, 국회는 행정부를 불신임할 수 없다. 국회는 대통령에 대한 탄핵의결을 할 수 있지만 이는 대통령에게 정치적 책임을 묻는 제도는 아니다. 대통령은 국정의 최고책임자이며, 동시에 행정부의 수반이다. 대통령은 국가의 존립과 헌법의 수호를 위한 최종적인 책임자이며, 이에 상응하는 권한을 갖는다. 대통령은 외국에 대해서 국가를 대표한다. 대통령은 긴급명령권 및 계엄선포권, 그리고 국민투표부의권 및 헌법개정안발의권, 사면권 등을 갖는다. 또 대통령은 국군통수권자이다. 행정부의 수반의 지위에서 대통령은 공무원임면권과 행정입법권을 갖는다. 또 대통령은 국정 일반에 대한 심의기관인 국무회의의 의장이다.

우리 헌법에는 대통령중심제에 이례적인 다음과 같은 요소들이 있다. 첫째, 국무총리가 헌법기관이며, 국무총리는 대통령에 의하여 임명되지만 이때 국회의 동의를 필요로 한다(제86조). 둘째, 국무회의가 헌법기관으로 설치되어 있다(제88조). 다만 의원내각제에서 내각이 의결기관인 데 비해서 우리 헌법에서 국무회의는 심의기관이다. 셋째, 국회는 행정부를 구성하는 권한이 있지는 않지만 소극적인 통제권이 있다. 즉, 국회는 국무총리와 국무위원의 해임을 대통령에게 건의할 수 있다(제63조). 넷째, 국회의원과 더불어 대통령 역시 법률안제출권이 있다. 또 국무총리·국무위원 또는 정부위원은 국회에 출석하여 국정처리 상황을 보고 혹은 의견을 진술하고 질문에 응답할 수 있으며, 국회의 요구가 있을 때에는 국무총리·국무위원 또는 정부위원은 국회에 출석·답변하여야 한다(제62조).

위에서 지적한 바와 같은 대통령중심제에 이례적인 요소들이 있다고 해서 우리 헌법에 의원내각제적 요소가 가미되어 있다고 할 수는 없다.

첫째, 국무총리제도가 존재하지만 국무총리는 대통령을 보좌하는 기관이기 때문에 의원내각제의 수상과 비교할 수는 없다. 또 국무총리의 임명에 있어서 국회의 동의는 대통령의 인사권에 대한 국회의 통제수단이며, 의원내각제에 있어서와 같이 행정부를 구성하는 행위는 아니다. 둘째, 국무회의가 헌법기관으로 설치되어 있지만 국무회의는 의결기관이 아니라 심의기관이기 때문에 이를 의원내각제적 요소라고 할 수는 없다. 셋째, 국회의 국무총리 및 국무위원에 대한 해임건의권도 의원내각제적 요소는 아니다. 의원내각제에서 국회의 행정부에 대한 불신임결의는 헌법적 구속력이 있고, 이 경우에 내각의 존속 자체가 부정된다. 이에 비해서 우리 헌법에서 해임건의권은 그 대상이 전체 행정부가 아니라 개별적이다. 또 건의는 법적 구속력이 없는 권고에 해당하기 때문에 해임건의를 대통령이 받아들여야 할 헌법적 의무는 없다. 넷째, 대통령이 법률안제출권을 갖는 것은 오늘날 국가기능이 전문화·복잡화하면서 자연스러운 현상이다. 헌법 자체에서는 국회의원에 한하여 법률안제출권을 부여하고 있는 미국에서도 법률안의 상당 부분은 행정부가 작성하여 국회의원의 명의로 국회에 제출되는 것이 현실이다. 다섯째, 국무총리·국무위원의 국회출석 및 의견진술 등은 헌법 규정에 관계없이 국회가 행정부를 통제하기 위하여 필요한 제도이다. 따라서 이를 의원내각제적 요소라고 할 수는 없다.

판례 66 헌법상의 정부형태

헌법은 대통령중심제를 취하면서도 부통령제를 두지 않고, 국무총리제를 두고 있다. 국무총리의 법적 성격 내지 지위는 특히 대통령과의 관계 등과 관련하여 문제가 된다. 국무총리는 국회의 동의를 얻어 대통령이 임명하고 국무총리는 대통령을 보좌하며, 행정에 관하여 대통령의 명을 받아 행정각부를 통할한다. 국무위원은 국무총리의 제청으로 대통령이 임명하고, 행정각부의 장은 국무위원 중에서 국무총리의 제청으로 대통령이 임명하며 대통령의 국법상 행위에 관한 문서에 부서할 권한이 있다. 국무총리는 대통령의 권한행사에 다소의 견제적 기능을 할 수 있다. 그러나 우리 헌법이 국무총리제도를 두게 된 주된 이유가 부통령제를 두지 않았기 때문에 대통령 유고시에 그 권한대행자가 필요하고, 또 대통령제의 기능과 능률을 높이기 위하여 대통령을 보좌하고 그 의견을 받들어 정부를 통할·조정하는 보좌기관이 필요하다는 데 있었다. 또 대통령에게 법적 제한 없이 국무총리해임권이 있다.

이러한 점들을 고려하여 총체적으로 보면 내각책임제 밑에서 행정권이 수상에게 귀속되는 것과는 달리 우리나라의 행정권은 헌법상 대통령에게 귀속되고, 국무총리는 단지 대통령의 첫째가는 보좌기관으로서 행정에 관하여 독자적인 권한을 가지지 못하고 대통령의 명을 받아 행정각부를 통할하는 기관으로서의 지위만을 가지며, 행정권 행사에 대한 최후의 결정권자는 대통령이라고 해석하는 것이 타당하다. [헌재 1994. 4. 28. 89헌마221]

제 2 절 공무원제도와 선거제도

국가기관의 조직 및 구성과 기능, 그리고 국가기관 상호 간의 관계를 설명하기에 앞서 국가기관에서 기능을 담당하는 인적 집단, 즉 공무원의 헌법적 지위, 그리고 특히 선출직공무원의 선거제도에 대해서 먼저 살펴본다.

Ⅰ. 공무원제도

1. 헌법의 기본원리와 공무원제도, 직업공무원제도

공무원은 국민 전체에 대한 봉사자이며, 국민에 대하여 책임을 진다(제7조 제1항). 공무원의 신분과 정치적 중립성은 보장된다(제2항).

공무원제도는 공직행사에 있어서 민주적 정당성을 명확히 하는 의미가 있다. 민주주의는 국민 개인의 의사와는 독립하여, 국민의 직·간접적인 위임에 의하여 국민 전체의 의사를 형성하는, 그리고 국민 전체의 이익을 위하여 공직을 수행하는 집단에 의하여 실현된다. 헌법 제7조 제1항은 이를 표현하고 있다. 이 점은 국회의원의 직무와 관련해서는 제46조 제2항에 자유위임의 형태로 표현되어 있다(위 36면, 아래 229면 참조). 이러한 요청은 국회의원에 한하지 않고, 행정공무원에게도 적용된다(민주주의와의 관련성).

공무원제도는 법치국가원리를 보충하는 기능을 수행한다. 법치국가에서 기본권의 실현과 관련된 중요한 사항은 법률에 규율하여야 하지만, 법률이 이를 모두 규율할 수는 없다. 따라서 기본권이 실현되기 위해서는 공무원의 적극적인 활동이 필요하다. 기본권은 공권력의 부작위뿐 아니라 적극적인 행위를 통하여 실현되기 때문이다. 국민 개인의 개별적인 상황에 대한 구체적인 지원을 위한 서비스는 공무원의 직접적인 행위에 의하여 비로소 실현된다(법치국가원리와의 관련성).

복지국가는 국민의 필수적인 생활재를 안정적으로 공급하여야 하며, 공무원은 이러한 기능을 실제 담당한다(복지국가원리와의 관련성). 이와 같이 복지국가는 공무원의 결정 및 집행에 의하여 실현되기 때문에 공무원제도의 헌법적 의미는 중요성을 더하게 된다.

공무원은 기본적으로 국민 전체에 대한 봉사자의 지위에 있지만 모든 공무원의 구체적인 기능방식이 동일한 것은 아니다. 공무원 중에는 정치적 이념이나 신조에 기초하여 직무를 수행하는 집단이 있는가 하면, 전문지식에 기초하여 임용되고 주로 집행기능을 수행하는 집단이 있다. 후자가 직업공무원에 해당한다. 직업공무원은 정치적 이념으로부터 독립하여 정권교체에도 불구하고 중립적인 지위에서 정책의 안정성과 계속성을 유지하여야 한다. 따라서 이들 공무원은 정치적인 이유로 신분상의 불이익을 받아서는 안 된다. 헌법 제7조 제2항이 이를 보장하고 있다.

직업공무원제도는 권력분립의 한 축을 이루고 있기도 하다. 오늘날 적극국가에서 확대되고 있는 행정권을 정치적 관점에서 주도적으로 형성하는 것은 바람직하지 않다. 즉 (정치적 공무원의) 정치적 판단과 (직업공무원의) 전문적 판단을 균형 있게 국정운영에 반영하여야 한다. 이를 위하여 직업공무원은 정치적 판단에 종속되어서는 안 되며, 이 점은 신분보장을 통하여 담보된다. 이러한 구조 속에서 공무원제도는 행정부 내에서 정치적 공무원과의 관계에서 권력분립의 한 축을 형성한다.

2. 공무원의 개념과 범위

공무원은 국가 또는 공공단체와 공법상의 근무관계에 있는 자이다. 헌법 제7조 제1항의 국민 전체에 대한 봉사자로서의 공무원은 더 넓은 범위를 포괄한다. 「국가공무원법」 및 「지방공무원법」에 의한 신분상의 공무원뿐 아니라 공무를 위탁받아 행하는 사인(私人) 역시 해당 공무를 수행하는 순간에는 공무원에 포함된다. 국민 전체에 대한 봉사자로서 공무원에는 정치적 공무원뿐 아니라 직업공무원도 포함된다. 국가배상청구권에서 청구권을 발생시키는 원인이 되는 불법행위를 행한 공무원에는 신분상의 공무원과 기능상의 공무원, 그리고 정치적 공무원과 직업공무원을 모두 포괄한다. 이에 비해서 헌법 제7조 제2항에서 신분과 정치적 중립성이 보장되는 공무원은 직업공무원을 말한다.

3. 공무원의 헌법적 지위

(1) 국민 전체에 대한 봉사자

공무원은 자신이 소속한 정당, 자신을 선출한 유권자, 그리고 부분사회의 이익으로부터 독립하여 국민 전체를 위하여 공정하고 균형 있게 업무를 수행할 의무가 있다. 공무원은 법령을 준수하고 성실하게 직무를 수행할 의무(국가공무원법 第56조), 그리고 국가 및 헌법에 충실할 의무가 있다.

공무원은 일반 국민에 비해서 높은 정도의 법령준수의무가 있다. 일반 국민이 법령에 위반되는 행위를 한 경우 해당 행위에 대해서 제재를 가하여 법령의 규범력을 회복시키는 조치를 취한다. 그러나 공무원이 법령에 위반하는 행위를 한 경우에는 공무원의 신분 혹은 당해 행위와는 관계없는 공무원의 법적 지위에 불이익이 가해진다. 이러한 차별취급이 평등의 원칙 혹은 공무담임권을 침해하는 위헌적인 조치는 아니다. 재직 중 직무와 관련된 범죄행위로 인하여 유죄판결을 받았다는 이유로 공무원의 연금법적 지위에 불이익을 주는 규정, 그리고 금고 이상의 형의 선고를 받는 등

형법적 비난가능성이 큰 범죄를 저지른 경우에 이를 당연퇴직사유로 하는 규정 등이 공무원의 법령준수의무를 구체화한 대표적인 예이다. 다만 이 경우 과잉금지의 원칙 등 기본권 제한의 요건을 기준으로 하는 심사가 필요하다.

판례 67 공무원의 범죄책임에 따르는 연금법상의 불이익

공무원의 신분이나 직무상 의무와 관련이 없는 범죄의 경우에도 퇴직급여 등을 제한하는 것은, 공무원범죄를 예방하고 공무원이 재직 중 성실히 근무하도록 유도하는 적합한 수단이 아니다. 특히 과실범의 경우에는 공무원이기 때문에 더 강한 주의의무 내지 결과발생에 대한 가중된 비난가능성이 있다고 보기 어려우므로, 퇴직급여 등의 제한이 공무원의 직무상 의무를 위반하지 않도록 유도 또는 강제하는 수단이라고 보기 어렵다. 입법자는 입법목적을 달성함에 반드시 필요한 범죄의 유형과 내용 등으로 그 범위를 한정하여 규정함이 최소침해의 원칙에 따른 기본권 제한의 적절한 방식이다.

단지 금고 이상의 형을 받았다는 이유만으로 이미 공직에서 퇴출당할 공무원에게 더 나아가 일률적으로 생존의 기초가 될 퇴직급여 등까지 감액하는 법률조항은 침해되는 사익에 비해 지나치게 공익만을 강조한 입법이다. 나아가 이 사건 법률조항은 퇴직급여에 있어서는 국민연금법상의 사업장 가입자에 비하여, 퇴직수당에 있어서는 근로기준법상의 근로자에 비하여 각각 차별대우를 하고 있어 자의적인 차별에 해당한다. [헌재 2007. 3. 29. 2005헌바33]

공무원은 해당 업무를 규율하는 법령이 존재하지 않는 경우 혹은 관련 법령은 존재하지만 재량규정으로 형성되어 있는 경우에 국민 전체의 이익을 위하여 자신의 업무를 최적화시킬 의무가 있다. 공무원의 업무를 규율하는 내부 지침이 구체적인 경우에 타당성을 결여하고 있거나, 업무의 최적실현을 위하여 지침과는 다른 행위가 필요할 때에는 공무원은 이를 행할 권한이 있고, 또 경우에 따라서는 의무가 있다. 따라서 개별적인 상황에서 구체적 타당성을 결여한 지침을 철저히 준수하는 방법으로 공익에 반하는 결과를 의도하는 행위, 이른바 '준법투쟁'은 노동쟁의의 한 형태로서 금지된다.

(2) 공무원의 지위와 기본권

공무원은 국가와의 관계에서 특수한 신분을 가지며, 이러한 신분상의 특징으로 인하여 일반 국민과 동등하게 기본권을 향유할 수는 없다. 그러나 공무원이 공무원으로서의 특수신분 외에 국민의 지위를 완전히 상실 혹은 포기하는 것은 아니다. 공무원이 직무수행과 관련하여 기본권의 주체가 될 수는 없다. 이에 비해서 공직의 상실이라는 개인의 이익이 관련된 경우에는 공무원은 기본권의 주체가 될 수 있다(판례 48 참조).

개별적인 사안에서 공무원의 기본권적 지위는 해당 기본권의 성격, 공무원으로서의 직무와 제한되는 기본권 간의 관련성 및 밀접성, 직무상 행위와 사적인 행위 간의 구별가능성을 종합적으로 고려하여 판단한다. 국가작용이 공적 과제를 수행하는 공무원의 권한 혹은 직무영역에 관련된 경우에는 공무원이 해당 국가작용에 대해서 기본권의 주체가 될 수 없다. 이에 비해서 직무관련성이 약하고, 따라서 일반 국민으로서의 지위를 제약하는 경우에는 공무원이 해당 국가작용에 대해서 기본권 침해를 주장할 수 있다.

판례 68 대통령의 기본권 주체성, 선거중립의무

대통령은 소속 정당을 위하여 정당활동을 할 수 있는 사인으로서의 지위와 국민 모두에 대한 봉사자로서 공익실현의 의무가 있는 헌법기관의 지위를 동시에 갖는다. 대통령은 최소한 전자의 지위와 관련하여는 기본권 주체성을 갖는다.

대의민주주의에서 선거는 국민이 통치기관을 결정·구성하는 방법이고 선출된 대표자에게 민주적 정당성을 부여함으로써 국민주권주의를 실현하는 핵심적인 역할을 한다. 선거에서 공정성은 매우 중요하고 필연적인 바, 공명선거의 책무는 우선적으로 국정의 책임자인 대통령에게 있다. 또한 선거에 관한 사무는 행정부와는 독립된 헌법기관인 선거관리위원회가 주관하지만(헌법 제114조 제1항), 선거의 구체적 실행은 행정부 공무원의 지원과 협조 없이는 현실적으로 불가능하므로 행정부 수반인 대통령의 선거중립이 매우 긴요하다. 나아가 공무원들이 직업공무원제에 의하여 신분을 보장받고 있더라도, 최종적인 인사권과 지휘감독권을 갖는 대통령의 정치적 성향을 의식하지 않을 수 없으므로 대통령의 선거개입은 선거의 공정을 해할 우려가 무척 높다. 결국 선거활동에 관하여 대통령의 정치활동의 자유와 선거중립의무가 충돌하는 경우에는 후자가 우선되어야 한다. [헌재 2008. 1. 17. 2007헌마700]

직업공무원은 정치적 중립의 의무가 있기 때문에 정치적 기본권이 제한된다. 공무원은 정당 기타 정치단체를 결성하거나 이에 가입할 수 없고, 또 선거운동을 할 수 없다(국가공무원법 제65조; 지방공무원법 제57조). 또 공무원 기타 정치적 중립을 지켜야 하는 자는 선거에 부당한 영향력을 행사하거나 기타 선거에 영향을 미치는 행위를 하여서는 안 된다(공직선거법 제9조 제1항). 예컨대, 공무원이 그 지위를 이용하여 선거운동의 기획에 참여하거나 그 기획의 실시에 관여하는 행위는 금지된다. 그러나 지위를 이용하지 않은 단순한 참여 및 실시에 관여하는 행위가 금지되는 것은 아니다. 또 선거운동에 이르지 않은 단순한 정치적 의사표현은 허용된다(헌재 2008. 5. 29. 2006헌마1096).

(3) 신분보장과 사회보장

공무원의 신분보장은 공무원의 정치적 중립성과 기능적인 상관관계에 있다. 정치적으로 중립적인 관점에서 직무를 수행하기 위해서는 그러한 판단이 정치적 관점과 충돌하더라도 이를 이유로 신분상의 불이익을 받지 않아야 하기 때문이다. 공무원은 형의 선고·징계처분 또는 법에 정한 사유에 해당하지 않는 한 자신의 의사에 반하여 휴직·강임 또는 면직을 당하지 않으며(국가공무원법 第68조; 지방공무원법 第60조), 정년까지 근무할 권리가 있다. 다만 1급 공무원, 그리고 직위분류제의 적용을 받는 경우로서(국가공무원법 第23조 제1항), 배정된 직무등급이 가장 높은 등급의 직위에 임용된 고위공무원단에 속하는 공무원은 예외로 한다.

「국가공무원법」은 신분보장에 대한 예외를 두고 있다. 즉 직제와 정원의 개폐 또는 예산의 감소 등에 의하여 폐직 또는 과원(過員)이 되었을 때에는 공무원은 직권에 의하여 면직될 수 있다(국가공무원법 第70조 제1항 제3호; 지방공무원법 第62조 제1항 제1호). 다만 이 경우에 면직기준을 정하여야 하며, 면직기준을 정하거나 면직대상자를 결정함에 있어서 심사위원회를 구성하여 심의·의결을 거쳐야 한다. 또 직권면직처분에 대해서는 소청 및 행정소송의 권리구제절차를 마련하여야 한다(국가공무원법 第70조 제3, 4, 5항).

국가는 공무원의 특수신분을 배려하여 공무원에 대한 사회보장의 과제를 갖는다(국가공무원법 第77조; 지방공무원법 第68조). 공무원을 대상으로 「공무원연금법」 및 「공무원재해보상법」이 운영되고 있다. 공무원을 위한 사회보장제도가 헌법적 존속력을 갖는 것은 아니다. 따라서 공무원연금을 국민연금과 통합하는 입법적 결정 그 자체가 헌법에 위반되는 것은 아니다.

판례 69 직업공무원제도와 신분보장

모든 직업공무원의 신분은 보장되어야 하지만 특히 시비선악을 가리는 법관은 더욱 두텁게 그 신분이 보장되어야 하며, 따라서 헌법은 법관에 대하여 별도로 신분보장규정을 두고 있다. 1980년 「해직공무원의 보상 등에 관한 특별조치법」(특조법)의 해석 및 그 적용에 있어서도 법관의 특수 지위를 고려하여야 한다.

이 사건 심판대상인 규정은 법원장과 같은 중책을 수행하는 법관이었던 신청인들을 종전의 직위에 복귀시키는 문제가 아니고 보상에 관련된 규정이기 때문에 그 사례에 해당되는 법관의 인원수로 볼 때 예산사정은 중요한 기준이 될 수 없으며, 또 인사질서에 문제가 야기될 여지도 없다. 따라서 그에 따른 파장도 거의 없으므로 질서유지·공공복리 등 공익을 앞세워 그들의 희생을 강요할 명분과 이유는 없다. 오히려 장래에 법관의 신분이 함부로 박탈되는 사태의 재발을 봉쇄하기 위하여서도 특조법 제2조 제2항의 비적용대상에서 적어도 법관은 제외되어야 법관의 신분보장의 취지에 합당하다. 만일 법관이 위 비적용대상에 포함된다면 법관의 신분을 직접 가중적으로 보장하고 있는 헌법의 규정취지에 정면으로 배치되며, 직업공무원으로서 신분이 보장되는 일반직 공무원과 비교하여 그 처우가 차별되는 것이어서 평등권에도 저촉된다. [헌재 1992. 11. 12. 91헌가2]

Ⅱ. 선거제도

1. 선거의 헌법적 의의

선거는 다음과 같은 다양한 헌법적 의의를 갖는다. 선거는 공직의 담당자를 선출하여 국가기관을 구성하는 의미를 갖는다(공직자선출). 민주주의에서 공직자선출은 헌법과 법률에서 정한 권한을 공직자에게 위임하는 의미를 갖는다(권한의 위임). 선거는 국민이 국정에 참여하는 가장 대표적인 계기이다. 선거를 계기로 국민은 적극적으로 정치적 의견을 형성하고 특정 후보자를 지지하며, 다른 정치적 의견과의 의사소통을 통하여 설득하고, 또 자신의 의견을 개선할 수 있다. 따라서 선거에서 투표행위 자체뿐 아니라 투표라는 의사결정에 이르는 전(前) 단계인 의사형성과정을 보호하여야 한다. 정치적 의견의 형성과 표현 및 전달은 그 자체로 국정을 비판적으로 통제하는 의미가 있다(국정 참여 및 통제).

2. 후보자추천과 등록

공직선거에서 후보자추천은 정당에 의하여 이루어진다. 현재 대통령선거와 국회의원선거, 그리고 지방자치단체장과 지방의회의원의 선거에서 정당추천이 허용된다. 무소속후보자가 되려는 자는 일정 규모의 선거권자의 추천을 받아야 한다(공직선거법 제48조 제2항). 예컨대 대통령선거의 경우 5 이상의 시·도에 나누어 하나의 시·도에 주민등록이 되어 있는 선거권자의 수를 700인 이상으로 하여 3천 500인 이상 6천인 이하의 추천을 받아야 한다. 지역구 국회의원선거에서는 300인 이상 500인 이하의 추천을 받아야 한다.

공직선거에 입후보자로 등록하기 위해서는 기탁금을 납부하여야 한다. 대통령선거에서는 3억원, 국회의원선거에서는 1천 500만원, 시·도의회의원선거에서는 300만원, 시·도지사선거에서는 5천만원, 자치구·시·군의 장선거에서는 1천만원, 자치구·시·군의원선거에서는 200만원이 기탁금으로 정해져 있다(공직선거법 제56조). 기탁금의 반환 여부는 후보자에 대한 유권자의 지지의 정도에 따라 결정된다. 예컨대 대통령선거, 지역구 국회의원선거, 지역구 지방의회의원선거, 자치구·시·군의원선거 및 지방자치단체의 장 선거에서는 후보자가 당선되거나 사망한 경우, 그리고 후보자의 득표수가 유효투표 총수의 100분의 15 이상인 때, 또 비례대표 국회의원선거 및 비례대표 지방의회의원선거에서는 당해 후보자명부에 올라 있는 후보자 중 당선인이 있을 때에는 기탁금을 전액 반환한다. 후보자가 유효투표 총수의 100분의 10 이상, 100분의 15 미만을 득표한 경우에는 기탁금의 100분의 50에 해당하는 금액을 반환한다. 이러한 요건을 충족시키지 못하는 경우에는 기탁금은 국가 또는 당해 지방자치단체에 귀속한다(공직선거법 제57조).

공직선거에서 후보자로 등록하려는 자는 피선거권에 관한 증명서류, 재산신고서, 병역사항에 관한 신고서, 최근 5년간의 후보자, 그의 배우자와 직계 존·비속의 소득세·재산세 및 종합부동산세의 납부 및 체납신고서, 벌금 100만원 이상의 형의 범죄경력에 관한 증명서류, 정규학력에 관한 최종증명서 등을 제출하여야 한다(공직선거법 제49조 제4항).

정당의 후보자추천이 실효성과 신뢰성을 갖도록 하기 위하여 다음과 같은 조치들이 취해진다. 첫째, 정당의 당원인 자는 무소속 후보자로 등록할 수 없으며, 후보자 등록기간 중 당적을 이탈·변경하거나 둘 이상의 당적을 가지고 있을 때에는 당해 선거에 후보자로 등록할 수 없다(공직선거법 제49조 제6항). 둘째, 정당은 후보자등록 후에는 등록된 후보자에 대한 추천을 취소 또는 변경할 수 없다. 또 비례대표국회의원 후보자명부 혹은 비례대표 지방의회의원 후보자명부를 추가하거나 그 순위를 변경할 수 없다(공직선거법 제50조).

3. 선거의 기본원칙

(1) 보통선거의 원칙

모든 국민은 재산, 사회적 신분, 인종, 성별, 교육 정도 등에 관계없이 선거권과 피선거권을 갖는다. 선거권과 피선거권은 국민의 권리이기 때문에 외국인은 원칙적으로 제외된다. 다만 지방선거에서 외국인은 일정한 조건하에 선거권 및 피선거권을 갖는다. 이 점에 대해서는 위에서 설명한 바 있다(142면 참조). 선거권을 행사할 수 있기 위해서는 정치적 판단능력이 있어야 하며, 이러한 능력이 결여되어 있는 사람은 선거권을 가질 수 없다. 연령에 따른 제한이 대표적이다. 「공직선거법」상 선거연령은 선거일 현재 만 18세이다(공직선거법 제15조 제1항). 또 금치산자와 같이 정치적 판단을 하기에 적합하지 않은 정신 및 심리상태에 있는 사람은 선거권을 행사할 수 없다. 이 밖에 일부 범죄전과가 있는 사람의 선거권이 제한된다(공직선거법 제18조 제1항). 이 점에 대해서 자세히는 위에서 설명하였다(142면 및 판례 46 참조).

법률에 의하여 선거권이 제한되는 경우를 제외하고는 국가는 모든 유권자가 실제 투표권을 행사할 수 있도록 시설을 갖추고, 편의를 제공하여야 한다. 장애인과 관련하여 「장애인복지법」은 다음과 같은 배려를 하고 있다. 즉, 국가와 지방자치단체는 장애인의 선거권행사의 편의를 위하여 편의시설·설비의 설치, 선거권행사에 관한 홍보, 선거용 보조기구의 개발·보급 등 필요한 조치를 강구하여야 한다(장애인복지법 제26조). 예컨대 선거운동을 위한 방송광고에 있어서 후보자는 청각장애선거인을 위한 수화 또는 자막을 방영할 수 있다(공직선거법 제70조 제6항). 다만 이는 아직 의무사항은 아니다.

판례 70 선거에서 장애인을 위한 편의제공의무

공직선거법은 선거운동기간 중의 방송광고, 방송시설주관 후보자연설의 방송, 선거방송토론위원회 주관 대담·토론회의 방송에 있어서 청각장애선거인을 위한 자막 또는 수화통역의 방영을 의무사항으로 규정하고 있지는 않다. 그러나 심판대상조항은 기본적으로 청각장애선거인들을 위한 차원에서 마련되었으며, 이들은 수화방송 등에 의해서만 선거에 관한 정보를 취득하는 것이 아니라 홍보유인물 등 문서·도화에 의한 선거운동이나 정보통신망을 이용한

선거운동방식 등에 의해서도 선거에 관한 정보를 얻을 수 있다. 또 심판대상조항의 수범자들은 장애인복지법 등 관련조항에서 정하고 있는 청각장애선거인들을 위한 각종 행위의무와 차별금지의무를 부담하고 있다.

수화방송 등을 의무사항으로 규정하지 않은 취지는 수화방송 등이 원칙적으로 실시되어야 함을 부정하는 의미가 아니라 방송사업자 등의 시설장비나 기술수준 등에서 비롯되는 불가피한 사유로 말미암아 수화방송 등을 적시에 실시할 수 없는 경우도 있다는 사정을 고려한 것이다. 현 단계에서 수화방송 등을 예외 없이 의무사항으로 규정할 경우 후보자의 선거운동의 자유와 방송사업자의 보도·편성의 자유를 제한하는 문제가 있다. 따라서 수화방송 등을 할 수 없는 예외사유를 보다 제한적으로 구체화하여 규정하는 것이 바람직하겠지만, 심판대상조항이 입법자의 입법형성의 범위를 벗어나서 청구인들의 참정권, 평등권 등 헌법상 기본권을 침해하는 것은 아니다. [헌재 2009. 5. 28, 2006헌마285]

피선거권은 공무수행의 능력이 결여되어 있다고 의제되는 경우에 제한된다. 연령에 따른 제한이 있다. 대통령으로 선거될 수 있는 자는 국회의원의 피선거권이 있고 선거일 현재 40세에 달하여야 한다(제67조 제4항). 이 밖에 거주기간에 관한 요건이 있다. 즉 선거일 현재 5년 이상 국내에 거주하고 있어야 한다. 공무로 해외에 파견된 기간과 국내에 주소를 두고 일정 기간 외국에 체류한 기간은 국내거주기간으로 본다. 국회의원의 피선거권연령은 25세이다. 지방의회의원 및 지방자치단체의 장의 피선거권을 갖기 위해서는 연령과 거주기간에 관한 요건을 충족시켜야 한다. 피선거권연령은 25세이다. 거주기간과 관련해서는 선거일 현재 계속 60일 이상 해당 지방자치단체의 관할구역 안에 주민등록이 되어 있어야 한다(공직선거법 제16조).

(2) 평등선거의 원칙

평등선거의 원칙은 모든 유권자가 산술적으로 평등하다는 의미에서 1인 1표의 원칙, 그리고 투표결과에 기여한 정도가 평등하여야 한다는 성과가치의 평등을 내용으로 한다.

성과가치의 평등은 인구비례를 벗어나는 국회의원선거구획정의 문제를 판단하는 중요한 기준이다. 이에 대한 헌법재판소의 결정에 대해서는 위에서 설명하였다(판례 4 참조). 선거구는 사회적 · 지리적 · 역사적 · 경제적 · 행정적 연관성 및 생활권 등을 고려하여 특단의 불가피한 사정이 없는 한 인접지역이 1개의 선거구를 구성하도록 획정되어야 한다. 따라서 인접지역이 아닌 지역을 1개의 선거구로 구성하는 경우는(게리맨더링) 특별한 사정이 없는 한 자의적인 선거구획정으로서 헌법에 위반된다(헌재 1995. 12. 27, 95헌마224등).

평등선거의 원칙은 입후보자와 정당을 중심으로 보면 기회균등의 원칙과 선거운동에 있어서의 평등의 원칙으로 나타난다. 그러나 이는 모든 입후보자를 동등하게 취급할 것을 요청하는 것은 아니다. 예컨대, 최소한의 당선가능성, 선거권자의 관심도를 기준으로, 또 주요 정당의 추천에 의하여 일부 후보자만을 방송토론회 혹은 언론사의 대담 · 토론회에 선정 혹은 초청하는 것이 헌법에 위반되지는 않는다.

판례 71 선거방송에 후보자의 선별적 초청과 평등선거의 원칙

공직선거법 제82조는 언론기관으로 하여금 후보자 또는 그가 지정하는 대담 · 토론자 중 1인 또는 수인을 초청하여 대담 · 토론회를 개최하고 이를 보도할 수 있도록 허용하면서(제1항), 대담 · 토론회는 언론기관이 방송시간 · 신문의 지면 등을 고려하여 자율적으로 개최하도록 하고 있다(제2항). 이는 대담 · 토론회를 활성화하고, 또 선거권자의 알 권리를 충족하기 위한 언론기관의 보도기능을 보장하기 위한 규정이다.

이 법조항에 의하면 언론기관은 모든 후보자를 초청하여 대담·토론회를 개최하고 이를 보도하여야 하는 것이 아니라 후보자의 당선가능성, 선거권자의 관심도, 유력한 주요정당의 추천을 받았는지의 여부 등을 참작하여 선거권자의 알 권리를 충족함에 필요한 범위 내에서 자율적인 판단에 따라 후보자 등의 일부만을 초청하여 대담·토론회를 개최하고 이를 보도할 수 있다. 따라서 초청받은 후보자는 초청받지 못한 후보자에 비하여 선거운동에 있어 더 유리할 수도 있다. 그러나 그러한 차별은 대담·토론회를 활성화하고 선거권자에게 선거에 관한 유용한 정보를 제공하기 위한 합리적이고 상대적인 차별이다. 따라서 언론기관의 자의적인 결정을 막기 위한 아무런 제한규정을 두지 않았더라도 이로써 청구인의 공무담임권, 선거운동의 기회균등을 본질적으로 침해하여 헌법 제37조 제2항 후단에 위배된다고 볼 수 없다. [헌재 1999. 1. 28. 98헌마172]

(3) 직접선거의 원칙

투표자의 의사를 직접 선거결과를 확정하는 데 반영하여야 한다. 따라서 선거인단에 의하여 선거결과가 최종적으로 결정된다든가 혹은 유권자 대신 제3자가 기표하는 방법으로 행해지는 투표는 직접선거의 원칙에 위반된다.

과거 「공직선거법」에서는 국회의원선거에서 지역선거구 입후보자에 대한 투표를 해당 입후보자가 소속한 정당에 대한 지지로 의제하여 비례대표의석을 배분하였다. 이로써 유권자는 비례대표의원에 대한 직접적인 결정권이 없게 된다. 이 경우에는 유권자가 지지하는 정당과 지지하는 후보자가 일치하지 않는 경우가 무시되는 결과가 된다. 이에 헌법재판소는 해당 규정을 위헌으로 결정하였다(헌재 2001. 7. 19. 2000헌마91등). 현재 국회의원선거에서 유권자는 2표를 행사하며, 한

표는 후보자선택을, 그리고 다른 한 표는 정당선택을 한다.

(4) 비밀선거의 원칙

선거권자는 타인의 간섭을 받지 않고 독자적인 판단에 의하여 선거를 할 수 있어야 한다. 이를 위하여 투표의 비밀은 보장된다. 따라서 선거인은 투표한 후보자의 성명이나 정당명을 진술할 의무가 없으며, 누구든지 선거일의 투표마감시각까지 이를 질문하거나 진술을 요구할 수 없다. 다만 언론기관이 선거결과를 예상하기 위한 목적으로 선거일에 투표소로부터 50미터 밖에서 질문을 할 수는 있다. 이때 언론기관은 투표의 비밀을 침해하지 않는 방법으로 질문하여야 하며, 또 그 경위와 결과를 투표마감시각까지 공표할 수 없다(공직선거법 제167조).

(5) 자유선거의 원칙

선거권자는 외부의 간섭을 받지 않고 자유롭게 후보자를 선택할 수 있어야 한다. 선거권자의 자유로운 선택권이 실제 실현될 수 있도록 후보자들이 입후보하는 데 장애가 있어서는 안 된다. 자유선거의 원칙은 선거운동의 자유를 내용으로 한다. 선거운동의 자유는 기본권적으로는 표현의 자유에 의하여 보호된다.

「공직선거법」은 선거의 자유에 비해서 선거의 공정성을 우선하고, 또 입후보 및 선거운동의 제한을 통하여 안정적인 선거질서를 형성하는 데 중점을 두고 있다. 예컨대, 선거일 전 6일부터 선거일의 투표마감시각까지 여론조사의 결과를 공표하는 것을 금지하고 있다. 또 선거운동 기간 중 인터넷언론사에 정당 및 후보자에 대한 지지 및 반대의 글을 게시하는 경우 실명확인을 받도록 하고 있다(헌재 1995. 7. 21, 92헌마177등; 2010. 2. 25, 2008헌마324등). 이와 같이 현행 「공직선거법」은 전체적으로 자유선거의 원칙에 비해서 기회균등 및 공정선거에 우월한 비중을 두고 있다.

판례 72 선거운동의 자유와 인터넷 선거운동

선거일전 180일부터 선거일까지 인터넷상 선거와 관련한 정치적 표현 및 선거운동을 금지하고 처벌하는 것은 후보자 간 경제력 차이에 따른 불균형 및 흑색선전을 통한 부당한 경쟁을 막고, 선거의 평온과 공정을 해하는 결과를 방지한다는 입법목적 달성을 위하여 적합한 수단이 아니다. 일정한 정치적 표현 내지 선거운동 속에 비방·흑색선전 등의 부정적 요소가 개입될 여지가 있다 하여 일정한 기간 이를 일률적·전면적으로 금지하고 처벌하는 것은 과도하며, 최소침해의 요건도 충족하지 못한다.

인터넷상 정치적 표현 내지 선거운동을 금지하여 얻어지는 선거의 공정성은 명백하거나 구체적이지 못한 반면, 인터넷을 이용한 의사소통이 보편화되고 각종 선거가 빈번한 현실에서 선거일 전 180일부터 선거일까지 장기간 동안 인터넷상 정치적 표현의 자유 내지 선거운동의 자유를 전면적으로 제한하여 생기는 불이익 내지 피해는 매우 크므로, 이 사건 법률조항은 법익균형성의 요건도 갖추지 못하였다. [헌재 2011. 12. 29. 2007헌마1001등]

4. 선거제도

(1) 다수대표선거제도와 비례대표선거제도

국회의원의 선거구와 비례대표제 기타 선거에 관한 사항은 법률로 정한다(제41조 제3항). 이에 따라서 국회의원선거는 지역구에서 다수대표제와 전국 단위의 비례대표제를 혼합하여 실시한다. 다수대표제는 지역구에서 유권자 다수의 지지를 획득한 입후보자를 당선자로 결정하는 방법이다. 「공직선거법」상 상대적으로 다수를 획득한 후보자가 당선된다(상대다수대표제). 절대다수대표제를 채택하는 경우 1차 선거에서 과반수를 득표한 입후보자가 없는 때에는 결선투표를 통하여 절대다수를 획득한 후보자가 나오도록 선거절차가 형성된다.

다수대표제에서는 당선자 이외의 입후보자를 지지한 유권자의 의사가 국회의 구성에 반영될 수 없다. 즉 사표(死票)가 발생한다. 그 결과 국민의 다원적인 정치적 의사가 국회에 대표되지 못한다. 비례대표제는 다원적인 정치적 이념을 국회의 구성에 충실하게 반영하는 장점이 있다. 또 비례대표제는 직능대표를 국회에 진출하도록 하여 국회의 전문성을 강화할 수 있고, 정당정치를 활성화시킬 수 있다는 점에서 다수대표제를 보완한다. 다만 비례대표선거제도의 장점을 실현하기 위해서는 정당이 이와 같은 취지에 맞게 후보자명단을 작성하여야 한다.

(2) 선거관리 · 선거비용과 선거소송

헌법은 민주주의에서 선거의 중요성을 인식하고 전체 선거를 관리하는 선거관리위원회를 헌법기관으로 설치하였다. 선거관리위원회는 선거와 국민투표의 공정한 관리, 그리고 정당에 관한 사무를 처리한다.

선거 및 정당사무를 관할하는 최고기관은 중앙선거관리위원회이다. 중앙선거관리위원회는 선거관리기구로서 정치적으로 독립하여 정치적 중립을 지켜야 한다. 이 점은 중앙선거관리위원회의 구성방법에 반영되어 있다. 즉, 중앙선거관리위원회는 대통령이 임명하는 3인, 국회에서 선출하는 3인과 대법원장이 지명하는 3인의 위원으로 구성한다(제114조 제2항). 위원장은 위원 중에서 호선한다. 위원의 임기는 6년이다. 위원의 정치활동은 금지된다. 즉 위원은 정당에 가입하거나 정치에 관여할 수 없다. 이에 상응하여 위원의 신분이 보장된다. 즉 위원은 탄핵 또는 금고 이상의 형의 선고에 의하지 않고는 파면되지 않는다(제114조 제2항 이하). 선거관리는 다른 국가기관의 협조를 필요로 하며, 선거관리위원회는 이를 요청할 권한이 있다. 즉 각급 선거관리위원회는 선거인명부의 작성 등 선거사무와 국민투표사무에 관하여 관계 행정기관에 필요한 지시를 할 수 있으며, 당해 행정기관은 이에 응하여야 한다(제115조).

선거에 관한 경비는 기본적으로 정당 또는 후보자에게 부담시킬 수 없다. 다만 법률이 정하는 경우에는 선거비용의 일부를 후보자 또는 정당에게 부담시킬 수 있다(제116조 제2항). 각급 선거에 있어서 선거비용은 법률로 정해져 있다. 예컨대 대통령선거에서 선거비용은 인구 1인당 950원이다. 지역구 국회의원선거에서 선거비용은 1억원에 인구 1인당 200원을 곱한 액, 그리고 전체 읍·면·동수에 200만원을 곱한 액을 더한 액으로 한다(공직선거법 제121조).

공직선거후보자가 선거운동을 위하여 지출한 선거비용은 득표수에 따라서 선거비용 제한액의 범위 내에서 전부 혹은 일부 보전한다. 예컨대 대통령선거, 지역구국회의원선거, 지역구지방의회의원선거 및 지방자치단체의 장 선거에서 후보자가 당선되거나 사망한 경우 또는 유효투표 총수의 15% 이상을 득표한 경우에는 선거비용의 전액이 보전된다. 후보자가 유효투표 총수의 10% 이상 15% 미만을 득표한 경우에는 선거비용의 50%를 보전한다(공직선거법 제122조, 제122조의2).

선거와 관련된 소송으로 선거소송과 당선소송이 있다. 선거소송은 선거의 효력에 관하여 이의가 있는 선거인·정당 또는 후보자가 제기하는 소송이다. 대통령 및 국회의원선거에 있어서 선거소송은 당해 선거구 선거관리위원회 위원장을 피고로 하여 대법원에 제기한다(공직선거법 제222조 제1항). 당선소송은 당선의 효력에 이의가 있는 정당 또는 후보자가 제기하는 소송이다. 당선소송은 당선인에게 당선무효의 사유가 있는 경우에는 당선인을 피고로 하여 대법원에 소송을 제기한다. 당선의 결정·공고·통지 등에 위법이 있는 경우에는 대통령선거에서는 당선인을 결정한 중앙선거관리위원회 위원장 또는 국회의장을, 국회의원선거에 있어서는 당해 선거구 선거관리위원회 위원장을 각각 피고로 하여 대법원에 소송을 제기할 수 있다(공직선거법 제223조 제1항).

제3절 국 회

Ⅰ. 국회의 헌법적 지위

국회의 헌법적 지위는 다음과 같다. 첫째, 입법부의 지위이다. 입법권은 국회의 전통적이고 대표적인 기능이다. 우리 헌법도 국회에 관한 규정 중 가장 먼저 이 점을 선언하고 있다. 즉 입법권은 국회에 속한다(제40조). 이는 국민의 권리와 의무에 관한 사항, 특히 자유와 재산권에 관한 사항은 국회의 동의가 필요하다는 의미를 갖는다. 둘째, 국회는 대의기관으로서 국민의 의사를 토론과 표결을 통하여 결정하는 합의체의사결정기관의 지위를 갖는다. 이러한 국회의 지위에 상응하여 국회의원은 국민 전체의 이익을 우선하여 양심에 따라서 직무를 수행한다(제46조 제2항). 셋째, 국회는 국정에 대한 통제기관의 지위를 갖는다. 국회는 입법·행정·인사·재정에 걸쳐 국정을 통제한다.

오늘날 국가의 과제가 확대되고 복잡화·전문화되면서 국회의 헌법적 지위는 변화하고 있다. 즉, 적극적인 의사결정이나 입법활동보다는 국정통제기능이나 국정공개기능이 보다 기대되고 있다. 특히 국회의 국정공개 기능은 대의민주주의의 한계를 극복하는 데 중요한 기여를 한다. 국정의 투명성이 높아지고, 이를 기반으로 국민 개인이 국정현안에 대해서 자신의 의견을 형성·표출하며, 이로써 국가의사결정과정에 참여하는 계기가 되기 때문이다.

Ⅱ. 국회의 구성·조직과 운영

1. 국회의 구성

국회는 국민에 의해서 직접 선출된 임기 4년의 국회의원으로 구성된다(제41조 제1항, 제42조). 헌법은 국회의원의 수의 하한을 정하고 있다. 즉 국회의원은 200인 이상으로 한다(제41조 제2항). 국회의원 선거구와 비례대표제 기타 선거에 관한 사항은 법률로 정한다(제41조 제3항). 국회의원 선거에서 유권자는 지역구국회의원 선출을 위한 후보자투표와 비례대표의원의 선출을 위한 정당투표를 한다.

현재 국회의원의 정수는 300명이다(공직선거법 제21조 제1항). 253개 국회의원 지역선거구가 획정되어 있다(공직선거법 별표 1). 지역선거구에서 1인의 국회의원을 선출하는 소선거구를 채택하고 있다(공직선거법 제21조 제2항). 전국을 단위로 선출되는 비례대표의원의 정수는 47명이다.

국회의석 배분방법은 2019년 「공직선거법」의 개정에 의하여 크게 변하였다. 그동안 오랫동안 이른바 연동형선거제도의 도입이 논의되어 왔다. 개정 법률은 순수한 연동형선거제도에 몇 가지 변형을 가하여 국회의석을 배분하도록 하였다. 이를 준연동형 비례대표제로 부른다.

이에 따르면 다음과 같은 단계로 국회의석이 배분된다. 우선 각 정당에 대한 지지율에 따라 국회의석이 계산된다. 예컨대 정당지지율이 10%에 해당하는 정당의 경우 30석이 계산된다. 그런데 이때 정당지지율의 50%만이 의석계산에 반영된다. 그 결과 해당 정당의 의석은 30석이 아니라 15석이 된다. 15석에서 지역구선거에 당선된 자의 수를 제외된다. 해당 정당이 지역선거구에서 5석을 얻었다면 비례대표의석은 10석이 된다. 또 이와 같은 방법에 의하여 배분되는 의석은 30석을 상한으로 한다. 따라서 위와 같은 방법에 따라 각 정당에 배분되는 의석이 30석을 초과하는 경우에는 30석을 상한으로 하여 각 정당이 획득한 의석수에 비례하여 실제 배분되는 의석 수가 조정, 즉 감소하게 된다.

지역선거구의 후보자가 없는 때, 당선인이 없는 때, 선거무효의 판결 또는 결정이 있는 때, 당선인이 임기개시 전에 사퇴하거나 사망한 때, 당선인이 임기개시 전에「공직선거법」제192조 피선거권상실로 인하여 당선의 효력이 상실되거나 혹은 당선이 무효로 된 때,「공직선거법」제263조 선거비용의 초과지출로 인하여 당선이 무효로 되거나 제265조 선거사무장 등의 선거범죄로 인한 당선이 무효로 된 때에는 재선거를 실시한다(공직선거법 제195조).

지역구 국회의원에 궐원 또는 궐위가 생긴 때에는 보궐선거를 실시한다(공직선거법 제200조 제1항). 다만 보궐선거는 보궐선거일로부터 임기만료일까지의 기간이 1년 미만일 때에는 실시하지 않을 수 있다(공직선거법 제201조 제1항).

2. 국회의 조직

국회에는 국회를 대표하는 1인의 국회의장과 2인의 부의장을 둔다(제48조). 이들의 임기는 2년이다(국회법 제9조). 국회의 초당파적 운영을 위하여 국회의장은 당선된 다음 날로부터 당적을 보유할 수 없다. 의장의 임기가 만료된 때에는 당적이탈 당시의 소속 정당으로 복귀한다(국회법 제20조의2). 국회의장은 국회를 대표하고 의사를 정리하며, 질서를 유지하고 사무를 감독한다(국회법 제10조). 의장은 위원회에 참석하여 발언할 수 있다. 그러나 표결권을 갖지는 않는다(국회법 제11조).

3. 국회의 운영 및 자율권

(1) 교섭단체와 위원회

국회에서 회의 및 그 밖에 의사결정은 정당을 단위로 운영된다. 이러한 정치현실을 존중하여 정당이 교섭단체를 구성하며, 교섭단체를 중심으로 국회의 운영에 관한 합의가 이루어진다. 국회에 20인 이상의 소속의원을 가진 정당은 교섭단체가 된다. 이 밖에 다른 교섭단체에 속하지 않은 국회의원들 20인 이상이 교섭단체를 구성할 수 있다(국회법 제33조).

국회에서 심의사항이 양적으로 증대하고 질적으로 전문화되면서 심의의 효율성을 기하기 위해서 국회는 위원회 중심으로 운영된다. 위원회는 상임위원회와 특별위원회 두 종류가 있다. 상임위원회로 국회운영위원회와 행정부의 부처 분류에 상응하여 설치한 16개 위원회 등 모두 17개가 있다. 상임위원은 교섭단체소속 의원수의 비율에 의하여 각 교섭단체 대표의원의 요청으로 의장이 선임 및 개선한다. 어느 교섭단체에도 속하지 않은 의원의 상임위원 선임은 의장이 행한다(국회법 제48조). 상임위원의 임기는 2년이다(국회법 제40조).

특별위원회로서 예산결산특별위원회와 윤리특별위원회 그리고 인사청문특별위원회를 두고 있다. 예산결산특별위원회는 예산안·기금운용계획안 및 결산을 심사한다. 윤리특별위원회는 의원의 자격심사 및 징계에 관한 사항을 심사한다. 인사청문특별위원회는 헌법에 의하여 임명에 국회의 동의를 필요로 하는 대법원장·감사원장 및 대법관, 국회에서 선출하는 헌법재판소 재판관 및 중앙선거관리위원회 위원에 대한 임명동의안 또는 의장이 각 교섭단체대표의원과 협의하여 제출한 선출안 등을 심사한다(국회법 제46조의3).

(2) 국회의 회의

국회의 회의는 정기회와 임시회로 나뉜다. 정기회는 매년 9월 1일 집회한다(국회법 제4조). 정기회의 회기는 100일을 초과할 수 없다(제47조 제2항). 임시회는 대통령 또는 국회재적의원 4분의 1 이상의 요구에 의해서 집회한다. 임시회의 회기는 30일을 초과할 수 없다(제47조 제2항).

국회는 연중 상시 운영하는 것을 원칙으로 한다. 국회의장은 각

교섭단체 대표의원과 협의를 거쳐 매년 12월 31일까지 다음 연도의 국회운영 기본일정을 정하여야 한다. 국회운영 기본일정은 2월·4월·6월 1일과, 8월 16일에 임시회를 집회하는 것으로 한다. 다만 국회의원 총선거가 있는 달에는 집회하지 않는다(국회법 제5조의2).

회의를 개회하기 위해서는 재적의원 5분의 1 이상이 출석하여야 한다(국회법 제73조). 의안의 발의는 국회의원 10인 이상의 찬성으로 한다(국회법 제79조). 의안에 대한 수정동의는 국회의원 30인 이상의 찬성으로 한다. 예산안에 대한 수정동의는 국회의원 50인 이상의 찬성이 있어야 한다(국회법 제95조). 의안이 발의되고 부결된 경우에는 해당 안건은 같은 회기 중에 다시 발의 또는 제출할 수 없다(일사부재의의 원칙)(국회법 제92조). 의안이 이미 본회의에 상정되어 투표가 있은 후 표결에 참여한 의원이 의사정족수에 미달하는 경우에 표결에 참여하지 않은 것도 반대의 의사표시로 볼 수 있기 때문에 일사부재의의 원칙이 적용되어 재표결에 부칠 수 없다.

판례 73 재적의원 과반수 출석 미달의 경우 표결과 일사부재의의 원칙

헌법 제49조 및 국회법 제109조는 의결정족수에 관하여 의결을 위한 출석정족수와 찬성정족수를 병렬적으로 규정하고 있고, '재적의원 과반수의 출석'과 '출석의원의 과반수의 찬성'이라는 규정의 성격이나 흠결의 효력을 별도로 구분하여 규정하고 있지 않다. 국회의원이 특정 의안에 반대하는 경우 회의장에 출석하여 반대투표하는 방법뿐만 아니라 회의에 불출석하는 방법으로도 반대 의사를 표시할 수 있으므로, '재적의원 과반수의 출석'과 '출석의원 과반수의 찬성'의 요건이 국회의 의결에 대하여 가지는 의미나 효력을 달리 할 이유가 없다. 투표의 집계 결과 출석의원 과반수의 찬성에 미달한 경우는 물론 재적의원 과반수의 출석에 미달한 경우에도 국회의 의사는 부결로 확정되었다고 보아야 한다.

결국 방송법 수정안에 대한 1차 투표가 종료되어 재적의원 과반

> 수의 출석에 미달되었음이 확인된 이상, 국회의 의사는 부결로 확정되었다. 따라서 피청구인이 이를 무시하고 재표결을 실시하여 그 표결 결과에 따라 방송법안의 가결을 선포한 행위는 일사부재의 원칙(국회법 제92조)에 위배하여 청구인들의 표결권을 침해한 것이다. [헌재 2009. 10. 29. 2009헌라8등]

국회에 제출한 법률안 등을 비롯한 의안은 해당 회기에 의결되지 못한 경우 다음 회기에서 다루어지며, 회기가 종료되었다는 이유로 자동적으로 폐기되지 않는다(회기계속의 원칙). 다만 국회의원의 임기가 만료된 때, 즉 해당 입법기가 종료한 때에는 해당 의안은 폐기된다(제51조).

국회에 제출된 의안의 심사기간과 관련하여 의장은 특별한 경우에 각 교섭단체 대표의원과 협의하여 심사기간을 지정할 수 있다. 천재지변의 경우, 전시·사변 또는 이에 준하는 국가비상사태의 경우, 그리고 의장이 각 교섭단체 대표의원과 합의하는 경우가 여기에 해당한다. 이 경우 위원회가 이유 없이 그 기간 내에 심사를 마치지 않는 때에는 의장은 중간보고를 들은 후 다른 위원회에 회부하거나 바로 본회의에 부의할 수 있다(직권상정)(국회법 제85조). 위원회에 회부된 안건은 일정한 조건하에 신속처리대상안건(패스트트랙)으로 지정할 수 있다. 이를 위해서는 재적의원 5분의 3 이상 또는 안건의 소관 위원회 재적위원 5분의 3 이상의 찬성이 있어야 한다(국회법 제85조의2).

국회에서 국회의원 간에 자유로운 토론과 표결의 절차를 거쳐야 한다. 다만 위원회의 심사를 거치지 않은 안건에 대해서는 제안자가 그 취지를 설명하여야 하고, 위원회의 심사를 거친 안건에 대해서는 의결로 질의와 토론 또는 그중의 하나를 생략할 수 있다(국회법 제93조). 따라서 위원회의 심사를 거치지 않은 안건에 대해서 본회의에서 질의 및 토론절차를 생략한 경우 이는 「국회법」을 위반하여 국회의원의 권한을 침해하는 것이다.

헌법 또는 법률에 특별한 규정이 없는 한 국회에서 의결은 재적의원 과반수의 출석과 출석의원 과반수의 찬성으로 한다(제49조). 헌법개정안 의결, 국회의원 제명, 대통령에 대한 탄핵소추의결을 하기 위해서는 재적의원 3분의 2 이상의 찬성이 있어야 한다(제130조 제1항, 제64조 제3항, 제65조 제2항). 국무총리 및 국무위원 해임건의, 계엄해제요구를 하기 위해서는 국회 재적의원 과반수의 찬성이 필요하다(제63조 제2항, 제77조 제5항). 법률안에 대한 대통령의 재의요구가 있는 경우에 국회가 재의결을 하기 위해서는 국회 재적의원 과반수의 출석과 출석의원 3분의 2 이상이 찬성하여야 한다(제53조 제4항).

국회의 의사는 원칙적으로 공개된다. 이는 방청 및 보도의 자유와 회의록의 공표를 그 내용으로 한다. 국회 본회의는 물론이고 위원회 및 각종 청문회 역시 공개한다(국회법 제75조, 제71조, 제65조 제4항). 다만 출석의원 과반수의 찬성이 있거나, 의장이 국가의 안전보장을 위하여 필요하다고 인정할 때에는 공개하지 않을 수 있다(헌법 제50조, 국회법 제75조).

(3) 국회의 자율권

국회는 자율권을 가지며, 이는 일반적인 자율권과 내부질서유지를 위한 자율권으로 나뉜다. 국회는 의사와 내부규율 등 국회운영에 있어서 자율권을 가진다. 국회의 자율권은 헌법과 법률에 명백히 위반되지 않는 한 존중되어야 한다. 국회는 법률에 저촉되지 않는 범위 내에서 의사와 내부규율에 관한 규칙을 제정할 수 있다(제64조 제1항).

국회는 의원의 자격을 심사하고, 징계할 수 있다(제64조 제2항). 자격심사는 의원이 다른 의원의 자격에 대하여 이의가 있을 때 30인 이상의 연서로 자격심사를 의장에게 청구하여 이루어진다. 자격심사는 윤리특별위원회의 심사를 거쳐 본회의에서 의결된다. 본회의에서 자격이 없는 것을 의결하기 위해서는 재적의원 3분의 2 이상의 찬성이 있어야 한다(국회법 제138조 이하). 국회는 의원을 제명할 수 있다. 이를 위해서는 국회재적의원 3분의 2 이상의 찬성이 있어야 한다(제64조 제3항). 국회에서 의원에 대한 징계 및 제명에 대해서는 법원에 제소할 수 없다(제64조 제4항).

Ⅲ. 국회의 기능

1. 입법기능

(1) 국회입법의 규율대상

입법권은 국회에 속한다(제40조). 입법권은 일반적이고 추상적인 구속력을 갖는 법규를 제정할 권한이다. 이와 같이 넓은 의미로 입법권을 이해할 때 국회가 입법권을 독점하는 것은 아니다. 대통령과 국무총리 및 행정 각부의 장은 법규명령을 제정할 수 있다(행정입법)(제75조, 제95조).

이와 관련하여 반드시 국회에서 제정된 법률에 의하여 규율되어야 할 사항과 행정입법에 위임할 수 있는 사항을 구분하여야 한다. 국회입법사항이 행정입법으로 규율되는 때에는 헌법에 위반된다. 이 점에 대해서 헌법은 부분적으로 기준을 제시하고 있다. 신체의 자유를 제한하기 위해서(제12조), 보다 일반적으로는 기본권을 제한하기 위해서는 법률에 근거가 있어야 한다(제37조 제2항). 조세의 종목과 세율은 법률로 정하여야 한다(제59조). 행정입법에 있어서 위임의 내용과 범위가 법률에 구체적으로 정해져야 한다(제75조, 제95조). 그러나 이러한 기준들은 그대로 적용될 수 있을 정도로 구체적이지 못하며, 따라서 이에 대한 이론적 설명이 필요하다.

전통적으로 국가작용이 국민의 권리를 제한하거나 의무를 부과하는, 즉 침해적 효과를 갖는 경우에는 국회에서 제정하는 법률의 근거가 필요하다고 이해하였다(침해유보). 그러나 이러한 이론은 오늘날 국가의 기능이 변화하면서 더 이상 타당성을 갖지 못한다. 국가는 적극적인 급부행위를 통하여 개인에게 인간다운 생활을 할 기회를 부여하여야 하며, 이를 위해서 필요한 절차와 제도, 그리고 조직을 형성하여야 한다. 따라서 침해적 행위뿐 아니라 급부행위도 법적 근거를 필요로 한다(급부유보). 다만 법적 규율이 필요한 여부 및 정도는 입법기술적인 한계로 인하여 차이가 있다. 일반적으로 급부법의 경우 입법목적을 실현하는 데 영향을 미치는 요소들이 중요한 규율대상이지만 이들 요소들을 모두 법률에 규율하는 것은 입법기술적으로 한계가 있다. 이에 비해서 침해적 법률은 구성요건과 이에 대한 법적 효과가 규율대상이기 때문에 이들 요소들은 비교적 충실하게 법률에 의하여 규율될 수 있다.

나아가서 국가조직의 구체적인 내용이 기본권을 실현하는 데 영향을 미치기 때문에 국가조직의 구성 및 조직, 그리고 기능에 관한 중요한 사항 역시 법률에 의하여 규율되어야 한다. 이와 같이 법적 근거를 필요로 하는 국가기능의 범위는 확장되었다. 특히 상충하는 이익 간에 조정이 필요할수록 법률에 의하여 규율되어야 한다. 다만 모든 사항이 법률에 의한 규율대상이 될 수는 없으며, 개인의 권리의무관계에 영향을 미치는 중요하고 본질적인 문제가 법률에 규율되어야 한다(본질성이론).

국가기능이 전문화·복잡화되면서 행정입법의 필요성이 증가하고 있지만 본질적으로 중요한 사안은 여전히 국회에서 제정하는 법률에 의하여 규율되어야 한다. 그 이유는 다음과 같다. 첫째, 국회입법은 국회에서 토론과 표결을 거치며, 이러한 과정에서 중요 문제가 공론화되고, 국민은 자신의 의견과 이익을 투입하는 기회를 갖게 된다. 둘째, 국회에서 입법과정은 공개되어 있기 때문에 국민은 국정을 통제할 수 있고, 또 개인은 자신의 법적 지위를 예측할 수 있게 된다. 셋째, 이로써 개인의 의사를 국가의사결정과정에 투입하기 위하여 필요하며, 또 자신의 법적 권리를 실현하기 위한 전제조건인 알 권리가 실현되는 효과가 있다.

(2) 입법절차

국회의원과 정부는 법률안을 제출할 수 있다(제52조). 정부가 법률안을 제출할 때에는 국무회의의 심의를 거쳐야 하며, 국무총리와 관계 국무위원이 부서하여야 한다(제89조 제3호, 제82조). 국회의원은 10인 이상이 연서하여 법률안을 제출한다(국회법 제79조). 법률안의 재정적 타당성을 확보하기 위하여 의원이 예산 또는 기금상의 조치를 수반하는 의안을 발의하는 경우에는 그 의안의 시행에 수반될 것으로 예상되는 비용에 대한 국회 예산정책처의 추계서 또는 국회 예산정책처에 대한 추계요구서를 함께 제출하여야 한다(국회법 제79조의2).

국회에 제출한 법률안은 의장이 접수하여 의원에게 배부하고 본회의에 보고한다. 이어 법률안은 소관상임위원회에 회부하여 심사한 후 본회의에의 부의 여부를 결정한다(국회법 제81조). 소관 상임위원회 위원장은 회부된 법률안의 입법취지와 주요 내용 등을 국회공보 또는 국회 인터넷 홈페이지 등에 입법예고하여야 한다(국회법 제82조의2). 정부가 발의하는 법률안은 이를 마련한 행정청이 입법예고를 하여야 한다(행정절차법 제41조).

법률안에 대한 실질적인 심의는 상임위원회에서 이루어진다. 기획재정부 소관에 속하는 법률안과 상당한 규모의 예산 또는 기금상의 조치를 수반하는 법률안을 심사하는 소관위원회는 미리 예산결산특별위원회와 협의를 거쳐야 한다(국회법 제83조의2). 상임위원회에서 법률안에 대한 심의를 마친 후 본회의에 부의하기에 앞서 법률안을 법제사법위원회에 회부한다. 법제사법위원회는 사안을 전문적으로 논의하는 위원회가 아니기 때문에 실질적인 내용과 관련된 수정이 될 수는 없다. 소관상임위원회에서 법률안을 본회의에 부의할 필요가 없다고 결정하는 경우에는 본회의에 부의하지 않는다. 다만 이러한 결정이 본회의에 보고된 후 국회의원 30인 이상의 요구가 있는 때에는 해당 의안은 본회의에 부의하여야 한다(국회법 제87, 88조). 위원회에서 법률안을 심사하는 동안 수정동의를 할 수 있다. 수정동의를 위해서는 국회의원 30인 이상이 연서하여야 한다(국회법 제95조).

국회에서 의결된 법률안은 정부에 이송한다. 대통령은 이를 15일 이내에 공포하여야 한다(제53조 제1항). 이 기간 내에 대통령이 법률안을 공포하지 않은 때에는 법률안은 법률로서 확정된다(제53조 제5항). 대통령은 국회에서 의결한 법률안을 거부할 수 있다. 즉, 대통령은 법률안에 이의가 있을 때에는 법률안이 정부에 이송된 후 15일 이내에 이의서를 붙여 환부하고 법률안에 대한 재의를 요구할 수 있다. 대통령은 법률안의 일부에 대하여 또는 법률안을 수정하여 재의를 요구할 수는 없다. 국회가 폐회 중인 경우에도 대통령은 위와 같은 요건을 갖추어 법률안에 대한 거부권을 행사할 수 있다. 대통령이 국회의 폐회시까지 법률안을 공포하지도 않고, 또 명시적으로 재의요구도 하지 않는 방법을 통하여 거부권을 행사하는 가능성, 즉 보류거부는 인정되지 않는다.

대통령이 법률안에 대해서 재의요구를 한 경우에 국회가 이를 재의결하기 위해서는 국회 재적의원 과반수의 출석과 출석의원 3분의 2 이상의 찬성이 있어야 한다(제53조 제2, 3, 4항). 대통령이 이송된 법률안을 재의요구하지 않은 채 15일 이내에 공포하지 않아 법률로 확정된 후, 혹은 대통령이 거부한 법률안을 국회가 재의결하여 확정된 법률이 정부에 이송된 후 5일 이내에 대통령이 공포하지 않은 때에는 국회의장이 이를 공포한다(제53조 제6항).

법률 자체에 특별한 규정이 없는 한 법률은 공포한 날로부터

20일이 지나면 효력을 발생한다(제53조 제7항). 법률 자체에 법률의 효력발생시기에 대해서 특별한 규정을 두고 있으면 그에 따른다.

(3) 국회 입법기능에 대한 통제

국회의 입법기능에 대한 외부에서의 통제수단으로 대통령의 재의요구권이 있다. 대통령이 법률안에 대해서 재의를 요구하는 사유로 다음과 같은 경우를 들 수 있다. 첫째, 법률안의 내용이 헌법에 위반된다는 의심 혹은 확신이 있는 경우이다. 둘째, 법률을 집행할 책임을 지고 있는 행정부의 수반으로서 대통령이 법률의 집행에 필요한 재정적 부담을 감당할 수 없다고 판단하는 경우이다. 셋째, 법률안에 나타난 정책 내용이 대통령의 정책 구상과 맞지 않는 경우이다. 이와 같이 재의요구의 사유는 매우 넓기 때문에 실질적으로는 대통령의 재의요구권의 행사에 제한이 없다고 볼 수 있다.

국회 입법과정이 헌법 및 법률에 정한 절차를 따르지 않고 국회의원에게 자유로운 토론과 표결의 기회를 부여하지 않은 상태에서 이루어진 경우 권한쟁의심판의 대상이 된다. 국회의원이 국회의장을 상대로 권한쟁의심판을 청구할 능력이 있는가에 대해서 헌법 및 「헌법재판소법」이 명시하고 있지는 않다. 그러나 다음과 같은 이유에서 청구인능력이 인정된다. 첫째, 권한쟁의의 다양한 가능성을 헌법과 법률에 모두 규정했다고 볼 수는 없기 때문에 헌법 및 「헌법재판소법」상의 권한쟁의의 당사자에 관한 규정은 예시규정으로 보아야 한다. 둘째, 국회의장과 국회의원의 관계는 국회를 구성하는 구성원 간의 내부관계의 측면이 있다. 이와 같이 내부관계만이 존재한다면 국회의원에게 권한쟁의심판의 청구인능력은 인정될 수 없다. 그러나 국회의장과 국회의원은 모두 헌법과 법률에 의하여 독자적인 권한이 부여되어 있는 국가기관과 국가기관의 관계에 있다. 셋째, 이러한 분쟁을 국회의 자율권에 의하여 해결하는 데에는 한계가 있다. 국회의 자율권은 헌법과 법률이 정하는 바에 의하여 형성되는데, 입법절차의 하자는 헌법 및 법률에 위반되는가에 관한 쟁점이기 때문이다. 넷째, 입법절차의 하자에 관한 분쟁을 해결할 다른 수단이 존재하지 않는다.

입법절차상의 하자로 인하여 국회의원의 권한이 침해되었는가의 여부는 해당 상황에 대한 구체적인 판단을 필요로 한다. 예컨대, 야당과의 협의를 거치지 않고 본회의 개의시간을 변경하고 이를 통지하지 않은 상태에서 여당의원들만이 출석한 회의에서 질의와 토론 없이 이의를 묻는 방법으로 법률안을 표결하여 통과시키는 것은 국회의원의 심의·표결권을 침해한다(헌재 1997. 7. 16, 96헌라2). 또 표결과정에서 본회의가 극도로 무질서하고 혼란한 상황에서 위법한 투표행위 또는 투표 방해행위가 있었다면 국회의장은 질서를 회복한 후 표결에 들어가야 한다. 그렇지 못한 상태에서 표결을 강행한 것은 표결 결과에 영향을 미쳤을 가능성이 높고, 따라서 국회의원의 자유로운 표결권을 침해한다(헌재 2009. 10. 29, 2009헌라8등).

법률안에 대한 심의 및 표결의 권한을 침해하였다고 확인된 경우에도 법률안 가결선포행위의 효력이 자동적으로 상실되는 것은 아니다. 지금까지 헌법재판소는 법률안 가결행위가 「국회법」의 규정에 위반했을 뿐 입법절차에 관한 헌법규정을 명백히 위반한 흠에 해당하지는 않는다는 이유로 법률안 가결선포행위의 효력은 유지되는 것으로 판단하여 왔다.

판례 74 국회의원의 심의 · 표결권 침해와 가결선포행위의 효력

국회의장은 표결과정에서 최소한의 질서를 확보하고 위법한 투표행위나 투표 방해행위를 제지하는 등의 조치를 취했어야 한다. 그러지 못한 결과, 신문법 수정안에 대한 표결 과정에 권한 없는 자

> 에 의한 임의의 투표행위, 위법한 무권 또는 대리투표행위로 의심받을 만한 여러 행위, 투표방해 또는 반대 투표행위 등 정상적인 절차에서 나타날 수 없는 투표행위가 다수 확인된다. 신문법 수정안에 대한 표결 절차는 자유와 공정이 현저히 저해되었다.
>
> 헌법재판소법 제66조는 권한침해확인과 아울러 원인되는 처분의 취소 또는 무효확인까지 할 것인지 여부를 헌법재판소의 재량에 맡겨놓고 있다. 헌법은 국회의 의사절차에 관한 기본원칙으로 제49조에서 '다수결의 원칙'을, 제50조에서 '회의공개의 원칙'을 각 선언하고 있으므로, 결국 법률안의 가결선포행위의 효력은 입법절차상 위 헌법규정을 명백히 위반한 하자가 있었는지에 따라 결정되어야 한다. 피청구인의 방송법안 가결선포행위는 비록 국회법을 위반하여 청구인들의 심의·표결권을 침해하였지만, 그 하자가 입법절차에 관한 헌법규정을 위반하는 등 가결선포행위를 취소 또는 무효로 할 정도에 해당한다고 보기 어렵다. [헌재 2009. 10. 29. 2009헌라8등]

2. 재정기능

(1) 예산안 심의·확정 및 결산승인권

1) 예산의 기능과 예산법의 원칙들

국회는 예산안 심의·확정권과 결산승인권을 갖는다. 국회의 이러한 권한은 다음과 같은 헌법적 의미가 있다. 첫째, 정부는 예산을 편성하고, 국회는 이를 심의·확정한다(제54조). 이러한 절차를 거치면서 예산은 정책, 그리고 정책의 우선순위 및 정책의 내용을 확정하는 정치적 기능을 수행한다(정치적 기능). 둘째, 예산은 정치적으로 결정된 정책목표를 재정적으로 보장한다(재정적 기능). 국회법은 정책의 재정적 기반을 확보할 수 있도록 국회의원이 예산 또는 기금상의 조치를 수반하는 의안을 발의하는 경우에는 예상되는 비용에 대한 국회예산정책처의 추계서를 제출하도록 하고 있다(국회법 제79조의2). 셋째, 예산은 재정수입과 지출의 예정표에 그치지 않고, 해당 재정이 투입되는 국가사업을 제시한다. 이를 통하여 국가운영이 공개·투명화되고, 국민의 국정에 대한 알 권리가 실현된다. 이를 기반으로 국회는 정책계획과 이에 소요되는 경비에 대한 타당성을 심사하여 다른 국가기관, 특히 행정부의 국정수행을 통제한다(국정운영의 공개·투명화·통제기능). 넷째, 예산은 적시에 재정을 투입하여 경기의 과열과 침체를 조정하고, 그 결과 경제목표를 달성하는 중요한 수단이다(경제정책적 기능).

예산은 1년 회계연도 단위로 편성·집행한다. 회계연도는 매년 1월 1일부터 시작하여 12월 31일에 종료한다(국가재정법 제2조). 이에 대한 예외로 계속비와 추가경정예산제도가 있다.

계속비는 완성에 수년에 필요한 공사나 제조 및 연구개발 사업의 경우 경비의 총액과 연부액을 정하여 미리 국회의 의결을 얻은 범위 안에서 수년도에 걸쳐 지출할 수 있는 예산이다. 계속비로서 지출할 수 있는 연한은 당해 회계연도로부터 5년 이내이다. 다만, 사업의 규모 및 국가재원의 여건상 필요한 경우에는 예외적으로 10년 이내로 할 수 있다. 또 기획재정부장관은 필요하다고 인정하는 때에는 국회의 의결을 거쳐 지출연한을 연장할 수 있다(헌법 제55조 제1항, 국가재정법 제23조).

추가경정예산은 예산이 성립한 후에 발생한 예측할 수 없었던 사유로 인하여 이미 성립된 예산을 변경하는 제도이다(헌법 제56조). 「국가재정법」은 추가경정예산을 편성하는 사유를 한정하고 있다. 즉, 전쟁이나 대규모 재해가 발생한 경우, 경기침체와 대량실업, 남북관계의 변화, 경제협력과 같은 대내·외 여건에 중대한 변화가 발생하였거나 발생할 우려가 있는 경우, 그리고 법령에 따라 국가가 지급하여야 하는 지출이 발생하거나 증가하는 경우를 제외하고는 추가경정예산을 편성할 수 없다. 추가경정예산을 사전적으로 통제하기 위하여 정부는 국회에서 추가경정예산안이 확정되기 전에 이를 미리 배정하거나 집행할 수 없도록 하였다(국가재정법 제89조).

예산안에 대한 심의·확정은 법률제정과 유사한 절차를 밟는다. 그러나 예산이 법률은 아니며, 따라서 예산이 법적 구속력을 갖지는 못한다(예산비법률주의). 국가의 모든 수입과 지출은 단일한 예산에 계상되어야 한다(예산완전성 및 단일성의 원칙). 이때 비로소 국가 재정행위 및 사업운영의 투명성이 확보되고, 이를 효율적으로 통제할 수 있기 때문이다.

2) 예산안 심의·확정

정부는 예산을 편성한다. 예산편성의 업무는 기획재정부장관이 담당한다. 회계업무 역시 기획재정부장관이 담당한다. 기획재정부장관은 예산안을 편성하여 국무회의의 심의를 거쳐 대통령의 승인을 얻어야 한다(국가재정법 제32조 이하). 정부는 예산안을 편성하여 회계연도 개시 90일 전까지 국회에 제출하여야 한다(헌법 제54조 제2항). 「국가재정법」은 예산안을 국회에 제출하는 시기를 회계연도 개시 120일 전으로 하고 있다(국가재정법 제33조).

국회, 대법원, 헌법재판소, 중앙선거관리위원회 등 독립기관들이 독자적인 예산편성권을 갖지는 않는다. 다만 이들 기관의 재정적인 독립성을 존중하기 위하여 세출예산요구액에 대한 조정이 필요한 경우 당해 독립기관의 장과 미리 협의를 하여야 한다. 협의에도 불구하고 세출예산요구액을 감액할 때에는 국무회의에서 당해 독립기관의 장의 의견을 들어야 한다. 또 정부가 독립기관의 세출예산요구액을 감액한 때에는 그 규모와 이유 및 감액에 대한 독립기관의 장의 의견을 국회에 제출하여야 한다. 감사원의 세출예산요구액을 감액하고자 하는 경우에는 국무회의에서 감사원장의 의견을 들어야 한다(국가재정법 제40, 41조).

국회가 제출한 예산안은 국회의장이 접수한 후 소관 상임위원회에 회부하고 예비심사를 하여 그 결과를 보고받는다. 국회의장은 예산안에 대한 소관 상임위원회의 보고서를 첨부하여 예산결산특별위원회에 회부하여 심의하도록 한다(국회법 제84조). 국회는 예산안에 대한 수정동의를 할 수 있다. 이를 위해서는 국회의원 50인 이상의 찬성이 있어야 한다(국회법 제95조 제1항). 예산안에 대해서는 심사기간이 정해져 있다. 즉, 위원회는 예산안 등과 세입예산안 부수 법률의 심사를 매년 11월 30일까지 마쳐야 한다. 위원회가 기한 내에 심사를 마치지 않은 때에는 그 다음 날에 위원회에서 심사를 마치고 본회의에 부의된 것으로 본다. 이는 의장이 각 교섭단체 대표의원과 합의한 경우에는 적용되지 않는다(국회법 제85조의3).

정부가 제출한 지출예산 각 항의 금액을 증가하거나 새 비목을 설치하기 위해서는 국회는 정부의 동의를 얻어야 한다(제57조). 국회에서 국회의원이 지역구 유권자의 이익을 관철하기 위하여 예산안의 심의·확정권을 남용하고, 또 불합리한 국가사업을 수행할 수 있는데, 이러한 경우에는 오히려 정부가 국회를 통제하기 위한 규정이다.

국회는 예산안을 심의한 후 회계연도 개시 30일 전까지 의결하여야 한다(제54조 제2항). 새로운 회계연도가 개시되기 전까지 예산안이 국회에서 의결되지 못하는 경우에는 준예산제도가 적용된다. 이에 따르면 정부는 국회에서 예산안을 의결할 때까지 일정한 목적 및 사항에 한정하여, 즉 헌법이나 법률에 의하여 설치된 기관 또는 시설의 유지·운영과 법률상 지출의무의 이행목적으로, 또 이미 예산으로 승인된 사업의 계속을 위해서 필요한 예산에 한하여 전년도 예산에 준하여 집행할 수 있다(제54조 제3항).

3) 결산승인

예산집행의 결과인 결산에 대한 1차적인 검사는 기획재정부장관이 담당한다. 기획재정부장관의 검사는 국무회의의 심의를 거쳐 대통령의 승인을 받는다. 이는 감사원의 검사를 거친다. 정부는 감사원의 검사를 거친 국가결산보고서를 다음 회계연도 5월 31일까지 국회에 제출하고, 국회에서 의결한다(헌법 제99조; 국가재정법 제59조 이하).

결산을 심사한 결과 위법 또는 부당한 사항이 있는 때에는 국회는 본회의 의결 후 정부 또는 해당 기관에 변상 및 징계조치 등 시정을 요구할 수 있다. 정부 또는 해당 기관은 시정요구를 받은 사항을 지체 없이 처리하여 그 결과를 국회에 보고하여야 한다(국회법 제84조). 국회에서 결산에 대한 의결 혹은 부결은 기본적으로 정치적 행위이다. 즉, 국회의 결산에 대한 의결은 예산집행에 대한 정치적 책임을 면제하는 의미를 갖는다. 그러나 결산의결이 법적 책임을 면제시키는 것은 아니다. 결산이 의결된 경우에도 예산집행에서 나타난 위법 또는 부당한 행위에 대한 법적 혹은 징계책임을 묻는 가능성은 여전히 남아 있다.

결산승인은 예산안의 심의·확정과 마찬가지로 국회의 재정통제를 위하여 중요하다. 그러나 실제 결산은 예산안 심의·확정에 비해서 주목을 받지 못하고 있다. 이와 관련하여 헌법편제도 문제가 있다. 결산승인이 국회에 관한 제3장에 규율되어 있지 않으며, 감사원의 업무에 관한 헌법 제99조에 언급되어 있을 뿐이다.

(2) 조세법률주의

1) 공과금 체계에서 조세의 위치 – 조세, 이용료, 사회보험보험료, 특별부담금

예산항목 중 세입예산의 대부분은 국민의 조세부담에 의하여 충당된다. 조세부담은 국민의 재산권에 직접적인 영향을 미치기 때문에 헌법은 조세법률주의를 규율하고 있다. 즉 조세의 종목과 세율은 법률로 정한다(제59조). 그런데 국민의 재정부담은 조세에 한하지 않는다. 국민의 재정부담의 한계를 헌법적으로 평가하기 위해서는 조세와 그 밖의 공과금, 즉 이용료, 사회보험보험료, 특별부담금 등을 비교하여 살펴보아야 한다.

조세는 반대급부를 예정하지 않은 공법상의 채무로서, 국가의 일반적인 과제를 수행하는 데 필요한 재정수요를 충당하기 위한 목적으로 징수된다. 오늘날 조세는 재정목적과 더불어 개인의 행태를 유도·조정하여 공익을 실현하는 적극적인 기능을 수행하기도 한다. 조세지출은 국가의 일반적인 과제를 수행하는 목적을 갖기 때문에 조세에 대한 지출통제는 헌법적으로 제한되어 있다. 따라서 조세수입에 대한 헌법적 통제의 필요성이 더욱 크다.

이용료는 공적 시설 및 서비스를 통한 급부를 보상하는 성격의 공과금이다. 따라서 이용료는 급부의 내용과 정도에 비례하여 형성된다.

사회보험보험료는 앞으로 발생할 사회적 위험으로부터 개인을 보호하는 사전배려를 위한 재원이다. 사회보험보험료는 급부와 어느 정도 비례관계에 있어야 한다. 다만 민간보험과 달리 사회보험에서는 보험의 원칙과 함께 사회적 조정의 원칙이 적용되며, 이에 따라 위험의 분산과 어느 정도 소득재분배가 이루어진다. 급부와 반대급부의 비례관계는 모든 사회보험에서 동일하게 나타나는 것은 아니다. 예컨대, 보험료에 어느 정도 비례하여 연금수준이 산정되는 국민연금, 공무원연금 등 연금제도에 비해서 국민건강보험에서는 가입자에게 질병이 발생한 경우에 이를 치료하기 위한 요양급여가 보험료의 다과(多寡)에 관계없이 모든 수급자에게 동일하게 지급된다. 사회보험보험료는 조세와는 달리 목적기속적인 공과금이다. 즉, 사회보험보험료는 해당 사회적 위험을 보호하는 과제 이외의 목적으로 사용될 수 없다. 따라서 사회보험에서는 보험료수입뿐 아니라 지출에 대한 통제를 위한 헌법적 기준이 존재한다. 재산권과 평등권이 대표적인 심사기준이다.

특별부담금은 일반적으로 특별부담금이 부과되는 행위를 억제하거나 그러한 행위에서 파생하는 경제적 부담을 스스로 지우도록 하여 특정한 사회·경제적 정책실현을 목적으로 하거나(정책실현목적 부담금), 혹은 일반 국민의 부담으로 할 수 없는 특별한 공익사업의 재정을 조달하는 목적을 갖는다(재정조달목적 부담금). 「먹는물관리법」상의 수질개선부담금(법 제31조), 「국민건강증진법」상의 국민건강증진부담금(법 제23조), 「장애인고용촉진 및 직업재활법」상의 고용부담금(법 제33조), 「개발제한구역의 지정 및 관리에 관한 특별조치법」상의 개발제한구역보전부담금(법 제21조) 등이 대표적인 예이다. 특별부담금은 반대급부가 없는 공과금이라는 점에서는 조세와 유사하다(부담금관리기본법 제2조). 그러나 특별부담금은 부담대상자 선정 및 지출목적에 있어서 조세와 구별된다.

특별부담금을 부과하기 위해서는 특별부담금이 해당 과제와 밀접한 관련성이 있어야 한다. 이는 일반적으로 다음과 같은 요건을 내용으로 한다. 첫째, 특별부담금은 조세납부자인 일반 국민들과는 구별되는 외부적 차별성과 내부적 동질성을 지니는 특정집단에 한하여 부과된다(집단의 동질성). 둘째, 부과대상자가 특별부담금을 부과하여 수행하고자 하는 특정한 경제적·사회적 과제와 특별히 객관적으로 밀접한 관련성이 있어야 한다(객관적 근접성). 셋째, 그러한 과제의 수행에 관하여 조세 이외의 특별한 부담을 져야 할 책임이 인정될 만한 집단이어야 한다(집단적 책임성). 넷째, 특별부담금의 수입은 특별부담금 납부의무자의 집단적 이익을 위하여 사용되어야 한다(집단적 효용성).

이와 같은 특별부담금의 정당화 요건은 일률적으로 적용되지는 않는다. 객관적 근접성과 집단적 책임성이 특별부담금의 본질적 요소이다. 이에 비해서 집단의 동질성과 집단적 효용성은 엄격히 요구되지는 않는다. 특히 정책실현을 목적으로 부과되는 유도적·조정적 목적의 특별부담금에 있어서는 특별부담금의 수입이 부담의무자의 집단적 이익을 위하여 사용되어야 한다는 필연성은 없다(부담금관리기본법 제2조).

판례 75 특별부담금 부과요건과 학교용지부담금

의무교육제도는 국민에게 자녀들을 취학시키도록 하는 의무부과의 면보다는 국가에 대하여 인적·물적 교육시설을 정비하고 교육환경을 개선하여야 하는 의무부과의 측면이 더 중요한 의미를 갖는다. 의무교육에 필요한 학교시설은 국가의 일반적 과제이고, 학교용지는 의무교육을 시행하기 위한 물적 기반으로서 필수조건이므로 이를 달성하기 위한 비용은 국가의 일반재정으로 충당하여야 한다. 따라서 적어도 의무교육에 관한 한 일반재정이 아닌 부담금과 같은 별도의 재정수단을 동원하여 특정한 집단으로부터 그 비용을 추가로 징수하여 충당하는 것은 의무교육의 무상성을 선언한 헌법에 반한다. 의무교육이 아닌 중등교육에 관한 교육재정과 관련하여 재정조달목적의 부담금을 징수할 수 있다고 하더라도 이는 일반적인 재정조달목적의 부담금이 갖추어야 할 요건을 동일하게 갖추어야 한다.

그런데, 학교용지부담금은 특정한 공익사업이 아니라 일반적 공익사업이거나 일반적 공익사업으로서의 성격을 함께 가지고 있는 공익사업을 위한 재정확보수단이다. 그리고 학교용지확보 필요성에 있어서 주택건설촉진법상의 수분양자들의 구체적 사정을 거의 고려하지 않은 채 수분양자 모두를 일괄적으로 동일한 의무자집단에 포함시켜 동일한 학교용지부담금을 부과하는 것은 합리적 근거가 없는 차별에 해당한다. 또 의무자 집단 전체의 입장에서 보더라도 일반 국민, 특히 다른 개발사업에 의한 수분양자집단과 사회적

으로 구별되는 집단적 동질성을 갖추고 있다고 할 수 없다. [헌재 2005. 3. 31. 2003헌가20]

2) 과세요건법정주의와 과세요건명확주의

조세법률주의는 형식적으로는 과세요건법정주의와 과세요건명확주의를, 그리고 실질적으로는 과세부담평등의 원칙, 실질과세의 원칙을 내용으로 한다. 이 밖에 과세권의 행사에 있어서 기본권과 헌법의 원칙들이 존중되어야 한다.

과세요건법정주의에 의하면 과세와 관련된 중요한 법률관계의 내용은 국회에서 제정하는 법률에 규율되어야 한다. 헌법 제59조에 규정된 조세의 종목과 세율은 조세법률관계의 중요한 내용을 예시한 것이다. 이밖에 납세의무자, 과세물건, 과세표준, 과세기간, 세율 등의 실체법적 과세요건뿐 아니라 부과·징수절차 등 절차법적으로 중요한 사항이 법률에 규율되어야 한다.

과세요건명확주의에 의하면 과세요건의 내용은 명확하고 일의적(一義的)이어야 한다. 과세요건이 지나치게 추상적이고 불명확하면 과세관청이 자의적인 해석과 집행을 할 우려가 있다. 또 이 경우에 과세대상자의 입장에서 보면 자신의 조세법적 지위를 예측할 수 없고, 이로써 경제생활에 있어서 법적 안정성이 훼손된다. 그렇다고 해서 조세법에서 유추해석이나 확장해석이 금지된다고 볼 수는 없다. 복잡한 경제생활에 관련된 과세요건을 모두 법률에 서술적으로 명확히 하는 것은 불가능하기 때문이다.

이와 관련하여 법원은 조세법에서 '합리적인 이유없이' 확장해석을 하거나 유추해석을 하는 것은 허용되지 않는다고 하여 이러한 해석의 가능성을 완전히 배제하지는 않는다. 다만 특별한 사정이 있는 경우에 유추해석이 허용된다고 하더라도 이는 유효한 법률이 존재하는 경우에 비로소 가능하다. 따라서 기존의 과세의 근거가 되는 법률조항이 삭제되어 더 이상 존재하지 않는 경우에는 기존 법률이 계속 존재한다는 의제하에 유추해석을 할 수는 없다.

판례 76 실효된 부칙조항에 의한 과세권 행사와 과세요건법정주의

'유효한' 법률조항의 불명확한 의미를 논리적·체계적 해석을 통해 합리적으로 보충하는 데에서 나아가, 해석을 통하여 전혀 새로운 법률상의 근거를 만들어 내거나, 기존에는 존재하였으나 실효되어 더 이상 존재하지 않는 법률조항을 여전히 '유효한' 것으로 해석한다면, 이는 법률해석의 한계를 벗어나 '법률의 부존재'로 말미암아 형벌의 부과나 과세의 근거가 될 수 없는 것을 법률해석을 통하여 창설해 내는 일종의 '입법행위'이다.

구체적 타당성을 이유로 법률에 대한 유추해석 내지 보충적 해석을 하는 것은 어디까지나 '유효한' 법률조항을 대상으로 하는 것이지 이미 '실효된' 법률조항은 그러한 해석의 대상이 될 수 없다. 따라서 관련 당사자가 공평에 반하는 이익을 얻을 가능성이 있다 하여 이미 실효된 법률조항을 유효한 것으로 해석하여 과세의 근거로 삼는 것은 과세근거의 창설을 국회가 제정하는 법률에 맡기고 있는 권력분립원칙과 조세법률주의의 원칙에 반한다. [헌재 2012. 5. 31. 2009헌바123등]

과세요건명확주의는 조세법의 기본원칙인 실질과세의 원칙과 어느 정도 긴장관계에 있다. 실질과세의 원칙에 의하면 거래행위의 법형식을 불문하고 소득이 있는 곳에 과세가 이루어져야 한다. 그런데 조세법은 매우 다양하고 가변적인 경제적 현상을 규율대상으로 하기 때문에 과세의 구성요건을 모두 법률에 망라하여 명확히 규율하는 것은 어렵다. 이러한 요청을 엄격하게 하는 경우에는 세법의 구성요건에 포섭되지 않는 소득이 발생할 것이기 때문이다.

따라서 조세법에서 과세대상인 소득을 파악하기 위하여 일반조항 혹은 의제조항을 둘 수 있으며, 그 결과 과세요건명확주의가 어느 정도 완화되는 것은 피할 수 없다. 「상속세 및 증여세법」에서 각종 증여추정 및 의제조항을 두는 것이 대표적인 예이다(법 제44조 이하).

3) 과세권의 상한과 하한

소득은 개인의 경제적 생활의 기초이며, 따라서 소득에 대하여 과세권을 행사한 결과 개인의 경제적 생활의 기초가 박탈되어서는 안 된다. 이 경우 압살적 조세로서 과세권의 재산권적 한계를 일탈한다. 예컨대, 헌법재판소는 종합부동산세에 대한 헌법적 판단에 있어서 종합부동산세 자체는 헌법에 위반되지 않는다고 보았다. 그러나 단지 주거의 목적으로 한 채의 주택을 일정한 기간 이상 보유하고 있으며 다른 소득이 없는 경우에도 종합부동산세가 부과되면 사실상 과세대상인 주택의 처분을 강요하는 결과가 되어 헌법에 합치하지 않는다는 판단을 한 바 있다.

판례 77 종합부동산세와 과세권의 한계

종합부동산세는 부동산 보유에 대한 조세부담의 형평성을 제고하고, 부동산 가격을 안정시키려는 데 목표가 있고, 또 지방재정의 균형발전과 국민경제의 건전한 발전에 이바지하고자 하는 것으로 입법목적의 정당성과 방법의 적절성이 있다. 또한 전체 재산세 납세의무자나 인구, 세대 중 종합부동산세의 납세의무자가 차지하는 비율, 1인당 또는 1세대당 평균세액, 세액 단계별 납세자 및 납세액의 분포, 부동산 가격 대비 조세부담률, 지전년도 총세액 부담액에 대한 150% 내지 300%의 세액 상한의 설정 등에 비추어 보면, 조세의 부담은 재산권의 본질적 내용인 사적 유용성과 원칙적인 처분권한을 여전히 부동산 소유자에게 남겨 놓는 한도 내에서의 재산권의 제한이다.

그러나, 이 사건 주택분 종합부동산세 부과규정은, 납세의무자 중 적어도 주거 목적으로 한 채의 주택만을 보유하고 있는 자로서, 그중에서도 특히 일정한 기간 이상 이를 보유하거나 또는 그 보유기간이 이에 미치지 않더라도 과세 대상 주택 이외에 별다른 재산이나 수입이 없어 조세지불 능력이 낮거나 사실상 거의 없는 자 등에 대하여 납세의무자의 예외를 두거나 과세표준 또는 세율을 조정하여 납세의무를 감면하는 등의 과세 예외조항이나 조정장치를 두어야 한다. 이와 같은 주택 보유의 정황을 고려하지 아니한 채 다른 일반 주택 보유자와 동일하게 취급하여 일률적 또는 무차별적으로, 그것도 재산세에 비하여 상대적으로 고율인 누진세율을 적용하여 결과적으로 다액의 종합부동산세를 부과하고 있다. 이는 그 입법목적의 달성에 필요한 정책수단의 범위를 넘어 과도하게 주택 보유자의 재산권을 제한하는 것으로서 피해의 최소성 및 법익 균형성의 원칙에 어긋난다. [헌재 2008. 11. 13, 2006헌바112등]

개인의 소득 중 필수적인 수요를 충족하기 위하여 필요한 소득 부분은 과세의 대상에서 제외되어야 한다. 이 경우에도 과세권이 행사되어 자유를 행사하기 위하여 필요한 경제적 기초를 침해한 후, 인간다운 최저생활을 보장하기 위하여 다시 국가가 급부를 하는 상황은 헌법적으로 허용되지 않는 과세권의 행사이다. 개인이 인간다운 최저생활을 위하여 국가의 급부에 의존하게 하고, 또 급부를 받기 위하여 필요한 조건을 갖추게 하는 것 자체가 개인의 자유를 제한하는 효과가 있기 때문이다.

과세권의 행사에 있어서 다른 헌법적 요청도 고려되어야 한다. 헌법 제36조 혼인과 가족생활의 보호가 대표적인 예이다. 국가는 적극적으로 가족의 형성과 유지에 소요되는 비용을 지원하여, 가족의 부담으로 인하여 가족의 형성과 유지가 저해되지 않도록 하여야 한다. 국가는 적극적인 급여와 소극적인 부담의 감면을 통하여 이러한 목적을 실현한다. 전자는 사회보장법, 그리고 후자는 세법의 과제이다. 가족의 유지를 위하여 소요되는 자녀양육비용 등을 직접 지급하거나, 혹은 이에 소요되는 비용을 가족의 전체 소득에서 공제하여 과세하여야 한다.

(3) 그 밖의 정부의 재정행위에 대한 동의권

국채를 모집하거나 예산 외에 국가의 부담이 될 계약을 체결하려 할 때에는 정부는 미리 국회의 의결을 얻어야 한다(제58조). 이러한 부담은 미래국민의 부담이 되며, 이 점에서 국채 및 계약상의 국가부담은 국민 부담의 시기가 다를 뿐 그 본질이 조세와 다르지 않다. 따라서 헌법은 이 경우에 국회의 동의를 얻도록 하였다.

3. 국정감사와 국정조사

(1) 국정감사 및 국정조사의 헌법적 의의

국회는 국정을 감사하거나 특정한 국정사안에 대하여 조사할 수 있으며, 이에 필요한 서류의 제출 또는 증인의 출석과 증언이나 의견의 진술을 요구할 수 있다. 국정감사 및 조사에 관한 절차 기타 필요한 사항은 법률로 정한다(제61조).

국정감사와 국정조사는 국회가 다른 국가기관에 대해서 갖는 포괄적인 견제와 균형을 위한 수단이다. 국정감사는 예산심의·확정절차에 앞서 시행되며, 국정 전반을 대상으로 한다. 국정조사는 특정 사안에 대한 통제수단이다. 국정감사와 조사는 단순히 소극적인 견제와 균형에 그치지 않고, 민주주의를 실현하기 위하여 필요한 국정에 대한 공개와 이를 통하여 국민의 알 권리를 충족시키는 기능을 수행한다. 국정감사와 조사에 대한 구체적인 사항을 규율하는 법으로 「국정감사 및 조사에 관한 법률」(국정감사법)과 「국회에서의 증언·감정 등에 관한 법률」이 있다.

(2) 국정감사 및 국정조사의 내용·절차 및 한계

국정감사는 매년 정기국회가 집회하기 이전에 감사시작일로부터 30일 이내의 기간을 정하여 실시한다. 다만 본회의의 의결에 의하여 정기회 기간 중에 감사를 실시할 수 있다(국정감사법 제2조). 국정조사에 착수하기 위해서는 국회 재적의원 4분의 1 이상의 요구가 있어야 한다. 국정조사는 특별위원회 혹은 상임위원회가 시행한다(국정감사법 제3조).

국정감사의 대상은 국가기관·지방자치단체 및 「공공기관의 운영에 관한 법률」에 의한 공공기관, 한국은행, 농업협동조합중앙회, 수산업협동조합중앙회 등이다. 지방자치단체에 대한 감사는 제한적이다. 즉, 특별시·광역시·도 등 광역지방자치단체가 감사의 대상이다. 이 경우에도 감사의 범위는 국가위임사무와 국가가 보조금 등 예산을 지원하는 사업에 한한다. 기초지방자치단체는 감사의 대상에서 제외된다. 이 외에 본회의의 의결이 있는 경우에는 지방행정기관, 지방자치단체, 「감사원법」에 의한 감사원의 감사대상기관 등도 국정감사의 대상이 될 수 있다(국정감사법 제7조).

국정감사와 국정조사는 공개로 한다. 다만 위원회의 의결로 비공개로 할 수 있다(국정감사법 제12조). 「국회에서의 증언·감정 등에 관한 법률」은 국정감사 및 국정조사가 실효적으로 실시될 수 있도록 감사 또는 조사와 관련된 보고와 서류 등의 제출을 요구할 수 있고, 증인·감정인·참고인의 출석을 요구하고 검증할 수 있다. 요구를 받은 자는 이에 응할 의무가 있다. 의무를 위반한 경우에는 동행명령을 내릴 수 있으며, 또 형법에 의하여 처벌된다.

국정감사와 조사의 결과는 의장을 경유하여 본회의에 보고하고, 국회본회의는 의결로 감사 또는 조사결과를 처리한다. 감사 또는 조사의 결과 위법 또는 부당한 사항이 있을 때에는 정부 또는 해당 기관에 변상, 징계조치, 제도개선, 예산조정 등 시정을 요구하고, 정부 또는 해당 기관에서 처리하는 것이 타당한 사항에 대해서는 정부 또는 해당 기관에 이송한다. 이 경우 정부 또는 해당 기관은 시정요구사항 혹은 이송받은 사항을 지체 없이 처리하고 그 결과를 국회에 보고하여야 한다(국정감사법 제16조).

국정감사와 국정조사 활동에는 한계가 있다. 즉 국정감사와 조사는 개인의 사생활을 침해하거나 계속 중인 재판 또는 수사 중인 사건의 소추에 관여할 목적으로 행해서는 안 된다(국정감사법 제8조). 전자는 국정감사 및 조사 활동의 기본권적 한계를, 그리고 후자는 권력분립적 관점에서의 한계를 규정한 것이다. 국정감사 및 조사는 대상기관의 기능과 운영을 저해하는 방법과 내용으로 행해서는 안 된다. 따라서 국정감사 및 조사 활동에 의하여 대상기관의 기능과 활동이 저해되거나 기밀이 누설되지 않도록 주의하여야 한다. 의원 및 사무보조자는 감사 또는 조사를 통하여 알게 된 비밀을 정당한 사유 없이 누설해서는 안 된다(국정감사법 제14조). 이를 위반한 경우 「국회법」에 의하여 징계할 수 있다.

4. 국회의 인사권 및 인사통제기능

(1) 국회의 국가기관구성권

국회는 예외적인 경우에 대통령을 선출하는 권한을 갖는다. 즉, 대통령선거에서 최고득표자가 2인 이상인 경우에는 국회 재적의원 과반수가 출석한 공개회의에서 다수표를 얻은 자를 대통령당선자로 한다(제67조 제2항). 국회는 일부 헌법기관을 구성하는 권한을 갖는다. 즉, 국회는 헌법재판관 9인 중 3인, 그리고 중앙선거관리위원회 위원 9인 중 3인을 선출한다(제111조 제3항, 제114조 제2항).

(2) 국회의 인사통제권

1) 국무총리 등 임명동의권

대통령은 국무총리, 대법원장과 대법관, 헌법재판소장 및 감사원장을 임명함에 있어서 국회의 동의를 얻어야 한다(제86조 제1항, 제104조 제1, 2항, 제111조 제4항, 제98조 제2항). 이러한 국회의 사전동의권은 대통령의 공직구성권을 통제하여 독단을 방지하는 목적을 갖는다. 국무총리가 대통령의 유고시 제1순위 권한대행권자(제71조)라는 사실을 중심으로 보면 국회의 국무총리 임명동의권은 이러한 잠재적 가능성에 민주적 정당성을 부여하는 효과가 있다.

국회의 인사동의권은 정책 혹은 정치적 기준에 따라 행사된다. 정책적 기준이란 주로 일정한 사항에 대한 지명자의 객관적인 견해를 의미한다. 이에 비해서 정치적 기준은 정치이념적 성향을 말하며, 이는 해당 국가기관의 구성에 있어서 정치적 이념의 다원성을 확보하기 위하여 필요하다. 예컨대, 재판관의 과거의 재판의 성향 등이 동의 여부에 대한 기준이 될 수 있다.

2) 국무총리 · 국무위원 해임건의권

국회는 국무총리 및 국무위원에 대한 해임을 대통령에게 건의할 수 있다. 해임을 건의하기 위해서는 국회 재적의원 3분의 1 이상이 발의하고 국회 재적의원 과반수의 찬성이 있어야 한다(제63조). 국회는 정치기관이기 때문에 해임건의의 기준은 기본적으로 정치 및 정책적인 관점이다. 국무총리 및 국무위원이 직무상 헌법 및 법률에 위반하는 행위를 하였다는 사실은 헌법 제65조 탄핵소추의 사유에 해당하지만, 이 경우에 국회는 탄핵소추 대신 해임건의를 할 수도 있다.

국무총리 및 국무위원에 대한 해임건의는 대통령을 법적으로 구속하지는 않는다. 그러나 현실정치적으로 볼 때 해임을 건의하기 위해서는 국회 재적의원 과반수의 찬성이 있어야 한다는 점을 고려하면 해임건의를 대통령이 거부하기는 어려울 것이다

3) 탄핵소추발의 및 의결권

탄핵소추는 통상적인 사법절차를 통해서는 사실상 소추 및 처

벌이 제한되어 있는 고위 공직자에 대해서 법적 기준에 따른 책임을 묻기 위한 제도이다. 탄핵소추절차는 국회가 개시하고, 국회가 탄핵소추를 의결하면 헌법재판소가 탄핵을 심판한다. 탄핵심판은 해당 공직자를 공직으로부터 파면시키는 여부에 대한 것이며, 민·형사상의 책임은 별도의 사법절차를 통해서 구명된다(제65조 제4항). 즉, 국회가 사법기관은 아니기 때문에 국회가 사법적 책임의 동기를 부여하지만, 법적 책임에 대한 최종적인 결정은 사법부가 담당한다. 이로써 탄핵소추제도는 고위 공직자에게 책임을 묻기 위한 사법부의 권한을 보충하면서, 그러나 권력분립의 한계를 벗어나지 않으려는 헌법적 의미를 갖는다. 탄핵소추제도는 사법적 제재와 권력통제의 기능을 수행하지만 헌법질서를 수호하는 의미도 갖는다. 이를 반영하여 「국회법」에 의하면 탄핵소추의 의결이 있는 경우에는 해당 소추대상자의 임명권자는 피소추자의 사직원을 접수하거나 해임할 수 없도록 하였다(국회법 제134조 제2항).

탄핵소추발의 및 의결의 대상은 대통령·국무총리·국무위원·행정각부의 장·헌법재판소 재판관·법관·중앙선거관리위원회 위원·감사원장·감사위원 기타 법률이 정하는 공무원이다(제65조 제1항). 이 밖에 개별 법률에 의하여 검사, 경찰청장, 방송통신위원회 위원장, 각급 선거관리위원회 위원 등이 탄핵소추의 대상이다(검찰청법 제37조; 경찰법 제11조 제6항; 방송통신위원회의 설치 및 운영에 관한 법률 제6조 제5항; 선거관리위원회법 제9조 제2호).

탄핵소추의 사유는 공무원 본인이 직무집행에 있어서 헌법이나 법률에 위반한 경우이다. 해당 공직에 취임하기 전의 행위는 탄핵소추사유가 될 수 없다. 또 탄핵소추는 법적 기준에 따라서 책임을 묻는 제도이기 때문에 정치적 무능력이나 정책과오 등은 탄핵소추의 사유가 될 수 없다. 모든 사소한 법위반의 사실이 탄핵의 사유가 되는 것은 아니다. 특히 대통령의 경우에는 법률 혹은 헌법위반이 동시에 도덕적·정치적 비난의 대상이 되어 더 이상 정상적으로 국정을 수행할 수 없을 정도로 중대한 법위반이라고 판단하는 경우에 탄핵의 사유가 된다. 이는 대통령이 권한을 남용하여 국회 등 다른 헌법기관의 권한을 침해하는 경우, 국가조직을 이용하여 국민의 기본권을 침해하는 경우, 선거에서 국가조직을 이용하여 부정선거운동을 하거나 선거의 조작을 꾀하는 경우 등을 말한다. 이 밖에 대통령이 권한과 지위를 남용하여 뇌물수수, 공금의 횡령 등 부정부패행위, 또 공익실현의 의무에 위반하여 명백하게 국익을 해하는 활동을 하는 등 국민의 신임에 반하는 경우가 파면을 정당화하는 사유에 해당한다.

탄핵소추를 하기 위해서는 국회 재적의원 3분의 1 이상의 발의가 있어야 하며, 탄핵소추를 의결하기 위해서는 국회 재적의원 과반수의 찬성이 있어야 한다. 대통령을 탄핵소추하기 위해서는 가중된 정족수가 필요하다. 즉 국회 재적의원 과반수의 발의와 국회 재적의원 3분의 2 이상의 찬성이 있어야 한다(제65조 제2항). 국회에서 탄핵소추의결이 있는 경우에 헌법재판소에서 탄핵심판의 결정이 있을 때까지 해당 공직자의 권한행사는 정지된다(제65조 제3항). 탄핵심판청구와 동일한 사유로 피청구인에 대한 형사소송이 진행되고 있을 때에는 재판부는 심판절차를 정지할 수 있다(헌재법 제51조). 탄핵소추의 의결이 있는 경우 피소추자의 임명권자는 피소추자의 사직원을 접수하거나 해임할 수 없다(국회법 제134조 제2항). 피청구인이 결정 선고 전에 파면된 때에는 헌법재판소는 심판청구를 기각한다(헌재법 제53조 제2항).

헌법재판소에서 탄핵을 결정하기 위해서는 재판관 6인 이상의 찬성이 있어야 한다(헌법 제113조 제1항, 헌재법 제23조 제2항). 탄핵결정의 효과는 당해 공무원을 공직에서 파면함에 그친다. 탄핵결정에 의하여 파면된 자는 결정선고가 있은 날로부터 5년간 공무원 임용자격을 상실한다. 탄핵결정은 해당 공직자의 민·형사상의 책임에는 영향을 주지 않으며, 이에 대해서는 법원이 결정한다(제65조 제4항; 헌재법 제54조).

판례 78 대통령 탄핵심판 I

대통령의 발언은 직무집행에 있어서 반복하여 특정 정당에 대한 자신의 지지를 적극적으로 표명하고, 나아가 국민들에게 직접 그 정당에 대한 지지를 호소하는 내용이다. 선거에 임박한 시기이기 때문에 공무원의 정치적 중립성이 어느 때보다도 요청되는 때에, 공정한 선거관리의 궁극적 책임을 지는 대통령이 기자회견에서 전 국민을 상대로, 대통령직의 정치적 비중과 영향력을 이용하여 특정 정당을 지지하는 발언을 한 것은, 대통령의 지위를 이용하여 선거에 대한 부당한 영향력을 행사하고 이로써 선거의 결과에 영향을 미치는 행위이므로, 선거에서의 중립의무를 위반하였다.

또한 대통령이 자신에 대한 재신임을 국민투표의 형태로 묻고자 하는 것은 헌법 제72조의 국민투표부의권을 위헌적으로 행사하는 경우이다. 이는 국민투표제도를 자신의 정치적 입지를 강화하기 위한 정치적 도구로 남용해서는 안 된다는 헌법적 의무를 위반한 것이다. 대통령이 위헌적인 재신임 국민투표를 단지 제안만 하였을 뿐 강행하지는 않았으나, 이를 국민들에게 제안한 것은 그 자체로서 헌법 제72조에 반하여 헌법을 실현하고 수호해야 할 대통령의 의무를 위반한 것이다.

직무행위로 인한 모든 사소한 법위반을 이유로 파면을 해야 한다면, 이는 피청구인의 책임에 상응하는 헌법적 징벌의 요청 즉, 법익형량의 원칙에 위반된다. 따라서 헌법재판소법 제53조 제1항의 '탄핵심판청구가 이유 있는 때'란, 모든 법위반의 경우가 아니라, 공직자의 파면을 정당화할 정도로 '중대한' 법위반의 경우를 말한다. 대통령에 대한 파면결정은, 국민이 선거를 통하여 대통령에게 부여한 '민주적 정당성'을 임기 중에 박탈하는 효과를 가지며, 직무수행의 단절로 인한 국가적 손실과 국정 공백은 물론이고, 국론의 분열현상 즉, 대통령을 지지하는 국민과 그렇지 않은 국민 간의 분열과 반목으로 인한 정치적 혼란을 가져올 수 있다. 따라서 대통령에 대한 파면효과가 이와 같이 중대하다면, 파면결정을 정당화하는 사유도 이에 상응하는 중대성을 가져야 한다. '대통령을 파면할 정도로 중대한 법위반이 어떠한 것인지'에 관하여 일반적으로 규정하는 것은 매우 어렵다. 그러나 대통령직의 유지가 더 이상 헌법수호의 관점에서 용납될 수 없거나 대통령이 국민의 신임을 배신하여 국정을 담당할 자격을 상실한 경우에 한하여, 대통령에 대한 파면결정은 정당화된다.

이 사건에서 인정되는 대통령의 법위반이 헌법질서에 미치는 효과를 종합하여 보면, 대통령의 구체적인 법위반행위에서 헌법질서에 역행하고자 하는 적극적인 의사를 인정할 수 없으므로, 자유민주적 기본질서에 대한 위협으로 평가될 수 없다. [헌재 2004. 5. 14. 2004헌나1]

판례 79 대통령 탄핵심판 Ⅱ

피청구인은 최○원에게 공무상 비밀이 포함된 국정에 관한 문건을 전달했고, 공직자가 아닌 최○원의 의견을 비밀리에 국정 운영에 반영하였다. 피청구인의 이러한 위법행위는 피청구인이 대통령으로 취임한 때부터 3년 이상 지속되었다. 피청구인은 국민으로부터 위임받은 권한을 사적 용도로 남용하여 적극적·반복적으로 최○원의 사익 추구를 도와주었고, 그 과정에서 대통령의 지위를 이용하거나 국가의 기관과 조직을 동원하였다는 점에서 법 위반의 정도가 매우 중하다. 대통령은 공무 수행을 투명하게 공개하여 국민의 평가를 받아야 한다. 그런데 피청구인은 최○원의 국정 개입을 허용하면서 이 사실을 철저히 비밀에 부쳤고, 그에 관한 의혹이 제기될 때마다 이를 부인하며 의혹 제기 행위만을 비난하였다. 따라서 권력분립원리에 따른 국회 등 헌법기관에 의한 견제나 언론 등 민간에 의한 감시 장치가 제대로 작동될 수 없었다. 이와 같은 피청구인의 일련의 행위는 대의민주제의 원리와 법치주의의 정신을 훼손한 것으로서 대통령으로서의 공익실현의무를 중대하게 위반한 것이다.

> 결국 피청구인의 이 사건 헌법과 법률 위배행위는 국민의 신임을 배반한 행위로서 헌법수호의 관점에서 용납될 수 없는 중대한 법 위배행위이다. 그렇다면 피청구인의 법 위배행위가 헌법질서에 미치게 된 부정적 영향과 파급 효과가 중대하므로, 피청구인을 파면함으로써 얻는 헌법수호의 이익이 대통령 파면에 따르는 국가적 손실을 압도할 정도로 크다. [헌재 2017. 3. 10. 2016헌나1]

4) 인사청문회

국회의 인사권 및 인사통제권은 대통령이 소속된 정당이 국회에서 다수의석을 보유하고 있는 경우에는 기능에 한계가 있다. 이러한 상황에서 국회의 인사권을 보충하는 대표적인 제도가 인사청문회이다. 이로써 정당의 기속하에 있는 폐쇄적인 국회에서 인사과정이 개방되어 국민의 통제를 받을 수 있게 된다. 이는 동시에 폐쇄적인 대통령의 고위공무원 임명과정을 국민에게 개방하는 효과가 있다. 또 인사청문회는 국회에서 국민 일반에게 정보를 제공하며, 이를 통하여 국민의 알 권리가 충실히 실현될 수 있다.

인사청문의 대상은 헌법에 의하여 국회의 임명동의를 필요로 하는 대법원장 · 헌법재판소장 · 국무총리 · 감사원장 및 대법관과 국회에서 선출하는 헌법재판소 재판관 및 중앙선거관리위원회 위원 등이다. 이들 공직자에 대한 인사청문은 인사청문특별위원회에서 시행된다(국회법 제46조의3). 이 밖에 대통령이 다른 법률에 의하여 인사청문을 요청한 경우에 인사청문회를 개최한다. 이에 따른 인사청문의 대상은 헌법재판소 재판관 · 중앙선거관리위원회 위원 · 국무위원 · 방송통신위원회 위원장 · 국가정보원장 · 공정거래위원회 위원장 · 금융위원회 위원장 · 국가인권위원회 위원장 · 국세청장 · 검찰총장 · 경찰청장 · 합동참모의장 · 한국은행총재 · 특별감찰관 또는 한국방송공사 사장의 후보자 등이다. 이러한 인사청문은 소관 상임위원회에서 시행된다(국회법 제65조의2). 헌법재판소 재판관 후보자가 헌법재판소장 후보자를 겸하는 경우에는 인사청문특별위원회에서 인사청문을 행한다. 이는 소관상임위원회인 법제사법위원회에서의 인사청문을 겸하는 것으로 본다(국회법 제65조의2).

임명동의안에 대한 인사청문회에 있어서 국회는 임명동의안이 회부된 날로부터 20일 이내에 인사청문을 마쳐야 한다. 헌법재판소 재판관·중앙선거관리위원회 위원·국무위원 등 다른 법률에 의하여 인사청문의 대상이 되는 공직자에 대한 인사청문에 있어서 국회가 기간 내에 인사청문을 마치지 못하여 인사청문경과보고서를 송부하지 못한 경우에는 대통령 또는 대법원장은 10일의 범위 내에서 기간을 정하여 인사청문경과보고서를 송부하여 줄 것을 국회에 요청할 수 있다. 국회가 이 기간을 준수하지 못하는 경우에는 대통령 또는 대법원장은 헌법재판소 재판관 등을 임명 또는 지명할 수 있다(인사청문회법 제6조 제3, 4항).

5. 그 밖의 국회의 기능

국회는 대통령의 각종 국정행위에 대한 동의권을 행사하여 통제한다. 국회는 정부의 중요한 외교행위에 대한 동의권을 갖는다. 정부는 상호원조 또는 안전보장에 관한 조약, 중요한 국제조직에 관한 조약, 우호통상항해조약, 주권의 제약에 관한 조약, 강화조약, 국가나 국민에게 중대한 재정적 부담을 지우는 조약 또는 입법사항에 관한 조약을 체결·비준하는 경우에 국회의 동의를 얻어야 한다. 또 국회는 선전포고, 국군의 외국에의 파견 또는 외국군대의 대한민국 영역 안에서의 주류에 대한 동의권을 갖는다(제60조).

대통령은 긴급재정경제명령 및 처분, 혹은 긴급명령을 발했을 때 지체 없이 국회에 보고하여 승인을 받아야 한다. 국회의 승인을 받지 못한 때에는 해당 명령 혹은 처분은 그때로부터 효력을 상실한다(제76조). 대통령이 계엄을 선포한 경우에 국회는 계엄의 해제를 요구할 수 있다. 이 경우 대통령은 계엄을 해제하여야 한다. 계엄의 해제를 요구하기 위해서는 국회 재적의원 과반수의 찬성이 있어야 한다(제77조).

대통령의 사면권 행사에 있어서도 국회의 관여가 인정되어 있다. 즉 대통령이 일반사면을 하기 위해서는 국회의 동의를 얻어야 한다(제79조 제2항). 일반사면은 죄의 종류를 정하여 형의 선고의 효력을 상실시키며, 따라서 국회의 입법의사를 변형시키는 결과가 되기 때문이다.

국회는 국무총리, 국무위원 또는 정부위원을 국회에 출석하게 하고 답변을 요구할 수 있다. 출석요구를 받은 국무총리 혹은 국무위원은 국무위원 또는 정부위원으로 하여금 출석·답변하게 할 수 있다(제62조 제2항). 정부위원이란 국무조정실의 실장 및 차장, 부·처·청의 처장·차관·청장·차장·실장·국장·차관보, 그리고 과학기술정보통신부·행정안전부 및 산업통상자원부의 본부장을 말한다(정부조직법 제10조).

Ⅳ. 국회의원의 지위·신분과 특권

1. 국회의원의 지위와 의무

국회의원은 국민 전체의 대표이다. 이는 헌법 제7조 제1항에 표현되어 있으며, 특히 국회의원의 지위와 관련하여 제46조에서 다시 한번 확인하고 있다. 즉 국회의원은 국가이익을 우선하여 양심에 따라 직무를 수행한다(제46조 제2항). 오늘날 정당이 정치의 중심에서 기능하고 있으며, 정당을 중심으로 국가기관이 조직·구성 및 운영되고 있지만 국회의원의 국민의 대표로서의 지위와 정당의 대표로서의 지위가 충돌하는 경우에는 여전히 전자의 지위가 우선한다.

판례 80 국회의원의 국민대표성과 정당기속성

현대의 민주주의는 순수한 대의제 민주주의에서 정당국가적 민주주의의 경향으로 변화하고 있다. 다만, 국회의원의 국민대표성보다는 실제적으로 정당에 의하여 국회가 운영되고 있는 점을 강조하려는 견해와, 반대로 대의제 민주주의 원리를 중시하고 정당국가적 현실은 기본적으로 국회의원의 전체국민대표성을 침해하지 않는 범위 내에서 인정하려는 입장이 서로 맞서고 있다. 국회의원의 원내활동을 기본적으로 각자에 맡기는 자유위임은 자유로운 토론과 의사형성을 가능하게 함으로써 당내민주주의를 구현하고 정당의 독재화 또는 과두화를 막아주는 순기능을 갖는다. 그러나 자유위임은 의회 내에서의 정치의사형성에 정당의 협력을 배척하는 것이 아니며, 의원이 정당과 교섭단체의 지시에 기속되는 것을 배제하지 않는다. 또한 국회의원의 국민대표성을 중시하는 입장에서도 특정 정당에 소속된 국회의원이 정당기속 내지는 교섭단체의 결정(소위 '당론')에 위반하는 정치활동을 한 이유로 제재를 받는 경우, 국회의원 신분을 상실하게 할 수는 없으나 "정당내부의 사실상의 강제" 또는 소속 "정당으로부터의 제명"은 가능하다.

그렇다면, 당론과 다른 견해를 가진 소속 국회의원을 당해 교섭단체의 필요에 따라 다른 상임위원회로 전임(사·보임)하는 조치는 특별한 사정이 없는 한 헌법상 용인될 수 있는 "정당내부의 사실상 강제"의 범위 내에 해당한다. [헌재 2003. 10. 30. 2002헌라1]

비례대표 국회의원 역시 국민 전체의 대표이다. 비례대표 국회의원이 직능대표로서 국회에 진출한 경우에도 국회의원은 해당 직능영역의 대표가 아니라 해당 직능영역의 전문성을 의사결정과정에서 국민 전체의 이익의 관점에서 구체화하는 활동을 하여야 한다. 국회의원은 국민 전체의 대표로서 지역구에서 선출되었다고 해서 지역대표의 지위를 갖는 것은 아니다. 따라서 예컨대 국회의원선거구 인구불평등에 대한 헌법적 판단에 있어서 인구밀도가 낮은 농어촌지역의 특수성을 참작하여 농어촌지역의 선거구를 유지하여야 한다는 견해는 국회의원을 지역대표로 이해하는 논리로서 타당성이 없다.

국회의원의 지위와 관련하여 헌법은 보충적으로 두 가지 주의 규정을 두고 있다. 첫째, 국회의원은 청렴의 의무가 있다. 둘째, 국회의원은 그 지위를 남용하여 국가·공공단체 또는 기업체와의 계약이나 그 처분에 의하여 재산상의 권리·이익 또는 직위를 취득하거나 타인을 위하여 그 취득을 알선할 수 없다(제46조 제1, 3항). 이와 같은 헌법의 요청에 기초하여 「공직자윤리법」은 국회의원에게 직무관련성이 있는 주식을 매각 혹은 백지신탁하도록 하여 국회의원 개인의 이익과 국가이익이 충돌하는 상황을 회피하도록 하고 있다(공직자윤리법 제14조의4).

판례 81 국회의원의 국가이익 우선의무와 주식 백지신탁제도

국회의원으로 하여금 직무관련성이 인정되는 주식을 매각 또는 백지신탁하도록 하여 그 직무와 보유주식 간의 이해충돌을 원천적으로 방지하기 위한 규정은 헌법상 국회의원의 국가이익 우선의무, 지위남용 금지의무 등에 비추어 볼 때 정당한 입법목적을 달성하기 위한 적절한 수단이다. 이 사건 법률조항은 국회의원이 보유한 모든 주식에 대해 적용되는 것이 아니라 직무관련성이 인정되는 금 3천만원 이상의 주식에 대하여 적용되어 그 적용범위를 목적달성에 필요한 범위 내로 최소화하고 있는 점, 당사자에 대한 사후적 제재수단인 형사처벌이나 부당이득환수, 또는 보다 완화된 사전적 이해충돌 회피수단인 직무회피나 단순보관신탁만으로는 입법목적을 달성할 수 있을지 단정할 수 없기 때문에 최소침해성원칙에 반하지 않는다. 국회의원의 공정한 직무수행에 대한 국민의 신뢰확보는 돈으로 환산할 수 없는 가치를 지닌다. 따라서 이 사건 법률조항으로 인한 사익의 침해가 그로 인해 확보되는 공익보다 크다고는 볼 수 없으므로 법익균형성원칙 역시 준수하고 있다. 따라서 이 사건 법률조항은 재산권을 침해하지 않는다. [헌재 2012. 8. 23. 2010헌가65]

2. 국회의원 자격의 발생과 소멸

국회의원의 임기는 총선거에 의한 전임의원의 임기만료일의 다음 날로부터 시작한다. 이때 국회의원의 자격이 발생한다. 보궐선거에 의하여 당선된 국회의원의 임기는 당선이 결정된 때, 정확히는 선거관리위원회에 의한 당선인 결정시점부터 개시하며, 이때 국회의원의 자격이 발생한다(공직선거법 제14조 제2항).

국회의원의 자격은 임기가 만료하면서 소멸한다. 국회의원은 임기 전에 사직할 수 있다. 다만 국회의원이 사직하기 위해서는 국회의 의결로 허가를 받아야 한다. 국회가 폐회 중인 때에는 의장이 사직을 허가할 수 있다(국회법 제135조). 국회의원이 겸직이 금지된 공직선거후보자로 등록한 때, 법률에 규정된 피선거권이 없게 된 때 국회의원은 퇴직한다(국회법 제136조).

국회는 자율적으로 국회의원의 자격을 심사하여 무자격결정을 하거나 제명을 할 수 있다. 무자격결정을 위한 심사와 심문은 윤리특별위원회에서 행한다. 의결은 본회의에서 이루어지며, 의결을 위해서는 국회 재적의원 3분의 2 이상의 찬성이 있어야 한다(헌법 제64조 제2항; 국회법 제138조 이하). 국회의원을 제명하기 위해서는 국회 재적의원 3분의 2 이상의 찬성이 있어야 한다(제64조 제3항). 국회에서의 자율적인 무자격결정과 제명에 대해서는 법원에 제소할 수 없다(제64조 제4항).

3. 국회의원의 직무보상과 겸직금지

국회의원은 직무수행을 위한 비용을 보상받으며, 또 직무수행에 대한 보수를 받는다. 국회의원의 직무보상에 대해서는 「국회의원수당 등에 관한 법률」이 자세히 규율하고 있다. 이에 따르면 국회의원에게 직무수행에 대한 대가로서 수당과 입법활동비, 그리고 직무수행에 필요한 여비가 지급된다(국회법 제30조; 국회의원 수당 등에 관한 법률 제2조 이하).

국회의원은 국무총리와 국무위원 외의 다른 직을 겸할 수 없다. 그러나 공익 목적의 명예직, 다른 법률에서 의원이 임명·위촉되도록 정한 직, 「정당법」에 따른 정당의 직은 겸직할 수 있다. 국회의원은 대통령·헌법재판소 재판관·각급 선거관리위원회 위원·지방의회의원 등을 겸직할 수 없다. 국회의원은 이익단체의 성격을 갖는 기관의 임·직원이 될 수 없다. 즉 「공공기관의 운영에 관한 법률」 제4조에 따른 공공기관의 임직원, 「농업협동조합법」·「수산업협동조합법」에 따른 조합, 중앙회와 그 자회사의 임직원이 될 수 없다. 또 「정당법」 제22조 제1항에 의하여 정당의 당원이 될 수 있는 교원을 겸직할 수 없다(국회법 제29조).

4. 국회의원의 특권

국회의원에게 특권으로 헌법 제44조 불체포특권과 헌법 제45조 면책특권이 인정된다.

(1) 불체포특권

불체포특권은 국회의 집회가 행정부의 자의적인 형법상의 처벌의 위협으로 인하여 훼손되는 것을 방지하기 위한 국회의원의 특권이다. 국회의원은 형법상의 구성요건에 해당하는 행위를 하여 범죄의 의심이 있는 경우에도 회기 중 국회의 동의가 없으면 체포 또는 구금되지 않는다. 다만 현행범인의 경우에는 불체포특권은 적용되지 않는다. 현행범인의 경우에는 범죄의 성립이 명확하며, 이때에도 불체포특권을 적용한다면 이는 오히려 특권을 남용하는 결과가 되기 때문이다.

불체포특권은 엄격히 보면 국회의원의 특권이라기보다는 국회라는 대의기관의 특권이다. 따라서 국회의 집회에 영향을 주지 않는 시기, 즉 회기 중이 아닌 때에는 불체포특권은 적용되지 않는다. 계엄이 시행 중인 때에는 회기 중이 아니더라도 국회의원은 체포 또는 구금되지 않는다. 다만 현행범인인 경우에는 이때에도 불체포특권이 적용되지 않는다(계엄법 第13條). 국회의원이 회기 전에 체포 또는 구금된 때에 국회는 회기가 개시되면 국회의원의 석방을 요구할 수 있다. 그러나 현행범인에 대해서는 석방요구를 할 수 없다.

국회의원을 체포 또는 구금하기 위하여 국회의 동의를 얻기 위해서는 관할 법원의 판사가 영장을 발부하기 전에 체포동의요구서를 정부에 제출하여야 하며, 정부는 국회에 체포동의를 요청한다. 국회의장은 체포동의의 요청을 받은 후 처음 개의하는 본회의에 이를 보고하고, 본회의에 보고된 때부터 24시간 이후 72시간 이내에 표결한다(국회법 第26條).

불체포특권은 국회의 특권이므로 국회의원이 신분을 상실하면 불체포특권은 더 이상 적용되지 않는다. 이 점이 국회의원이 신분을 상실한 후에도 책임을 물을 수 없는 면책특권과 구별된다.

(2) 면책특권

1) 면책특권의 대상 – 국회에서 직무상 행한 발언과 표결

국회의원은 자유로이, 그리고 외부의 간섭을 받지 않고 국민 전체의 의사를 형성하는 데 참여할 수 있어야 하며, 이를 위하여 자신의 발언과 표결에 대한 법적 비난으로부터 자유로워야 한다. 면책특권은 이를 보호한다.

면책특권의 대상은 국회의원이 국회에서 행한 직무상 발언과 표결이다. 국회라는 공간적 범위에 국회 본회의와 위원회가 포함되는 것은 물론이다. 그러나 면책특권의 요건인 국회의 개념을 순수히 공간적인 것으로 이해할 수는 없다. 예컨대 국회의원이 본회의에서 발언할 내용을 본회의가 개회하기 전에 기자실에서 기자들에게 배포한 행위는 본회의에서의 발언에 부수하는 행위로서 면책특권이 적용된다.

면책특권이 인정되기 위한 조건인 직무의 개념과 범위는 국회의원의 직무와의 관련성이라는 기능적인 관점에서 확대 이해하여야 한다. 직무상 행한 발언과 표결에 관한 의사표현행위가 포함되는 것은 당연하다. 그러나 이에 통상적으로 부수하여 행해지는 행위도 포함된다. 구체적으로 면책특권이 적용되는 부수적인 행위인가의 여부는 행위의 목적, 장소, 태양 등을 종합하여 개별적으로 판단하여야 한다. 면책특권의 범위는 이와 같이 넓게 인정되기 때문에 구체적으로는 발언내용이 직무와 명백히 관련성이 없거나, 명백히 허위임을 인식하고 허위의 사실을 적시하여 타인의 명예를 훼손하는 경우가 아닌 한 발언내용이 다소 근거가 부족하거나 진위(眞僞) 여부를 확인하기 위한 조사를 제대로 하지 않았다고 하여 면책특권의 적용이 배제되는 것은 아니다.

국회의원이 국회 내에서 정부·행정기관에 자료제출을 요구하는 행위 역시 직무상 질문이나 질의를 준비하기 위한 경우에는 면책특권이 인정된다. 그러나 국회의원이 자료제출요구의 사실을 적시하여 이를 공갈의 수단으로 사용한 때에는 면책특권은 적용되지 않는다.

면책특권은 국회의원의 발언과 표결의 내용을 법적 책임으로부터 보호한다. 발언의 행태 자체가 보호의 대상은 아니다. 따라서 폭력적인 방법에 의한 의사표현에는 면책특권은 적용되지 않는다. 또 모욕적인 발언을 사용하는 의사표현은 면책특권의 한계를 일탈한다. 모욕은 직무에 필요한 행위가 아니기 때문이다.

판례 82 면책특권의 적용범위

피고인이 신한민주당 소속 제12대 국회의원으로서 정기국회 본회의에서의 정치분야 대정부 질문자로 내정되었다. 피고인은 그 질문 원고를 작성함에 있어 우리나라의 통일정책과 관련하여 '이 나라의 국시는 반공이 아니라 통일이어야 한다', '통일이나 민족이라는 용어는 공산주의나 자본주의보다 그 위에 있어야 한다'는 등 통일을 위해서라면 공산화통일도 용인하여야 한다는 취지 등을 담은 원고를 완성하고 이를 50부를 복사하게 한 다음, 국회의사당 내 기자실에서 그중 30부를 국회 출입기자들에게 배포하였다. 이에 반국가단체인 북괴의 활동에 동조하여 이를 이롭게 하였다는 취지의 공소가 제기되었다.

국회의원의 면책특권의 대상이 되는 행위는 직무상의 발언과 표결이라는 의사표현행위 자체에 국한되지 아니하고 이에 통상적으로 부수하여 행하여지는 행위까지 포함한다. 그와 같은 부수행위인지 여부는 구체적인 행위의 목적, 장소, 태양 등을 종합하여 개별적으로 판단한다.

원고의 내용이 공개회의에서 행할 발언내용이고(회의의 공개성), 원고의 배포시기가 당초 발언하기로 예정된 회의 시작 30분 전으로 근접되어 있으며(시간적 근접성), 원고 배포의 장소 및 대상이 국회의사당 내에 위치한 기자실에서 국회출입기자들만을 상대로 한정적으로 이루어지고(장소 및 대상의 한정성), 원고 배포의 목적이 보도의 편의를 위한 것(목적의 정당성)이라면, 국회의원이 국회 본회의에서 질문할 원고를 사전에 배포한 행위는 면책특권의 대상이 되는 직무부수행위에 해당한다. [대판 1992. 9. 22, 91도3317]

2) 면책특권의 효과

면책특권은 인적 처벌조각사유에 해당한다. 면책특권에 의하여 형법상의 처벌뿐 아니라 민사상의 책임 등 모든 법적 책임이 면제된다. 그러나 면책특권은 국회 외에서의 책임을 면제하기 때문에 국회에서 자율적인 결정에 의하여 국회의원에게 책임을 묻는 것은 허용된다.

면책특권은 인적 처벌조각사유에 해당하기 때문에 국회의원의 발언이 형법상의 구성요건에 해당하는 경우에도 검찰은 이에 대해서 공소를 제기할 수 없다. 따라서 이에 반하여 공소가 제기된 경우에는 법원은 재판권없음의 결정을 하는 것이 아니라, 공소권이 없음에도 불구하고 공소를 제기한 것은 「형사소송법」 제327조 제2호의 "공소제기의 절차가 법률의 규정에 위반하여 무효인 때"에 해당되므로 공소를 기각하여야 한다.

불체포특권과는 달리 면책특권은 국회의원이 신분을 상실한 후에도 적용된다. 국회의원이 신분을 상실한 후에 임기 중 행한 발언과 표결에 대해서 법적 책임을 물을 수 있다면 재직 중 국회의원의 활동이 위축될 수 있기 때문이다.

제 4 절 대통령과 행정부·지방자치

Ⅰ. 대 통 령

1. 대통령의 선출·임기·권한대행

대통령은 국민에 의해서 직접 선출된다. 대통령선거에 있어서 그 밖의 선거의 원칙, 즉 보통·평등·비밀 및 자유선거의 원칙이 적용된다(제67조 제1항). 대통령선거에서 투표에 참여한 유권자의 다수를 획득한 입후보자가 대통령으로 선출된다. 헌법은 대통령선거에서 다음과 같은 특별한 경우에 대비한 규정을 두고 있다. 첫째, 최고득표자가 2인 이상인 경우이다. 이 경우에는 국회에서 대통령을 선출한다. 즉, 국회 재적의원 과반수가 출석한 공개회의에서 다수표를 얻은 자가 대통령으로 당선된다(제67조 제2항). 둘째, 대통령 입후보자가 1인인 경우이다. 이 경우에 헌법은 최소득표요건을 제시하고 있다. 즉, 단독입후보자의 경우 득표수가 선거권자 총수의 3분의 1 이상이어야 대통령으로 당선될 수 있다(제67조 제3항). 대통령의 피선거권에 대해서는 위에서 설명하였다(222면 참조).

대통령의 임기는 5년이며, 중임할 수 없다(제70조). 대통령의 임기와 중임제한에 관한 규정은 헌법개정의 한계는 아니다. 그러나 이에 대한 개정은 개정 제안 당시의 대통령에 대해서는 효력이 없다(제128조 제2항). 이는 우리 역사에서 대통령의 재임 중 중임변경 혹은 임기연장을 위한 헌법개정을 통하여 장기집권을 시도했던 경험을 되풀이하지 않으려는 목적을 갖는다.

대통령이 궐위되거나 사고로 인하여 직무를 수행할 수 없을 때에는 국무총리가 권한대행 제1순위자이다. 국무총리 역시 궐위된 때에는 법률이 정하는 국무위원의 순서로 대통령의 권한을 대행한다(제71조, 정부조직법 제26조 제1항). 대통령이 궐위된 때에는 60일 이내에 후임자를 선출하여야 하기 때문에 국무총리는 후임 대통령 선거까지 길게는 60일 동안 대통령의 권한을 대행할 수 있다. 국회가 대통령에 대한 탄핵을 의결한 경우에는 헌법재판소의 결정이 있을 때까지 대통령의 권한행사는 정지되기 때문에 국무총리의 권한대행기간은 더 장기화될 수 있다.

2. 대통령의 헌법적 지위

헌법상 대통령의 지위는 이중적이다. 대통령은 한편으로는 국정의 최고책임자의 지위를 갖는다. 이 점을 헌법은 다음과 같이 표현하고 있다. 대통령은 국가의 원수로서 외국에 대하여 국가를 대표한다(제66조 제1항). 대통령은 국가의 독립, 영토의 보전, 국가의 계속성과 헌법을 수호할 책무를 진다(제66조 제2항). 대통령은 조국의 평화적 통일을 위한 성실한 의무를 진다(제66조 제3항). 국정의 최고책임자의 지위에서 대통령은 고도의 정치적 결정을 행한다. 이는 정치적 재량행위로서 국민 전체의 이익이라는 기준이 있을 뿐이며, 사법적 통제 가능성은 제한적이다. 국군의 해외파병에 대해서 헌법적 심사가 제한적인 것이 좋은 예이다(판례 89 참조).

대통령은 행정부의 최고책임자의 지위를 갖는다. 즉 행정권은 대통령을 수반으로 하는 정부에 속한다(제66조 제4항). 이러한 지위에서 대통령은 주로 집행기능을 수행한다. 그만큼 집행의 근거인 법률을 제정하는 국회, 그리고 집행이 법률에 합치하는가의 여부를 심사하는 사법부의 통제를 받을 가능성이 넓게 열려 있다.

3. 대통령의 권한

(1) 대통령의 권한행사의 형식 – 부서제도

대통령의 국법상의 행위는 문서로써 하며, 이 문서에는 국무총리와 관계 국무위원이 부서하여야 한다. 군사에 관한 대통령의 국법상의 행위에도 부서제도가 적용된다(제82조). 기원적으로 보면 부서제도는 입헌군주제의 산물이다. 즉, 입헌군주제에서 실질적 주권자인 국왕에게 직접 책임을 묻는 데 한계가 있기 때문에 부서를 통하여 국왕의 행위에 대한 책임을 부서권자가 부담하도록 한 것이다. 대통령중심제를 채택하고 있는 우리 헌법에서 부서의 기능은 제한적이다. 부서권자인 국무총리와 관계 국무위원은 독자적인 권한을 갖고 대통령을 견제하기보다는 보좌하는 기능을 수행하기 때문이다. 따라서 우리 헌법에서 부서제도는 1차적으로는 대통령의 헌법 및 법률상의 행위를 국무총리 및 관계 국무위원이 검토·보좌하였다는 사실을 확인하는 의미를 갖는다. 그 결과 국무총리와 관계 국무위원의 책임관계를 명확히 하는 효과가 있다.

(2) 국정의 최고책임자의 지위에서 나오는 권한

1) 외교적 권한

대통령은 외국에 대하여 국가를 대표하는 지위에서 각종 외교권을 행사한다(제73조). 대통령은 조약을 체결·비준하는 권한을 갖는다. 대통령이 조약을 체결·비준함에 있어서는 행정부 내부에서의 절차와 국회와의 관계에서 일정한 절차를 거쳐야 한다. 조약안은 국무회의의 심의대상이다(제89조 제3호). 헌법 제60조 제1항에 열거된 조약을 체결·비준함에 있어서는 국회의 동의를 받아야 한다.

대통령은 외교사절을 신임·접수 또는 파견하는 권한을 갖는다. 대통령은 선전포고와 강화의 권한을 갖는다. 선전포고는 외국과 전쟁의 개시를 선언하는 행위이다. 강화는 이를 종료하는 행위이다. 선전포고와 강화는 모두 국무회의의 심의사항이다(제89조 제2호). 선전포고를 하기 위해서는 대통령은 국회의 동의를 얻어야 한다(제60조 제2항).

2) 국군통수권

대통령은 헌법과 법률이 정하는 바에 의하여 국군을 통수한다. 국군의 조직과 편성은 법률로 정한다(제74조). 대통령은 국군을 통수함에 있어서 다음과 같이 실체법적·조직법적 및 절차법적인 원칙을 준수하여야 한다.

실체법적 기준으로 헌법상 침략전쟁은 부인되므로(제5조 제1항), 대통령은 침략전쟁의 목적으로 국군을 통수할 수 없다. 대통령은 통일의 방법으로 평화적 통일정책을 수립하고 이를 추진하여야 하기 때문에(제4조), 무력통일을 위하여 국군을 동원하는 것은 허용되지 않는다. 국군은 국가안전보장과 국토방위를 위하여 존재하며, 대통령은 국군을 정치적 목적으로 동원해서는 안 된다(제5조 제2항).

조직법적으로 중요한 내용은 문민통치의 원칙이다. 현역군인이 정치적 공무원이 될 수는 없다. 헌법은 이 점을 국무총리와 국무위원의 임명자격과 관련하여 명시하고 있다(제86조 제3항, 제87조 제4항). 명시적인 규정은 없지만 이러한 제한은 대통령 등 정치적 공무원 모두에게 적용된다.

절차법적 기준으로 군사에 관한 중요한 사안은 국무회의의 심의를 거쳐야 한다. 선전포고와 강화 역시 국무회의의 심의를 거쳐야 한다. 국군조직권과 관련하여 합동참모의장 및 각군참모총장을 임명함에 있어서, 그리고 계엄을 선포하는 경우에 국무회의의 심의가 필요하다(제89조 제16호, 제5호). 선전포고, 국군의 외국에의 파견 또는 외국군대의 대한민국 영역 안에서의 주류에 대해서는 국회의 동의를 얻어야 한다(제60조 제2항). 이 밖에 대통령은 군사정책 및 통일정책의 수립에 있어서 국가안전보장회의, 민주평화통일자문회의 등의 자문을 받을 수 있다(제91, 92조).

3) 국가긴급권

대통령의 국가긴급권은 세 가지이다. 헌법 제76조 제1항과 제2항의 긴급재정경제명령 및 처분권과 긴급명령권, 그리고 헌법 제77조의 계엄선포권이다. 긴급재정경제명령 및 처분권과 긴급명령권은 대통령이 국회의 입법권을 한시적으로 대체하여 행사하는 권한이며, 계엄선포권은 한시적인 군사통치의 가능성을 인정하는 의미가 있다.

가) 긴급재정경제명령 및 처분권, 긴급명령권

대통령이 긴급재정경제명령 및 처분권을 발하기 위해서는 다음의 요건을 갖추어야 한다. 첫째, 내우·외환·천재·지변 또는 중대한 재정·경제상의 위기상황이 존재하여야 한다. 현재 이러한 위기상황이 존재하여야 하며, 장래 예견되는 위기상황을 사전에 방지하는 목적의 사전적·예방적 긴급권은 허용되지 않는다. 둘째, 위기상황에서 국가의 안전보장 또는 공공의 안녕질서를 유지하기 위한 목적이 있어야 한다. 따라서 위기상황은 존재하지 않지만 현재의 정상적인 상황을 개선하기 위한 목적으로 긴급권을 발동할 수는 없다. 셋째, 긴급한 조치가 필요하여야 한다. 따라서 헌법의 정상적인 수단을 통하여 위기상황을 극복할 수 있는 경우에는 긴급권을 발동할 수 없다. 넷째, 국회의 집회를 기다릴 여유가 없어야 한다. 즉 국회의 집회를 기다려서는 입법목적을 달성할 수 없어야 한다. 이때 국회의 집회를 기다릴 여유가 없는 때라는 요건은 규범목적적으로 이해되어야 한다. 즉 국회를 소집하고 해당 사안을 통상적인 방법과 절차에 따라 토론과 표결을 통하여 법률의 형식으로 규율하는 경우에는 해당 규범의 목적을 달성할 수 없다고 판단하는 경우를 말한다.

위와 같은 요건이 갖추어지면 대통령은 재정 · 경제상의 처분을 하거나 명령을 발할 수 있다. 재정 · 경제상의 처분은 정부가 행하는 각종 예산 및 재정상의 처분행위 중 국회의 동의를 요하는 처분으로서, 개별적 · 구체적인 효력을 갖는 정부행위를 말한다. 긴급재정경제명령은 법률의 효력을 갖는다.

대통령이 긴급명령을 발하기 위한 요건은 다음과 같다. 첫째, 국가의 안위에 관계되는 중대한 교전상태에 있어야 한다. 둘째, 국가를 보위하기 위한 목적이 있어야 한다. 현재 위태로운 상황이 존재하여야 하며, 사전적 · 예방적 목적의 긴급명령은 허용되지 않는다. 셋째, 국가를 보위하기 위하여 긴급한 조치가 필요하여야 한다. 넷째, 국회의 집회가 불가능하여야 한다. 이 요건 역시 규범목적적으로 이해하여야 한다. 즉 현실적으로 집회가 불가능한 경우뿐 아니라 해당 긴급명령의 규범목적을 달성하기 위하여 국회의 집회를 기다릴 여유가 없는 경우에도 긴급명령의 요건을 충족한다. 긴급명령은 법률과 같은 효력을 갖는다.

긴급재정경제명령 및 처분, 그리고 긴급명령은 모두 국무회의의 심의를 거쳐야 한다(제89조 제5호). 또 국무총리 및 관계 국무위원의 부서가 있어야 한다.

긴급재정경제명령 및 처분, 그리고 긴급명령은 모두 국회의 기능을 한시적으로 대통령이 대체하거나 혹은 국회의 통제를 한시적으로 배제한다. 이에 사후적으로 국회가 통제할 수 있도록 하였다. 즉, 대통령이 긴급재정경제명령 및 처분, 그리고 긴급명령을 한 때에는 이를 지체없이 국회에 보고하여야 한다. 해당 처분 또는 명령이 효력을 지속하기 위해서는 국회의 승인을 얻어야 한다(제76조 제3항). 처분 또는 명령이 국회의 승인을 얻지 못한 때에는 그 처분 또는 명령은 그때부터 효력을 상실한다(제76조 제4항 제1문). 이 경우에 긴급재정경제명령 혹은 긴급명령에 의하여 개정 또는 폐지되었던 법률은 그 명령이 승인을 얻지 못한 때부터 당연히 효력을 회복한다(제76조 제4항 제2문). 대통령은 긴급재정경제명령 및 처분, 혹은 긴급명령이 국회에서 승인받은 사실 혹은 승인받지 못하여 효력을 상실하여 기존에 개폐된 법률이 효력을 회복한 사실을 지체없이 공포하여야 한다(제76조 제5항).

대통령의 긴급재정경제명령 및 처분권, 그리고 긴급명령권의 행사는 1차적으로 대통령의 정치적 판단에 따른다. 그러나 정치 혹은 통치행위 역시 국민의 기본권을 존중하고 이를 위하여 발동요건과 내용상의 한계를 지켜야 한다. 따라서 발동요건이 존재하지 않는 경우, 혹은 발동요건은 존재하지만 구체적인 조치의 내용이 목적을 달성하는 데 필요한 정도 이상으로 개인의 기본권을 제한하는 경우에는 헌법에 위반된다.

판례 83 대통령의 긴급권 행사에 대한 사법적 통제

고도의 정치적 결단에 의하여 행해지는 국가작용도 국민의 기본권 침해와 직접 관련되는 경우에는 헌법재판소의 심판대상이 될 수 있다. 또 긴급재정경제명령은 법률의 효력을 가지므로 마땅히 헌법에 기속되어야 한다. 긴급재정경제명령을 발할 수 있는 중대한 재정·경제상의 위기 상황의 유무에 관한 제1차적 판단은 대통령의 재량에 속한다. 그러나 객관적으로 대통령의 판단을 정당화할 수 있을 정도의 위기상황이 존재하여야 한다.

대통령은 기존의 금융실명법으로는 재정·경제상의 위기상황을 극복할 수 없다고 판단하여 긴급명령을 발하였고, 대통령의 그와 같은 판단이 현저히 비합리적이고 자의적이라고는 인정되지 않으므로 존중되어야 한다. 당시 국회는 폐회 중이었으며, 이러한 상황에서 국회를 소집하여 그 논의를 거쳐 기존의 금융실명법을 개정한 후 시행하는 경우에는 검은 돈이 금융시장을 이탈하여 부동산시장으로 이동함으로써 금융경색을 초래하여 기업의 자금조달을 어렵게 하여 경기침체를 심화시킬 수 있다. 또 부동산투기를 재연시키거나 자금이 해외로 도피할 위험성이 있다. 특히 사채시장 의존도가 높은 중소기업의 일시적 자금 부족이 우려되고 비실명화율이 높은 증권시장에 혼란이 일어나는 등 큰 부작용을 충분히 예상할 수 있다. 또 금융실명제의 실시를 지체하기에는 우리나라의 재정·경제상의 위기상황이 매우 심각하였다. 따라서 긴급명령의 발포와 관련하여 "긴급한 조치가 필요함에도 국회의 집회를 기다릴 여유가 없을 때"라는 요건도 충족되었다. [헌재 1996. 2. 29, 93헌마186]

나) 계엄선포권

계엄선포권은 행정·사법분야에서 한시적인 군사통치를 행하는 대통령의 권한이다. 계엄의 종류로 비상계엄과 경비계엄이 있다. 계엄을 선포하기 위한 요건은 다음과 같다. 첫째, 전시·사변 또는 이에 준하는 국가비상사태에 있어서 적과 교전상태에 있거나 사회질서가 극도로 교란되어 있는 경우에 비상계엄을 선포할 수 있다. 아직 적과 교전상태에 있지 않으며, 따라서 사회질서의 혼란의 정도가 극도의 상태에 이르지 않은 경우에는 경비계엄을 선포하여야 한다. 둘째, 행정 및 사법기능의 수행이 현저히 곤란하여 병력으로써 군사상의 필요에 응하거나 공공의 안녕질서를 유지할 필요가 있는 경우에 비상계엄을 선포한다(제77조 제1항). 이에 비해서 일반행정기관으로써 치안을 유지할 수 없을 정도의 상황에서 공공질서를 유지할 필요가 있는 경우에는 경비계엄을 선포한다. 계엄에 대해서 자세히는 「계엄법」이 정하고 있다.

비상계엄이 선포되면 계엄사령관이 계엄지역의 모든 행정 및 사법사무를 관장한다. 경비계엄이 선포된 경우에는 계엄사령관은 군사에 관한 행정 및 사법사무를 관장한다. 비상계엄이 선포된 경우에는 군인 또는 군무원이 아닌 국민도 군사법원의 재판을 받는다(제27조 제2항, 계엄법 제10조). 특정범죄, 즉 군인·군무원의 범죄나 군사에 관한 간첩죄의 경우와 초병·초소·유독음식물공급·포로에 관한 죄 중 법률이 정한 경우에 한하여는 단심(單審)으로 할 수 있다. 다만, 사형을 선고한 경우에는 대법원을 최종심으로 한다(제110조 제4항).

비상계엄이 선포된 경우에는 기본권이 침해될 수 있다. 헌법에 의하면 영장제도 및 언론·출판·집회·결사의 자유에 대해서 특별한 조치를 할 수 있다(제77조 제3항). 「계엄법」은 이 밖에 거주·이전의 자유, 단체행동에 대해서도 특별한 조치를 할 수 있도록 하였다. 또 비상계엄이 선포된 경우에는 작전상 부득이한 경우 국민의 재산을 파괴 또는 소각(燒却)할 수 있다. 이 경우 발생한 손실에 대해서는 정당한 보상을 하여야 한다(계엄법 제9조 이하).

계엄을 선포할 때 대통령은 국무회의의 심의를 거쳐야 하며(제89조 제5호), 국무총리와 관계 국무위원이 부서하여야 한다. 계엄을 선포한 때에는 대통령은 지체없이 국회에 통보하여야 한다(제77조 제4항). 국회는 재적의원 과반수의 찬성으로 계엄의 해제를 요구할 수 있다(제77조 제5항). 이 경우 대통령은 계엄을 해제하여야 한다.

4) 사면권과 영전수여권

대통령은 법률이 정하는 바에 의하여 사면·감형 또는 복권을 명할 수 있다(제79조). 이에 대해서 자세히는 「사면법」이 정하고 있다. 사면은 특정한 범죄를 지정하여 해당 범죄를 범한 자에 대한 형의 선고의 효력을 상실시키거나 혹은 특정한 범죄인의 형의 집행을 면제하는 것이다. 이는 특정한 행위를 처벌의 대상으로 하는 입법적 결정, 그리고 특정인의 범죄행위에 대한 사법적 결정의 효력을 변경하는 결과가 된다. 따라서 사면권 행사는 신중하여야 하며, 국민 일반이 수긍할 수 있는 사유가 있어야 한다.

사면의 종류에는 일반사면과 특별사면이 있다. 이 밖에 대통령은 일반감형과 특별감형, 그리고 복권을 명할 수 있다. 일반사면은 범죄를 지정하여 이를 범한 자를 대상으로, 형의 선고의 효력을 상실시키는 조치이다. 특별사면은 형의 선고를 받은 특정인을 대상으로 하며, 특별사면으로 형의 집행이 면제된다. 일반감형을 통해서는 형이 변경되며, 특별감형에 의하여 형의 집행을 경감한다. 복권은 형의 선고로 인하여 법령이 정한 바에 의하여 자격이 상실 혹은 정지된 자를 대상으로 한다. 복권조치가 취해지면 형의 선고의 효력으로 인하여 상실 혹은 정지된 자격을 회복한다(사면법 제3, 5조).

사면권을 행사하기 위해서는 국무회의의 심의를 거쳐야 한다(제89조 제9호). 일반사면을 행하는 경우에는 국무회의의 심의를 거쳐, 국회의 동의를 얻어야 한다(제79조 제2항).

대통령은 법률이 정하는 바에 의하여 훈장 기타의 영전을 수여한다(제80조). 이에 대해서 자세히는 「상훈법」이 정하고 있다. 대통령이 국가 및 사회발전에 공헌한 자에 대해서 훈장 및 포장을 수여하기 위해서는 국무회의의 심의를 거쳐야 한다(제89조 제8호; 상훈법 제7조). 훈장 및 포장은 이를 받은 자에게만 효력이 있으며, 어떠한 특권도 이에 따르지 않는다(제11조 제3항).

5) 헌법개정안발의권

국회 재적의원 과반수 또는 대통령은 헌법개정안을 발의할 수 있다(제128조 제1항). 대통령이 발의한 헌법개정안은 국회의 의결을 거쳐 국민투표를 통하여 확정된다. 헌법개정안은 국회 재적의원 3분의 2 이상의 찬성을 얻어 의결된다. 헌법개정을 위해서는 헌법개정안이 국민투표에서 국회의원선거권자 과반수의 투표와 투표자 과반수의 찬성을 얻어야 한다(제130조).

6) 국민투표부의권

대통령은 외교·국방·통일 기타 국가안위에 관한 중요정책을 국민투표에 부칠 수 있다(제72조). 이들 중요한 정책을 국민투표에 부칠 것인가의 여부는 대통령의 정치적 재량에 속한다(임의적 국민투표). 국민투표의 준비·시행, 국민투표 무효소송 등에 대해서는 「국민투표법」이 정하고 있다. 국민투표에 부쳐지는 대상은 중요정책이다. 따라서 대통령의 신임을 묻는 국민투표는 허용되지 않는다. 또 정책에 대한 결정을 대통령의 신임과 결부시키는 국민투표 역시 허용되지 않는다.

판례 84 신임국민투표의 허용 여부

국민투표는 직접민주주의를 실현하기 위한 수단으로서 '사안에 대한 결정' 즉, 특정한 국가정책이나 법안을 그 대상으로 한다. 따라서 국민투표의 본질상 '대표자에 대한 신임'은 국민투표의 대상이 될 수 없으며, 우리 헌법에서 대표자의 선출과 그에 대한 신임은 단지 선거의 형태로써 이루어져야 한다. 대통령이 재신임을 국민투표의 형태로 묻고자 하는 것은 헌법 제72조의 국민투표부의권을 위헌적으로 행사하는 경우에 해당하는 것으로, 국민투표제도를 자신의 정치적 입지를 강화하기 위한 정치적 도구로 남용해서는 안 된다는 헌법적 의무를 위반한다. 대통령이 위헌적인 재신임 국민투표를 단지 제안만 하였을 뿐 강행하지는 않았으나, 헌법상 허용되지 않는 재신임 국민투표를 국민들에게 제안한 것은 그 자체로서 헌법 제72조에 반하는 것으로 헌법을 실현하고 수호해야 할 대통령의 의무를 위반한다. [헌재 2004. 5. 14, 2004헌나1]

(3) 행정부의 수반으로서의 지위에서 나오는 권한

1) 국가기관 구성권

대통령은 일부 국가기관을 구성하는 권한을 갖는다. 이러한 권한은 대통령이 독점적으로 행사하는 경우와 다른 국가기관, 즉 국회 및 사법부와 함께 동등한 비중을 갖고 행사하는 경우가 있다. 대통령은 국정의 최고책임자로서 국가기관을 구성하는 경우와, 행정부의 수반으로의 지위에서 국가기관을 구성하는 경우가 있다.

대통령은 국정의 최고책임자로서 대법원장과 대법관, 그리고 헌법재판소 소장을 임명한다. 행정부의 수반으로서 대통령은 행정부에 속하는 국가기관을 구성한다. 대통령은 국무총리를 국회의 동의를 얻어 임명하고, 국무총리의 제청을 받아 국무위원을 임명한다(第104조 제1, 2항, 제111조 제4항). 대통령은 행정부의 수반으로서 다른 국가기관, 즉 국회와 사법부와 함께 동등한 비중을 갖고 일부 국가기관의 구성에 참여한다. 대통령은 헌법재판관 9인 중 3인, 그리고 중앙선거관리위원회 위원 9인 중 3인을 임명한다(第111조 제3항, 第114조 제4항).

2) 공무원 임면권

대통령은 헌법과 법률이 정하는 바에 의하여 공무원을 임면한다(제78조). 행정직공무원을 임면함에 있어서 대통령은 공무원제도의 중요한 내용을 준수하여야 한다. 직업공무원은 전문지식의 보유 여부를 기준으로 임용 · 전보 등을 하여야 하며, 면직함에 있어서는 헌법 및 「국가공무원법」상의 신분보장을 위한 규정을 지켜야 한다. 실제 대통령이 임면권을 행사하는 공무원은 5급 이상 행정기관 소속 공무원 및 고위공무원단에 속하는 일반직공무원이다. 그 밖의 행정기관 소속공무원에 대한 임용권은 소속 장관이 갖는다. 또 소속장관은 공무원 임용권을 보조기관 또는 그 소속기관의 장에게 위임할 수 있다(국가공무원법 제32조).

3) 행정입법권

대통령은 법률에서 구체적으로 범위를 정하여 위임받은 사항과 법률을 집행하기 위하여 필요한 사항에 관하여 대통령령을 발할 수 있다(제75조). 따라서 법률은 대통령령의 내용과 목적 등에 대해서 구체적인 위임을 하여야 한다(위임의 구체성). 즉, 개인은 대통령령이 아니라 법률의 규정에 의하여 자신의 법적 지위를 명확히 알 수 있거나 혹은 적어도 예측할 수 있어야 한다. 따라서 규범의 내용을 대통령령에 포괄적으로 위임하는 것은 헌법에 위반된다(포괄위임 금지).

위임의 구체성의 정도는 규율대상의 종류와 성격에 따라 어느 정도 차이가 있다. 침해적 행정, 예컨대 조세법규나 처벌법규가 적용되는 경우에는 위임의 요건과 범위가 보다 엄격하고 제한적이어야 한다. 특히 처벌법규를 위임하기 위해서는 다음의 조건이 갖추어져야 한다. 첫째, 긴급한 필요가 있거나 미리 법률로써 정할 수 없는 부득이한 사정이 있어야 한다. 둘째, 처벌대상행위인 범죄의 구성요건을 예측할 수 있을 정도로 법률에서 구체적으로 정하여야 한다. 셋째, 형벌의 종류 및 그 상한과 폭을 명백히 규정하여야 한다.

이에 비해서 급부행정의 영역에서는 위임의 구체성의 정도가 완화된다. 급부행정을 규율하는 법은 구성요건과 이에 대한 법적 효과를 규율하는 내용을 갖기보다는 일정한 상태를 실현하고자 하는 목적을 갖는다. 이를 실현하는 과정은 여러 환경적 요인에 의하여 영향을 받는데, 이를 모두 법률에 규율할 수는 없기 때문이다. 특히 규율의 대상이 개념의 가변성, 학문적 및 기술적 진보에의 의존성, 그리고 급여의 적정성 판단에 적용되는 기준의 복잡성 및 가변성 등의 특징이 있는 경우에는 법률에 규율하는 데에 본질적으로 제약이 있다.

위임의 구체성은 해당 법률조문 자체가 구체적인 범위를 명확히 규정하는 경우에는 이상적으로 충족된다. 그러나 위임규정 자체뿐 아니라 당해 법률의 전반적인 체계와 관련 규정을 모두 판단기준으로 하여 위임의 범위와 한계를 분명히 확정할 수 있다면 혹은 적어도 예측할 수 있다면 포괄위임은 아니다. 위임의 구체성을 판단함에 있어서 일반적으로 입법목적이 중요한 기준이 된다. 입법목적으로부터 위임의 내용이 구체화될 수 있고, 그 결과 위임의 범위를 예측할 수 있기 때문이다.

판례 85 퇴직연금 지급정지요건 및 내용에 대한 포괄위임

연금수급권자에게 임금 등 소득이 퇴직 후에 새로 생겼다면 이러한 소득과 연계하여 퇴직연금 일부의 지급을 정지하고, 지급정도를 입법자가 사회정책적 측면과 국가의 재정 및 기금의 상황 등 여러 가지 사정을 참작하여 폭넓은 재량으로 축소하는 것은 위헌은 아니다. 다만 공무원연금법 제47조 제2호에서 그 대상으로 정부투자기관·재투자기관 중에서 그 일부를 선별한다면 국회는 정부투자의 규모와 비율에 관한 일정한 기준을 먼저 법률로 정한 다음 그 범위 내에서 하위법규가 이를 선별하도록 위임하여야 한다.

그런데 위 조항은 물론 그 밖의 어느 규정도 이에 관한 아무런 기준을 제시하지 않아 아무리 투자의 비율 또는 규모가 작더라도 투자가 이루어지기만 하면 행정자치부령이 정하는 바에 따라 지급정지대상기관이 될 수 있게 되어 정부투자기관·재투자기관의 확정을 실질적으로 행정부에 일임한 것이 되었다. 이는 연금지급정지의 대상에 관하여 구체적으로 범위를 정하지 않고 포괄적으로 행정자치부령에 입법을 위임하고 있어 헌법 제75조 및 제95조에 위반된다. 또 지급정지제도의 본질에 비추어 지급정지의 요건 및 내용을 규정함에 있어서는 소득의 유무뿐만 아니라 소득의 수준에 대한 고려는 필수적이다. 그런데 이 사건 심판대상조항은 지급정지와 소득수준의 상관관계에 관하여 아무런 정함이 없이 대통령령에 포괄적으로 입법을 위임한 것으로서 헌법 제75조가 정하는 포괄위임금지의 원칙에 위반된다. [헌재 2003. 9. 25. 2001헌가21등]

4. 대통령의 신분과 특권

(1) 겸직금지

대통령은 국무총리·국무위원·행정각부의 장 기타 법률이 정하는 공사(公私)의 직을 겸할 수 없다(제83조). 대통령은 헌법에 명시된 이와 같은 공직 이외에 권력분립의 원칙에 의하여 다른 국가기관의 직을 겸할 수 없다. 대통령은 정치적 직업이기 때문에 영리를 목적으로 하는 사적(私的)인 직업을 가질 수 없다.

(2) 전직대통령에 대한 예우

대통령은 퇴직 후 신분과 예우를 보장받는다(제85조). 이에 대해서는 「전직대통령 예우에 관한 법률」이 정하고 있다. 전직대통령과 그 유족에게는 연금이 지급되며, 기념사업에 필요한 지원이 행해진다. 그 밖에 전직대통령의 활동을 보좌하는 비서관 등을 둘 수 있으며, 필요한 경호, 교통·통신 및 사무실이 지원될 수 있다. 다만 재직 중 탄핵소추를 받아 퇴임한 경우, 금고 이상의 형이 확정된 경우, 형사처분을 회피할 목적으로 외국정부에 도피처 또는 보호를 요청한 경우, 대한민국의 국적을 상실한 경우에는 경호 및 경비 등의 예우 외에 대부분의 예우조치는 행해지지 않는다(전직대통령예우법 제4조 이하).

(3) 대통령의 형사소추에 있어서의 특권

대통령은 신분상의 특권으로 내란 또는 외환의 죄를 범한 경우를 제외하고는 재직 중 형사상의 소추를 받지 않는다(제84조). 이는 다음과 같은 내용을 갖는다. 첫째, 내란 및 외환의 죄에 대해서는 재직 중에도 형사상의 소추를 할 수 있다. 둘째, 내란 및 외환의 죄를 제외하고 다른 범죄에 대해서는 대통령으로 재직 중에는 형사소추를 할 수 없다. 이 경우 해당 범죄에 대한 공소시효의 진행은 정지된다. 셋째, 대통령에 대한 형사소추 금지는 신분상의 특권이기 때문에 대통령이 신분을 상실한 후에는 재직 중의 모든 범죄에 대해서 형사소추를 할 수 있다. 넷째, 대통령의 재직 중 행위에 대해서 형사책임이 아닌 다른 법적 책임, 예컨대 민사상의 책임을 묻는 데에는 아무런 장애가 없다.

Ⅱ. 행 정 부

행정부는 대통령을 보좌하거나 자문하는 기관에 대한 통칭으로, 국무총리 · 국무위원 · 국무회의 · 행정 각부 및 감사원, 그리고 대통령의 자문에 응하기 위한 각종 자문회의로 구성되어 있다.

1. 국무총리

국무총리는 기본적으로 대통령에 대한 보좌기관이다. 국무총리는 국회의 동의를 얻어 대통령이 임명한다. 군인은 현역을 면한 후가 아니면 국무총리로 임명될 수 없다(제86조 제1, 3항). 국무총리가 사고로 인하여 직무를 수행할 수 없을 때에는 부총리가 직무를 대행하고, 부총리가 직무를 수행할 수 없는 경우에는 대통령의 지명이 있으면 지명을 받은 국무위원이, 지명이 없으면 「정부조직법」 제26조 제1항에 정한 순서로 국무위원이 국무총리의 직무를 대행한다(정부조직법 제22조). 국무총리의 해임에는 국회의 동의가 필요하지 않다. 국회는 국무총리의 해임을 대통령에게 건의할 수 있다(제63조).

국무총리는 행정에 관하여 대통령의 명을 받아 행정 각부를 통할한다(제86조 제2항). 이러한 기능을 뒷받침하기 위하여 국무총리는 대통령에게 국무위원 임명을 제청하고, 또 국무위원의 해임을 건의할 수 있다(제87조 제1, 3항). 국무총리가 행정 각부를 통할하는 권한은 다음과 같이 구체화되어 있다. 첫째, 국무총리는 대통령의 명을 받아 중앙행정기관의 장을 지휘·감독하고, 중앙행정기관의 장의 명령이나 처분이 위법 또는 부당하다고 인정할 때에는 대통령의 승인을 얻어 이를 중지 또는 취소할 수 있다(정부조직법 제18조). 둘째, 국무총리는 정책을 조정하고, 사회위험 및 갈등의 관리, 정부업무평가 및 규제개혁 등의 기능을 수행한다(정부조직법 제20조). 이 밖에 국무총리 소속하에 국가보훈처, 인사혁신처, 법제처, 식품의약품안전처가 설치되어 있다(정부조직법 제22조의2, 제22조의3, 제23조, 제25조).

국무총리의 행정 각부 통할권은 국무총리에게 모든 행정조직을 통할하는 권한이 있다는 의미는 아니다. 즉 국무총리의 통할권한에서 제외되는 대통령의 직속기관을 둘 수 있다. 다음과 같은 두 가지가 대표적인 예이다. 첫째, 업무의 특수성으로 인하여 대통령 직속기관으로 구성하는 경우이다. 국가안보관련성, 신속성, 기밀성(보안성) 등을 업무의 특징으로 하는 정보기관을 대통령 직속기관으로 둘 수 있다. 둘째, 대통령 개인에 대한 비서 및 경호기능을 수행하는 행정부서는 당연히 국무총리의 통할을 받지 않는다.

행정각부 통할권 이외에 국무총리의 기능 및 권한은 다음과 같다. 국무총리는 행정부의 2인자로서 국무회의의 부의장이다(제88조 제3항). 국무총리는 대통령의 모든 국법상의 행위에 부서를 한다(제82조). 국무총리는 소관 사무에 관하여 법률과 대통령령의 위임 또는 직권으로 총리령을 발할 수 있다(제95조). 국무총리는 대통령이 궐위되거나 사고로 인하여 직무를 수행할 수 없을 때 제1순위자로 대통령의 권한을 대행한다(제71조). 국무총리는 국회에 출석하여 국정처리상황을 보고하거나 의견을 진술하고 질문에 응답할 수 있다(제62조 제1항). 국무총리가 국회에서 발언하기 위해서는 미리 국회의장 또는 위원회 위원장의 허가를 받아야 한다(국회법 제120조). 국무총리는 국회 또는 위원회의 요구가 있을 때에는 국회에 출석·답변하여야 한다(제62조 제2항). 이를 위해서는 국회 또는 위원회의 의결이 있어야 한다(국회법 제121조).

2. 국무위원과 국무회의, 행정 각부

국무위원은 국무회의의 구성원이며, 국정을 심의하는 대통령에 대한 보좌기관이다(제87조 제2항). 행정 각부의 장관은 동시에 국무위원의 지위를 갖는다. 그러나 행정 각부 장관과 국무위원은 다음과 같은 기능성의 차이가 있다. 즉 국무위원은 국무회의의 구성원으로서 기본적으로 심의기능을 수행하는 반면, 행정 각부의 장관은 집행업무를 수행한다. 국무위원은 국무총리의 제청으로 대통령이 임명한다(제87조 제1항). 국무총리와 마찬가지로 군인은 현역을 면한 후가 아니면 국무위원으로 임명될 수 없다(제87조 제4항). 국무위원은 국무총리의 관여 없이 대통령이 해임할 수 있다. 또 국무총리는 국무위원의 해임을 대통령에게 건의할 수 있다(제87조 제3항). 국회 역시 국무위원에 대한 해임을 건의할 수 있다(제63조 제1항).

국무위원은 국무회의의 구성원으로서 국무회의에 심의할 의안을 제출·심의한다(정부조직법 제12조 제3항). 관계 국무위원은 대통령의 보좌기관으로서 대통령이 문서로써 하는 국법상의 행위에 부서를 한다(제82조). 대통령이 궐위 혹은 사고로 인하여 직무를 수행할 수 없을 때 국무총리가 제1순위 권한대행권자이며 국무총리가 권한을 대행할 수 없는 경우에는 법률이 정한 국무위원의 순서로 대통령의 권한을 대행한다(제71조).

국무회의는 정부의 권한에 속하는 중요한 정책을 심의하는 회의체기관이다(제88조 제1항). 국무회의는 의장인 대통령과 부의장인 국무총리, 그리고 15인 이상 30인 이하의 국무위원으로 구성한다(제88조 제2, 3항). 국무위원이 아닌 공무원, 즉 국무조정실장 · 국가보훈처장 · 인사혁신처장 · 법제처장 · 식품의약품안전처장 그 밖에 법률로 정하는 공무원은 필요한 경우 국무회의에 출석하여 발언할 수 있다(정부조직법 제13조).

국무회의의 심의사항은 헌법에 열거되어 있다. 국정의 기본계획과 정부의 일반정책 등 16개 사항과 대통령 · 국무총리 또는 국무위원이 제출한 사항이 국무회의의 심의사항이다(제89조). 국무회의는 심의기관이며, 의결기관은 아니다. 따라서 국무회의의 의사가 대통령에게 법적 구속력을 갖지는 않는다. 그러나 헌법 제89조에 열거된 사항은 반드시 국무회의의 심의를 거쳐야 한다. 따라서 이러한 사안에 대해서 국무회의의 심의를 거치지 않는 것은 헌법에 위반된다.

행정 각부는 행정부의 권한에 속하는 업무를 구체적으로 집행하는 국가기관이다. 행정 각부는 집행기관이므로 소관 사무에 관하여 법률이나 대통령령의 위임 또는 직권으로 부령을 발할 수 있다(제95조). 행정 각부의 장은 국무위원 중에서 국무총리의 제청으로 대통령이 임명한다(제94조). 행정 각부의 설치 · 조직과 직무범위는 법률로 정한다(제96조). 현재 「정부조직법」은 행정 각부로서 기획재정부, 교육부, 과학기술정보통신부, 외교부, 통일부, 법무부, 국방부, 행정안전부, 문화체육관광부, 농림축산식품부, 산업통상자원부, 보건복지부, 환경부, 고용노동부, 여성가족부, 국토교통부, 해양수산부, 중소벤처기업부 등 18부를 두고 있다.

행정 각부의 장은 구체적인 집행기능을 수행하기 위하여 필요한 행정입법권을 갖는다(제95조). 헌법은 대통령령의 경우와 달리 부령에 대해서는 '구체적으로 범위를 정하여'라는 제한을 두고 있지 않다. 그러나 부령도 당연히 구체적으로 범위를 정하여 위임받은 범위에서 제정될 수 있다. 대통령령이 법률에서 위임받은 사항을 부령에 그대로 위임할 수는 없다(복위임금지(復委任禁止)의 원칙).

3. 감사원

감사원은 세입·세출의 결산, 국가 및 법률이 정한 단체의 회계검사, 행정기관 및 공무원의 직무에 관한 감찰업무를 행하는 필수적인 헌법기관이다(제97조). 감사원은 조직상으로는 대통령 직속기관이지만 기능상으로는 독립기관의 성격을 갖는다. 이에 상응하여 감사원 소속 공무원의 임면·조직 및 예산의 편성에 있어서는 감사원의 독립성이 최대한 존중되어야 한다(감사원법 제2조).

감사원은 원장을 포함하여 5인 이상 11인 이하의 감사위원으로 구성된다. 감사원장은 국회의 동의를 얻어 대통령이 임명하며, 임기는 4년이다. 감사원장은 1차에 한하여 중임할 수 있다. 감사위원은 감사원장의 제청으로 대통령이 임명하고, 임기는 4년이다. 감사위원 역시 1차에 한하여 중임할 수 있다(제98조). 현재 감사원은 감사원장을 포함하여 7인의 감사위원으로 구성되어 있다(감사원법 제3조).

감사원이 독립기관의 성격을 유지하기 위하여 감사위원의 정치활동은 금지된다. 즉 감사위원은 정당에 가입하거나 정치운동에 관여할 수 없다(감사원법 제10조). 감사원이 외부로부터 독립하여 기능할 수 있도록 감사위원의 신분은 보장된다. 즉, 감사위원은 탄핵결정이나 금고 이상의 형의 선고를 받았을 때 또는 장기(長期)의 심신쇠약으로 직무를 수행할 수 없게 된 때를 제외하고는 본인의 의사에 반하여 면직되지 않는다(감사원법 제8조).

감사원은 회계검사를 행하여 국가의 세입·세출의 결산을 검사한다. 감사원은 회계검사에 의한 결산검사의 결과를 대통령과 차년도 국회에 보고한다(제97조, 제99조).

감사원은 국가 및 법률이 정한 단체의 회계검사를 행한다. 감사원의 회계검사를 받는 기관은 국가와 지방자치단체, 한국은행 및 국가 또는 지방자치단체가 자본금의 2분의 1 이상을 출자한 법인, 그리고 다른 법률에 의하여 감사원의 회계검사를 받도록 규정된 단체이다(감사원법 제22조). 이러한 기관의 회계는 필요적 검사사항이다. 이 밖에 감사원은 필요하다고 인정하는 경우 혹은 국무총리의 요구가 있는 경우에 회계검사를 할 수 있다(감사원법 제23조). 이는 선택적 검사사항이다. 회계검사에 있어서 감사원은 합법성 기준뿐 아니라 합목적성 기준을 적용할 수 있다.

감사원의 직무감찰의 대상은 다음과 같다. 「정부조직법」 기타 법률에 의하여 설치된 행정기관의 사무와 그에 소속한 공무원의 직무, 지방자치단체의 사무와 그에 소속한 지방공무원의 직무, 감사원의 검사대상이 되는 회계사무와 직접 또는 간접으로 관련이 있는 직원의 직무 등이다. 감사원의 지방자치단체에 대한 감사에 있어서 감사의 대상 및 범위, 그리고 기준에는 제한이 없다. 국회의 지방자치단체에 대한 국정감사가 광역자치단체의 국가위임사무만을 대상으로 하고, 또 정부의 지방자치단체에 대한 감사가 합법성 기준에 따른 감사를 하는 점과 비교된다.

감사의 대상에서 소장급 이하의 장교가 지휘하는 전투를 주임무로 하는 부대 및 중령급 이하의 장교가 지휘하는 부대, 국회·법원 및 헌법재판소에 소속한 공무원은 제외된다. 또 국무총리로부터 국가기밀에 속한다는 소명이 있는 사항 및 국방부장관으로부터 군기밀 또는 작전상 지장이 있다는 소명이 있는 사항 역시 감사대상에서 제외된다(감사원법 제24조).

감사의 결과 감사원은 변상책임·징계책임 등을 물을 수 있고, 시정·개선 등을 요구하거나 권고 등의 조치를 취할 수 있다(감사원법 제31조 이하).

감사원은 감사의 결과 범죄의 혐의가 있다고 인정할 때에는 수사기관에 고발하여야 한다.

판례 86 지방자치단체에 대한 감사원 감사의 기준

감사원법은 지방자치단체의 위임사무나 자치사무의 구별 없이 합법성 감사뿐만 아니라 합목적성 감사도 허용하고 있으므로, 감사원의 지방자치단체에 대한 이 사건 감사는 법률상 권한 없이 이루어진 것은 아니다. 헌법이 감사원을 독립된 외부감사기관으로 정하고 있는 취지, 중앙정부와 지방자치단체는 서로 행정기능과 행정책임을 분담하면서 중앙행정의 효율성과 지방행정의 자주성을 조화시켜 국민과 주민의 복리증진이라는 공동목표를 추구하는 협력관계에 있다는 점을 고려하면 지방자치단체의 자치사무에 대한 합목적성 감사의 근거가 되는 이 사건 관련규정은 그 목적의 정당성과 합리성을 인정할 수 있다.

또한 감사원법에서 지방자치단체의 자치권을 존중할 수 있는 장치를 마련해두고 있는 점, 국가재정지원에 상당 부분 의존하고 있는 우리 지방재정의 현실, 독립성이나 전문성이 보장되지 않은 지방자치단체 자체감사의 한계 등으로 인한 외부감사의 필요성을 감안하면, 이 사건 관련규정이 지방자치단체의 고유한 권한을 유명무실하게 할 정도로 지나치게 제한하여 지방자치권의 본질적 내용을 침해하였다고는 볼 수 없다. [헌재 2008. 5. 29. 2005헌라3]

감사원의 감사는 일반적으로 법률이 정한 바에 따라서 직권으로 이루어지지만 국민이 감사원에 심사를 청구하는 가능성도 열려있다. 즉 감사원의 감사를 받는 자의 직무에 관한 처분 등에 관하여 이해관계가 있는 자는 감사원에 심사를 청구할 수 있다. 심사청구는 처분 등의 행위를 행한 기관의 장을 거쳐 제출하여야 한다. 청구서를 접수한 관계기관의 장이 1개월 이내에 이를 감사원에 송부하지 않는 경우에는 이해관계가 있는 자는 감사원에 직접 심사를 청구할 수 있다(감사원법 제43조 이하).

국회가 감사를 요구할 수도 있다. 즉 국회는 의결에 의하여 감사원에 대하여 「감사원법」에 의한 감사원의 직무범위에 속하는 사항 중 사안을 특정하여 감사를 요구할 수 있다. 이 경우에 감사원은 감사요구를 받은 날로부터 3개월 이내에 감사결과를 국회에 보고하여야 한다(국회법 제127조의2).

4. 대통령자문기관

대통령에 대한 자문기관으로 국가원로자문회의, 국가안전보장회의, 민주평화통일자문회의, 국민경제자문회의를 둘 수 있다(제90조 이하). 이 중 국가안전보장회의는 필수적인 기관이다. 나머지 자문회의는 임의적인 기관이다. 대통령의 자문기관들은 국가안전보장회의를 제외하고는 헌법의 현실에서 의미 있는 기능을 수행하지 못하고 있다.

Ⅲ. 지방자치

1. 지방자치의 헌법적 보장 및 기능

헌법은 제117조에서 지방자치단체의 기능범위와 지방자치단체의 종류에 대한 법정주의를, 그리고 제118조에서는 지방의회에 대해서 규율하고 있다. 이로써 주민자치와 지방분권, 그리고 주민의 참여에 의한 지방행정을 헌법적으로 보장하고 있다.

지방자치의 기능은 다음과 같이 다원적이다. 첫째, 국민 전체의 의사를 형성함에 있어서 지방의 이해와 관심을 반영하여 전국적인 차원에서 틈이 생길 수밖에 없는 민주적 정당성을 보충한다. 둘째, 지방자치는 권력의 분산과 견제·균형의 중요한 수단이다. 이는 지역의 고유한 사무를 사항적·지역적으로 근접한 지방행정이 수행하면서 중앙정부의 불합리한 정책결정 및 집행을 통제하는 형태로 이루어진다. 셋째, 지방자치는 국민의 정치적 의식을 활발하게 하고 책임의식을 제고하는 계기가 된다. 지방자치를 통하여 주민은 자기 주변의 작은 문제에 대해서 현실적인 일체감을 갖고 결정과정에 참여하고, 그 효과를 주민 스스로에게 귀속시켜 책임의식을 갖게 되기 때문이다. 넷째, 전국적 주제와 지역적 주제가 융합되어 있는 경우 지방자치를 통하여 지역 주민의 의사를 형성하고, 이를 계기로 국민 전체의 의사를 선도할 수 있다.

2. 지방자치제도 및 자치입법권의 보장

헌법은 지방분권과 주민자치, 그리고 주민참여를 제도적으로 보장하고 있다. 이러한 헌법의 요청이 실현되기 위해서는 지역의 고유한 사무를 지방정부의 책임하에 자율적으로 집행할 수 있어야 한다. 지방자치단체의 고유사무와 위임사무의 구분은 법률에 정해져 있다(지방자치법 제9조). 지방자치단체에게 지역고권, 재정고권과 예산고권, 조직고권, 계획고권, 자치입법고권 등 자치권한이 부여되어 있다.

지방자치단체는 법령의 범위 안에서 자치에 관한 규정을 제정할 수 있다. 지방자치단체에서 지방의회는 조례를, 지방자치단체의 장은 규칙을 제정한다. 조례 및 규칙은 법률 하위의 규범이다. 지방자치단체는 법령의 범위 안에서 사무에 관하여 조례를 제정할 수 있다(지방자치법 제22조 본문). '법령의 범위 안에서'라는 표현은 법률의 위임이 있어야 한다는 것이 아니라 법령에 위반되지 않는 범위 내에서 조례를 제정할 수 있다는 의미이다. 즉 엄격한 법률유보의 원칙이 아니라 법률우위의 원칙을 선언한 것이다. 다만 조례를 통하여 주민의 권리를 제한하거나 의무를 부과하는 사항이나 벌칙을 정할 때에는 법률의 위임이 있어야 한다(지방자치법 제22조 단서). 이는 기본권을 제한하기 위해서는 법률의 근거가 있어야 한다는 헌법 제37조 제2항의 취지를 반영한 것이다. 또 조례를 통하여 형벌을 부과하는 것은 죄형법정주의에 반한다. 따라서 「지방자치법」은 조례를 위반한 행위에 대한 제재로서 형벌이 아닌 과태료(1천만원 이하)를 부과할 수 있도록 하고 있다(지방자치법 제27조).

법률과 일반적인 행정입법의 관계에서는 위임의 구체성의 원칙이 적용되는 반면 법률과 조례의 관계에서는 위임의 구체성의 원칙이 엄격하게 적용되지는 않는다. 즉 행정입법의 수임기관이 지방의회인 경우에는 위임의 구체성의 정도는 완화된다. 헌법재판소와 법원은 이 경우 포괄적인 위임도 가능하다는 입장이다.

판례 87 조례에 대한 위임의 구체성

이 사건 조례들은 담배소매업을 하는 주민들에게 자판기 설치를 제한하므로 주민의 직업선택의 자유, 특히 직업수행의 자유를 제한하기 때문에 주민의 권리의무에 관한 사항을 규율한다. 따라서 지방자치단체가 이러한 조례를 제정함에 있어서는 법률의 위임을 필요로 한다. 조례의 제정권자인 지방의회는 선거를 통해서 그 지역적인 민주적 정당성을 갖는 주민의 대표기관이고, 헌법이 지방자치단체에 대해 포괄적인 자치권을 보장하고 있는 취지로 볼 때 조례제정권에 대한 지나친 제약은 바람직하지 않다. 따라서 조례에 대한 법률의 위임은 법규명령에 대한 법률의 위임과 같이 반드시 구체적으로 범위를 정하여야 할 필요가 없으며 포괄적인 것으로 족하다.

담배사업법은 제16조 제4항에서 "소매인의 지정기준 기타 지정에 관하여 필요한 사항은 재무부령으로 정한다"고 규정하고 있고, 재무부령인 담배사업법 시행규칙은 제11조 제1항의 별표 2 "제조담배소매인의 지정기준" 중 자동판매기란에서 "1. 자동판매기는 이를 일반소매인 또는 구내소매인으로 보아 소매인 지정기준을 적용한다. (단서 생략) 2. 청소년의 보호를 위하여 지방자치단체가 조례로 정하는 장소에는 자동판매기의 설치를 제한할 수 있다"고 규정하고 있다. 이 사건 조례들은 법률의 위임규정에 근거하여 제정된 것이며, 이러한 위임에 의하여 자판기의 설치제한 및 철거에 관하여 규정하고 있는 이 사건 심판대상규정 역시 자판기의 전면적인 설치금지를 내용으로 하는 등의 특별한 사정이 없는 이상 위임의 한계를 벗어난 것이라고 볼 수 없다. [헌재 1995. 4. 20. 92헌마264등]

3. 지방자치단체의 종류 · 구성과 조직

지방자치단체의 종류는 법률로 정한다(제117조 제2항). 지방자치단체에는 보통지방자치단체와 특별지방자치단체가 있다.

보통지방자치단체로 특별시, 광역시와 특별자치시 및 도와 특별자치도(광역지방자치단체), 그리고 시와 군 및 구(기초지방자치단체)를 설치한다. 보통지방자치단체는 지역자치를 실현하기 위한 행정조직이다. 특별지방자치단체는 특정한 목적을 수행하기 위하여 설치·운영된다(지방자치법 제2조). 특별지방자치단체로 「지방교육자치에 관한 법률」에 의하여 시·도 단위에 집행기관으로 교육감을 둔다. 지방교육자치단체는 지역적 자치와 영역적 자치를 결합하여 실현하기 위한 자치조직이다.

헌법은 지방자치단체에 의회를 두고, 의회가 지방자치단체의 장과 대립구도 속에서 지방자치를 실현하도록 예정하고 있다. 지방의회는 주민의 보통·평등·직접·비밀선거에 의하여 선출되는 임기 4년의 지방의회의원으로 구성한다(지방자치법 제32조). 지방의회는 전체국가조직에서 보면 행정기관의 성격을 갖는다. 따라서 지방의회를 구성하는 지방의회의원은 국회의원과는 달리 불체포특권 및 면책특권을 갖지 않는다. 지방자치단체의 장은 주민의 보통·평등·직접·비밀선거에 의하여 선출되는 지방자치단체의 대표기관이다. 지방자치단체의 장의 임기는 4년이며, 계속 재임은 3기에 한한다(지방자치법 제93조 이하).

4. 지방자치에서 직접민주정적 요소

중앙정부와는 달리 지방자치에서는 부분적으로 직접민주정적 요소를 도입하여 시행하고 있다. 「지방자치법」은 직접민주정적 요소로 주민투표제와 주민소환제, 그리고 조례개폐청구권을 인정하고 있다.

지방자치단체의 장은 주민에게 과도한 부담을 주거나 중대한 영향을 미치는 지방자치단체의 주요 결정사항 등을 주민투표에 부칠 수 있다(지방자치법 제14조). 이에 대해서 자세히는 「주민투표법」이 규율하고 있다. 또 중앙행정기관의 장은 지방자치단체의 폐치·분합 또는 구역변경, 주요 시설의 설치 등 국가정책의 수립에 관하여 주민의 의견을 듣기 위하여 필요한 경우에 지방자치단체의 장에게 주민투표의 실시를 요구할 수 있다(주민투표법 제8조). 주민투표에 부쳐진 사항은 주민투표권자 총수의 3분의 1 이상의 투표와 유효투표수 과반수의 득표로 확정된다. 전체 투표수가 주민투표권자 총수의 3분의 1에 미달하는 경우에는 개표를 하지 않는다(주민투표법 제24조).

주민은 지방자치단체의 장 및 지방의회의원을 소환할 권리를 가진다. 비례대표 지방의회의원은 주민소환의 대상에서 제외된다. 주민소환의 투표 청구권자·청구요건·절차 및 효력 등에 관하여 자세히는 「주민소환에 관한 법률」로 정한다. 일정 수 이상의 주민은 주민소환의 실시를 청구할 수 있다. 특별시장·광역시장·도지사의 경우 주민소환투표 청구권자 총수의 100분 10 이상, 시장·군수 등의 경우 주민소환투표 청구권자 총수의 100분 15 이상, 지역선거구 시·도의회의원의 경우 주민소환투표 청구권자 총수의 100분 20 이상의 청구가 있어야 한다(주민소환에 관한 법률 제7조). 주민소환투표 대상자는 투표안을 공고한 때로부터 투표결과가 공표될 때까지 권한행사가 정지된다(주민소환에 관한 법률 제21조). 주민소환은 주민소환 투표권자 총수의 3분의 1 이상의 투표와 유효투표 총수 과반수의 찬성으로 확정된다. 주민투표에 있어서와 마찬가지로 투표자의 총수가 투표권자 총수의 3분의 1에 미달하는 때에는 개표하지 않는다(주민소환에 관한 법률 제22조).

일정 수 이상의 주민은 연서로 지방자치단체의 장에게 조례를 제정하거나 개정 혹은 폐지할 것을 청구할 수 있다. 청구인의 대표자는 조례의 제정안, 개정안 및 폐지안을 작성하여 제출하여야 한다. 지방자치단체의 장이 청구를 수리한 경우 60일 이내에 주민청구조례안을 지방의회에 부의하여야 한다(지방자치법 제15조).

5. 국가와 지방자치단체

지방자치단체는 국가조직의 일부로서의 성격도 있기 때문에 국가의 감독을 받는다. 이때 국가의 감독이 지방자치제도의 본질적인 내용을 침해하는 형태로 이루어져서는 안 된다. 중앙행정기관의 지방자치단체에 대한 감사는 자치사무에 관한 한 합법성 심사에 한정된다. 따라서 중앙행정기관이 감사를 개시하기 위해서는 자치사무에 관하여 특정한 법령위반행위가 확인되었거나 위법행위가 있다는 합리적인 의심이 있어야 한다. 또 감사의 대상이 특정되어야 한다. 이에 비해서 포괄적·사전적 일반감사, 위반사항을 특정하지 않고 행하는 감사 혹은 법령 위반사항을 적발하기 위한 감사는 허용되지 않는다. 국가의 감독이 위법한 경우에는 지방자치단체는 항고소송 및 권한쟁의심판 등을 통하여 불복할 수 있다.

판례 88 중앙행정기관의 지방자치단체에 대한 감사의 범위

중앙행정기관의 지방자치단체의 자치사무에 대한 구 지방자치법

제158조 단서 규정의 감사권은 사전적·일반적인 포괄감사권이 아니라 그 대상과 범위가 한정적인 제한된 감사권이라고 해석하여야 한다. 중앙행정기관이 이러한 감사에 착수하기 위해서는 자치사무에 관하여 특정한 법령 위반행위가 확인되었거나 위법행위가 있었다는 합리적 의심이 있어야 하고, 또한 그 감사대상을 특정해야 한다. 따라서 전반기 또는 후반기 감사와 같은 포괄적·사전적 일반감사나 위법사항을 특정하지 않고 개시하는 감사 또는 법령 위반사항을 적발하기 위한 감사는 모두 허용될 수 없다.

행정안전부장관 등이 감사실시를 통보한 사무는 서울특별시의 거의 모든 자치사무를 대상으로 하고 있어 사실상 피감사대상이 특정되지 않았고 행정안전부장관 등은 합동감사 실시계획을 통보하면서 구체적으로 어떠한 자치사무가 어떤 법령에 위반되는지 여부를 밝히지 않았다. 그렇다면 행정안전부장관 등의 합동감사는 구 지방자치법 제158조 단서 규정상의 감사개시요건을 전혀 충족하지 못하였으므로 헌법 및 지방자치법에 의하여 부여된 서울특별시의 지방자치권을 침해한 것이다. [헌재 2009. 5. 28. 2006헌라6]

제5절 사 법 부

Ⅰ. 사법부의 기능

사법적용은 국가와 국민, 그리고 국민 상호간에 법적 분쟁이 발생한 경우 법원이 제3자의 지위에서 공정하게 판단하여 개인의 권리를 보호하는 국가작용이다. 이는 관점에 따라서 다음과 같이 세분화하여 설명할 수 있다.

첫째, 사법권은 개인의 권리를 구제하는 국가작용이다. 사법권은 구체적으로 자신의 권리가 침해당한 자의 소송의 제기, 그리고 소송을 통하여 구제될 수 있는 이익이 존재할 때 기능한다. 단순히 법률에 위반되는 행위 혹은 부당한 행위가 존재한다는 사실만으로 사법권이 발동될 수는 없다. 따라서 권리침해의 사실이 없이 객관적인 법질서 유지를 위해서, 혹은 제3자의 권리구제를 위해서 제기하는, 이른바 민중소송은 법률에서 특별히 정하고 있는 경우에 한하여 허용된다. 예컨대, 「행정소송법」이 민중소송을 소송의 종류로 열거하고 있지만, 이는 법률이 정한 경우에 법률에 정한 자에 한하여 제기할 수 있다(행정소송법 제3조 제3호, 제45조).

둘째, 사법권은 법의 내용을 확인·선언하는 객관적 기능을 수행한다. 모든 국민에게 평등하게 법률을 적용하기 위해서 법원의 법률해석은 계속성과 통일성을 가져야 한다. 이는 「법원조직법」에 다음과 같이 반영되어 있다. 첫째, 재판에 있어서 심급제도를 운영하여, 하급법원에서의 다양한 법적 견해를 상급법원에서 통일적으로 평가할 수 있도록 하였다. 둘째, 법률해석의 계속성과 통일성이 보장될 수 있도록 상급법원의 재판에 있어서의 판단은 당해 사건에 관하여 하급심을 기속하도록 하였다(법원조직법 제8조). 이 밖에 최고법원인 대법원이 자신의 기존 법률해석 및 적용에 관한 의견을 변경할 필요가 있을 때에는 대법관 전원의 3분의 2 이상의 합의체에서 이를 행하도록 하였다(법원조직법 제7조 제1항 제3호).

셋째, 주관적인 권리구제 및 객관적인 법질서유지의 기능은 사법부만의 전유물은 아니다. 국회와 행정부 역시 자신에 특유한 방법과 수단으로 기본권을 실현하는 데 기여한다. 또 법률 및 행정입법은 헌법의 내용을 객관적으로 확정하는 의미를 갖는다. 이에 비해서 사법부는 개인의 권리구제 및 법질서 유지를 위한 최종적인 판단을 한다. 따라서 법적 분쟁을 중재함에 있어서 당사자의 동의 없이 법원이 아닌 행정부에게 최종적인 판단권을 부여하는 것은 헌법에 위반된다(판례 93 참조).

Ⅱ. 사법권의 한계

1. 법적 기준과 정책적 기준

사법작용은 법적 기준에 따라 분쟁을 해결한다. 따라서 권리 혹은 이익침해를 이유로 분쟁이 발생한 경우에도 해당 분쟁이 법률해석이 아니라 현행 법령의 정책적 불합리를 이유로 제기된 경우에는 사법적 판단의 범위를 벗어난다.

2. 통치행위의 문제

사법작용의 한계와 관련하여 통치행위의 인정 여부가 문제된다. 통치행위는 헌법 자체가 그 해석 및 적용의 권한을 정치적 기관에 부여한 경우에 인정된다. 일반적으로 통치행위는 대통령의 고도의 정치적 결정이 사법심사의 대상이 되는가의 문제로 구체화된다. 예컨대, 국군을 해외에 파병한 대통령의 결정(이라크전쟁 파병결정)을 대상으로 제기한 헌법소원심판에서 헌법재판소는 해당 대통령의 행위를 사법심사가 자제되어야 하는 통치행위로 본 바 있다(판례 89 참조).

이 밖에 대통령의 외교권 행사, 사면권 행사, 국회에서 의결된 법률안에 대한 거부권 행사, 대통령의 헌법기관 구성행위 또는 헌법개정안 발의행위 등은 헌법적 기준에 따라 심사하기에 적합하지 않은 사안들이다. 다만 이들 사안은 대부분의 경우 통치행위의 논리와 관계없이 개인의 권리를 구체적으로 침해하지 않는다는 이유로 원고적격이 부인되어 실제는 사법심사의 대상이 될 수 없다. 위에서 언급한 국군의 해외파병행위에 대한 또 다른 결정에서 헌법재판소는 파병결정으로 인하여 침해되는 기본권이 존재하지 않는다는 이유로 각하결정을 한 바 있다(헌재 2003. 12. 18, 2003헌마255등).

판례 89 국군의 해외파병과 대통령의 통치행위

외국에의 국군의 파견결정은 파견군인의 생명과 신체의 안전뿐만 아니라 국제사회에서의 우리나라의 지위와 역할, 동맹국과의 관계, 국가안보문제 등 궁극적으로 국민 내지 국익에 영향을 미치는 복잡하고도 중요한 문제로서 국내 및 국제정치관계 등 제반 상황을 고려하여 미래를 예측하고 목표를 설정하는 등 고도의 정치적 결단이 요구되는 사안이다. 따라서 이는 그 문제에 대해 정치적 책임을 질 수 있는 국민의 대의기관이 관계분야의 전문가들과 광범위하고 심도 있는 논의를 거쳐 신중히 결정하는 것이 바람직하다.

우리 헌법도 그 권한을 국민으로부터 직접 선출되고 국민에게 직접 책임을 지는 대통령에게 부여하고 그 권한행사에 신중을 기하도록 하기 위해 국회로 하여금 파병에 대한 동의 여부를 결정할 수 있도록 하고 있다. 현행 헌법이 채택하고 있는 대의민주제하에서 대의기관인 대통령과 국회의 그와 같은 고도의 정치적 결단은 가급적 존중되어야 한다. [헌재 2004. 4. 29. 2003헌마814]

통치행위의 개념을 인정하더라도 해당 통치행위가 개인의 기본권에 영향을 미치는 경우에는 사법심사의 대상이 되어야 한다. 사법부는 헌법적 가치를 수호할 과제를 갖기 때문이다. 따라서 개인의 기본권에 영향을 미치는 대통령의 국가긴급권행사는 사법적 판단의 대상에서 제외되지 않는다.

판례 90 대통령긴급조치와 통치행위에 대한 사법심사

고도의 정치성을 띤 통치행위는 법원 스스로 사법심사권의 행사를 억제하여 그 심사대상에서 제외하는 영역이 있을 수 있다. 그러나 통치행위의 개념을 인정하더라도 과도한 사법심사의 자제가 기본권을 보장하고 법치주의 이념을 구현하여야 할 법원의 책무를 태만히 하거나 포기하는 것이 되지 않도록 그 인정을 지극히 신중하게 하여야 한다.

유신헌법 제53조에 근거한 긴급조치 제1호는 국민의 기본권에 대한 제한과 관련된 조치로서 형벌법규와 국가형벌권의 행사에 관한 규정을 포함하고 있다. 법원은 긴급조치 제1호에 규정된 형벌법규에 대하여 사법심사권을 행사함으로써, 대통령의 긴급조치권 행사로 인하여 국민의 기본권이 침해되고 나아가 헌법의 근본이념인 자유민주적 기본질서가 부정되는 사태가 발생하지 않도록 그 책무를 다하여야 한다. 긴급조치 제1호는 그 발동 요건을 갖추지 못한 채 목적상 한계를 벗어나 국민의 자유와 권리를 지나치게 제한함으로써 헌법상 보장된 국민의 기본권을 침해한 것이므로, 긴급조치 제1호가 해제 내지 실효되기 이전부터 유신헌법에 위배되어 위헌이고, 나아가 긴급조치 제1호에 의하여 침해된 위 각 기본권의 보장 규정을 두고 있는 현행 헌법에 비추어 보더라도 위헌이다. [대판 2010. 12. 16, 2010도5986]

Ⅲ. 사법권의 독립

사법부는 분쟁의 당사자로부터 독립하여 제3자의 지위에서 공정하게 분쟁을 해결하여야 한다. 이 점에서 사법권의 독립은 사법부의 구성·조직 및 권한형성에 있어서 가장 중요한 원칙이다. 사법권의 독립은 법원조직의 독립, 법관의 신분보장 및 재판의 독립을 내용으로 한다.

1. 법원조직의 독립

법원의 조직에 대한 행정부의 자의적인 간섭을 배제하기 위하여 법관의 자격과 법원조직을 법률로 정하도록 하였다. 사법권은 법관으로 구성된 법원에 속한다. 법원은 최고법원과 각급법원으로

조직된다(제101조, 제102조). 이에 대해서 자세히는 「법원조직법」이 정하고 있다. 특별법원으로 군사법원을 둘 수 있으며, 군사법원의 상고심은 대법원이다.

2. 법관의 신분보장

법관이 외부의 압력을 받지 않고 독립한 지위에서 공정한 재판을 하기 위하여 헌법 및 법률이 정한 사유 이외의 사유로 불이익한 처분을 받지 않아야 한다. 따라서 법관은 일반 공무원에 비해서 강하게 신분이 보장된다(판례 69 참조).

법관은 탄핵 또는 금고 이상의 형의 선고에 의하지 않고는 파면되지 않는다. 또 법관은 징계처분에 의하지 않고는 정직·감봉 기타 불리한 처분을 받지 않는다(제106조 제1항). 법관은 임기제로 임용되며, 임기가 경과하는 때에는 재임용을 받아야 한다(제105조 제3항). 재임용은 대법관회의의 동의를 얻어 대법원장이 행한다. 법관은 임기 중에는 헌법과 법률이 정한 경우를 제외하고는 의사에 반하여 퇴직하지 않는다. 법관은 중대한 심신상의 장해로 인하여 직무를 수행할 수 없을 때 퇴직하며, 이는 법률이 정하는 바에 따라야 한다(제106조 제2항).

3. 재판의 독립

(1) 헌법과 법률, 그리고 양심에의 기속

사법권독립의 핵심은 법관의 재판에 있어서의 독립이다. 법원조직의 독립과 법관의 신분보장은 모두 법관의 재판상의 독립을 확보하기 위한 목적을 갖는다. 법관의 재판상의 독립은 헌법 제103조에 선언되어 있다. 즉, 법관은 헌법과 법률에 의하여 양심에 따라 독립하여 심판한다.

법관은 재판에 있어서 헌법과 법률에 기속된다. 법관은 적용법률이 헌법에 위반된다고 판단하는 경우에는 이의 적용을 배제할 수 있다. 다만 법률에 대한 위헌결정권은 헌법재판소에 있기 때문에(제107조 제1항), 이 경우 법관은 먼저 헌법재판소에 해당 법률에 대한 위헌제청을 하고, 그 결과에 따라서 당해 사건을 심리하여야 한다. 이에 비해서 당해 사건에 적용될 명령·규칙 또는 처분이 헌법 또는 법률에 위반된다고 판단하는 경우에는 법원은 독자적으로 이에 대한 심사를 할 수 있다. 이에 대한 최종적인 심사권은 대법원에 있다(제107조 제2항).

국회에서 제정된 법률이 법관을 기속한다. 이 밖에 다음과 같이 세 가지 법규가 법관을 기속한다. 첫째, 헌법에 의하여 법률의 효력을 갖는 조약, 긴급재정경제명령 및 긴급명령이다. 둘째, 법률 하위의 일반적인 효력을 갖는 명령이다. 조직 내부의 사무처리 및 질서유지를 위하여 제정되는 행정규칙은 원칙적으로 대외적인, 그리고 일반적인 효력이 없다. 따라서 이를 재판규범으로 적용할 수 없다. 다만 행정규칙 중 일부는 외부적 효력을 갖는다. 이른바 규범구체화 행정규칙, 법률대위적 행정규칙 등이 그것이다. 셋째, 관습법 및 법의 일반원칙들이 법관을 기속한다. 예컨대, 행정법을 지배하는 일반원칙으로 신뢰보호의 원칙, 과잉금지의 원칙 등이 대표적인 예이다. 이에 비해서 자연법이 법관을 기속하지는 않는다. 자연법은 그 내용이 불명확하기 때문에 법률해석의 계속성과 통일성을 보장할 수 없기 때문이다.

법관은 헌법과 법률에 의하여 양심에 따라 독립하여 심판한다. 이때 양심은 법관의 법적 기준과 무관한 내심의 윤리적·가치적 판단을 말하는 것은 아니다. 법관은 법적 기준에 따른 판단이 자신의 윤리적·가치적 판단과 합치하지 않는 갈등의 상황에서 법적 기준에 충실하여야 할 헌법적 의무가 있다. 헌법 제103조가 제시한 양심의 내용이 이와 같이 중요한 의미가 없기 때문에 양심을 재판기준으로 드는 것은 헌법정책적으로 보면 무의미하다.

(2) 법관의 외부·내부 및 당사자로부터의 독립

법관은 다른 국가기관 및 외부의 영향으로부터 독립하여 심판한다. 이러한 이유에서 국회는 계속 중인 재판 또는 수사 중인 사건의 소추에 관여할 목적으로 국정감사 및 국정조사를 할 수 없다(국정감사법 제8조 제1항). 또 법원의 재판에 이해관계가 있는 외부의 이익단체 혹은 일반 국민이 영향력을 행사하는 가능성이 차단되어야 한다. 예컨대, 「청원법」은 재판에 간섭하는 내용의 청원, 또는 재판진행 중인 사안에 대한 청원은 접수하지 않도록 하고 있다(국회법 제123조 제3항; 청원법 제5조 제1항 제1호).

같은 취지에서 「집회 및 시위에 관한 법률」은 각급 법원의 주변 100미터 이내의 장소에서 집회 및 시위를 금지하고 있다(법 제11조). 다만 법원 주변의 집회가 법원을 대상으로 하지 않은 경우 혹은 법원을 대상으로 하지만 사법행정과 관련된 의사표현을 목적으로 하기 때문에 재판에 영향을 미칠 우려가 없는 경우에는 허용되어야 한다. 이와 같은 이유로 「집시법」에서 법원 주변 100미터 이내에서 집회 및 시위를 금지하는 규정은 헌법불합치로 결정되었다(헌재 2018. 7. 26, 2018헌바137).

판례 91 재판의 독립과 집회금지

심판대상조항은 법원 앞에서 집회를 열어 법원의 재판에 영향을 미치려는 시도를 막으려는 목적을 갖는다. 이런 입법목적은 법관의 독립과 재판의 공정성 확보라는 헌법의 요청에 따른 것이므로 정당하다. 각급 법원 인근에 집회·시위금지장소를 설정하는 것은 입법목적 달성을 위한 적합한 수단이다.

그러나 법원 인근에서 옥외집회나 시위가 열릴 경우 해당 법원에서 심리 중인 사건의 재판에 영향을 미칠 위협이 존재한다는 일반적 추정이 구체적 상황에 따라 부인될 수 있는 경우에는 입법자는 법원 인근에서 예외적으로 옥외집회·시위가 가능하도록 관련

> 규정을 정비하여야 한다. 법원 인근에서의 집회라도 법관의 독립을 위협하거나 재판에 영향을 미칠 염려가 없는 집회도 있다. 예컨대 법원을 대상으로 하지 않고 검찰청 등 법원 인근 국가기관이나 일반법인 또는 개인을 대상으로 한 집회로서 재판업무에 영향을 미칠 우려가 없는 경우, 법원을 대상으로 한 집회라도 사법행정과 관련된 의사표시 전달을 목적으로 한 집회 등 법관의 독립이나 구체적 사건의 재판에 영향을 미칠 우려가 없다. 심판대상조항은 입법목적을 달성하는 데 필요한 최소한도의 범위를 넘어 규제가 불필요하거나 또는 예외적으로 허용 가능한 옥외집회·시위까지도 일률적·전면적으로 금지하고 있으므로, 침해의 최소성 원칙에 위배된다. 또 법원 인근의 모든 옥외집회를 전면적으로 금지함으로써 상충하는 법익 사이의 조화를 이루려는 노력을 전혀 기울이지 않아, 법익의 균형성 원칙에도 어긋난다. 따라서 심판대상조항은 과잉금지원칙을 위반하여 집회의 자유를 침해한다. [헌재 2018. 7. 26, 2018헌바137]

법관은 독립한 국가기관이기 때문에 법원 내부조직에서도 상급법원의 법관과 하급법원의 법관, 그리고 동급법원에서 법관 간의 직위에 따른 위계관계는 사법행정에 있어서 의미가 있을 뿐 재판에 영향을 주지는 않는다. 이와 관련하여「법원조직법」제8조에 대해서는 설명이 필요하다. 이에 따르면 상급법원의 재판에 있어서의 판단은 당해 사건에 관하여 하급심을 기속하며, 따라서 상급심 재판의 기속력이 인정된다. 이 규정은 법관의 재판상의 독립을 훼손하는 외관을 띠고 있다. 그러나 이는 심급제의 재판에서는 불가피한 규정이다. 당해 사건에 대해서 대법원이 하급심과는 다른 결정을 하여 파기환송한 경우에 하급심이 원판결을 그대로 유지한다면 파기환송은 계속 반복될 것이다. 이로써 소송이 신속히 종결될 수 없고, 이는 소송경제의 측면에서도 바람직하지 않다. 또 법률해석 및 적용의 통일성을 기하기 위해서 당해 사건에서는 상급심재판이 하급심을 기속하여야 한다.

법관은 재판을 함에 있어서 당사자의 이해관계로부터 독립할 수 있을 때 비로소 공정하게 분쟁을 조정할 수 있다. 법관이 재판의 당사자 일방과 일정한 친족관계 등 밀접한 인적 관계에 있는 경우에는 공정한 재판과 재판결과를 기대할 수 없다. 이 점을 각종 소송법은 제척·기피·회피제도 등을 두어 반영하고 있다. 법관 또는 그 배우자가 사건의 당사자가 되는 경우 등 제척사유가 존재하는 때에는 당해 법관은 직무집행에서 제외된다(헌법재판소법 제24조 제1항; 민사소송법 제41조; 형사소송법 제17조). 법관에게 공정한 재판을 기대하기 어려운 사정이 있는 때에는 당사자는 기피신청을 할 수 있다(헌재법 제24조 제3항; 민소법 제43조; 형소법 제18조). 제척 또는 기피의 사유가 있는 경우에 법관 자신이 법원의 허가를 받아 직무집행을 회피할 수 있다(헌재법 제24조 제5항; 민소법 제49조; 형소법 제24조).

4. 대법원과 각급법원

법원은 최고법원인 대법원과 각급법원으로 구성된다. 대법원은 법률해석기관으로 법원 중 최상급심이며, 또 최고사법행정권을 갖는다. 이에 비해서 헌법의 편제상 헌법재판소는 독립한 장(제6장)에 규율되어 있고, 헌법재판소는 헌법의 최고해석기관이다. 대법원과 각급법원의 조직은 법률로 정한다. 대법원에 재판업무의 전문성과 효율성을 제고하기 위하여 부를 둘 수 있다. 이 밖에 고등법원, 특허법원, 지방법원, 가정법원, 행정법원, 회생법원이 설치되어 있다(법원조직법 제3조).

대법원은 종심재판권을 갖는다. 대법원은 상고사건, 고등법원 혹은 항소법원의 결정·명령에 대한 재항고사건, 다른 법률에 의하여 대법원의 권한에 속한 사건을 관할한다(법원조직법 제14조). 다른 법률에 의하여 대법원의 권한에 속하는 사건에는 대통령선거 및 국회의원선거소송, 그리고 비례대표 시·도의원선거 및 시·도지사선거에 있어서 선거소송 및 당선소송이 있다(공직선거법 제222조 이하).

명령·규칙 또는 처분이 헌법이나 법률에 위반되는지 여부가 재판의 전제가 된 경우에 대법원은 이를 최종적으로 심사할 권한을 갖는다(제107조 제2항). 대법원의 이러한 규범심사권은 해당 명령·규칙 또는 처분이 구체적인 사건에 적용되고 법원에 계속 중일 때 해당 사건을 심판하는 데에 부수적으로 행해진다. 명령·규칙 또는 처분이 집행을 매개하지 않고 직접 개인의 기본권을 침해하는 경우에는 헌법 제107조 제2항이 적용되지 않으며, 해당 명령·규칙 또는 처분은 헌법재판소에서 헌법소원의 심판대상이 된다(판례 101 참조). 이 밖에 대법원은 법률에 저촉되지 않는 범위 내에서 소송에 관한 절차, 법원내부규율 및 사무처리에 관한 규칙을 제정할 수 있다(제108조).

대법원에 대법관을 둔다. 대법원은 대법원장을 포함하여 14인으로 구성되어 있다(법원조직법 제4조 제2항). 대법원장은 국회의 동의를 얻어 대통령이 임명한다. 대법관은 대법원장의 제청으로 국회의 동의를 얻어 대통령이 임명한다. 대법원장과 대법관이 아닌 법관은 대법관회의의 동의를 얻어 대법원장이 임명한다(제104조). 대법원장의 임기는 6년이며, 중임할 수 없다. 대법관의 임기는 6년이며, 법률이 정하는 바에 의하여 연임할 수 있다(제105조 제1, 2, 3항). 법관의 정년은 법률로 정한다(제105조 제4항). 대법원장과 대법관의 정년은 70세, 판사의 정년은 65세이다(법원조직법 제45조 제4항).

5. 재판공개의 원칙

공정한 재판을 확보하기 위하여 재판의 심리와 판결은 공개한다. 다만 심리가 국가의 안전보장 또는 안녕질서를 방해하거나 선량한 풍속을 해할 염려가 있을 때에는 법원의 결정으로 공개하지 않을 수 있다(제109조). 법원의 심리를 비공개하는 결정을 하는 경우에는 이유를 밝혀 선고한다(법원조직법 제57조 제2항).

6. 행정심판과 사법절차

오늘날 국가기능이 확대되고 복잡화·전문화하면서 국가와 개인 간에 법적 분쟁이 발생했을 때 사법적 판단에 앞서 행정청 스스로 자기교정을 하여 개인이 신속하게 권리를 구제받을 수 있도록 하여야 한다. 이에 전심절차로서 행정심판을 설치·운영하고 있다. 헌법은 전심절차의 필요성을 적극적으로 인정하면서, 개인의 권리를 충실히 구제할 수 있도록 행정심판의 절차를 법률로 정하고, 여기에 '사법절차'를 '준용'하도록 하고 있다(제107조 제3항).

행정심판에 준용되는 '사법절차'의 특징적 요소는 다음과 같다. 첫째, 판단기관의 독립성과 공정성이 보장되어야 한다. 이를 위해서는 판단기관의 조직과 운영의 기본적인 사항이 법률에 정해져야 한다. 또 판단기관이 재결청의 지휘·감독을 받지 않고 독자적인 결정을 할 수 있어야 하며, 외부전문가가 일정한 비율로 참여하여야 한다. 둘째, 대심적(對審的) 심리구조가 갖추어져야 한다. 구술심리절차를 마련하여 변론의 기회를 보장하여야 한다. 이를 보장하지 않고 서면심리에 의하여 증거조사 후 일방적으로 결정이 내려지는 경우에는 대심적 심리구조를 결여하였다고 본다. 셋째, 당사자의 절차적 권리가 보장되어야 한다. 당사자에게 위원에 대한 기피신청권, 보충서면제출권, 증거제출권, 증거조사신청권 등이 보장되어야 한다.

행정심판에 사법절차가 '준용'된다는 의미는 위와 같은 사법절차의 요소들을 엄격히 적용할 필요는 없지만 적어도 사법절차의 본질적인 요소를 현저히 결여해서는 안 된다는 것이다.

판례 92 행정심판에 사법절차의 준용

산업재해보상보험법이 규정하고 있는 심사청구·재심사청구의 절차와 여기에 보완적으로 적용되는 행정심판법의 심리절차까지 고려하여 살펴보면, 심사청구·재심사청구의 절차는 전체적으로 대심주의 구조에 가깝게 배려되어 있고, 증거조사신청권 등 당사자의 절차적 권리가 상당히 보장되어 있으며, 재결의 절차와 방식, 재결의 효력 등의 면에서도 사법절차를 준용하고 있다. 재결기관의 독립성·공정성에 관하여 보건대, 재심사청구의 재결기관인 산업재해보상보험심사위원회는 그 구성과 운영에 있어서 심의·재결의 독립성과 공정성을 객관적으로 신뢰할 수 있다. 심사청구의 경우에도 근로복지공단이 그 재결기관으로 되어 있다는 점만으로 심의·재결의 독립성과 공정성이 본질적으로 배제되어 있다고 하기 어려우며 심사청구에 관한 결정에 불복이 있는 자는 재심사청구의 기회가 보장되어 있다. 그렇다면 전체적으로 볼 때 심사청구·재심사청구제도는 헌법 제107조 제3항에 위반된다고 할 수 없다. [헌재 2000. 6. 1, 98헌바8]

법관에 의한 분쟁해결은 공정성이 보장되어 있기는 하지만 신속하지 못한 단점이 있다. 또 당사자 간의 합의에 의하여 이익이 조정되는 형태로 분쟁이 해결될 수 있다면 이는 당사자 간에 수용될 가능성이 높다. 이러한 이유에서 오늘날 공법관계뿐 아니라 사법관계에서도 이른바 '소송외의 대안적 분쟁해결(Alternative Dispute Resolution; ADR)'이 널리 이용되고 있다.

대안적 분쟁해결에 헌법 제107조 제3항이 직접 적용될 수는 없다. 대안적 분쟁해결이 행정심판은 아니기 때문이다. 그러나 이들 분쟁해결수단을 적용하여 내려지는 결정이 재판상 화해와 같이 실질적으로 재판과 같은 효력을 갖는 경우에는 헌법 제27조 재판을 받을 권리가 실현되는 과정이기 때문에 사법절차가 준용되어야 한다. 실제 「국가배상법」상 배상심의회의 결정전치주의에 대해서 위헌결정을 했던 헌법재판소는 배상결정의 심의가 행정심판에 해당하지는 않지만 해당 결정이 재판상 화해와 같은 강한 효력을 가짐에도 불구하고 사법절차가 전혀 준용되지 않았다는 점을 위헌결정의 주된 논거로 든 바 있다.

판례 93 국가배상심의회의 결정 효력과 재판청구권

이 사건 심판대상조항부분은 국가배상에 관한 분쟁을 신속히 종결·이행시키고 배상결정에 안정성을 부여하여 국고의 손실을 가능한 한 경감하기 위하여 동의된 배상결정에 재판상 화해의 효력과 같은, 강력하고도 최종적인 효력을 부여하였다. 그 결과 재심의 소에 의하여 취소 또는 변경되지 않는 한 그 효력을 다툴 수 없다.

그러나 사법절차에 준한다고 볼 수 있는 각종 중재·조정절차와는 달리 배상결정절차에 있어서는 심의회의 제3자성·독립성이 희박한 점, 심의절차의 공정성·신중성도 결여되어 있는 점, 심의회에서 결정되는 배상액이 법원의 그것보다 하회하는 점 및 불제소합의의 경우와는 달리 신청인의 배상결정에 대한 동의에 재판청구권을 포기할 의사까지 포함되는 것으로 볼 수도 없는 점을 종합하여 볼 때, 이는 신청인의 재판청구권을 과도하게 제한하여 과잉입법금지의 원칙에 반한다. 또 권력을 입법·행정 및 사법 등으로 분립한 뒤 실질적 의미의 사법작용인 분쟁해결에 관한 종국적인 권한은 원칙적으로 이를 헌법과 법률에 의한 법관으로 구성되는 사법부에 귀속시키고 국민에게 법관에 의한 재판을 받을 기본권을 보장하고자 하는 헌법의 정신에도 충실하지 못하다. [헌재 1995. 5. 25. 91헌가7]

제6절 헌법재판소

Ⅰ. 헌법재판소의 헌법적 지위

헌법재판소는 다음과 같은 헌법적 지위를 갖는다.

헌법보호기관으로서 헌법의 최고규범성을 제도적으로 보장한다. 헌법재판을 통하여 헌법의 실질적 및 절차적 기준에 위반하는 입법·행정·사법 등 국가작용은 효력을 상실한다. 특히 위헌법률심판은 국회의 입법권으로부터 헌법을 보호한다. 헌법재판이 헌법을 보호하는 기능을 수행하지만 헌법이 예정하는 이상적인 상태를 실현하는 충분한 수단은 아니다. 헌법의 속성상 추상적인 가치를 이상적으로 실현하는 수단과 방법, 그리고 내용에 대한 결정은 입법자에게 광범위하게 위임되어 있기 때문이다.

헌법재판소는 권력통제기관으로서 개인의 권리를 침해하는 국가권력의 남용을 방지하고, 또 개인의 권리를 충실하게 보호하기 위하여 필요한 객관적인 권력구도가 파괴되는 것을 방지한다. 전자의 기능은 특히 헌법소원제도를 통하여, 그리고 후자의 기능은 특히 권한쟁의제도를 통하여 실현된다.

헌법재판소는 국회의 다수의사에 의하여 의결된 법률이 헌법에 위반하는가의 여부를 심사하고, 이로써 결과적으로 소수보호의 기능을 수행한다. 소수보호에 직접적으로 기여하는 수단은 헌법소원이다. 헌법소원은 국회의 다수의사에 의하여도 침해할 수 없는 기본권을 보호한다.

Ⅱ. 헌법재판소의 구성, 헌법재판관의 독립성과 신분보장

1. 헌법재판소의 구성

헌법재판소는 대통령이 임명하는 9인의 재판관으로 구성된다(제111조 제2항). 대법관과는 달리 헌법재판관의 수는 헌법사항으로 되어 있다. 이러한 태도가 바람직하지는 않다. 헌법재판의 수요를 헌법제정 당시에는 예측할 수 없기 때문이다. 실제 헌법재판소는 1988년 설립 이후 예상을 뛰어 넘어서 활성화되었고, 이는 국민의 헌법 및 권리의식을 제고하는 데 기여하고 있다.

헌법재판관은 대통령이 임명하지만 대통령은 9인 중 3인은 국회에서 선출하는 자를, 그리고 3인은 대법원장이 지명하는 자를 임명하여야 한다(제111조 제3항). 헌법재판소장은 국회의 동의를 얻어 대통령이 임명한다(제111조 제4항). 이에 비해서 헌법재판관 임명에 있어서는 국회의 동의가 필요하지 않다. 대법관 임명과 다른 점이다. 대법관과는 달리 헌법재판관 임명에 있어서는 국회가 직접 일부 구성권을 갖기 때문이다.

헌법재판관의 임기는 6년이며, 연임할 수 있다(제112조 제1항). 헌법재판소장의 임기에 관해서는 별도의 규정이 없다. 헌법재판관의 정년은 70세이다(헌재법 제7조).

헌법재판관으로 임명되기 위해서는 법관의 자격이 있어야 하며(제111조 제2항), 일정한 경력이 있어야 한다. 즉, 판사, 검사, 변호사, 변호사 자격이 있는 사람으로서 국가기관, 국영·공영 기업체, 「공공기관의 운영에 관한 법률」에 따른 공공기관 또는 그 밖의 법인에서 법률에 관한 사무에 종사한 사람, 변호사 자격이 있는 사람으로서 공인된 대학의 법률학 조교수 이상의 직에 있던 사람으로서 이들 경력을 통산하여 15년 이상이어야 한다. 또 40세 이상이어야 한다(헌재법 제5조 제1항).

2. 헌법재판관의 독립성과 신분보장

헌법재판의 독립성이 보장되며, 그 내용은 사법권의 독립과 마찬가지이다. 헌법재판관은 헌법과 법률에 의하여 양심에 따라서 독립하여 심판한다(헌재법 제4조). 헌법재판관이 분쟁당사자로부터 독립하여 심판할 수 있도록 제척·기피 및 회피제도를 두고 있다(헌재법 제24조). 헌법재판관은 정치적 중립성을 갖는다. 따라서 헌법재판관은 정당에 가입하거나 정치에 관여할 수 없다(제112조 제2항; 헌재법 제9조).

헌법재판관은 탄핵결정이 된 경우, 또는 금고 이상의 형의 선고를 받은 경우가 아니면 그 의사에 반하여 해임되지 않는다(제112조 제3항; 헌재법 제8조).

Ⅲ. 헌법재판의 종류와 내용

헌법재판소는 위헌법률심판, 탄핵심판, 정당해산심판, 국가기관 상호 간·국가기관과 지방자치단체 간 및 지방자치단체 상호 간의 권한쟁의에 대한 심판, 그리고 헌법소원심판을 관할한다(제111조 제1항). 「헌법재판소법」은 이들 모든 심판절차에 공통적으로 적용되는 규정을 일반심판절차에, 그리고 각각의 심판절차에 특유하게 적용하는 규정을 특별심판절차에 나누어서 규율하고 있다.

1. 일반심판절차

(1) 재판부 및 심판정족수

헌법재판의 심리는 특별한 규정이 있는 경우를 제외하고는 재판관 전원으로 구성된 재판부에서 행한다(헌재법 제22조). 헌법소원심판에 있어서는 재판관 3인으로 구성하는 지정재판부에서 사전심사를 행한다(헌재법 제72조 제1항).

재판부에서 사건을 심리하기 위해서는 재판관 7인 이상이 출석하여야 한다. 사건에 관한 결정을 하기 위해서는 종국심리에 관여한 재판관 과반수의 찬성이 있어야 한다. 다만 법률의 위헌결정, 탄핵의 결정, 정당해산의 결정 및 헌법소원에 관한 인용결정을 하는 경우, 그리고 종전에 헌법재판소가 판시한 헌법 또는 법률의 해석적용에 관한 의견을 변경하는 경우에는 재판관 6인 이상의 찬성이 있어야 한다(제113조 제1항; 헌재법 제23조). 결국 심판의 종류별로 보면 권한쟁의심판의 경우에 한하여 과반수의 찬성으로 인용결정을 한다.

이 밖에 헌법재판소는 헌법에 정족수에 관한 특칙이 없는 한 재판관 과반수의 찬성으로 결정한다. 예컨대, 위헌법률심판에서 '재판의 전제성'에 대한 판단, 헌법소원심판청구에서 '적법성'에 대한 판단은 모두 재판관 과반수의 찬성으로 결정한다.

(2) 심 리

위헌법률심판과 헌법소원심판은 서면심리를 원칙으로 한다. 다만 재판부가 필요하다고 인정하는 경우에는 변론을 열어 당사자·이해관계인, 그 밖의 참고인의 진술을 들을 수 있다. 이에 비해서 탄핵심판·정당해산심판 및 권한쟁의심판은 구두변론에 의한다(헌재법 제30조). 심판의 변론과 결정은 공개한다. 다만 심리가 국가안전보장·안녕질서 또는 선량한 풍속을 해할 우려가 있는 경우에는 변론 및 결정의 선고를 공개하지 않을 수 있다. 서면심리와 평의는 공개하지 않는다(헌재법 제34조).

헌법재판에는 일사부재리의 원칙이 적용된다. 즉, 헌법재판소는 이미 심판을 거친 동일한 사건에 대해서는 다시 심판할 수 없다(헌재법 제39조). 그러나 심판대상인 법률 조문의 일부가 중복되는 경우에는 동일한 심판은 아니다. 또 심판대상이 동일한 조항이라고 하더라도 심판유형이 다르거나 청구인이 다른 경우에는 중복제소가 아니고, 따라서 일사부재리의 원칙이 적용되지 않는다. 청구인이 같고 심판대상인 법률조문이 같더라도 당해 사건이 다른 경우에는 일사부재리의 원칙이 적용되지 않는다. 헌법재판소의 결정에 대한 불복신청, 즉시항고 등은 허용되지 않는다.

헌법재판에는 종국결정선고기간이 정해져 있다. 즉 헌법재판소는 심판사건을 접수한 날로부터 180일 이내에 종국결정의 선고를 하여야 한다. 그러나 이러한 결정선고기간은 실제 있어서는 준수되지 않는 경우가 많으며, 또 이는 훈시규정으로 이해되고 있다 (헌재 2009. 7. 30, 2007헌마732).

(3) 변호사강제주의, 국선변호인

심판에 있어서 당사자가 사인(私人)인 경우에는 변호사를 대리인으로 선임하여 심판청구 및 수행을 하여야 한다. 실제 변호사강제주의가 적용되는 경우는 헌법소원심판이다.

변호사강제주의를 도입한 취지는 다음과 같다. 첫째, 헌법재판의 기술성·전문성에 비추어 당사자 본인의 권리구제를 위하여 전문적인 법적 지식이 있는 변호사의 도움이 필요하다. 둘째, 재판의 효율성을 위하여 변호사의 사전적인 검토를 거쳐 재판을 운영할 필요가 있다. 이러한 사전적인 검토의 결과는 헌법재판소의 논리전개에 촉매역할을 할 수 있으며, 이로써 헌법재판을 질적으로 향상시키는 효과가 있다. 셋째, 변호사가 전문지식에 기초하여 사전적인 검토 없이 재판이 과도하게 청구되는 경우에는 재판업무를 과중시키는 폐해가 있는데, 이를 방지할 필요가 있다. 넷째, 변호사가 심리에 관여하는 것은 재판관으로 하여금 신중한 심리를 하도록 견제하는 효과가 있다.

변호사강제주의가 정당성이 있지만 경제적 능력이 없다는 이유로 변호사를 선임할 수 없고, 그 결과 헌법소원심판을 청구할 수 없다면 국민의 헌법적 권리실현에 결정적인 장애가 된다. 이는 국선변호인제도를 통하여 어느 정도 극복될 수 있다(헌재법 제70조). 헌법소원심판을 청구하려는 자가 변호사를 선임할 자력(資力)이 없는 경우에는 헌법재판소에 국선대리인을 선임하여 줄 것을 신청할 수 있다. 국선대리인 선임의 요건을 갖추지 못한 경우에도 헌법재판소가 공익상 필요하다고 인정할 때에는 국선대리인을 선임할 수 있다.

(4) 다른 법률의 준용

「헌법재판소법」은 다른 소송관련법률들에 비해서 비교적 규율의 밀도가 낮다. 따라서 「헌법재판소법」이 헌법재판을 운영하는데 있어서 나타나는 문제를 망라하여 규율하고 있다고 볼 수는 없다. 이러한 법률의 흠결을 염두에 두고 「헌법재판소법」은 준용의 원칙을 제시하고 있다(헌재법 제40조).

헌법재판소의 심판절차에 관하여 직접 적용될 수 있는 규정이 「헌법재판소법」에 있지 않은 경우, 헌법재판의 성질에 반하지 않는 한도에서 민사소송에 관한 법령의 규정을 준용한다. 탄핵심판의 경우에는 형사소송에 관한 법령을, 권한쟁의심판 및 헌법소원심판의 경우에는 「행정소송법」을 함께 준용한다. 이와 같이 두 종류의 준용법규가 존재하는 경우에 법률의 충돌, 즉 같은 사안에 준용하는 법규 간에 내용상 충돌이 있을 수 있다. 이 경우에는 다시 적용 법률을 조정하여야 한다. 즉, 형사소송에 관한 법령 또는 「행정소송법」이 민사소송에 관한 법령에 저촉될 때에는 민사소송에 관한 법령은 준용하지 않는다.

준용에 관한 「헌법재판소법」의 규정이 명시하고 있듯이 사안의 성격에 따라 민사소송에 관한 법령 등을 준용하는 것이 헌법재판의 성격과 조화되지 않는 경우에는 준용될 수 없다. 이 경우에는 헌법재판소가 스스로 법형성작용을 하여 독자적인 판단을 하여야 한다. 헌법재판의 성질에 반하지 않는 경우란 준용으로 인하여 헌법재판의 고유한 성질을 훼손하지 않는 경우를 말한다. 이는 당해 헌법재판이 갖는 고유한 성질, 헌법재판과 일반재판의 목적 및 성격의 차이, 준용절차와 대상의 성격 등을 종합적으로 고려하여 구체적·개별적으로 판단하여야 한다.

다른 법령의 준용이 문제된 대표적인 예는 헌법재판의 청구인이 청구를 취하한 경우이다. 이때 민사소송에 관한 법령을 준용하여 종료선언을 하여야 하는가, 혹은 헌법의 중요한 사항에 대한 해명이 헌법적으로 특히 중대한 의미가 있기 때문에 민사소송에 관한 법령의 준용을 배제하고 종국결정을 선고하여야 하는가의 문제가 제기된다. 이러한 경우에 지금까지 헌법재판소는 예외 없이 「민사소송법」을 준용하여 종료선언을 하여 왔다.

2. 특별심판절차

(1) 위헌법률심판

1) 형식적인 위헌법률심판과 실질적인 위헌법률심판

법률이 헌법에 위반되는가의 여부가 재판에 전제가 된 경우에 위헌법률심판은 헌법재판소가 독점적으로 관할한다(제107조 제1항). 재판의 전제성이 없이 법률의 위헌 여부를 심사하는 추상적 규범통제는 인정되지 않는다.

이 밖에 헌법재판소는 실질적으로 위헌법률심판에 해당하는 다음과 같은 심판을 관할한다. 첫째, 법률이 집행을 매개로 하지 않고 직접 개인의 기본권을 침해하는 때에는 헌법소원심판의 대상이 된다. 이때 헌법재판소는 실질적으로는 위헌법률심판을 한다. 둘째, 소송의 당사자가 당해 소송에서 위헌법률심판의 제청을 신청하였으나 법원이 이를 기각한 경우에 소송당사자는 「헌법재판소법」

제68조 제2항에 의한 헌법소원심판을 청구할 수 있다. 이 경우에는 헌법소원심판의 외형을 띠고 있지만 실질적으로는 위헌법률심판이 이루어진다.

2) 법원의 위헌법률심판제청, 재판의 전제성, 제청의 효과

당해 소송에서 법원은 1차적으로 법률의 위헌 여부를 심사한다. 이는 헌법재판소에 위헌법률심판을 제청할 것인가의 여부를 결정하기 위한 심사이다. 구체적으로는 적용법률이 헌법에 위반되는가, 그리고 이 문제가 재판의 전제가 되는가 여부를 심사한다. 법원의 이러한 심사는 소송 당사자가 위헌법률심판제청을 신청한 경우에, 혹은 직권으로 이루어진다. 법원에서 위헌법률심사의 결과 헌법에 위반하지 않는다고 판단하는 경우에는 소송 당사자의 신청을 기각하고 소송을 계속할 수 있다. 이때 당사자는 법원의 기각결정에 대해서「헌법재판소법」제68조 제2항에 의한 헌법소원심판을 청구할 수 있다.

법원이 위헌법률심판을 제청하기 위해서는 법률의 위헌 여부가 재판의 전제가 되어야 한다. 재판의 전제성이 인정되기 위해서는 다음과 같은 요건을 충족하여야 한다. 첫째, 구체적인 사건이 법원에 계속 중이어야 한다. 둘째, 위헌 여부가 문제되는 법률이 당해 소송사건의 재판에 적용되어야 한다. 따라서 예컨대 형사사건에서 공소가 제기되지 않은 법률조항에 대해서 위헌 여부의 심판을 제청한 때에는 재판의 전제성이 없는 제청으로 각하한다. 셋째, 적용법률의 위헌 여부에 따라 당해 사건을 담당하는 법원이 다른 내용의 재판을 하는 경우이다.

법원이 다른 내용의 재판을 하는 경우는 다음과 같은 내용을 갖는다. (1) 재판의 결론이나 주문에 영향을 주는 경우이다. (2) 재판의 결론이나 주문에 영향을 주는 것은 아니지만 재판의 결론을 도출하는 이유를 달리하는 데 관련되어 있는 경우이다. 예컨대,

형벌조항에 대한 위헌 여부가 심판의 대상이 된 경우에 해당 조항이 위헌 결정되더라도 다른 법률조항에 의하여 같은 내용의 판결이 이루어질 수 있다. 이 경우 재판의 결론에 이르는 이유가 달라지며, 따라서 재판의 전제성이 있다. (3) 재판의 내용과 효력에 관한 법률적 의미가 달라지는 경우이다.

판례 94 재판의 결론을 도출하는 이유를 달리하는 경우와 재판의 전제성

국방부장관은 이 사건 관련 증거에 의하여 공소사실이 인정되고, 양형조건에 비추어 결론이 달라질 가능성이 없기 때문에 재판의 전제성이 없다고 주장한다. 그러나 헌법재판소가 사형만을 유일한 법정형으로 규정하고 있는 이 사건 법률조항에 대하여 위헌선언을 하는 경우 위 법률조항이 소급하여 효력을 상실하게 되어 이 사건 법률조항을 적용법조로 한 공소사실에 대하여는 적용할 수 없게 되므로 법원이 심리 중인 당해 사건의 재판의 주문에 영향을 미치게 된다. 또 제청신청인에 대한 처벌조항으로 이 사건 법률조항이 아닌 다른 법률조항, 예컨대 형법상 단순살인죄로 적용법조를 변경하는 공소장 변경이 있는 경우에도 당해 사건의 재판의 이유가 달라지게 되어 결국 이 사건 법률조항의 위헌 여부에 따라 이 사건 재판의 내용은 달라지므로 재판의 전제성이 인정된다. [헌재 2007. 11. 29. 2006헌가13]

위헌법률심판제청 당시에는 재판의 전제성이 있었으나 그 후 상황이 변화하여 재판의 전제성이 없어진 경우에는 원칙적으로 위헌법률심판제청은 부적법하다. 그러나 이러한 경우에도 예외적으로 위헌법률심판제청이 적법할 수 있다. 제청된 법률조항에 의하여 침해되는 기본권이 중요하여 법률의 위헌 여부의 해명이 헌법적으로 중요한데도 그 해명이 없거나, 동 법률조항으로 인한 기본권의 침해가 반복될 위험이 있는데도 이에 대한 위헌여부 심판의 기회를 갖기 어려운 경우이다. 이 경우에는 객관적인 헌법질서의 수호와 유지를 위하여 심판의 필요성을 인정하여 적극적으로 위헌 여부에 대한 판단을 할 필요가 있다.

법원이 헌법재판소에 위헌법률심판을 제청한 때에는 당해 소송사건의 재판은 헌법재판소의 결정이 있을 때까지 정지된다(헌재법 제42조). 헌법재판소의 결정이 있은 후 재판은 속개되며, 법원은 헌법재판소의 결정에 따라 재판을 한다.

3) 헌법재판소에서의 위헌법률심판

가) 심판의 대상

위헌법률심판에서 심판의 대상은 제청된 법률 또는 법률의 조항이다. 법률의 효력을 갖는 관습법 역시 위헌법률심판의 대상이 된다(판례 95 참조).

위헌법률심판은 구체적인 권리의무관계에 관한 분쟁을 해결하는 목적을 갖기 때문에 심판의 대상인 법률 또는 법률조항은 제정되어 현재 시행 중이거나 혹은 과거에 시행되었던 것이어야 한다. 폐지된 법률도 그 위헌 여부가 관련 소송사건에서 재판의 전제가 되는 경우에는 위헌법률심판의 대상이 된다. 위헌법률심판의 대상은 존재하는 법률이기 때문에 입법부작위는 위헌법률심판의 대상이 되지 않는다. 입법부작위는 「헌법재판소법」 제68조 제1항에 의한 헌법소원심판의 대상이 될 수 있다.

판례 95 관습법과 위헌법률심판의 대상

법원은 여러 차례 분재청구권에 관한 관습이 우리 사회에서 관습법으로 성립하여 존재하고 있음을 확인하고 상속 등에 관한 재판규범으로 적용하여 왔다. 그런데 이 사건 관습법은 민법 시행 이

전에 상속을 규율하는 법률이 없는 상황에서 재산상속에 관하여 적용된 규범으로서 비록 형식적 의미의 법률은 아니지만 실질적으로는 법률과 같은 효력을 갖는다.

헌법 및 헌법재판소법에 의하면 위헌심판의 대상을 '법률'이라고 규정하고 있는데, 여기서 '법률'이라고 함은 국회의 의결을 거친 형식적 의미의 법률뿐만 아니라 법률과 동일한 효력을 갖는 조약 등도 포함된다. 이처럼 법률과 동일한 효력을 갖는 조약 등을 위헌심판의 대상으로 삼음으로써 헌법을 최고규범으로 하는 법질서의 통일성과 법적 안정성을 확보할 수 있고, 합헌적인 법률에 의한 재판을 가능하게 하여 궁극적으로는 국민의 기본권 보장에 기여할 수 있다. 그렇다면 법률과 같은 효력을 가지는 관습법도 당연히 헌법소원심판의 대상이 되고, 단지 형식적인 의미의 법률이 아니라는 이유로 그 예외가 될 수는 없다. [헌재 2013. 2. 28. 2009헌바129]

헌법의 개별 조문은 위헌법률심판의 대상이 되지 않는다. 헌법의 개별 조문이 위헌법률심판의 대상이 되기 위해서는 헌법 규정 간에 효력의 차이가 있어야 한다. 헌법재판소는 헌법규범 상호 간에 이념적·논리적으로 우열이 있다는 사실 자체는 인정하고 있다. 그러나 헌법의 어느 규정이 다른 규정의 효력을 전면 부인할 수 있을 정도로 효력상의 차이가 있는 것은 아니라는 이유로 헌법의 개별 규정에 대한 위헌법률심판은 인정하지 않고 있다(헌재 1996. 6. 13, 95헌바39등). 또 무엇보다도 헌법의 개별 규정이 위헌심판의 대상인 법률의 개념에 포섭될 수 없다.

위헌법률심판의 대상이 되는 법률은 그 제정형식이나 명칭이 아니라 규범의 효력을 기준으로 판단한다. 따라서 국회에서 제정한 법률 이외에 법률의 효력을 갖는 규범 역시 위헌법률심판의 대상이 된다. 긴급재정경제명령 및 긴급명령(제76조 제1, 2항), 헌법에 의하여 체결·공포된 조약으로서 비준에 앞서 국회의 동의를 얻은 조약이 여기에 속한다(제6조 제1항, 제60조 제1항). 이러한 규범들이 효력을 발생하기 위해서는 일반적으로 '국회의 동의' 등 국회의 관여가 인정된다. 그러나 이는 필수적인 것은 아니다. 즉, 국회가 관여하지 않았더라도 국민의 법률관계에 영향을 미치는 법률의 효력을 갖는 규범은 위헌법률심판의 대상이 된다(헌재 2013. 3. 21, 2010헌바70등). 위에서 설명한 관습법도 이러한 예에 해당한다.

나) 심판의 기준

위헌법률심판에서 심판의 기준은 실정헌법규정뿐 아니라 헌법적 효력을 갖는 원칙들을 포함한다. 일반적으로 위헌법률심판에서 심판의 기준으로 여러 헌법조항이 제시된다. 이 경우 이를 주장하는 청구인의 의도 및 입법자의 객관적인 동기 등을 참작하여 그 사안과 가장 밀접한 관계에 있는 헌법규정을 중심으로 위헌심사가 이루어진다.

다) 결정정족수

위헌법률심판에서 제청된 법률에 대한 위헌결정을 하기 위해서는 재판관 9인 중 6인 이상의 찬성이 있어야 한다. 입법권을 존중하고, 또 법질서의 안정성을 우선적으로 고려하여 가중정족수를 적용하도록 한 것이다.

사안에 따라서는 여러 의견이 분산되는 경우가 있다. 「헌법재판소법」은 이 경우에 적용할 특별한 규정을 두고 있지 않다. 지금까지 이 문제는 「법원조직법」 제66조 제2항을 준용하여 해결하고 있다. 이에 따르면 '수액'이나 '형량'에 관하여 3설 이상이 나누어져 있고, 어떠한 견해도 과반수에 이르지 못한 경우에는 신청인에게 가장 유리한 견해를 가진 수에 순차로 그 다음으로 유리한 견해를 가진 수를 더하여 과반수에 이르게 된 때의 견해를 합의체의 견해로 한다. 이를 위헌법률심판에 적용하면 다음과 같은 결과가 나온다. 단순위헌의견 5인, 헌법불합치의견 2인, 합헌의견 2인인 경우에 신청인에게 가장 유리한 것은 위헌결정이며, 그다음 유리한 것이 헌법불합치결정이다. 그리고 이때 위헌결정정족수인 6인을 초과하게 된다. 이 경우에 헌법재판소는 심판대상인 조문에 대해서 헌법불합치결정의 주문을 채택한다.

라) 주문의 유형과 결정의 효력

위헌법률심판의 결정의 종류로는 단순위헌결정과 단순합헌결정이 있다. 이 밖에 헌법재판소는 한정합헌결정 및 한정위헌결정, 그리고 헌법불합치결정 등 이른바 변형결정을 행한다.

a) 단순합헌결정

합헌결정을 할 때 헌법재판소는 "…은 헌법에 위반되지 않는다"라는 주문을 채택한다. 「헌법재판소법」은 단순합헌결정의 효력에 관하여 특별히 규정하고 있지는 않다. 헌법재판소의 합헌결정은 해당 법률조항만이 헌법에 합치하는 유일한 입법이라는 의미는 아니다. 따라서 합헌결정이 국가기관을 기속하지 않는다 해도 이것이 실천적 의미를 갖는 것은 아니다.

b) 단순위헌결정

위헌심판이 제청된 법률이 위헌인 때에는 헌법재판소는 "…은 헌법에 위반된다"라는 주문을 채택한다. 위헌결정으로 인하여 법률 전부를 시행할 수 없다고 인정할 때에는 그 전부에 대해서 위헌결정을 할 수 있다(헌재법 제45조 단서). 예컨대, 세법에서 과세표준 및 과세율에 관한 규정과 같은 세법의 기본적인 요소들이 헌법에 합치하지 않는 경우에 해당 세법 전체를 시행할 수 없다고 판단하는 때에는 심판대상인 조문뿐 아니라 해당 세법 전체에 대해서 헌법에 합치하지 않는다는 결정을 한다(헌재 1994. 7. 29, 92헌바49등).

이 밖에 헌법재판소는 위헌인 법률조항 이외의 나머지 법률조항에 대해서 예외적으로 위헌선언을 할 수 있다. 위헌결정 후 합헌으로 남아 있는 나머지 법률조항만으로는 법적으로 독립된 의미를 갖지 못하거나, 위헌인 법률조항이 나머지 법률조항과 극히 밀접한 관계에 있어서 전체적·종합적으로 양자가 분리할 수 없는 일체를 형성하고 있는 경우, 위헌인 법률조항만을 위헌선언하게 되면 전체 규정의 의미와 정당성이 상실되는 경우, 그리고 제청된 법률조항과 사실상 동일한 내용을 갖는 조문이어서 따로 분리하여 존속시킬 이유가 없는 경우 등이다.

법률에 대한 위헌결정은 법원과 그 밖의 국가기관 및 지방자치단체를 기속한다(헌재법 제47조 제1항). 위헌결정된 법률 또는 법률의 조항은 결정이 있는 날로부터 즉시 효력을 상실한다(헌재법 제47조 제2항 본문). 이로써 「헌법재판소법」은 위헌결정의 효력발생시점에 관한 입법례 중 소급효와 장래효를 배척하고, 즉시효를 선택한 것이다. 위헌결정에 소급효를 인정할 경우 구체적 타당성이나 평등의 원칙이 실현될 수 있다. 이에 비해서 법적 안정성이나 신뢰보호의 원칙은 희생된다. 위헌결정에 즉시효를 인정하는 경우에는 위와는 반대의 효과가 나타난다. 따라서 위헌결정의 소급효 혹은 즉시효는 헌법이 아니라 입법정책의 문제이다. 「헌법재판소법」 제47조 제2항은 기본적으로 구체적 타당성보다는 법적 안정성의 이념에 중점을 둔 입법적 결정이다.

위와 같은 위헌결정의 효력발생의 시점에 대한 원칙에는 다음과 같은 두 가지 예외가 인정되어 있다.

첫째, 헌법해석에 따른 예외로서 소급효가 인정되는 경우이다. 헌법 제107조 제1항 및 제111조 제1항 제1호에 의한 규범통제는 위헌법률에 의한 권리침해를 구제하는 목적을 갖는다. 그런데 위헌결정의 소급효를 예외 없이 부인하는 경우에는 당해 소송의 당사자가 적용법률에 대하여 위헌법률심판제청을 신청하여 제청이 실제 이루어지고, 헌법재판소가 적용법률에 대해서 위헌결정을 한 경우에도 권리구제를 받을 수 없게 된다. 법률이 적용되어 개인의 권리를 침해한 시점은 헌법재판소가 적용법률을 위헌으로 결정한 시점보다 앞서기 때문이다.

이에 다음과 같은 경우에 예외적으로 소급효를 인정하고 있다. 법원의 위헌법률심판제청, 헌법소원의 청구 등을 통하여 헌법재판소에 법률의 위헌결정을 위한 계기를 부여한 사건(당해 사건), 위헌결정이 있기 전에 이와 동종의 위헌 여부에 관하여 헌법재판소에 위헌제청을 하였거나 법원에 위헌제청신청을 한 경우의 사건(동종사건), 그리고 위헌제청신청을 하지는 않았지만 당해 법률 또는 법률의 조항이 재판의 전제가 되어 법원에 계속 중인 사건(유사사건) 등이다.

이 밖에 헌법재판소가 위헌결정을 한 후 해당 위헌법률에 근거한 처분의 취소를 구하는 경우에도 소급효의 가능성이 완전히 배제되는 것은 아니다. 즉 당사자의 권리구제를 위한 구체적 타당성의 요청이 현저한 반면에 소급효를 인정하여도 법적 안정성을 침해할 우려가 없고, 또 구법에 의하여 형성한 기득권자의 이익을 해칠 사안이 아닌 경우로서 소급효를 부인하는 것이 오히려 정의와 형평 등 헌법적 이념에 심히 배치되는 때에는 소급효를 인정할 수 있다. 어떤 사안이 여기에 속하는가는 본래 규범통제를 담당하는 헌법재판소가 위헌선언을 하면서 직접 그 결정주문에서 밝혀야 한다. 직접 밝힌 바 없으면 그와 같은 경우에 해당하는가의 여부는 일반법원이 구체적 사선에서 해당 법률의 연혁·성질·보호법익 등을 검토하고 제반이익을 형량해서 합리적·합목적적으로 정하여야 한다(헌재 1993. 5. 13, 92헌가10등).

둘째, 「헌법재판소법」 자체가 인정하는 예외이다. 즉, 형벌에 관한 법률 또는 법률의 조항은 위헌결정으로 인하여 소급하여 그 효력을 상실한다(헌재법 제47조 제3항). 이 경우에는 해당 법률 또는 법률의 조항에 근거하여 내려진 유죄의 확정판결에 대해서 재심을 청구할 수 있다(헌재법 제47조 제4항).

형벌규정에 한하여 위헌결정에 소급효를 인정한 이유는 다음과 같다. 첫째, 형벌은 개인의 권리를 심각하게 침해하기 때문에 예외적으로 소급효를 인정할 필요가 있다. 둘째, 형벌조항에 있어서는 법률관계가 국가와 개인 간의 단선구조이다. 따라서 위헌결정이 소급효를 갖더라도 법적 안정성을 해치지 않는다. 오히려 형벌규정에 대한 위헌결정은 항상 개인의 법적 지위에 유리한 효과를 갖는다.

형벌규정에 대한 위헌결정이 내려진 경우에 소급효의 시간적 범위와 관련하여 다음과 같은 제한이 있다. 즉, 해당 법률 또는 법률의 조항에 대하여 종전에 합헌으로 결정한 사건이 있는 경우에는 그 결정이 있는 날의 다음 날로 소급하여 효력을 상실한다(헌재법 제47조 제3항 단서). 오래 전에 제정되고 적용되어 왔던 형벌에 관한 규정이 당시 헌법적 이해에 따르면 합헌이지만 그동안 사회경제적 및 국민의식의 변화에 따라 더 이상 헌법적 효력을 가질 수 없는 경우가 얼마든지 있을 수 있다. 그런데 이 경우에도 형벌에 관한 규정의 효력을 기간에 제한 없이 소급적으로 상실시키고 그 결과 당시 재판에 대해 재심을 청구할 수 있도록 하는 것은 타당하지 않기 때문에 소급효의 시간적 범위를 제한한 것이다.

c) 한정합헌결정과 한정위헌결정

심판대상인 법률이 다의적으로 해석될 수 있으며, 해석내용에 따라 법률이 헌법에 합치 혹은 위반되는 경우가 있다. 이때 헌법재판소는 입법권을 존중하고 법률을 합헌적인 내용으로 존속시키기 위하여 한정합헌 혹은 한정위헌결정을 한다. 한정합헌결정과 한정위헌결정을 할 때 "…은 …으로 해석하는 한, 헌법에 위반되지 않는다", 그리고 "…은 …으로 해석하는 한, 헌법에 위반된다"라는 주문을 채택한다.

한정합헌 혹은 한정위헌결정을 하기 위해서는 법률조항이 다의적으로 해석될 수 있거나 다양한 적용범위를 가져야 하며, 합헌적인 부분과 위헌적인 부분이 구분될 수 있어야 한다. 이러한 구분이 불가능하다면 한정합헌 혹은 한정위헌결정이 아니라 단순위헌결정 혹은 헌법불합치결정을 하여야 한다.

한정합헌결정 혹은 한정위헌결정은 모두 위헌결정의 일종이다(헌재 1997. 12. 24, 96헌마172등). 한정합헌결정은 법률의 내용 중 위헌적인 것으로 해석될 수 있는 부분을 제외하고 축소적용되는 부분만이 헌법에 합치하며, 이러한 범위 내에서 해당 법률조항이 적용되어야 한다는 결정이다. 이에 비해서 한정위헌결정은 일정한 축소해석부분이 헌법에 위반되며, 따라서 그 적용이 배제되어야 한다는 결정이다. 그러나 대법원은 한정위헌결정의 위헌결정으로서의 성격을 부인하고 일종의 권고적 견해로 이해하고 있다.

d) 헌법불합치결정

헌법불합치결정은 법률 또는 법률의 조항이 헌법에 위반되지만 위헌결정을 하지 않고, 법률의 존속을 유지하면서 입법자에게 입법개선의무를 부과하는 결정이다. 헌법불합치결정을 하는 경우에 주문에서는 "…은 헌법에 합치하지 아니한다"고 표현한다.

법률에 대한 위헌결정은 그 자체가 목적이 아니라 위헌결정의 결과 나타나는 법률의 공백상태가 합헌으로 평가될 수 있어야 한다. 그런데 심판대상인 법률조항이 위헌이기는 하지만 이를 위헌으로 결정하여 나타나는 법률의 공백이 합헌으로 평가할 수 없는 경우가 있다. 이때 헌법재판소가 직접 합헌적인 입법을 할 수는 없다. 따라서 헌법재판소는 해당 법조문을 존속시키면서 위헌을 확인하는 데 그치고 합헌적인 입법개선의 의무를 입법자에게 부담시킨다. 헌법불합치결정의 주문을 채택하는 상황은 다음과 같다.

첫째, 이른바 '상대적 평등위반의 법상태'가 존재하는 경우이다. 예컨대 법률에서 일정한 집단에 대해서는 조세감면 등 이익처분을 하면서, 본질적으로 성격이 다르지 않은 그 외의 집단을 이 혜택에서 제외하는 경우이다. 이 경우 헌법적 심사의 대상은 하나의 집단이 같은 상황에 있는 다른 집단과의 관계에서 수혜대상에서 제외되고 있다는 불평등의 문제이다. 이에 비해서 각각의 집단이 수혜대상이 된다는 사실 자체, 그리고 수혜의 대상에서 제외되어 있다는 사실 자체는 헌법에 반하는 상태가 아니다. 그런데 이때 위헌결정을 하면 기존의 수혜조치에 대한 법적 근거는 없어지고, 그 결과 기존의 수혜대상자에게 불이익처분을 하는 결과가 된다. 이는 헌법재판소의 권한을 일탈한다. 따라서 이 경우에 헌법재판소는 헌법불합치결정을 하고, 궁극적인 해결, 즉 수혜대상을 확대하여 적극적으로 평등을 실현할 것인가, 혹은 수혜조치 자체를 폐지 혹은 조정하여 소극적으로 평등을 실현할 것인가의 여부를 입법자가 판단하도록 하여야 한다.

둘째, 심판대상인 법률 혹은 법률의 조항에 대해서 위헌결정을 하는 경우 이로 인하여 여전히 혹은 보다 더 헌법에 위반되는 법상태가 발생하는 경우이다. 공무원 모두에게 노동쟁의권을 부인하는 법률조항은 헌법 제33조 제2항에 반한다는 것이 헌법재판소의 견해이다(헌재 1993. 3. 11, 88헌마5). 그런데 그렇다고 해당 법률조항을 위헌으로 결정하면 공무원의 노동쟁의권을 규율하는 조항이 없어지고, 그 결과 규율의 공백이 발생하여 모든 공무원은 노동쟁의권을 행사할 수 있게 된다. 그런데 이러한 상태 역시 공무원의 노동 3권을 제한하는 헌법 제33조 제2항에 위반된다. 따라서 이 경우에 헌법재판소는 해당 법률 조항이 헌법에 합치하지 않는다는 선언을 하고 헌법에 합치하는 상태로 법률을 개정할 의무를 입법자에게 부과한다.

셋째, 심판대상인 법률 또는 법률 조항에 대해서 위헌결정을 하는 경우에 나타나는 입법공백상태가 혼란을 야기하는 경우이다. 예컨대 대체복무와 관련하여 병역종류조항의 위헌성은 양심적 병역거부자에 대하여 이를 규정하지 아니한 부작위에 있다. 그런데 이와 같은 부작위의 위헌성을 이유로 병역종류조항에 대해 단순위헌결정을 할 경우 병역의 종류와 각 병역의 구체적인 범위에 관한 근거규정이 사라지게 되어 일체의 병역의무를 부과할 수 없게 되므로, 용인하기 어려운 법적 공백이 생기게 된다. 이 경우 병역종류조항에 대하여 헌법불합치 결정을 선고하고, 입법자의 개선입법이 이루어질 때까지 계속적용을 명하여 입법공백의 혼란을 방지한다.

넷째, 위헌적인 요소와 합헌적인 요소가 혼재하여 분리하여 판단할 수 없는 경우이다. 이 경우에는 해당 법률 자체가 헌법에 위반되지는 않지만, 법률의 적용에 있어서 일부 내용이 헌법에 위반되며, 법률 자체와 (위헌적인) 일부 법률의 적용을 분리하여 판단할 수 없는 때에는 헌법불합치결정을 한다. 이때 헌법재판소는 해당 법률상의 제도 자체를 존속시키면서 위헌적인 요소를 제거하는 입법개선의무를 부과한다. 재산권 심사에서 개발제한구역을 설정하는 제도 자체는 합헌이지만 개발제한구역으로 설정된 토지소유자에게 과도한 피해가 발생한 경우에도 보상을 하지 않는 것은 위헌이라고 판단하는 경우가 좋은 예이다(헌재 1998. 12. 24. 89헌마214등).

판례 96 위헌적인 요소와 합헌적인 요소의 혼재를 이유로 한 헌법불합치결정

이 사건 법률조항의 위헌성에도 불구하고 위헌결정을 통하여 당장 법률조항의 효력을 소멸시키는 것은 다음 몇 가지의 사정에 비추어 바람직하지 않다. 첫째, 개발제한구역의 지정 그 자체는 토지재산권에 내재하는 사회적 기속성을 구체화한 것으로서 원칙적으로 합헌이다. 다만 구역지정으로 말미암아 일부 토지소유자에게 사회적 제약의 범위를 넘는 가혹한 부담이 발생하는 예외적인 경우에도 보상규정을 두지 않은 것이 위헌이다. 따라서 불합치결정을 선고하여 입법자가 이 사건 법률조항을 헌법에 적합하게 개정할 때까지 그대로 유지해야 할 필요성과 당위성이 있다. 둘째, 개발제한구역의 지정에 따른 가혹한 부담의 유무와 정도 및 이에 따른 보상의 구체적인 기준과 방법은 헌법재판소가 일률적으로 확정할 수 없고 개개의 토지에 대하여 구체적이고 객관적인 사정을 종합하여 입법자가 판단하여야 한다.

예외적으로 헌법적으로 허용된 한계를 넘은 경우 입법자는 이에 대하여 금전보상의 규정을 두거나 아니면 지정의 해제 또는 토지매수청구권제도와 같이 금전보상에 갈음하거나 기타 손실을 완화할 수 있는 제도를 보완하는 등 재산권의 침해와 공익 간의 비례성을 다시 회복할 수 있는 여러 가지 가능성이 있다. 또한 보상을 위한 입법의 형태, 보상의 대상과 방법 등도 선택의 여지가 다양하여 가장 바람직하고 합리적인 것에 대한 선택은 광범위한 입법형성권을 가진 입법자의 과제이다. 이는 입법정책적으로 해결되어야 하며 헌법재판소가 결정할 성질의 것이 아니다. [헌재 1998. 12. 24. 89헌마214등]

헌법불합치결정은 위헌결정의 일종이다. 따라서 논리적으로 보면 헌법불합치결정된 법률 또는 법률 조항의 적용이 정지되는 것이 원칙이다. 법원은 헌법에 합치하는 입법을 기다려 그에 따라 사건을 판단하여야 한다. 또 헌법불합치결정은 당해사건, 그리고 동종 및 유사사건에 대해서 소급효를 갖는다. 그러나 상황에 따라서는 불합치결정된 법률이 계속 적용되기도 한다. 이 경우에는 법원은 위헌법률을 적용하여 재판을 할 수 있다. 헌법재판소는 일정한 개정시한을 제시하고 그 시한까지 입법개선이 이루어지지 않으면 해당 법률조항의 효력이 상실된다는 선언을 하는 경우도 있다.

위헌결정을 할 경우 여전히 혹은 보다 더 위헌적인 상태가 나타나거나 입법공백으로 인하여 혼란을 가져올 우려가 있기 때문에 헌법불합치결정을 하는 경우에는 불합치결정된 법률 또는 법률 조항이 잠정적으로 적용된다. 위헌적인 요소와 합헌적인 요소가 혼재해 있고 분리하여 판단할 수 없기 때문에 불합치결정을 하는 경우에는 상황에 따라서 적용중지 혹은 계속 적용하도록 하고 있다.

(2) 탄핵심판

헌법재판소는 국회에서 탄핵소추가 발의·의결된 고위직공무원에 대한 탄핵소추를 심판한다. 국회에서의 탄핵소추의 발의 및 의결절차에 대해서는 위에서 서술하였다(위 257면 이하 참조).

탄핵심판청구가 이유있는 때에는 헌법재판소는 피청구인을 당해 공직에서 파면하는 결정을 선고한다(헌재법 제53조). 이에 대해서도 위에서 서술한 바 있다. 탄핵결정은 피청구인의 민사상 또는 형사상의 책임에는 영향을 미치지 않는다. 탄핵결정에 의하여 파면된 자는 공무담임권이 제한된다. 즉 탄핵결정에 의하여 파면된 자는 결정선고가 있은 날로부터 5년간 공무원이 될 수 없다(헌재법 제54조).

(3) 정당해산심판

정당의 목적이나 활동이 민주적 기본질서에 위배될 때에는 정부는 국무회의의 심의를 거쳐 헌법재판소에 정당해산심판을 청구할 수 있다. 헌법재판소는 정당해산심판에 대해서 최종적으로 결정한다(제8조 제4항). 정당해산제도에 대해서는 헌법 제8조와 관련하여 위에서 서술하였다(위 44면 참조).

헌법재판소가 정당의 해산을 명하는 결정을 선고한 때에는 그 정당은 해산된다. 정당해산을 명하는 결정서는 피청구인 외에 국회·정부 및 중앙선거관리위원회에 송달한다. 정당의 해산을 명하는 헌법재판소의 결정은 중앙선거관리위원회가 「정당법」의 규정에 의하여 이를 집행한다(헌재법 제59, 60조). 위헌정당으로 해산된 정당에 소속되어 있는 국회의원은 그 직을 상실한다. 이 문제에 대해서는 논란이 있으나 2014년 헌법재판소는 통합진보당의 해산결정을 하면서 소속 국회의원의 직을 상실시키는 결정을 한 바 있다. 이에 대해서는 위에서 서술하였다(위 45면 이하 참조).

(4) 권한쟁의심판

1) 권한쟁의심판의 기능과 종류

권한쟁의심판은 헌법과 법률에 의하여 부여된 국가 혹은 지방자치단체의 권한의 존부 및 그 범위를 대상으로 하는 헌법재판이다. 따라서 권한쟁의심판은 국가기관 및 지방자치단체의 권한과 기능 및 그 한계를 명확히 하여 권력분립을 충실히 실현하기 위한 객관적 소송이다. 권한쟁의심판은 국가 혹은 지방자치단체의 처분 혹은 부작위가 헌법 혹은 법률에 의하여 부여받은 다른 국가기관 혹은 지방자치단체의 권한을 침해하였거나 침해할 현저한 위험이 있는 때에 청구할 수 있다(헌재법 제61조 제2항). 부작위에 대하여 권한쟁의심판을 청구하기 위해서는 피청구인에게 헌법 또는 법률에서 도출되는 작위의무가 있음에도 불구하고 의무를 이행하지 않았어야 한다.

권한쟁의심판의 종류는 다음과 같은 세 가지이다. 첫째, 국회, 정부, 법원 및 중앙선거관리위원회 상호 간의 권한쟁의심판이다. 둘째, 국가기관과 지방자치단체 간의 권한쟁의심판이다. 정부와 특별시·광역시·도 또는 특별자치도 간의 권한쟁의심판, 정부와 시·군·자치구 간의 권한쟁의심판이 여기에 해당한다. 지방자치단체가 청구인인 경우에 권한쟁의심판의 대상은 자치사무에 대한 권한의 존부 및 침해이다. 따라서 기관위임사무에 대한 권한의 존부 및 침해는 권한쟁의심판의 대상이 될 수 없다. 셋째, 특별시·광역시·도 또는 특별자치도 상호간의 권한쟁의심판, 그리고 시·군 또는 자치구 간의 권한쟁의심판, 특별시·광역시·도 또는 특별자치도와 시·군·자치구 간의 권한쟁의심판이다. 권한쟁의심판이 「지방교육자치에 관한 법률」 제2조의 규정에 의한 교육·학예에 관한 지방자치단체의 사무에 관한 것인 때에는 교육감이 권한쟁의심판의 당사자가 된다.

2) 권한쟁의심판의 당사자능력

권한쟁의심판의 당사자능력과 관련하여 헌법 및 「헌법재판소법」상의 당사자능력에 관한 규정은 예시규정이다. 이에 대해서는 위에서 서술한 바 있다(위 240면 참조). 이에 비해서 지방자치단체 상호 간의 권한쟁의심판에 있어서는 열거규정으로 이해된다(헌재 2010. 4. 29, 2009헌라11). 지방자치단체의 종류는 「지방자치법」에 확정되어 있기 때문이다. 따라서 예컨대 지방의회 의원이 의장을 피청구인으로 하는 권한쟁의심판청구는 지방자치단체 상호 간의 권한쟁의가 아니라 지방의회 내부 분쟁으로서 부적법하다.

권한쟁의심판의 당사자능력을 판단하는 데 있어서 다음과 같은 세 가지 기준이 중요하다. 첫째, 헌법에 의하여 설치된 국가기관인가의 여부이다. 이러한 입장에 따르면 예컨대 국가인권위원회에 대해서는 권한쟁의심판의 당사자능력은 부인된다(헌재 2010. 10. 28, 2009헌라6). 둘째, 헌법과 법률에 의하여 독자적인 권한이 부여되어 있는 기관인가의 여부이다. 셋째, 기관 상호 간의 권한의 존부 및 범위에 관한 다툼이 있는 경우에 이를 해결할 적당한 기관과 방법이 별도로 존재하는가 여부이다.

판례 97 국회의원의 국회의장을 피청구인으로 하는 권한쟁의심판의 적법성

국회의장은 헌법과 법률에 의하여 국회를 대표하고 의사를 정리하며, 질서를 유지하고 사무를 감독할 지위에 있다. 이러한 지위에서 본회의 개의시(時)의 변경, 의사일정의 작성과 변경, 의안의 상정, 의안의 가결선포 등의 권한을 행사한다. 따라서 국회의원과 국회의장 사이에 각자 권한의 존부 및 범위와 행사를 둘러싸고 다툼이 생길 수 있고, 이는 단순히 국회의 구성원인 국회의원과 국회의장 간의 내부의 분쟁이 아니라 각각 별개의 헌법상의 국가기관으로서의 권한을 둘러싸고 발생하는 분쟁이다. 이와 같은 분쟁을 행정소송법상의 기관소송으로 해결할 수 없고 권한쟁의심판 이외에 달리 해결할 적당한 기관이나 방법이 없으므로 국회의원과 국회의장은 헌법 제111조 제1항 제4호 소정의 권한쟁의심판의 당사자가 될 수 있다. 국회의원과 국회의장을 권한쟁의심판을 할 수 있는 국가기관으로 열거하지 않은 헌법재판소법 제62조 제1항 제1호의 규정은 한정적·열거적인 조항이 아니라 예시적인 조항으로 해석하여야 한다. 국회의 자율권도 헌법이나 법률을 위반하지 않는 범위 내에서 허용되어야 하고 따라서 국회의 의사절차나 입법절차에 헌법이나 법률의 규정을 명백히 위반한 흠이 있는 경우에는 국회가 자율권을 갖는다고 할 수 없다. 따라서 헌법재판소가 심사할 수 없는 국회 내부의 자율에 관한 문제는 아니다.

이 사건 심판청구는 권한쟁의심판을 청구할 수 있는 국회의원인 청구인들이 국회의장을 상대로 국회의장의 본회의 개의, 법률안 상정, 가결선포행위가 그들의 권한을 침해하였다고 주장하여 권한침해의 확인과 아울러 그 행위의 위헌확인을 구하는 것으로서 적법하다. [헌재 1997. 7. 16. 96헌라2]

국회의원 일부가 다른 국가기관에 의하여 국회의 권한이 침해되었다는 내용의 이른바 '제3자 소송담당'은 인정되지 않는다. 국회의원이 국회 내부에서 심의 및 표결권이 침해되었다는 권한쟁의 심판청구를 할 수는 있지만 제3자인 국회를 대신하여 대통령을 피청구인으로 하여 국회의 동의권이 침해되었다는 청구를 할 수는 없다(헌재 2007. 7. 26, 2005헌라8).

판례 98 대통령의 조약체결비준권에 대한 국회의원의 권한쟁의심판 청구의 부적법성

청구인들은 헌법상 조약의 체결·비준 주체인 피청구인이 이 사건 합의문을 국회의 동의 없이 체결·비준한 행위로 인하여 국회의 조약 체결·비준 동의권 및 청구인들의 조약안 심의·표결권이 침해되었다고 주장하였다.

국회의 의사가 다수결에 의하여 결정되었음에도 다수결의 결과에 반대하는 소수의 국회의원에게 권한쟁의심판을 청구할 수 있게 하는 것은 다수결의 원리와 의회주의의 본질에 어긋나며, 국가기관이 기관 내부에서 민주적인 방법으로 토론과 대화에 의하여 기관의 의사를 결정하려는 노력 대신 모든 문제를 사법적 수단에 의해 해결하려는 방향으로 남용될 우려도 있다. 따라서 국가기관의 부분기관이 자신의 이름으로 소속기관의 권한을 주장할 수 있는 '제3자 소송담당'을 명시적으로 허용하는 법률의 규정이 없는 현행법에서는 국회의원이 국회의 조약에 대한 체결·비준 동의권의 침해를 주장하는 권한쟁의심판을 청구할 수 없다. 국회의원의 심의·표결권은 국회의 대내적인 관계에서 행사되고 침해될 수 있을 뿐 다른 국가기관과의 대외적인 관계에서는 침해될 수 없으므로, 국회의원들 상호 간 또는 국회의원과 국회의장 사이와 같이 국회 내부적으로만 직접적인 법적 연관성을 발생시킬 뿐이고 대통령 등 국회 이외의 국가기관과 사이에서는 권한침해의 직접적인 법적 효과를 발생시키지 않는다.

따라서 대통령이 국회의 동의 없이 조약을 체결·비준하였다 하더라도 국회의원인 청구인들의 심의·표결권이 침해될 가능성은 없다. [헌재 2007. 7. 26. 2005헌라8]

3) 심 판

권한쟁의의 심판은 청구기간에 제한이 있다. 즉 심판의 사유가 있음을 안 날로부터 60일 이내에, 그 사유가 있은 날로부터 180일 이내에 청구하여야 한다. 이는 불변기간이다(헌재법 제63조). 권한쟁의심판은 구두변론에 의한다.

권한쟁의심판에 있어서 가처분결정을 할 수 있다. 즉 헌법재판소는 직권 또는 청구인의 신청에 의하여 종국결정의 선고시까지 심판대상이 된 피청구기관의 처분의 효력을 정지하는 결정을 할 수 있다(헌재법 제65조). 가처분결정을 하기 위해서는 피청구기관의 처분이나 그 집행 또는 절차의 속행으로 인하여 생길 회복하기 어려운 손해를 예방할 필요가 있거나 기타 공공복리상의 중대한 사유가 있어야 하고 처분의 효력을 정지시켜야 할 긴급한 필요가 있어야 한다.

4) 결정 및 결정의 효력

헌법재판소는 심판의 대상이 된 국가기관 또는 지방자치단체의 권한의 존부 또는 범위에 관하여 확인적 판단을 한다(헌재법 제66조 제1항). 이러한 확인적 판단에는 피청구기관이 권한침해를 제거할 적극적인 재처분의무나 결과제거의무와 같은 작위의무가 포함되지 않는다. 헌법재판소가 무효확인 혹은 취소로 처분의 효력을 직접 결정하는 것은 헌법적으로 요청되는 예외적인 경우에 한정된다(헌재 2009. 10. 29, 2009 헌라8등).

피청구기관의 처분 또는 부작위가 청구인의 권한을 침해한 때에는 이를 취소하거나 그 무효를 확인할 수 있다. 특히 관할위반과 같이 처분에 있어서 중대하고 명백한 흠이 있는 경우에는 해당 처분은 무효이다. 부작위에 대한 심판청구가 인용된 경우에는 피청구인은 결정취지에 따른 처분을 하여야 한다(헌재법 제66조 제2항).

권한쟁의심판의 결정은 모든 국가기관 또는 지방자치단체를 기속한다. 다만 국가기관 또는 지방자치단체의 처분을 취소하는 결정은 그 처분의 상대방에 대하여 이미 생긴 효력에 영향을 미치지 않는다(헌재법 제67조).

판례 99 권한쟁의심판에서 위헌 · 위법상태 제거의무와 국회의 자율권

권한쟁의심판의 결과 드러난 위헌·위법 상태를 제거함에 있어 헌법재판소는 피청구인의 정치적 형성권을 가급적 존중하여야 한다. 따라서 재량적 판단에 의한 무효확인 또는 취소로 처분의 효력을 직접 결정하는 것은 권한질서의 회복을 위하여 헌법적으로 요청되는 예외적인 경우에 한정되어야 한다. 이 사건에 있어서도 국회의 입법에 관한 자율권을 존중하는 의미에서 헌법재판소는 처분의 권한 침해만을 확인하고, 권한 침해로 인하여 야기된 위헌·위법상태의 시정은 피청구인에게 맡겨 두는 것이 바람직하다. [헌재 2009. 10. 29. 2009헌라8등]

(5) 헌법소원심판

1) 헌법소원심판의 종류

헌법소원은 공권력의 행사 혹은 불행사로 인하여 침해되는 기본권을 구제하기 위한 헌법재판이다(헌재법 제68조 제1항). 이 밖에 소송의 계속 중에 소송의 당사자가 재판에 적용되는 법률이 헌법에 위반된다는 이유로 법원에 위헌법률심판의 제청을 신청하였으나 법원이 이를 기각한 경우에 당사자는 법원의 기각결정에 대해서 헌법소원심판을 청구할 수 있다(헌재법 제68조 제2항). 이는 형식적으로는 헌법소원심판이지만 실질적으로 위헌법률심판에 해당하며, 따라서 위헌법률심판에서의 위헌결정 및 위헌결정의 효력에 관한 규정들이 준용된다. 「헌법재판소법」 제68조 제1항에 의한 헌법소원심판을 '권리구제형 헌법소원심판', 제68조 제2항에 의한 헌법소원심판을 '위헌심사형 헌법소원심판'이라고 부른다.

2) 권리구제형 헌법소원심판

가) 청구권자

헌법소원심판은 기본권의 주체가 청구한다. 자연인인 국민은 헌법소원심판의 청구권자가 될 수 있다. 외국인은 기본권 주체성이 인정되는 경우에 한하여 헌법소원심판의 청구권자가 될 수 있다(위 72면 이하 참조). 사법상의 법인도 기본권의 성격에 따라서 기본권의 주체가 될 수 있으며, 이 경우에 헌법소원심판을 청구할 수 있다. 법인이 아니며 권리능력이 없는 단체도 구성원과 독립하여 기본권을 행사할 자격이 있는 경우에는 청구권자가 될 수 있다. 정당과 노동조합이 여기에 해당한다. 이에 비해서 단체의 부분기관으로서 독립해서 기본권의 주체가 될 수 없는 경우에는 이러한 부분기관은 헌법소원심판의 청구권자가 될 수 없다.

공법상의 법인은 기본권의 수범자이며, 따라서 기본권의 주체, 그리고 헌법소원심판의 청구권자가 될 수 없다. 다만 공법상의 법인도 헌법에서 보장된 생활영역에 있어서는 기본권의 주체로서 헌법소원심판을 청구할 수 있다. 예컨대, 국립대학은 연구와 교육의 영역에서 학문의 자유가 침해되었을 때 헌법소원심판을 청구할 수 있다.

판례 100 법인의 기본권 주체성

청구인 한국영화인협회 감독위원회는 한국영화인협회로부터 독립된 별개의 단체가 아니고, 영화인협회의 내부에 설치된 8개의 분과위원회 가운데 하나에 불과하다. 이와 달리 단체로서의 실체를 갖추어 당사자능력이 인정되는 법인 아닌 사단으로 볼 수 없으므로 헌법소원심판청구능력이 없다. 단체는 원칙적으로 단체 자신의 기본권을 직접 침해당한 경우에만 그의 이름으로 헌법소원심판을 청구할 수 있고 그 구성원을 위하여 또는 구성원을 대신하여 헌법소원심판을 청구할 수 없다. 청구인 사단법인 한국영화인협회는 자신의 기본권이 침해당하고 있음을 이유로 헌법소원심판을 청구한 것이 아니고, 그 단체 회원들인 영화인들의 예술의 자유와 표현의 자유가 침해당하고 있음을 이유로 하여 헌법소원심판을 청구하여 자기관련성의 요건을 갖추지 못하였다. [헌재 1991. 6. 3. 90헌마56]

나) 헌법소원심판의 제기요건

헌법소원심판을 청구하기 위해서는 공권력의 행사 혹은 불행사로 인하여 청구인 자신의 기본권이(자기관련성) 다른 국가작용을 매개하지 않고 직접, 그리고 현재 침해되어야 한다(침해의 직접성과 현재성). 또 헌법소원심판은 다른 법률에 의한 구제수단에 대해서 보충성을 갖는다. 즉 다른 법률에 의하여 구제수단이 있는 경우에는 이를 모두 거친 후가 아니면 헌법소원심판을 청구할 수 없다(헌법소원의 보충성).

a) 공권력의 행사 또는 불행사

aa) 공권력의 행사

공권력에는 입법·행정 및 사법작용 등 국가작용뿐 아니라 간접적인 국가작용, 예컨대 공법상의 사단 및 재단 등의 작용이 모두 포함된다. 그러나 행정청의 사법(私法)상의 행위는 헌법소원심판의 대상인 공권력에 해당하지 않는다. 국회제정법뿐 아니라 행정입법도 헌법소원심판의 대상이다.

명령·규칙 및 처분과 같은 행정입법은 일반적으로 집행에 의하여 비로소 개인의 기본권을 침해한다. 따라서 개인이 권리침해를 이유로 법원에서 소송을 제기하고 소송 계속 중 해당 행정입법이 헌법에 위반되는가의 여부가 재판의 전제가 된 경우에는 대법원이 이를 최종적으로 심사한다(제107조 제2항). 이에 비해서 행정입법이 집행행위를 매개하지 않고 직접 개인의 기본권을 침해할 때에는 행정입법에 대해서 헌법소원심판을 청구할 수 있다.

판례 101 명령 · 규칙에 대한 헌법소원

이 사건에서 심판청구의 대상은 법원행정처장의 법무사시험 불실시, 즉 공권력의 불행사가 아니라 법원행정처장으로 하여금 그 재량에 따라 법무사시험을 실시하지 않을 수 있다고 규정한 법무사법 시행규칙 제3조 제1항이다. 법령 자체에 의한 직접적인 기본권침해 여부가 문제되었을 경우에는 그 법령의 효력을 직접 다투는 것을 소송물로 하여 일반 법원에 구제를 구할 수 있는 절차는 존재하지 않는다. 따라서 이 사건에서는 다른 구제절차를 거칠 것 없이 바로 헌법소원심판을 청구할 수 있다.

법무사법 시행규칙 제3조 제1항은 법원행정처장이 법무사를 보충할 필요가 없다고 인정하면 법무사시험을 실시하지 않아도 된다는 것이다. 이는 상위법인 법무사법 제4조 제1항에 의하여 모든 국민에게 부여된 법무사 자격취득의 기회를 하위법인 시행규칙으로 박탈한 것이어서 평등권과 직업선택의 자유를 침해한다. [헌재 1990. 10. 15. 89헌마178]

지방의회가 제정한 조례도 헌법소원심판의 대상이 된다. 내부적 효력을 갖는 행정규칙은 헌법소원심판의 대상이 될 수 없지만 행정규칙이 예외적으로 외부적 효력을 갖는 경우에는 헌법소원심판의 대상이 된다. 대법원규칙 역시 헌법소원심판의 대상이 된다(헌재 1990. 10. 15. 89헌마178).

행정처분이 헌법에 위반된다는 이유로 취소를 구하는 행정소송을 제기하였으나 법원에서 청구가 기각 혹은 각하된 경우에 원래의 행정처분에 대하여 헌법소원심판을 청구하는 것은 원칙적으로 허용되지 않는다. 원처분(原處分)에 대한 헌법소원은 실질적으로는 행정소송의 결론을 심사하는 의미를 갖는다. 그런데 이는 헌법소원의 과제가 아니라, 일반법원의 권한이다. 헌법재판소는 법원이 헌법적 쟁점을 간과하였거나 잘못 이해하였는가의 여부를 심사하여야 한다. 다만 헌법재판소에서 이미 위헌으로 결정한 법률을 적용하여 재판이 이루어진 경우에는 예외적으로 법원의 재판에 대한 헌법소원이 허용된다. 이때에는 해당 판결의 대상이 된 원행정처분에 대한 헌법소원심판의 청구 역시 허용된다.

「헌법재판소법」은 법원의 재판을 헌법소원심판의 대상에서 제외하고 있다(제68조 제1항). 헌법소원은 헌법을 기준으로 하는 재판작용이다. 이에 비해서 법원의 재판은 법률을 기준으로 한다. 그리고 국민의 재판을 받을 권리는 법원의 재판 및 헌법재판을 받을 권리를 포함한다. 따라서 법원의 재판을 헌법소원심판의 대상에서 제외하는 것은 헌법에 위반된다. 헌법재판소는 법원의 재판을 헌법소원의 대상에서 제외하는 「헌법재판소법」 규정에 대해서 기본적으로 헌법에 위반되지 않는다는 입장이다. 다만 위에서 언급했듯이 헌법재판소가 위헌으로 결정한 법률을 법원이 재판에서 적용하는 경우에는 법원의 재판을 헌법소원심판의 대상으로 할 수 있다.

판례 102 재판에 대한 헌법소원

재판청구권은 사실관계와 법률관계에 관하여 최소한 한번의 재판을 받을 기회가 제공될 것을 국가에게 요구할 수 있는 기본권이다. 따라서 기본권의 침해에 대한 구제절차가 반드시 헌법소원의 형태로 독립된 헌법재판기관에 의하여 이루어질 것만을 요구하지는 않는다. 법원의 재판은 법률상 권리의 구제절차이며 동시에 기본권의 구제절차이므로, 법원의 재판에 의한 기본권의 보호는 이미 기본권의 영역에서 재판청구권을 충족시키고 있다. 법원의 재판을 헌법소원심판의 대상에 포함시키는 것은 기본권 보호를 위하여 이상적이지만, 이는 헌법재판소의 위헌결정을 통해서가 아니라 입법자가 해결해야 할 과제이다. 헌법재판소법 제68조 제1항은 국민의 기본권(평등권 및 재판청구권 등)의 관점에서는 입법형성권의 헌법적 한계를 넘는 위헌적인 법률조항이라고 할 수 없다.

그러나 법원이 헌법재판소가 위헌으로 결정하여 그 효력을 전부 또는 일부 상실하거나 위헌으로 확인된 법률을 적용함으로써 국민의 기본권을 침해한 경우에도 법원의 재판에 대한 헌법소원이 허용되지 않는 것으로 해석한다면, 위 법률조항은 그러한 한도 내에서 헌법에 위반된다. 모든 국가기관은 헌법의 구속을 받고 헌법에의 기속은 헌법재판을 통하여 사법절차적으로 관철되므로, 헌법재판소의 법률에 대한 위헌결정은 법원을 포함한 모든 국가기관과 지방자치단체를 기속한다. 따라서 헌법재판소가 위헌으로 결정하여 그 효력을 상실한 법률을 적용하여 한 법원의 재판은 헌법재판소 결정의 기속력에 반할 뿐 아니라, 법률에 대한 위헌심사권을 헌법재판소에 부여한 헌법의 결단(헌법 제107조 및 제111조)에 정면으로 위배된다. [헌재 1997. 12. 24. 96헌마172등]

bb) 공권력의 불행사

공권력의 부작위에 의하여 기본권이 침해된 경우에 헌법소원심판을 청구할 수 있다. 헌법상 명문으로 공권력 주체의 작위의무가 규정되어 있는 경우, 법률의 해석상 공권력 주체의 작위의무가 도출되는 경우, 그리고 공권력 주체의 작위의무가 법령에 구체적으로 규정되어 있는 경우에 헌법소원심판을 청구할 수 있다.

입법부작위와 관련해서는 다음과 같이 차별적인 접근이 필요하다. 어떠한 사항에 대하여 전혀 입법을 하지 않은 경우, 즉 진정입법부작위에 대해서는 원칙적으로 헌법소원심판을 청구할 수 없다.

다만 헌법에서 기본권보장을 위하여 명시적으로 입법위임을 하였음에도 불구하고 입법자가 이를 방치하고 있거나 헌법해석상 특정인에게 구체적인 기본권이 생겨 이를 보장하기 위한 국가의 행위의무 내지 보호의무가 발생하였음에도 불구하고 입법자가 아무런 입법조치를 취하지 않은 경우에는 헌법소원심판의 대상이 된다. 이에 비해서 어떠한 사항에 대하여 입법을 하였으나 입법의 내용·범위·절차 등이 당해 사항을 불완전·불충분 또는 불공정하게 규율하는 경우, 즉 부진정입법부작위에 대해서는 입법부작위상태가 아니라 해당 규정 자체가 헌법소원심판의 대상이 된다.

판례 103 진정입법부작위에 대한 헌법소원

공무원노조법에 의하면, 지방공무원 중 기능직공무원과 고용직공무원은 공무원노동조합에 가입할 수 있고, 단결권과 단체교섭권을 가진다. 그런데 만일 지방공무원법 제58조 제2항에 따라 제정된 조례가 기능직공무원을 '사실상 노무에 종사하는 공무원'의 범위에 포함시킨다면 기능직공무원들은 공무원노조법의 적용대상에서 제외되어 단결권과 단체교섭권은 물론 단체행동권까지 가질 수 있게 된다. 이와 같이 해당 조례가 어떻게 제정되는지에 따라 기능직공무원인 청구인들이 향유할 수 있는 근로3권의 범위가 달라진다. 따라서 이 사건 진정입법부작위에 의하여 청구인들의 기본권이 침해될 가능성이 있다.

지방공무원법 제58조 제2항은 '사실상 노무에 종사하는 공무원'의 구체적인 범위를 조례로 정하도록 하고 있기 때문에 그 범위를 정하는 조례가 제정되어야 비로소 지방공무원 중에서 단결권·단체교섭권 및 단체행동권을 보장받게 되는 공무원이 구체적으로 확정된다. 그러므로 지방자치단체는 소속 공무원 중에서 지방공무원법 제58조 제1항의 '사실상 노무에 종사하는 공무원'에 해당하는 지방공무원이 단결권·단체교섭권 및 단체행동권을 원만하게 행사할 수

> 있도록 보장하기 위하여 그 구체적인 범위를 조례로 제정할 헌법상 의무를 부담한다. 그리고 지방공무원법 제58조가 '사실상 노무에 종사하는 공무원'에 대하여 단체행동권을 포함한 근로3권을 인정하더라도 업무 수행에 큰 지장이 없고 국민에 대한 영향이 크지 않다는 입법자의 판단에 기초하여 제정된 이상, 해당 조례의 제정을 미루어야 할 정당한 사유가 존재한다고 볼 수도 없다. [헌재 2009. 7. 30. 2006헌마358]

b) 기본권 침해

자신의 기본권이 현재, 그리고 직접 침해되었을 때 헌법소원심판을 청구할 수 있다(기본권 침해의 자기관련성, 현재성, 직접성). 이때 기본권 침해란 기본권 침해의 가능성을 말한다.

헌법소원심판을 청구하기 위해서는 청구인 자신의 기본권이 침해되어야 한다. 따라서 타인의 기본권을 구제하기 위한 헌법소원청구는 허용되지 않는다. 기본권 침해는 법적·구체적이어야 한다. 국가작용을 통하여 단순히 사실적 및 간접적 불이익을 받았다는 이유로 헌법소원심판을 청구할 수는 없다. 공권력작용의 직접적인 상대방이 아닌 제3자의 경우에도 제3자의 기본권이 직접적이고 법적으로 침해되고 있는 경우에는 기본권 침해의 자기관련성이 인정된다. 예컨대, 건강보험에서 요양급여에 대한 보상금액을 인하하는 조치는 요양기관을 직접적인 수규자로 하지만 이로 인하여 요양기관에 고용된 의사에게 경제적 손실을 직접 발생시키기 때문에 고용된 의사의 기본권을 침해하는 효과가 있다(헌재 2003. 12. 18, 2001헌마543).

현재 기본권이 침해되고 있어야 한다. 따라서 이미 과거에 기본권 침해가 종료한 경우, 그리고 앞으로 단순히 기본권 침해가 예견되는 경우에는 헌법소원심판을 청구할 수 없다. 헌법재판소는 기본권 침해의 현재성의 요건을 다음과 같은 경우에 완화하여 적용하고 있다. 첫째, 이미 기본권 침해행위가 종료한 경우에도 그러한 침해행위가 앞으로 반복될 위험이 있거나 당해 분쟁의 해결이 헌법질서의 수호·유지를 위하여 긴요한 사항이어서 헌법적으로 그 해명이 중대한 의미를 갖는 경우에는 헌법소원심판의 적법성이 인정된다. 둘째, 공권력 작용으로 인하여 아직 기본권 침해가 발생한 것은 아니지만 앞으로 기본권 침해가 틀림없을 것으로 예상되며, 사실상 기본권 침해의 위험이 발생하였다고 판단하는 경우에 헌법소원심판을 청구할 수 있다.

기본권 침해의 직접성은 특히 법령이 헌법소원심판의 대상이 되었을 때 문제가 된다. 법령은 일반적으로 집행행위를 통하여 비로소 개인의 법적 지위에 직접적이고 구체적인 영향을 주며, 따라서 기본권 침해의 직접성의 요건을 충족하지 못한다. 그러나 예외적으로 법령이 집행행위를 매개하지 않고 직접 개인의 기본권을 침해하는 경우에는 헌법소원심판의 대상이 된다.

집행행위를 거쳐 비로소 개인의 기본권을 침해하는 법령이 예외적으로 헌법소원심판의 대상이 되는 경우가 있다. 첫째, 집행행위를 대상으로 하는 구제절차가 없거나 구제절차가 있더라도 권리구제의 가능성이 없는 경우이다. 둘째, 법령이 일의적이고 명백하기 때문에 집행기관이 심사와 재량의 여지가 없이 해당 법령에 따라 집행행위를 하여야 하는 경우이다.

c) 청구기간

헌법소원의 청구기간에는 제한이 있다. 즉, 청구사유가 있음을 안 날로부터 90일 이내에, 그리고 청구사유가 발생한 날로부터 1년 이내에 심판을 청구하여야 한다(헌재법 제69조 제1항). 청구기간의 기산점은 기본권 침해가 있는 시점이다. 장래 발생할 것이 확실히 예측되는 기본권 침해를 이유로 헌법소원심판을 청구하는 경우에는 청구기간은 문제되지 않는다. 기본권 침해가 앞으로 발생할 것을 전제로 하는 청구이기 때문이다.

법령에 대한 헌법소원에 있어서는 다음과 같은 구분이 있다. 법령의 시행과 동시에 기본권을 침해받은 자는 그 법령이 시행된 사실을 안 날로부터 90일 이내에, 그리고 그 법령이 시행된 날로부터 1년 이내에 청구하여야 한다. 법령이 시행된 이후에 비로소 그 법령에 해당하는 사유가 발생하여 기본권이 침해된 때에는 그 사유가 발생함을 안 날로부터 90일 이내에, 그 사유가 발생한 날로부터 1년 이내에 청구하여야 한다.

공권력의 부작위에 대한 헌법소원심판에 있어서는 해당 부작위가 계속되는 한 청구기간의 제한은 없다. 이때 부작위는 진정입법부작위를 말한다. 부진정입법부작위에 있어서는 해당 법률규정 자체가 심판의 대상이며, 청구기간과 관련하여 위에서 설명한 일반론이 적용된다.

d) 권리보호의 이익

헌법소원심판이 인용되었을 때 개인의 주관적 권리가 구제될 수 있어야 한다. 이미 기본권 침해가 종료되어 헌법소원을 인용하더라도 권리구제의 가능성이 없다면 헌법소원심판의 실익이 없기 때문이다. 권리보호의 이익은 결정시점에도 존재하여야 한다. 따라서 심판청구 당시에는 권리보호의 이익이 존재하였으나 심판의 계속 중 사정변경으로 인하여 권리보호의 이익이 소멸한 경우에는 심판청구는 부적법하다.

헌법소원심판은 기본적으로 주관적 권리구제를 위한 제도이지만 객관적으로 헌법질서를 보장하는 기능을 수행하기 때문에 권리보호의 이익이라는 요건은 경우에 따라서 완화하여 적용하고 있다. 즉, 권리구제의 이익이 없더라도 헌법질서를 수호·유지하기 위하여 이에 대한 헌법적 해명이 긴요하다고 판단되는 경우에는 심판청구의 이익을 인정한다.

판례 104 권리보호의 이익의 소멸과 심판청구의 이익

이 사건 헌법소원심판 계속 중 청구인에 대한 구속기간 연장의 효력이 2002. 3. 27. 종료되었으므로 이 사건 법률규정의 위헌 여부에 관한 심판을 구할 청구인의 주관적인 권리보호이익은 소멸되었다. 그러나 헌법소원제도는 개인의 주관적 권리구제뿐 아니라 객관적인 헌법질서의 수호·유지의 기능도 있으므로 심판계속 중에 주관적인 권리보호이익이 소멸된 경우라도 그러한 기본권 침해행위가 반복될 위험이 있거나 당해 분쟁의 해결이 헌법질서의 수호·유지를 위하여 긴요한 사항이어서 헌법적으로 그 해명이 중대한 의미를 지니고 있는 경우에는 심판청구의 이익이 인정된다.

이 사건 법률규정에 의한 구속기간의 연장 조치는 앞으로도 다른 사건에서 계속 반복될 것이고 이에 따라 그로 인한 기본권 침해 여부를 둘러싼 헌법적 분쟁 또한 반복되리라고 쉽게 예상할 수 있다. 그렇다면 이 사건 법률규정은 당해사건을 넘어서서 일반적인 의미를 갖는 헌법문제를 내포하고 있으며 그에 대한 헌법적 해명은 객관적인 헌법질서의 수호·유지를 위하여 긴요하다. 따라서 이 부분 헌법소원은 심판청구의 이익이 인정되어 적법하다. [헌재 2003. 11. 27. 2002헌마193]

e) 보충성의 원칙

헌법소원은 개인의 기본권을 구제하기 위한 최후의 보충적인 제도이다. 따라서 청구인은 다른 법률에 구제절차가 있는 경우 그 절차를 모두 거친 후가 아니면 헌법소원심판을 청구할 수 없다(헌법소원의 보충성). 이때 구제절차는 적법한 구제절차를 말한다. 또 사후적·보충적 구제절차인 손해배상청구권 혹은 손실보상청구권은 보충성의 원칙을 충족하기 위하여 필요한 다른 구제절차에 해당하지 않는다.

보충성의 원칙은 다음과 같은 두 가지 의미를 갖는다. 첫째, 구체적인 분쟁에서 법령의 해석·적용 및 사실관계의 확정에 대한 판단은 법원이 담당하며, 법원이 재판과정에서 헌법의 의미를 잘못 파악하거나 혹은 간과한 경우 보충적·최종적으로 헌법소원심판이 이루어진다. 둘째, 이와 같이 헌법소원심판과 재판이 기능을 분담하면서 헌법재판소의 부담을 경감하는 효과가 있다.

헌법소원심판에서 보충성의 원칙은 다음과 같은 경우에 예외적으로 적용되지 않는다. 첫째, 위헌법률 및 명령에 의하여 직접 개인의 기본권이 침해되는 경우이다. 법원에서 법령 자체의 효력을 직접 다투는 소송이 허용되지 않기 때문이다. 둘째, 청구인에게 사전에 구제절차를 거칠 것을 기대하기 곤란하거나 기대할 수 없는 경우이다. 이는 청구인의 불이익으로 돌릴 수 없는 정당한 사유 있는 착오로 인하여 전심절차를 거치지 않은 경우, 전심절차로 권리를 구제할 가능성이 거의 없는 경우, 또는 권리구제절차가 허용되는가의 여부가 객관적으로 불확실하여 전심절차 이행의 기대가능성이 없는 경우 등을 말한다.

판례 105 보충성의 원칙이 적용되지 않는 경우

행형법 제6조 제1항은 "수용자는 그 처우에 대하여 불복이 있을 때에는 법무부장관 또는 순회점검공무원에게 청원할 수 있다"고 규정하고 있다. 그러나 청원제도는 그 처리기관이나 절차 및 효력면에서 권리구제절차로서는 불충분하고 우회적인 제도이므로 헌법소원에 앞서 반드시 거쳐야 하는 사전구제절차라고 보기는 어렵다. 더구나, 이 사건 수갑 및 포승 사용행위는 이미 종료된 권력적 사실행위로서 행정심판이나 행정소송의 대상으로 인정되기 어려울

뿐만 아니라 소의 이익이 부정될 가능성이 많아 헌법소원심판을 청구하는 외에 달리 효과적인 구제방법도 없으므로, 보충성의 원칙에 대한 예외에 해당된다. [헌재 2005. 5. 26, 2001헌마728]

다) 심 리

헌법재판관 3인으로 구성된 지정재판부에서 헌법소원심판의 사전심사를 담당한다. 지정재판부 재판관 전원의 일치에 의하여 헌법소원심판청구의 요건을 결여하였다고 판단하는 경우에는 심판청구를 각하한다.

헌법소원심판에서 심리의 기준은 헌법상의 기본권이 침해되었는가의 여부이다. 헌법의 객관적인 규범이 심사의 기준이 될 수는 있다. 그러나 기본권을 침해한 사실이 없는 경우에는 헌법소원심판을 청구할 수 없다.

「헌법재판소법」은 정당해산심판과 권한쟁의심판에 있어서 명시적으로 가처분에 관한 규정을 두었으나(헌재법 제57조 및 제65조), 헌법소원심판에 있어서도 가처분의 필요성이 있으며, 이를 허용하지 않을 이유는 없으므로 가처분이 허용되고 있다. 가처분의 요건에 대해서는 위에서 서술한 바 있다(위 339면 참조).

라) 결정 및 재심

헌법소원심판청구를 인용하기 위해서는 재판관 6인 이상의 찬성이 있어야 한다. 인용결정을 할 때에는 결정서의 주문에 침해된 기본권과 침해의 원인이 된 공권력의 행사 혹은 불행사를 특정하여야 한다. 헌법재판소는 기본권 침해의 원인이 된 공권력의 행사를 취소하거나 불행사가 위헌임을 확인할 수 있다. 공권력의 행사 혹은 불행사가 위헌인 법률에 기인한다고 인정할 때에는 당해 법률 혹은 법률의 조항이 위헌임을 선고할 수 있다(헌재법 제75조 제2, 3, 5항).

헌법소원의 인용결정은 모든 국가기관과 지방자치단체를 기속한다. 헌법재판소가 인용결정을 한 때에는 피청구인은 결정취지에 따라 새로운 처분을 하여야 한다(헌재법 제75조 제1, 4항). 헌법재판소가 인용결정에서 공권력의 행사 혹은 불행사의 원인이 된 법률 또는 법률조항을 위헌선고한 경우에는 위헌법률심판에 관한 「헌법재판소법」 제45조 및 제47조가 준용된다(헌재법 제75조 제6항).

헌법소원심판절차에 있어서 일반법원의 재판과 같이 「민사소송법」의 재심에 관한 규정을 준용하여 재심이 허용된다. 재판부의 구성이 위법한 경우 혹은 판단유탈, 즉 '판결에 영향을 미칠 중요한 사항에 관하여 판단을 유탈한 때'가 대표적인 재심사유이다(헌재 2001. 9. 27, 2001헌아3).

3) 위헌심사형 헌법소원심판

가) 심판의 청구, 재판의 전제성

법원에서 계속 중인 소송에서 당사자가 적용법률에 대한 위헌법률심판제청을 신청하였지만 법원이 이를 기각 혹은 각하한 경우에 당사자는 「헌법재판소법」 제68조 제2항에 의하여 헌법소원심판을 청구할 수 있다. 이때 실질적으로는 법률에 대한 위헌심판이 이루어진다.

소송의 당사자는 법률 그 자체의 위헌성이 아니라 법률조항의 특정한 해석 혹은 적용부분의 위헌성을 청구하는, 이른바 한정위헌청구를 할 수 있다. 헌법재판소에서의 위헌심판은 해석에 의하여 구체화된 법률 조문의 의미와 내용을 대상으로 하며, 따라서 위헌적인 해석의 가능성을 제거하는 내용의 심판청구를 할 수 있기 때문이다. 다만 헌법적 관련성 없이 사실관계를 확인하거나 법률 조항의 단순한 해석에 관한 청구는 법원의 관할에 속하기 때문에 부적법하다(헌재 2012. 12. 27, 2011헌바117).

판례 106 한정위헌청구의 원칙적인 적법성

구체적 규범통제절차에서 제청법원이나 헌법소원청구인이 심판대상 법률조항의 특정한 해석이나 적용부분의 위헌성을 주장하는 한정위헌청구 역시 원칙적으로 적법하다. 그 이유는 다음과 같다.

첫째, 법률의 의미는 개별·구체화된 법률해석에 의해 확인되기 때문에 법률과 법률의 해석을 구분할 수는 없고, 규범통제는 해석에 의해 구체화된 법률의 의미와 내용에 대한 헌법적 통제로서 헌법재판소의 고유권한이다. 둘째, 제청법원이나 헌법소원청구인이 당해 사건 재판의 근거가 되는 법률조항 그 자체나 그 전체의 위헌성을 주장하지 않고 당해 법률조항의 특정한 해석 혹은 적용 가능성에 대하여만 제한적·한정적으로 위헌을 주장한다면 헌법재판소는 제청법원 등이 주장하는 범위 내에서 위헌 여부를 심판하는 것이 원칙이며, 그 이외의 부분까지 위헌 여부를 심판하는 것은 직권주의를 감안하더라도, 헌법재판소법상의 신청주의나 적법요건으로서의 재판의 전제성에 위반될 수 있다. 그러므로 제청법원 등이 하는 한정위헌청구는 헌법재판소가 소홀히 할 수 있는 당해 법률조항에 대한 한정위헌결정 여부를 헌법재판소로 하여금 주의깊게 심사하도록 촉구하여 위헌의 범위와 그에 따른 기속력의 범위를 제한적으로 정확하게 한정할 수 있게 하고, 그 결과 위헌여부 심판권의 심사지평을 넓힐 수 있다. 셋째, 한정위헌청구는 입법권에 대한 자제와 존중의 표현이다. 즉 헌법재판소를 포함한 모든 국가기관과 국민은 입법을 존중하여야 한다. 한정위헌청구에 따른 한정위헌결정은 당해 법률조항 중 위헌적인 해석이나 적용부분만을 제거하고 그 이외의 (합헌인) 부분은 최대한 존속시킬 수 있어서 입법권에 대한 자제와 존중의 결과가 되며 따라서 헌법질서에도 더욱 부합한다. [헌재 2012. 12. 27. 2011헌바117]

위헌심사형 헌법소원이 적법하기 위해서는 법원에 계속 중인 구체적인 사건에 적용될 법률이 헌법에 위반되는가의 여부가 재판의 전제가 되어야 한다. 재판의 전제성의 내용에 대해서는 위에서 서술하였다(위 321면 이하 참조).

나) 청구기간, 심판청구의 효과

위헌심사형 헌법소원심판의 청구에 있어서도 청구기간에 제한이 있다. 즉, 청구인은 위헌법률심판의 제청신청을 기각하는 결정을 통지받은 날로부터 30일 이내에 심판을 청구하여야 한다(헌재법 제69조 제2항).

위헌심사형 헌법소원심판은 실질적으로는 위헌법률심판에 해당하지만 위헌법률심판을 제청한 경우와는 달리 당해 사건의 소송절차가 정지되지는 않는다. 이 경우 당해 소송사건이 종결된 후 헌법재판소가 당해 소송사건에 적용된 법률에 대해서 위헌결정을 하면 재심사유가 된다(헌재법 제75조 제7항). 이로써 당해 소송의 결론에 따라서 당사자에게 회복할 수 없는 손해가 발생할 수도 있다. 따라서 헌법재판소는 청구인에게 회복할 수 없는 손해가 발생하지 않도록 선고기간을 준수하여야 할 것이다.

다) 결정 및 결정의 효력

헌법재판소는 심판사건을 접수한 날로부터 180일 이내에 종국결정의 선고를 하여야 한다. 위헌심사형 헌법소원은 실질적으로는 위헌법률심판이기 때문에 결정의 내용 및 결정의 효력에 있어서 위헌법률심판의 해당 규정이 준용된다(헌재법 제75조 제6항, 제45조 및 제47조). 헌법소원이 이유 없는 경우에는 기각결정이 아니라 합헌결정을 한다.

권리구제형 헌법소원과는 달리 위헌심사형 헌법소원심판의 결정에 대해서는 재심에 의한 불복은 허용되지 않는다. 법적 안정성을 침해하는 정도가 크기 때문이다.

제 7 장

경제질서

제 1 절 경제질서의 유형과 우리 헌법의 경제질서

Ⅰ. 자본주의 시장경제질서와 사회주의 중앙계획경제질서

근대헌법은 개인생활에 대한 국가의 간섭을 배제하려는 국민적 요구에서 출발하였다. 이는 기본권에 의하여 보호되었다. 여기에는 경제생활에서 개인의 자기결정권을 보호하는 기본권이 포함되어 있다. 재산권·직업선택의 자유·거주이전의 자유가 대표적인 예이다.

경제에 대한 국가의 불간섭은 두 가지 형태로 나타난다. 첫째, 생산수단을 국가가 아니라 사인(私人)이 소유한다. 둘째, 재화·서비스 등의 생산과 유통, 그리고 소비에 있어서 국가가 관여하지 않으며, 이들 경제과정은 시장질서에서 실현된다. 시장에서 기능하는 '보이지 않는 손'에 의하여 공급과 수요가 균형을 이루고, 이러한 균형점에서 적정가격이 형성될 수 있다고 생각되었다. '자본주의' '시장경제'의 출현이다.

자본주의 시장경제는 인류의 역사에서 개인의 경제적 자유를 보장하고, 또 전체적인 부(富)의 축적에 기여하였다. 그러나 자본주의 시장경제는 자본과 노동이라는 새로운 계급을 출현시켰고, 이러한 두 계급 간의 경제적 불균형은 국가 및 사회체계 전반의 불균형과 새로운 계급사회가 형성되는 계기가 되었다. 이에 자본주의 시장경제에 대한 강력한 대안으로 '사회주의' '중앙계획경제'가 제시되고, 실험되었다. 이에 따르면 생산수단은 국가가 소유하며, 경제과정은 국가의 계획에 따라 운영된다. 사회주의 중앙계획경제는 2차 세계대전 후 전세계를 양분하여 한 축을 구성하는 지역에서 실험되었다. 그러나 이는 1970년대 이후 더 이상 경제성장과 경제정의의 실현에 적합한 이념과 제도로서 기능하지 못하게 되었다.

사회주의 중앙계획경제질서는 1980년대 이후 동구권에서 민주화운동, 그리고 1990년 전후 동서독의 통일과 구소비에트연방의 해체 등을 계기로 실패한 역사적 실험이 되었다. 사회주의 중앙계획경제질서를 여전히 유지하고 있는 국가가 북한, 즉 조선민주주의인민공화국이다.

Ⅱ. 혼합경제질서

순수하게 자본주의 시장경제를 채택하는 경우는 거의 없으며, 자본주의 시장경제의 문제를 기존의 체제를 유지하면서 경제질서에 어느 정도 사회적 과제를 부과하는 방법을 통하여 극복하려는 시도가 일반적으로 채택되고 있다. 이를 통칭하여 혼합경제질서로 부른다.

혼합경제질서는 두 차원에서 시도되었다. 첫째, 사회적 기본권을 보장하여 국가가 개인생활을 사회적으로 배려하는 시도이다. 이를 통하여 자본주의 시장경제에서 모든 국민에게 실질적인 자유를 향유하기 위하여 필요한 생활의 기초를 보장한다. 그리고 이를 위하여 필요한 범위에서 경제적 기본권은 상대화되어야 한다. 둘째, 자본주의 시장경제의 문제가 체계 자체에 내재해 있다는 인식이다. 즉, 국가는 시장이 기능하기 위하여 필요한 전제조건을 보호하여야 한다. 국가의 시장에 대한 규제와 조정은 시장의 기능 자체를 위하여 필요하다는 것이다.

Ⅲ. 우리 헌법상의 경제질서

1. 사회적 시장경제질서?

우리 헌법의 경제질서를 사회적 시장경제에 해당한다고 보는 것이 일반적인 견해이다. 헌법재판소 역시 이러한 입장에 있다. 그러나 사회적 시장경제질서는 1950년대 이후 독일에서 형성되어 발전해 온 경제이념의 산물이며, 특정한 질서요소를 내포하고 있다. 예컨대, 국가가 시장경제가 기능하기 위한 조건을 조성하여야 하며, 이를 위하여 독과점을 규제하고 효율적인 경쟁질서를 유지하여야 한다. 국가는 경제에 관한 구조조정을 위하여 개입할 수 있다. 그러나 이는 부분적·일시적이며, 국가가 지속적으로 경제질서를 형성할 수는 없다. 국가의 경제개입에 있어서 보충성의 원칙이 엄격하게 적용된다. 사회적 약자에 대한 배려와 사회정의의 실현은 기본적으로 시장에 적합한 방법에 의하여야 한다. 따라서 국가는 복지생산에 있어서 시장에 개입하여 직접 소득분배를 조정하는 정책이 아니라 시장에서 분리된 사회정책을 형성하여 재분배정책을 시행하는 방법을 우선하여야 한다.

우리 헌법이 위와 같은 사회적 시장경제질서의 요소를 포함하고 있는 것은 아니다. 예컨대, 사회적 시장경제질서가 예정하는 산업구조조정의 범위 및 강도가 우리 헌법에서 도출되는 것은 아니다. 그리고 복지생산의 방법론으로 시장 자체에 사회적 과제를 부여하기보다 재분배방법을 우선하여야 한다고 볼 수도 없다. 따라서 우리 헌법상의 경제질서를 사회적 시장경제질서라고 하는 것은 옳지 않다.

2. 혼합 · 개방경제질서

우리 헌법은 기본적으로 자본주의 시장경제질서를 채택하고 있다. 이는 헌법 제119조 제1항, 제10조에서 도출되는 계약의 자유, 제15조 직업선택의 자유, 제23조 재산권 보장, 그리고 원칙적으로 사기업을 국영 혹은 공영으로 전환할 수 없고, 또 경영을 통제 또는 관리할 수 없도록 하는 제126조에서 도출된다. 그러나 우리 헌법이 순수한 형태의 자본주의 시장경제질서를 예정하고 있는 것은 아니다. 제119조 제2항이 경제 자체를 위하여, 또 사회적 고려에서 경제에 관한 규제와 조정을 할 수 있도록 규정하고 있기 때문이다. 이는 부분적으로 국가가 직접 생산기능을 수행하거나 또는 국가가 경제에 개입하는 방법으로 이루어진다. 다만 이러한 헌법규정으로부터 국가의 규제와 조정의 영역, 내용 및 방법 등에 대한 지침이 직접 도출되지는 않는다. 따라서 헌법이 자본주의 시장경제질서와 사회주의 계획경제질서 사이의 다양한 경제질서의 유형 중 특정한 유형을 선택한 것은 아니다.

헌법은 경제질서에 관하여 특정한 유형을 염두에 두지는 않았다. 경제 및 사회정책적 결정에 있어서 어떠한 요소들을, 어느 정도로 선택할 것인가는 입법적 결정에 유보되어 있다. 따라서 혼합경제질서의 범주 내에서 경제질서를 개방한 것으로 볼 수 있다. 다만 다음과 같은 기준은 존중하여야 한다. 첫째, 사회적 약자에 대한 보호와 시장의 기능 유지를 위한 개입도 배제하는 극단적인 형태의 경제질서, 그리고 국가가 생산을 독점하고 시장을 인정하지 않거나 지배하는 다른 한 극단의 경제질서는 우리 헌법과 조화될 수 없다. 둘째, 경제질서는 기본권과 상호 작용하면서 실현된다. 따라서 경제질서는 기본권적 기준을 동시에 존중하여야 한다.

제 2 절 헌법상 경제질서의 요소들

Ⅰ. 자본주의 시장경제질서의 원칙과 의미

1. 사인의 자본소유, 시장의 자율성

자본주의 시장경제질서에서 국가의 자본소유는 엄격히 제한된다. 국가는 시장의 기능을 보장하기 위하여, 그리고 사회질서를 형성하기 위하여 시장에 개입한다. 그렇기 때문에 소유관계, 그리고 경제운용과정에 국가가 개입하기 위해서는 이를 정당화하는 부담이 따른다. 예컨대, 사영기업을 국영화하거나 경영을 통제 혹은 관리하는 것은 엄격한 조건하에서만 허용된다(제126조).

판례 107 경제질서와 기업해체조치

헌법 제119조 제1항은 대한민국의 경제질서는 개인과 기업의 경제상의 자유와 창의를 존중함을 기본으로 한다고 하여 시장경제의 원리에 입각한 경제체제임을 천명하였다. 이는 기업의 생성·발전·소멸은 기업의 자율에 맡긴다는 기업자유의 표현이며 국가의 공권력은 특단의 사정이 없는 한 이에 대한 불개입을 원칙으로 한다. 나아가 헌법 제126조는 국방상 또는 국민경제상 긴절한 필요로 인하여 법률이 정하는 경우를 제외하고는 사영기업을 국유 또는 공유로 이전하거나 그 경영을 통제 또는 관리할 수 없다고 규정하여 사영기업의 경영권에 대한 불간섭의 원칙을 구체적으로 밝히고 있다.

국가의 공권력이 부실기업의 처분정리를 위하여 그 경영권에 개입하고자 한다면 적어도 긴절한 필요 때문에 정한 법률상의 규정이 없이는 불가능하고, 다만 근거법률은 없지만 부실기업의 정리에 개입하는 예외적인 길은 부실기업 때문에 국가가 중대한 재정·경제상의 위기에 처하게 된 경우 공공의 안녕질서의 유지상 부득이하다는 요건에 맞추어 긴급명령을 발하여 이를 근거로 할 것이다. [헌재 1993. 7. 29. 89헌마31]

2. 시장의 내재적 한계와 기능상의 한계

(1) 시장의 내재적 한계

시장경제는 자유로운 경쟁을 통하여 경제의 효율성을 제고하여야 한다. 그런데 자본이 독자성을 가지면서 자본의 증식을 위하여 독과점 등 시장을 인위적으로 조작하는 형태가 나타나기 시작하였다. 사실 이와 같이 '보이는 손'이 '보이지 않는 손'을 대체할 위험은 자본주의 시장경제에 내재해 있다. 따라서 국가는 처음부터 이를 규제하여 시장의 기능을 정상적으로 유지하는 과제를 갖는다. 예컨대 이는 헌법재판소의 결정에서 다음과 같이 표현되어 있다; "… 국가가 아무런 관여를 하지 않는다면 오히려 공정한 경제질서가 깨어지고 경제주체 간의 부조화가 일어나게 되어 헌법상의 경제질서에 반하는 결과가 초래될 것…", 혹은 "… 공정경쟁질서의 유지는 자연적 현상이 아니라 국가의 지속적인 과제라는 인식에 그 바탕을 두고 있다"(헌재 2003. 2. 27. 2002헌바4).

이러한 시각에서 보면 헌법 제119조 제2항에 제시된 경제의 목표 중 시장의 지배와 경제력의 남용을 방지하기 위한 국가의 규제와 조정은 이미 제119조 제1항에서 선언된 자본주의 시장경제질서에 내포되어 있는 국가의 과제이다. 즉, 제119조 제1항과 제2항이 원칙과 예외의 관계에 있는 것이 아니라, 제1항의 경제질서를 유지하기 위한 조건을 제2항이 제시한 것으로 이해하여야 한다.

판례 108 부당내부거래의 규제와 시장경쟁질서

부당내부거래가 초래하는 폐해를 보면 첫째, 퇴출되어야 할 효율성이 낮은 부실기업이나 한계기업을 계열회사의 형태로 존속케 함으로써 당해 시장에서 경쟁자인 독립기업을 부당하게 배제하거나 잠재적 경쟁자의 신규 시장진입을 억제함으로써 시장의 기능을 저해한다. 둘째, 계열회사 간에 이루어지는 지속적인 부당내부거래는 독과점적 이윤을 상호 간에 창출시키게 되고, 그 결과 대기업집단 소속 계열회사들의 독점력을 강화함으로써 경제력 집중의 폐해를 야기한다. 셋째, 부당내부거래는 우량 계열기업의 핵심역량이 부실 계열기업으로 분산·유출되어 우량기업의 경쟁력이 저하됨에 따라 기업집단 전체가 동반 부실화할 위험을 초래한다. 넷째, 부당내부거래는 기업의 투명성을 저해하고 주주, 특히 소액주주와 채권자 등의 이익을 침해하게 된다.

이러한 폐해를 효과적으로 규제하기 위하여 공정거래법을 개정, 부당내부거래를 불공정거래행위의 한 유형으로 규정하여 이를 금지하고, 그 위반행위에 대하여 시정조치, 과징금, 형사처벌을 규정하고 있다. [헌재 2003. 7. 24. 2001헌가25]

(2) 시장의 기능적 한계 – 시장의 사회적 과제

헌법 제119조는 경제에 사회적 책임을 부과하는 규정이기도 하다. 이와 같은 규정이 필요한 이유는 자본주의 시장경제에 사회적 배려를 통한 사회통합의 과제가 내재해 있는 것은 아니기 때문이다. 경제성장, 소득분배 및 경제의 민주화에 관한 목표는 시장의 기능적 한계를 보충하기 위한 목적을 갖는다.

사회통합의 국가과제를 중심으로 보면, 다음과 같은 경우에 생산과 분배에 있어서 어느 정도 국가의 개입이 필요하고, 또 정당화되며, 이를 전적으로 시장에 맡기는 것은 적합하지 않다. 첫째, 민주주의, 법치국가원리, 복지국가원리 등 헌법의 기본원리가 기능하기 위하여 필요한 공공재의 공급이다. 자녀양육, 교육 등이 여기에 해당한다. 둘째, 시장에서 안정적으로 공급되기를 기대할 수 없는 공공재이다. 교통, 사회기반시설 등이 여기에 해당한다. 셋째, 재화와 서비스의 가격은 시장에서 형성되는데, 이를 필요로 하는 자가 가격을 부담할 경제적 능력이 없기 때문에 수요가 충족될 수 없는 경우이다. 사회보장급여가 여기에 해당한다.

Ⅱ. 경제에 대한 규제와 조정의 목표와 내용들

1. 경제정책의 목표

국가는 경제에 관한 규제와 조정을 할 수 있으며, 이러한 국가의 권한은 다음과 같은 목표를 갖는다. 첫째, 균형 있는 국민경제의 성장 및 안정이다. 둘째, 국가는 소득의 적정한 배분을 유지하여야 한다. 셋째, 시장의 지배와 경제력의 남용을 방지하여야 한다. 넷째, 경제주체 간의 조화를 통한 경제의 민주화를 실현하여야 한다(제119조 제2항).

국가는 위와 같은 경제정책적 목표들을 균형 있게 실현하여야 한다. 그러나 이들 목표들은 부분적으로 모순된 관계에 있기 때문에 모두 균형 있게 실현하는 것은 불가능에 가깝다. 따라서 국가는 하나의 목표를 완전히 희생시키지 않는 범위 내에서 정책의 우선순위를 정할 수 있으며, 이러한 정책적 결정이 헌법에 위반되는 것은 아니다.

2. 헌법상 경제질서의 내용들

(1) 국민경제의 성장과 안정, 그리고 균형있는 국민경제의 발전

균형 있는 국민경제의 성장과 안정은 1차적으로는 경제질서 자체의 목표이다. 이는 2차적으로는 사회적 배려 및 사회통합이 실현되는 경제적 기반이다. 안정적인 경제성장은 지속적으로 사회적 분배를 하는 데 유리한 객관적 환경이기 때문이다. 반면 경기침체와 성장의 불균형은 경제 및 재정의 지속가능성뿐 아니라 사회적 지속가능성을 위협한다.

균형 있는 경제발전과 관련하여 헌법은 다양한 규정을 두고 있다. 협소한 국토에서 토지재산권이 갖는 공적 성격을 염두에 두고 생산 및 생활기반으로 국토를 실질적으로 균형 있게 활용할 수 있도록 국토의 개발과 보존을 위하여 필요한 제한과 의무를 과할 수 있는 근거를 두었다(제122조).

판례 109 국토의 개발과 보전의 과제와 토지거래허가제

국토이용관리법은 국토는 모든 국민의 복리증진을 위한 유한한 자원이며 공통기반임에 비추어 그 이용에 있어서는 공공복리를 우선시키고 자연환경을 보호함과 아울러 지역적 여러 조건을 충분히 고려하여 토지가 합리적으로 이용되고 적정하게 거래되도록 함으로써 양호한 생활환경의 확보와 국토의 균형 있는 발전을 도모함을 기본이념으로 한다.

토지거래허가제는 거래목적, 거래면적, 거래가격 등을 통제하기 위한 제도이나 실제에 있어서는 토지의 거래가격을 허가기준가격의 범위내로 억제하는 것이 주목적이라 할 수 있다. 따라서 어떤 의미에서는 토지거래의 상한가격을 통제하는 제도라 할 수 있고 이러한 의미의 물가통제는 시장경제원리를 채택하고 있는 경우에도 흔히 볼 수 있다. 시장경제원리를 중시하는 것은 그것이 개인의 자유와 창의를 보장하고 재화를 효율적으로 배분하는 데 가장 알맞는 원리이기 때문이다. 그런데 투기가 성행하는 경우에는 이러한 시장의 정상적인 기능이 마비되고 사회적으로 여러 가지 폐단과 모순을 노정하게 되므로 이를 그대로 방치해 둘 수는 없으며 규제가 불가피하다. 국민의 건전한 양식과 양심에 따른 자율적 규

> 제로 토지투기가 억제되기 어렵다는 것은 수많은 토지투기의 사례와 지가폭등의 현실이 잘 보여 주고 있으며, 그에 대한 정부의 규제는 불가피하다.
>
> 그렇다면 토지거래허가제는 헌법이 정하고 있는 경제질서와 아무런 충돌이 없으므로 이를 사적자치의 원칙이나 헌법상의 보충의 원리에 위배된다고 할 수 없다. [헌재 1989. 12. 22, 88헌가13]

산업화과정에서 정책적 우선순위가 뒤질 수밖에 없었던 농어촌, 중소기업, 그 밖에 지역경제 등에 대한 특별한 보호규정을 두었다. 국가는 농업 및 어업을 보호·육성하기 위하여 농·어촌종합개발과 그 지원 등 필요한 계획을 수립·시행하여야 한다(제123조 제1항). 국가는 농수산물의 수급균형과 유통구조의 개선에 노력하여 가격안정을 도모하는 방법으로 농·어촌경제의 수익증진을 실현하여야 한다(제123조 제4항). 국가는 농·어촌경제의 균형 있는 발전을 농·어민 스스로가 선도하도록 하였다. 즉 국가는 농·어민과 중소기업의 자조조직을 육성하여야 하며, 그 자율적 활동과 발전을 보장한다(제123조 제5항). 이 밖에 농촌이 시장에 의해서 잠식되어 경제의 균형이 파괴되는 것을 방지하기 위하여 경자유전(耕者有田)의 원칙을 선언하고 소작제도를 금지하였다. 그러나 농촌인구의 격감 등 현실을 반영하여 위탁경영·임대차까지 금지하지는 않았다(제121조).

국가는 지역 간의 균형있는 발전을 위하여 지역경제를 육성하여야 한다(제123조 제2항). 국가는 중소기업을 보호·육성하여야 한다(제123조 제3항). 중소기업이 대기업과 공정한 경쟁을 할 수 있도록 중소기업을 특별히 지원·배려하여야 한다. 그러나 중소기업 보호가 공정경쟁의 범위를 벗어나 실현될 수는 없다. 즉, 중소기업이 대기업과의 경쟁으로부터 보호를 받는 것은 아니다. 따라서 소비자에게 중소기업이 생산하는 제품을 의무적으로 구입하도록 하는 이른바 '자도소주 구입명령제도'는 헌법상 허용되는 중소기업 보호를 위한 방법은 아니다. 중소기업에 대한 보호는 현재 특히 「중소기업기본법」을 통하여 실현되고 있다.

판례 110 자도소주(自道燒酒) 구입명령제도와 공정경쟁질서

헌법 제119조 제2항은 독과점규제라는 경제정책적 목표를 개인의 경제적 자유를 제한할 수 있는 정당한 공익으로 명문화하고 있다. 독과점규제의 목적이 경쟁의 회복에 있다면 이 목적을 실현하는 수단 또한 자유롭고 공정한 경쟁을 가능하게 하는 방법이어야 한다. 그러나 주세법의 구입명령제도는 전국적으로 자유경쟁을 배제한 채 지역할거주의로 자리잡게 되고 그로써 지역 독과점현상의 고착화를 초래하므로, 독과점규제란 공익을 달성하기에 적정한 조치로 보기 어렵다.

헌법 제123조가 규정하는 지역경제육성의 목적은 일차적으로 지역 간의 경제적 불균형의 축소에 있다. 입법자가 기본권 침해를 정당화하는 입법목적으로서 지역경제를 주장하기 위하여는 지역의 현존하는 경제적 낙후성 혹은 특정 입법조치를 취하지 않을 경우 발생할 지역 간의 심한 경제적 불균형과 같은 구체적이고 합리적인 이유가 있어야 한다. 그러나 전국 각 도에 균등하게 하나씩 소주제조기업을 존속케 하려는 주세법에서는 수정되어야 할 구체적인 지역 간의 차이를 확인할 수 없고, 따라서 1도1소주제조업체의 존속유지와 지역경제의 육성 간에 상관관계가 없으므로 '지역경제의 육성'은 기본권 침해를 정당화할 수 있는 공익으로 고려할 수 없다.

헌법은 제123조 제3항에서 중소기업이 국민경제에서 차지하는 중요성 때문에 '중소기업의 보호'를 국가경제정책적 목표로 명문화하고, 대기업과의 경쟁에서 불리한 위치에 있는 중소기업의 지원을 통하여 경쟁에서 불리를 조정하고, 가능하면 균등한 경쟁조건을 형성함으로써 대기업과 경쟁할 수 있도록 하는 국가의 과제를 담고 있다. 중소기업의 보호는 넓은 의미의 경쟁정책의 한 측면을 의미

> 하므로 원칙적으로 경쟁질서의 범주 내에서 경쟁질서의 확립을 통하여 이루어져야 한다. 중소기업의 보호란 공익이 자유경쟁질서 안에서 발생하는 불리함을 국가의 지원으로 보완하여 경쟁을 유지하고 촉진시키려는 데 그 목적이 있으므로, 자도소주 구입명령제도는 이러한 공익을 실현하기에 적합한 수단으로 보기 어렵다. [헌재 1996. 12. 26, 96헌가18]

(2) 적정한 소득의 분배

적정한 소득분배는 경제정책의 목표이며, 동시에 사회정책적 목표이다. 경제정책적으로 보았을 때 개인의 소득능력에 상응하여 시장에서 소득이 분배되어야 한다. 사회정책적인 시각에서는 소득의 분배에 있어서 어느 정도 사회적 관점이 배려되어야 한다. 이와 같이 우리 헌법은 소득이 분배되는 시장에 이미 사회적 과제를 부과하고 있다. 노동시장에서 근로조건 법정주의와 최저임금(제32조 제1항 및 제3항)은 적정한 소득분배의 과제와 연계되어 형성되어야 한다. 또 개인의 사회적 위험을 보호하기 위하여 시장소득을 직접 혹은 간접적인 재원으로 소득재분배를 시행하는 것은 헌법이 예정하는 경제과정이다. 따라서 소득의 적정한 배분에 관한 헌법규정은 노동의 권리, 노동자의 권리, 그리고 사회보장법 및 세법을 통하여 실현되는 소득재분배정책에 정당성을 부여한다.

(3) 시장의 지배와 경제력남용 방지

시장의 지배를 완화하고 경제력의 남용을 방지하는 국가작용은 공정경쟁질서를 보호하기 위하여 필요하다. 현재 독과점규제정책은 「독점규제 및 공정거래에 관한 법률」에 의하여 실현되고 있다. 「독점규제 및 공정거래에 관한 법률」은 공정한 거래를 저해할 우려가 있는 행위를 열거하여 금지하고 있다(공정거래법 제23조 제1항). 소비자운동을 적극적으로 육성하는 과제 역시 시장의 지배력을 완화하는 중요한 정책적 수단이다(제124조).

(4) 경제의 민주화

우리 헌법은 경제질서의 목표로서 경제주체 간의 조화를 통한 경제의 민주화를 제시하고 있다. 경제민주화의 실현형태는 다음과 같이 두 가지로 구상할 수 있다. 첫째, 경제정책적 결정이 민주적 절차에 따라야 한다는 요청이다. 그러나 이는 민주주의의 당연한 요청이며, 이 경우 경제의 민주화는 독자적인 의미를 갖지 않는다. 둘째, 경제정책에 특별히 관련성을 갖는 집단이 의사결정에 참여할 수 있어야 한다는 요청이다. 경제영역 전반에서 근로자와 사용자, 그리고 사업자와 소비자 간에 의사결정권의 집중이 완화되어야 한다는 주장도 기본적으로는 일반민주주의의 관점을 중시하는 입장이다. 이것이 이들의 이해관계 혹은 의견이 정치과정에 반영되어야 한다는 의미라면 이는 기본권의 기능과 중첩된다. 반면에 이들에게 의사결정에서 일정한 지분이 인정되어야 한다는 의미라면 이들에게 특별히 정치적 비중을 부여하는 결과가 되어 정치적 평등과 조화될 수 없다.

위와 같은 이유에서 경제주체 간의 조화를 통한 경제의 민주화라는 목표는 헌법의 전체구조에서 특별한 규범적 의미를 갖지 못한다. 경제주체 간에 참여와 상호 의사소통을 통하여 거시경제 및 미시경제의 운영에 있어서 투명성과 공개성이 증진되어야 한다는 수사적인 의미 정도가 있지 않을까 한다.

제8장

헌법개정

제 1 절 국민주권과 헌법제정권력, 헌법개정권력

Ⅰ. 국민주권과 헌법제정권력

헌법은 사회를 장기적으로 지배하는 가치질서에 대한 국민적 합의에 해당한다. 따라서 국민주권은 국민에 의하여 헌법이 제정되는 형태로 나타난다. 헌법제정권력으로서 국민은 헌법이 제정된 후에는 이념적 통일체로서 기능할 뿐 헌법에 의하여 창설된 국가권력의 행사와 통제, 그리고 기본권의 효율적인 보장과 실현이 헌법적 관계를 형성한다. 헌법은 헌법질서가 더 이상 기능할 수 없는 경우, 혹은 개선될 필요가 있는 경우에 기존의 헌법질서의 동질성을 유지하는 범위 내에서 헌법을 개정할 가능성을 두고 있다.

헌법제정권력에 대한 구상, 그리고 헌법제정권력과 헌법개정권력의 구분은 근대 헌법의 이론적 산물이다. 이에 따르면 헌법제정권력은 근대 헌법의 실질적 원리와 원칙을 벗어나 행사될 수는 없다. 또 헌법제정권력의 행사는 국민주권에 기초하여 국민적 합의를 거쳐야 하기 때문에 절차적으로는 국회에서 가중된 의결정족수에 의한 의결과 국민투표를 실시하도록 하는 것이 일반적이다. 특히 국회에서 가중된 의결정족수는 헌법제정에 있어 소수를 보호하는 역할을 하기 때문에 필수적이다. 이 점에서 헌법제정권력의 규범적 한계가 있다.

Ⅱ. 헌법제정권력과 헌법개정권력

근대 헌법의 설계자, 예컨대 시이예스(Abbé Sieyès)는 국민이 주권자의 지위를 갖고 근대 헌법의 보편적 가치를 구성하는 헌법을 제정하면서 구체제(ancien régime)로의 퇴화를 방지하기 위하여 헌법에 의하여 조직화된 헌법개정권력의 개념을 구상하였다. 그리고 헌법개정권력이 헌법제정권력의 의지를 벗어날 수는 없다는 이론구성을 하였다. 이러한 이론구성은 혁명기에 불가역(irreversibility)의 헌법을 유지하기 위한 이론적 노력이었다. 그러나 오늘날 헌법국가가 정착해 있는 상황에서는 그 이론적 가치는 제한적이다. 오늘날 헌법국가는 헌법의 보편적 가치와 그 변화를 충실히 헌법규범화하는 과제를 가지며, 이전 헌법과의 연속성과 동질성을 유지하는 것이 중요한 문제는 아니기 때문이다. 민주주의, 법치국가원리, 복지국가원리, 기본권의 보장과 같은 현행 헌법의 본질적인 요소를 폐지하는 헌법개정은 그 한계를 일탈한다. 그러나 현실정치적으로 보면 그러한 일탈의 가능성은 없기 때문에 혁명적 상황이 존재하는 경우를 제외하고는 헌법개정의 한계에 관한 논의의 실익은 거의 없다.

Ⅲ. 헌법개정의 실정법적 한계

헌법개정권력의 행사가 기존 헌법질서의 동질성을 파괴하지 않도록 하기 위하여 헌법 자체가 헌법의 본질적인 요소, 혹은 헌법개정의 한계를 직접 제시하는 헌법례도 있다. 1954년 헌법은 국민주권주의 등을 헌법개정의 한계로 제시한 바 있다(위 20면 참조). 현행 헌법은 헌법개정의 한계를 직접 두고 있지는 않다. 다만 헌법개정의 효력발생시기에 관한 제한은 있나. 즉 "대통령의 임기연장 또는 중임변경을 위한 헌법개정은 그 헌법개정 제안 당시의 대통령에 대하여는 효력이 없다"(제128조 제2항). 이는 우리 헌정사에서 1954년, 1969년, 그리고 1972년 헌법개정과 같이 대통령의 집권을 연장하는 목적의 헌법개정이 되풀이되지 않도록 하는 목적을 갖는다.

제 2 절 헌법개정절차

헌법개정은 국회재적의원 과반수 또는 대통령이 발의한다(제128조 제1항). 헌법개정안이 발의된 후 개정안에 대한 국민의 의사형성을 위하여 필요한 기간 동안 공고하는 절차가 필요하다. 즉 개정안은 대통령이 20일 이상의 기간 공고하여야 한다(제129조). 대통령이 발의한 경우, 국회에서 발의한 경우 모두 국회에서 의결하여야 한다. 국회는 헌법개정안이 공고된 날로부터 60일 이내에 의결하여야 한다. 국회에서 헌법개정안을 의결하기 위해서는 국회 재적의원 3분의 2 이상의 찬성을 얻어야 한다. 일반적으로 하나의 정당이 국회에서 3분의 2의 의석을 차지하는 것은 거의 불가능하기 때문에 결국 헌법을 개정하기 위해서는 집권당과 야당 간에 합의가 있어야 한다.

국회에서 의결된 헌법개정안은 최종적으로 국민투표를 거쳐야 한다. 헌법개정안은 국회에서 의결된 후 30일 이내에 국민투표에 부쳐 국회의원선거권자 과반수의 투표와 투표자 과반수의 찬성을 얻어야 한다. 국민투표에서 찬성을 얻은 때 헌법개정은 확정된다. 대통령은 이를 즉시 공포하여야 한다(제130조).

부 록

- 대한민국헌법
- 헌법재판소법

대한민국헌법

전 문

유구한 역사와 전통에 빛나는 우리 대한국민은 3·1운동으로 건립된 대한민국임시정부의 법통과 불의에 항거한 4·19민주이념을 계승하고, 조국의 민주개혁과 평화적 통일의 사명에 입각하여 정의·인도와 동포애로써 민족의 단결을 공고히 하고, 모든 사회적 폐습과 불의를 타파하며, 자율과 조화를 바탕으로 자유민주적 기본질서를 더욱 확고히 하여 정치·경제·사회·문화의 모든 영역에 있어서 각인의 기회를 균등히 하고, 능력을 최고도로 발휘하게 하며, 자유와 권리에 따르는 책임과 의무를 완수하게 하여, 안으로는 국민생활의 균등한 향상을 기하고 밖으로는 항구적인 세계평화와 인류공영에 이바지함으로써 우리들과 우리들의 자손의 안전과 자유와 행복을 영원히 확보할 것을 다짐하면서 1948년 7월 12일에 제정되고 8차에 걸쳐 개정된 헌법을 이제 국회의 의결을 거쳐 국민투표에 의하여 개정한다.

1987년 10월 29일

제 1 장 총 강

제 1 조 ① 대한민국은 민주공화국이다.

② 대한민국의 주권은 국민에게 있고, 모든 권력은 국민으로부터 나온다.

제 2 조 ① 대한민국의 국민이 되는 요건은 법률로 정한다.

② 국가는 법률이 정하는 바에 의하여 재외국민을 보호할 의무를 진다.

제 3 조 대한민국의 영토는 한반도와 그 부속도서로 한다.

제 4 조 대한민국은 통일을 지향하며, 자유민주적 기본질서에 입각한 평화적 통일정책을 수립하고 이를 추진한다.

제 5 조 ① 대한민국은 국제평화의 유지에 노력하고 침략적 전쟁을 부인한다.

② 국군은 국가의 안전보장과 국토방위의 신성한 의무를 수행함을 사명으로 하며, 그 정치적 중립성은 준수된다.

제 6 조 ① 헌법에 의하여 체결·공포된 조약과 일반적으로 승인된 국제법규는 국내법과 같은 효

력을 가진다.

② 외국인은 국제법과 조약이 정하는 바에 의하여 그 지위가 보장된다.

제7조 ① 공무원은 국민전체에 대한 봉사자이며, 국민에 대하여 책임을 진다.

② 공무원의 신분과 정치적 중립성은 법률이 정하는 바에 의하여 보장된다.

제8조 ① 정당의 설립은 자유이며, 복수정당제는 보장된다.

② 정당은 그 목적·조직과 활동이 민주적이어야 하며, 국민의 정치적 의사형성에 참여하는 데 필요한 조직을 가져야 한다.

③ 정당은 법률이 정하는 바에 의하여 국가의 보호를 받으며, 국가는 법률이 정하는 바에 의하여 정당운영에 필요한 자금을 보조할 수 있다.

④ 정당의 목적이나 활동이 민주적 기본질서에 위배될 때에는 정부는 헌법재판소에 그 해산을 제소할 수 있고, 정당은 헌법재판소의 심판에 의하여 해산된다.

제9조 국가는 전통문화의 계승·발전과 민족문화의 창달에 노력하여야 한다.

제2장 국민의 권리와 의무

제10조 모든 국민은 인간으로서의 존엄과 가치를 가지며, 행복을 추구할 권리를 가진다. 국가는 개인이 가지는 불가침의 기본적 인권을 확인하고 이를 보장할 의무를 진다.

제11조 ① 모든 국민은 법 앞에 평등하다. 누구든지 성별·종교 또는 사회적 신분에 의하여 정치적·경제적·사회적·문화적 생활의 모든 영역에 있어서 차별을 받지 아니한다.

② 사회적 특수계급의 제도는 인정되지 아니하며, 어떠한 형태로도 이를 창설할 수 없다.

③ 훈장등의 영전은 이를 받은 자에게만 효력이 있고, 어떠한 특권도 이에 따르지 아니한다.

제12조 ① 모든 국민은 신체의 자유를 가진다. 누구든지 법률에 의하지 아니하고는 체포·구속·압수·수색 또는 심문을 받지 아니하며, 법률과 적법한 절차에 의하지 아니하고는 처벌·보안처분 또는 강제노역을 받지 아니한다.

② 모든 국민은 고문을 받지 아니하며, 형사상 자기에게 불리한 진술을 강요당하지 아니한다.

③ 체포·구속·압수 또는 수색을 할 때에는 적법한 절차에 따라 검사의 신청에 의하여 법관이 발부한 영장을 제시하여야 한다. 다만, 현행범인인 경우와 장기 3년 이상의 형에 해당하는 죄를 범하고 도피 또는 증거인멸의 염려가 있을 때에는 사후에 영장을 청구할 수 있다.

④ 누구든지 체포 또는 구속을

당한 때에는 즉시 변호인의 조력을 받을 권리를 가진다. 다만, 형사피고인이 스스로 변호인을 구할 수 없을 때에는 법률이 정하는 바에 의하여 국가가 변호인을 붙인다.

⑤ 누구든지 체포 또는 구속의 이유와 변호인의 조력을 받을 권리가 있음을 고지받지 아니하고는 체포 또는 구속을 당하지 아니한다. 체포 또는 구속을 당한 자의 가족등 법률이 정하는 자에게는 그 이유와 일시·장소가 지체없이 통지되어야 한다.

⑥ 누구든지 체포 또는 구속을 당한 때에는 적부의 심사를 법원에 청구할 권리를 가진다.

⑦ 피고인의 자백이 고문·폭행·협박·구속의 부당한 장기화 또는 기망 기타의 방법에 의하여 자의로 진술된 것이 아니라고 인정될 때 또는 정식재판에 있어서 피고인의 자백이 그에게 불리한 유일한 증거일 때에는 이를 유죄의 증거로 삼거나 이를 이유로 처벌할 수 없다.

제13조 ① 모든 국민은 행위시의 법률에 의하여 범죄를 구성하지 아니하는 행위로 소추되지 아니하며, 동일한 범죄에 대하여 거듭 처벌받지 아니한다.

② 모든 국민은 소급입법에 의하여 참정권의 제한을 받거나 재산권을 박탈당하지 아니한다.

③ 모든 국민은 자기의 행위가 아닌 친족의 행위로 인하여 불이익한 처우를 받지 아니한다.

제14조 모든 국민은 거주·이전의 자유를 가진다.

제15조 모든 국민은 직업선택의 자유를 가진다.

제16조 모든 국민은 주거의 자유를 침해받지 아니한다. 주거에 대한 압수나 수색을 할 때에는 검사의 신청에 의하여 법관이 발부한 영장을 제시하여야 한다.

제17조 모든 국민은 사생활의 비밀과 자유를 침해받지 아니한다.

제18조 모든 국민은 통신의 비밀을 침해받지 아니한다.

제19조 모든 국민은 양심의 자유를 가진다.

제20조 ① 모든 국민은 종교의 자유를 가진다.

② 국교는 인정되지 아니하며, 종교와 정치는 분리된다.

제21조 ① 모든 국민은 언론·출판의 자유와 집회·결사의 자유를 가진다.

② 언론·출판에 대한 허가나 검열과 집회·결사에 대한 허가는 인정되지 아니한다.

③ 통신·방송의 시설기준과 신문의 기능을 보장하기 위하여 필요한 사항은 법률로 정한다.

④ 언론·출판은 타인의 명예나 권리 또는 공중도덕이나 사회윤리를 침해하여서는 아니된다. 언론·출판이 타인의 명예나 권리를 침해한 때에는 피해자는 이에 대

한 피해의 배상을 청구할 수 있다.

제22조 ① 모든 국민은 학문과 예술의 자유를 가진다.

② 저작자·발명가·과학기술자와 예술가의 권리는 법률로써 보호한다.

제23조 ① 모든 국민의 재산권은 보장된다. 그 내용과 한계는 법률로 정한다.

② 재산권의 행사는 공공복리에 적합하도록 하여야 한다.

③ 공공필요에 의한 재산권의 수용·사용 또는 제한 및 그에 대한 보상은 법률로써 하되, 정당한 보상을 지급하여야 한다.

제24조 모든 국민은 법률이 정하는 바에 의하여 선거권을 가진다.

제25조 모든 국민은 법률이 정하는 바에 의하여 공무담임권을 가진다.

제26조 ① 모든 국민은 법률이 정하는 바에 의하여 국가기관에 문서로 청원할 권리를 가진다.

② 국가는 청원에 대하여 심사할 의무를 진다.

제27조 ① 모든 국민은 헌법과 법률이 정한 법관에 의하여 법률에 의한 재판을 받을 권리를 가진다.

② 군인 또는 군무원이 아닌 국민은 대한민국의 영역 안에서는 중대한 군사상 기밀·초병·초소·유독음식물공급·포로·군용물에 관한 죄 중 법률이 정한 경우와 비상계엄이 선포된 경우를 제외하고는 군사법원의 재판을 받지 아니한다.

③ 모든 국민은 신속한 재판을 받을 권리를 가진다. 형사피고인은 상당한 이유가 없는 한 지체없이 공개재판을 받을 권리를 가진다.

④ 형사피고인은 유죄의 판결이 확정될 때까지는 무죄로 추정된다.

⑤ 형사피해자는 법률이 정하는 바에 의하여 당해 사건의 재판절차에서 진술할 수 있다.

제28조 형사피의자 또는 형사피고인으로서 구금되었던 자가 법률이 정하는 불기소처분을 받거나 무죄판결을 받은 때에는 법률이 정하는 바에 의하여 국가에 정당한 보상을 청구할 수 있다.

제29조 ① 공무원의 직무상 불법행위로 손해를 받은 국민은 법률이 정하는 바에 의하여 국가 또는 공공단체에 정당한 배상을 청구할 수 있다. 이 경우 공무원 자신의 책임은 면제되지 아니한다.

② 군인·군무원·경찰공무원 기타 법률이 정하는 자가 전투·훈련등 직무집행과 관련하여 받은 손해에 대하여는 법률이 정하는 보상 외에 국가 또는 공공단체에 공무원의 직무상 불법행위로 인한 배상은 청구할 수 없다.

제30조 타인의 범죄행위로 인하여 생명·신체에 대한 피해를 받은 국민은 법률이 정하는 바에 의하여 국가로부터 구조를 받을 수 있다.

제31조 ① 모든 국민은 능력에 따라 균등하게 교육을 받을 권리를 가진다.
② 모든 국민은 그 보호하는 자녀에게 적어도 초등교육과 법률이 정하는 교육을 받게 할 의무를 진다.
③ 의무교육은 무상으로 한다.
④ 교육의 자주성·전문성·정치적 중립성 및 대학의 자율성은 법률이 정하는 바에 의하여 보장된다.
⑤ 국가는 평생교육을 진흥하여야 한다.
⑥ 학교교육 및 평생교육을 포함한 교육제도와 그 운영, 교육재정 및 교원의 지위에 관한 기본적인 사항은 법률로 정한다.

제32조 ① 모든 국민은 근로의 권리를 가진다. 국가는 사회적·경제적 방법으로 근로자의 고용의 증진과 적정임금의 보장에 노력하여야 하며, 법률이 정하는 바에 의하여 최저임금제를 시행하여야 한다.
② 모든 국민은 근로의 의무를 진다. 국가는 근로의 의무의 내용과 조건을 민주주의원칙에 따라 법률로 정한다.
③ 근로조건의 기준은 인간의 존엄성을 보장하도록 법률로 정한다.
④ 여자의 근로는 특별한 보호를 받으며, 고용·임금 및 근로조건에 있어서 부당한 차별을 받지 아니한다.
⑤ 연소자의 근로는 특별한 보호를 받는다.
⑥ 국가유공자·상이군경 및 전몰군경의 유가족은 법률이 정하는 바에 의하여 우선적으로 근로의 기회를 부여받는다.

제33조 ① 근로자는 근로조건의 향상을 위하여 자주적인 단결권·단체교섭권 및 단체행동권을 가진다.
② 공무원인 근로자는 법률이 정하는 자에 한하여 단결권·단체교섭권 및 단체행동권을 가진다.
③ 법률이 정하는 주요방위산업체에 종사하는 근로자의 단체행동권은 법률이 정하는 바에 의하여 이를 제한하거나 인정하지 아니할 수 있다.

제34조 ① 모든 국민은 인간다운 생활을 할 권리를 가진다.
② 국가는 사회보장·사회복지의 증진에 노력할 의무를 진다.
③ 국가는 여자의 복지와 권익의 향상을 위하여 노력하여야 한다.
④ 국가는 노인과 청소년의 복지향상을 위한 정책을 실시할 의무를 진다.
⑤ 신체장애자 및 질병·노령 기타의 사유로 생활능력이 없는 국민은 법률이 정하는 바에 의하여 국가의 보호를 받는다.
⑥ 국가는 재해를 예방하고 그 위험으로부터 국민을 보호하기 위하여 노력하여야 한다.

제35조 ① 모든 국민은 건강하고

쾌적한 환경에서 생활할 권리를 가지며, 국가와 국민은 환경보전을 위하여 노력하여야 한다.
② 환경권의 내용과 행사에 관하여는 법률로 정한다.
③ 국가는 주택개발정책등을 통하여 모든 국민이 쾌적한 주거생활을 할 수 있도록 노력하여야 한다.

제36조 ① 혼인과 가족생활은 개인의 존엄과 양성의 평등을 기초로 성립되고 유지되어야 하며, 국가는 이를 보장한다.
② 국가는 모성의 보호를 위하여 노력하여야 한다.
③ 모든 국민은 보건에 관하여 국가의 보호를 받는다.

제37조 ① 국민의 자유와 권리는 헌법에 열거되지 아니한 이유로 경시되지 아니한다.
② 국민의 모든 자유와 권리는 국가안전보장·질서유지 또는 공공복리를 위하여 필요한 경우에 한하여 법률로써 제한할 수 있으며, 제한하는 경우에도 자유와 권리의 본질적인 내용을 침해할 수 없다.

제38조 모든 국민은 법률이 정하는 바에 의하여 납세의 의무를 진다.

제39조 ① 모든 국민은 법률이 정하는 바에 의하여 국방의 의무를 진다.
② 누구든지 병역의무의 이행으로 인하여 불이익한 처우를 받지 아니한다.

제3장 국 회

제40조 입법권은 국회에 속한다.

제41조 ① 국회는 국민의 보통·평등·직접·비밀선거에 의하여 선출된 국회의원으로 구성한다.
② 국회의원의 수는 법률로 정하되, 200인 이상으로 한다.
③ 국회의원의 선거구와 비례대표제 기타 선거에 관한 사항은 법률로 정한다.

제42조 국회의원의 임기는 4년으로 한다.

제43조 국회의원은 법률이 정하는 직을 겸할 수 없다.

제44조 ① 국회의원은 현행범인인 경우를 제외하고는 회기 중 국회의 동의없이 체포 또는 구금되지 아니한다.
② 국회의원이 회기 전에 체포 또는 구금된 때에는 현행범인이 아닌 한 국회의 요구가 있으면 회기 중 석방된다.

제45조 국회의원은 국회에서 직무상 행한 발언과 표결에 관하여 국회 외에서 책임을 지지 아니한다.

제46조 ① 국회의원은 청렴의 의무가 있다.
② 국회의원은 국가이익을 우선하여 양심에 따라 직무를 행한다.
③ 국회의원은 그 지위를 남용하여 국가·공공단체 또는 기업체와의 계약이나 그 처분에 의하여

재산상의 권리·이익 또는 직위를 취득하거나 타인을 위하여 그 취득을 알선할 수 없다.

제47조 ① 국회의 정기회는 법률이 정하는 바에 의하여 매년 1회 집회되며, 국회의 임시회는 대통령 또는 국회재적의원 4분의 1 이상의 요구에 의하여 집회된다.

② 정기회의 회기는 100일을, 임시회의 회기는 30일을 초과할 수 없다.

③ 대통령이 임시회의 집회를 요구할 때에는 기간과 집회요구의 이유를 명시하여야 한다.

제48조 국회는 의장 1인과 부의장 2인을 선출한다.

제49조 국회는 헌법 또는 법률에 특별한 규정이 없는 한 재적의원 과반수의 출석과 출석의원 과반수의 찬성으로 의결한다. 가부동수인 때에는 부결된 것으로 본다.

제50조 ① 국회의 회의는 공개한다. 다만, 출석의원 과반수의 찬성이 있거나 의장이 국가의 안전보장을 위하여 필요하다고 인정할 때에는 공개하지 아니할 수 있다.

② 공개하지 아니한 회의내용의 공표에 관하여는 법률이 정하는 바에 의한다.

제51조 국회에 제출된 법률안 기타의 의안은 회기 중에 의결되지 못한 이유로 폐기되지 아니한다. 다만, 국회의원의 임기가 만료된 때에는 그러하지 아니하다.

제52조 국회의원과 정부는 법률안을 제출할 수 있다.

제53조 ① 국회에서 의결된 법률안은 정부에 이송되어 15일 이내에 대통령이 공포한다.

② 법률안에 이의가 있을 때에는 대통령은 제1항의 기간내에 이의서를 붙여 국회로 환부하고, 그 재의를 요구할 수 있다. 국회의 폐회 중에도 또한 같다.

③ 대통령은 법률안의 일부에 대하여 또는 법률안을 수정하여 재의를 요구할 수 없다.

④ 재의의 요구가 있을 때에는 국회는 재의에 붙이고, 재적의원 과반수의 출석과 출석의원 3분의 2 이상의 찬성으로 전과 같은 의결을 하면 그 법률안은 법률로서 확정된다.

⑤ 대통령이 제1항의 기간내에 공포나 재의의 요구를 하지 아니한 때에도 그 법률안은 법률로서 확정된다.

⑥ 대통령은 제4항과 제5항의 규정에 의하여 확정된 법률을 지체없이 공포하여야 한다. 제5항에 의하여 법률이 확정된 후 또는 제4항에 의한 확정법률이 정부에 이송된 후 5일 이내에 대통령이 공포하지 아니할 때에는 국회의장이 이를 공포한다.

⑦ 법률은 특별한 규정이 없는 한 공포한 날로부터 20일을 경과함으로써 효력을 발생한다.

제54조 ① 국회는 국가의 예산안을 심의·확정한다.
② 정부는 회계연도마다 예산안을 편성하여 회계연도 개시 90일 전까지 국회에 제출하고, 국회는 회계연도 개시 30일 전까지 이를 의결하여야 한다.
③ 새로운 회계연도가 개시될 때까지 예산안이 의결되지 못한 때에는 정부는 국회에서 예산안이 의결될 때까지 다음의 목적을 위한 경비는 전년도 예산에 준하여 집행할 수 있다.
1. 헌법이나 법률에 의하여 설치된 기관 또는 시설의 유지·운영
2. 법률상 지출의무의 이행
3. 이미 예산으로 승인된 사업의 계속

제55조 ① 한 회계연도를 넘어 계속하여 지출할 필요가 있을 때에는 정부는 연한을 정하여 계속비로서 국회의 의결을 얻어야 한다.
② 예비비는 총액으로 국회의 의결을 얻어야 한다. 예비비의 지출은 차기국회의 승인을 얻어야 한다.

제56조 정부는 예산에 변경을 가할 필요가 있을 때에는 추가경정예산안을 편성하여 국회에 제출할 수 있다.

제57조 국회는 정부의 동의없이 정부가 제출한 지출예산 각항의 금액을 증가하거나 새 비목을 설치할 수 없다.

제58조 국채를 모집하거나 예산외에 국가의 부담이 될 계약을 체결하려 할 때에는 정부는 미리 국회의 의결을 얻어야 한다.

제59조 조세의 종목과 세율은 법률로 정한다.

제60조 ① 국회는 상호원조 또는 안전보장에 관한 조약, 중요한 국제조직에 관한 조약, 우호통상항해조약, 주권의 제약에 관한 조약, 강화조약, 국가나 국민에게 중대한 재정적 부담을 지우는 조약 또는 입법사항에 관한 조약의 체결·비준에 대한 동의권을 가진다.
② 국회는 선전포고, 국군의 외국에의 파견 또는 외국군대의 대한민국 영역 안에서의 주류에 대한 동의권을 가진다.

제61조 ① 국회는 국정을 감사하거나 특정한 국정사안에 대하여 조사할 수 있으며, 이에 필요한 서류의 제출 또는 증인의 출석과 증언이나 의견의 진술을 요구할 수 있다.
② 국정감사 및 조사에 관한 절차 기타 필요한 사항은 법률로 정한다.

제62조 ① 국무총리·국무위원 또는 정부위원은 국회나 그 위원회에 출석하여 국정처리상황을 보고하거나 의견을 진술하고 질문에 응답할 수 있다.
② 국회나 그 위원회의 요구가 있을 때에는 국무총리·국무위원 또는 정부위원은 출석·답변하여

야 하며, 국무총리 또는 국무위원이 출석요구를 받은 때에는 국무위원 또는 정부위원으로 하여금 출석·답변하게 할 수 있다.

제63조 ① 국회는 국무총리 또는 국무위원의 해임을 대통령에게 건의할 수 있다.

② 제1항의 해임건의는 국회재적의원 3분의 1 이상의 발의에 의하여 국회재적의원 과반수의 찬성이 있어야 한다.

제64조 ① 국회는 법률에 저촉되지 아니하는 범위 안에서 의사와 내부규율에 관한 규칙을 제정할 수 있다.

② 국회는 의원의 자격을 심사하며, 의원을 징계할 수 있다.

③ 의원을 제명하려면 국회재적의원 3분의 2 이상의 찬성이 있어야 한다.

④ 제2항과 제3항의 처분에 대하여는 법원에 제소할 수 없다.

제65조 ① 대통령·국무총리·국무위원·행정각부의 장·헌법재판소 재판관·법관·중앙선거관리위원회 위원·감사원장·감사위원 기타 법률이 정한 공무원이 그 직무집행에 있어서 헌법이나 법률을 위배한 때에는 국회는 탄핵의 소추를 의결할 수 있다.

② 제1항의 탄핵소추는 국회재적의원 3분의 1 이상의 발의가 있어야 하며, 그 의결은 국회재적의원 과반수의 찬성이 있어야 한다. 다만, 대통령에 대한 탄핵소추는 국회재적의원 과반수의 발의와 국회재적의원 3분의 2 이상의 찬성이 있어야 한다.

③ 탄핵소추의 의결을 받은 자는 탄핵심판이 있을 때까지 그 권한행사가 정지된다.

④ 탄핵결정은 공직으로부터 파면함에 그친다. 그러나, 이에 의하여 민사상이나 형사상의 책임이 면제되지는 아니한다.

제4장 정 부

제1절 대 통 령

제66조 ① 대통령은 국가의 원수이며, 외국에 대하여 국가를 대표한다.

② 대통령은 국가의 독립·영토의 보전·국가의 계속성과 헌법을 수호할 책무를 진다.

③ 대통령은 조국의 평화적 통일을 위한 성실한 의무를 진다.

④ 행정권은 대통령을 수반으로 하는 정부에 속한다.

제67조 ① 대통령은 국민의 보통·평등·직접·비밀선거에 의하여 선출한다.

② 제1항의 선거에 있어서 최고득표자가 2인 이상인 때에는 국회의 재적의원 과반수가 출석한 공개회의에서 다수표를 얻은 자를 당선자로 한다.

③ 대통령후보자가 1인일 때에는 그 득표수가 선거권자 총수의 3

분의 1 이상이 아니면 대통령으로 당선될 수 없다.

④ 대통령으로 선거될 수 있는 자는 국회의원의 피선거권이 있고 선거일 현재 40세에 달하여야 한다.

⑤ 대통령의 선거에 관한 사항은 법률로 정한다.

제68조 ① 대통령의 임기가 만료되는 때에는 임기만료 70일 내지 40일 전에 후임자를 선거한다.

② 대통령이 궐위된 때 또는 대통령 당선자가 사망하거나 판결 기타의 사유로 그 자격을 상실한 때에는 60일 이내에 후임자를 선거한다.

제69조 대통령은 취임에 즈음하여 다음의 선서를 한다. "나는 헌법을 준수하고 국가를 보위하며 조국의 평화적 통일과 국민의 자유와 복리의 증진 및 민족문화의 창달에 노력하여 대통령으로서의 직책을 성실히 수행할 것을 국민 앞에 엄숙히 선서합니다."

제70조 대통령의 임기는 5년으로 하며, 중임할 수 없다.

제71조 대통령이 궐위되거나 사고로 인하여 직무를 수행할 수 없을 때에는 국무총리, 법률이 정한 국무위원의 순서로 그 권한을 대행한다.

제72조 대통령은 필요하다고 인정할 때에는 외교·국방·통일 기타 국가안위에 관한 중요정책을 국민투표에 붙일 수 있다.

제73조 대통령은 조약을 체결·비준하고, 외교사절을 신임·접수 또는 파견하며, 선전포고와 강화를 한다.

제74조 ① 대통령은 헌법과 법률이 정하는 바에 의하여 국군을 통수한다.

② 국군의 조직과 편성은 법률로 정한다.

제75조 대통령은 법률에서 구체적으로 범위를 정하여 위임받은 사항과 법률을 집행하기 위하여 필요한 사항에 관하여 대통령령을 발할 수 있다.

제76조 ① 대통령은 내우·외환·천재·지변 또는 중대한 재정·경제상의 위기에 있어서 국가의 안전보장 또는 공공의 안녕질서를 유지하기 위하여 긴급한 조치가 필요하고 국회의 집회를 기다릴 여유가 없을 때에 한하여 최소한으로 필요한 재정·경제상의 처분을 하거나 이에 관하여 법률의 효력을 가지는 명령을 발할 수 있다.

② 대통령은 국가의 안위에 관계되는 중대한 교전상태에 있어서 국가를 보위하기 위하여 긴급한 조치가 필요하고 국회의 집회가 불가능한 때에 한하여 법률의 효력을 가지는 명령을 발할 수 있다.

③ 대통령은 제1항과 제2항의 처분 또는 명령을 한 때에는 지체없이 국회에 보고하여 그 승인을

얻어야 한다.

④ 제3항의 승인을 얻지 못한 때에는 그 처분 또는 명령은 그때부터 효력을 상실한다. 이 경우 그 명령에 의하여 개정 또는 폐지되었던 법률은 그 명령이 승인을 얻지 못한 때부터 당연히 효력을 회복한다.

⑤ 대통령은 제3항과 제4항의 사유를 지체없이 공포하여야 한다.

제77조 ① 대통령은 전시·사변 또는 이에 준하는 국가비상사태에 있어서 병력으로써 군사상의 필요에 응하거나 공공의 안녕질서를 유지할 필요가 있을 때에는 법률이 정하는 바에 의하여 계엄을 선포할 수 있다.

② 계엄은 비상계엄과 경비계엄으로 한다.

③ 비상계엄이 선포된 때에는 법률이 정하는 바에 의하여 영장제도, 언론·출판·집회·결사의 자유, 정부나 법원의 권한에 관하여 특별한 조치를 할 수 있다.

④ 계엄을 선포한 때에는 대통령은 지체없이 국회에 통고하여야 한다.

⑤ 국회가 재적의원 과반수의 찬성으로 계엄의 해제를 요구한 때에는 대통령은 이를 해제하여야 한다.

제78조 대통령은 헌법과 법률이 정하는 바에 의하여 공무원을 임면한다.

제79조 ① 대통령은 법률이 정하는 바에 의하여 사면·감형 또는 복권을 명할 수 있다.

② 일반사면을 명하려면 국회의 동의를 얻어야 한다.

③ 사면·감형 및 복권에 관한 사항은 법률로 정한다.

제80조 대통령은 법률이 정하는 바에 의하여 훈장 기타의 영전을 수여한다.

제81조 대통령은 국회에 출석하여 발언하거나 서한으로 의견을 표시할 수 있다.

제82조 대통령의 국법상 행위는 문서로써 하며, 이 문서에는 국무총리와 관계 국무위원이 부서한다. 군사에 관한 것도 또한 같다.

제83조 대통령은 국무총리·국무위원·행정각부의 장 기타 법률이 정하는 공사의 직을 겸할 수 없다.

제84조 대통령은 내란 또는 외환의 죄를 범한 경우를 제외하고는 재직 중 형사상의 소추를 받지 아니한다.

제85조 전직대통령의 신분과 예우에 관하여는 법률로 정한다.

제 2 절 행 정 부

제 1 관 국무총리와 국무위원

제86조 ① 국무총리는 국회의 동의를 얻어 대통령이 임명한다.

② 국무총리는 대통령을 보좌하며, 행정에 관하여 대통령의 명을 받아 행정각부를 통할한다.

③ 군인은 현역을 면한 후가 아니면 국무총리로 임명될 수 없다.

제87조 ① 국무위원은 국무총리의 제청으로 대통령이 임명한다.

② 국무위원은 국정에 관하여 대통령을 보좌하며, 국무회의의 구성원으로서 국정을 심의한다.

③ 국무총리는 국무위원의 해임을 대통령에게 건의할 수 있다.

④ 군인은 현역을 면한 후가 아니면 국무위원으로 임명될 수 없다.

제 2 관 국무회의

제88조 ① 국무회의는 정부의 권한에 속하는 중요한 정책을 심의한다.

② 국무회의는 대통령·국무총리와 15인 이상 30인 이하의 국무위원으로 구성한다.

③ 대통령은 국무회의의 의장이 되고, 국무총리는 부의장이 된다.

제89조 다음 사항은 국무회의의 심의를 거쳐야 한다.

1. 국정의 기본계획과 정부의 일반정책
2. 선전·강화 기타 중요한 대외정책
3. 헌법개정안·국민투표안·조약안·법률안 및 대통령령안
4. 예산안·결산·국유재산처분의 기본계획·국가의 부담이 될 계약 기타 재정에 관한 중요사항
5. 대통령의 긴급명령·긴급재정경제처분 및 명령 또는 계엄과 그 해제
6. 군사에 관한 중요사항
7. 국회의 임시회 집회의 요구
8. 영전수여
9. 사면·감형과 복권
10. 행정각부간의 권한의 획정
11. 정부 안의 권한의 위임 또는 배정에 관한 기본계획
12. 국정처리상황의 평가·분석
13. 행정각부의 중요한 정책의 수립과 조정
14. 정당해산의 제소
15. 정부에 제출 또는 회부된 정부의 정책에 관계되는 청원의 심사
16. 검찰총장·합동참모의장·각군참모총장·국립대학교총장·대사 기타 법률이 정한 공무원과 국영기업체관리자의 임명
17. 기타 대통령·국무총리 또는 국무위원이 제출한 사항

제90조 ① 국정의 중요한 사항에 관한 대통령의 자문에 응하기 위하여 국가원로로 구성되는 국가원로자문회의를 둘 수 있다.

② 국가원로자문회의의 의장은 직전대통령이 된다. 다만, 직전대통령이 없을 때에는 대통령이 지명한다.

③ 국가원로자문회의의 조직·직무범위 기타 필요한 사항은 법률로 정한다.

제91조 ① 국가안전보장에 관련되는 대외정책·군사정책과 국내정

책의 수립에 관하여 국무회의의 심의에 앞서 대통령의 자문에 응하기 위하여 국가안전보장회의를 둔다.
② 국가안전보장회의는 대통령이 주재한다.
③ 국가안전보장회의의 조직·직무범위 기타 필요한 사항은 법률로 정한다.

제92조 ① 평화통일정책의 수립에 관한 대통령의 자문에 응하기 위하여 민주평화통일자문회의를 둘 수 있다.
② 민주평화통일자문회의의 조직·직무범위 기타 필요한 사항은 법률로 정한다.

제93조 ① 국민경제의 발전을 위한 중요정책의 수립에 관하여 대통령의 자문에 응하기 위하여 국민경제자문회의를 둘 수 있다.
② 국민경제자문회의의 조직·직무범위 기타 필요한 사항은 법률로 정한다.

제 3 관 행정각부

제94조 행정각부의 장은 국무위원 중에서 국무총리의 제청으로 대통령이 임명한다.

제95조 국무총리 또는 행정각부의 장은 소관사무에 관하여 법률이나 대통령령의 위임 또는 직권으로 총리령 또는 부령을 발할 수 있다.

제96조 행정각부의 설치·조직과 직무범위는 법률로 정한다.

제 4 관 감사원

제97조 국가의 세입·세출의 결산, 국가 및 법률이 정한 단체의 회계검사와 행정기관 및 공무원의 직무에 관한 감찰을 하기 위하여 대통령 소속하에 감사원을 둔다.

제98조 ① 감사원은 원장을 포함한 5인 이상 11인 이하의 감사위원으로 구성한다.
② 원장은 국회의 동의를 얻어 대통령이 임명하고, 그 임기는 4년으로 하며, 1차에 한하여 중임할 수 있다.
③ 감사위원은 원장의 제청으로 대통령이 임명하고, 그 임기는 4년으로 하며, 1차에 한하여 중임할 수 있다.

제99조 감사원은 세입·세출의 결산을 매년 검사하여 대통령과 차년도국회에 그 결과를 보고하여야 한다.

제100조 감사원의 조직·직무범위·감사위원의 자격·감사대상공무원의 범위 기타 필요한 사항은 법률로 정한다.

제 5 장 법 원

제101조 ① 사법권은 법관으로 구성된 법원에 속한다.
② 법원은 최고법원인 대법원과 각급법원으로 조직된다.
③ 법관의 자격은 법률로 정한다.

제102조 ① 대법원에 부를 둘 수

있다.

② 대법원에 대법관을 둔다. 다만, 법률이 정하는 바에 의하여 대법관이 아닌 법관을 둘 수 있다.

③ 대법원과 각급법원의 조직은 법률로 정한다.

제103조 법관은 헌법과 법률에 의하여 그 양심에 따라 독립하여 심판한다.

제104조 ① 대법원장은 국회의 동의를 얻어 대통령이 임명한다.

② 대법관은 대법원장의 제청으로 국회의 동의를 얻어 대통령이 임명한다.

③ 대법원장과 대법관이 아닌 법관은 대법관회의의 동의를 얻어 대법원장이 임명한다.

제105조 ① 대법원장의 임기는 6년으로 하며, 중임할 수 없다.

② 대법관의 임기는 6년으로 하며, 법률이 정하는 바에 의하여 연임할 수 있다.

③ 대법원장과 대법관이 아닌 법관의 임기는 10년으로 하며, 법률이 정하는 바에 의하여 연임할 수 있다.

④ 법관의 정년은 법률로 정한다.

제106조 ① 법관은 탄핵 또는 금고 이상의 형의 선고에 의하지 아니하고는 파면되지 아니하며, 징계처분에 의하지 아니하고는 정직·감봉 기타 불리한 처분을 받지 아니한다.

② 법관이 중대한 심신상의 장해로 직무를 수행할 수 없을 때에는 법률이 정하는 바에 의하여 퇴직하게 할 수 있다.

제107조 ① 법률이 헌법에 위반되는 여부가 재판의 전제가 된 경우에는 법원은 헌법재판소에 제청하여 그 심판에 의하여 재판한다.

② 명령·규칙 또는 처분이 헌법이나 법률에 위반되는 여부가 재판의 전제가 된 경우에는 대법원은 이를 최종적으로 심사할 권한을 가진다.

③ 재판의 전심절차로서 행정심판을 할 수 있다. 행정심판의 절차는 법률로 정하되, 사법절차가 준용되어야 한다.

제108조 대법원은 법률에 저촉되지 아니하는 범위 안에서 소송에 관한 절차, 법원의 내부규율과 사무처리에 관한 규칙을 제정할 수 있다.

제109조 재판의 심리와 판결은 공개한다. 다만, 심리는 국가의 안전보장 또는 안녕질서를 방해하거나 선량한 풍속을 해할 염려가 있을 때에는 법원의 결정으로 공개하지 아니할 수 있다.

제110조 ① 군사재판을 관할하기 위하여 특별법원으로서 군사법원을 둘 수 있다.

② 군사법원의 상고심은 대법원에서 관할한다.

③ 군사법원의 조직·권한 및 재판관의 자격은 법률로 정한다.

④ 비상계엄하의 군사재판은 군

인·군무원의 범죄나 군사에 관한 간첩죄의 경우와 초병·초소·유독음식물공급·포로에 관한 죄중 법률이 정한 경우에 한하여 단심으로 할 수 있다. 다만, 사형을 선고한 경우에는 그러하지 아니하다.

제6장 헌법재판소

제111조 ① 헌법재판소는 다음 사항을 관장한다.

1. 법원의 제청에 의한 법률의 위헌여부 심판
2. 탄핵의 심판
3. 정당의 해산 심판
4. 국가기관 상호간, 국가기관과 지방자치단체간 및 지방자치단체 상호간의 권한쟁의에 관한 심판
5. 법률이 정하는 헌법소원에 관한 심판

② 헌법재판소는 법관의 자격을 가진 9인의 재판관으로 구성하며, 재판관은 대통령이 임명한다.

③ 제2항의 재판관 중 3인은 국회에서 선출하는 자를, 3인은 대법원장이 지명하는 자를 임명한다.

④ 헌법재판소의 장은 국회의 동의를 얻어 재판관 중에서 대통령이 임명한다.

제112조 ① 헌법재판소 재판관의 임기는 6년으로 하며, 법률이 정하는 바에 의하여 연임할 수 있다.

② 헌법재판소 재판관은 정당에 가입하거나 정치에 관여할 수 없다.

③ 헌법재판소 재판관은 탄핵 또는 금고 이상의 형의 선고에 의하지 아니하고는 파면되지 아니한다.

제113조 ① 헌법재판소에서 법률의 위헌결정, 탄핵의 결정, 정당해산의 결정 또는 헌법소원에 관한 인용결정을 할 때에는 재판관 6인 이상의 찬성이 있어야 한다.

② 헌법재판소는 법률에 저촉되지 아니하는 범위 안에서 심판에 관한 절차, 내부규율과 사무처리에 관한 규칙을 제정할 수 있다.

③ 헌법재판소의 조직과 운영 기타 필요한 사항은 법률로 정한다.

제7장 선거관리

제114조 ① 선거와 국민투표의 공정한 관리 및 정당에 관한 사무를 처리하기 위하여 선거관리위원회를 둔다.

② 중앙선거관리위원회는 대통령이 임명하는 3인, 국회에서 선출하는 3인과 대법원장이 지명하는 3인의 위원으로 구성한다. 위원장은 위원 중에서 호선한다.

③ 위원의 임기는 6년으로 한다.

④ 위원은 정당에 가입하거나 정치에 관여할 수 없다.

⑤ 위원은 탄핵 또는 금고 이상의 형의 선고에 의하지 아니하고는 파면되지 아니한다.

⑥ 중앙선거관리위원회는 법령의 범위 안에서 선거관리·국민투표관리 또는 정당사무에 관한 규칙을 제정할 수 있으며, 법률에 저촉되지 아니하는 범위 안에서 내부규율에 관한 규칙을 제정할 수 있다.

⑦ 각급 선거관리위원회의 조직·직무범위 기타 필요한 사항은 법률로 정한다.

제115조 ① 각급 선거관리위원회는 선거인명부의 작성 등 선거사무와 국민투표사무에 관하여 관계 행정기관에 필요한 지시를 할 수 있다.

② 제1항의 지시를 받은 당해 행정기관은 이에 응하여야 한다.

제116조 ① 선거운동은 각급 선거관리위원회의 관리하에 법률이 정하는 범위 안에서 하되, 균등한 기회가 보장되어야 한다.

② 선거에 관한 경비는 법률이 정하는 경우를 제외하고는 정당 또는 후보자에게 부담시킬 수 없다.

제 8 장 지방자치

제117조 ① 지방자치단체는 주민의 복리에 관한 사무를 처리하고 재산을 관리하며, 법령의 범위 안에서 자치에 관한 규정을 제정할 수 있다.

② 지방자치단체의 종류는 법률로 정한다.

제118조 ① 지방자치단체에 의회를 둔다.

② 지방의회의 조직·권한·의원선거와 지방자치단체의 장의 선임방법 기타 지방자치단체의 조직과 운영에 관한 사항은 법률로 정한다.

제 9 장 경 제

제119조 ① 대한민국의 경제질서는 개인과 기업의 경제상의 자유와 창의를 존중함을 기본으로 한다.

② 국가는 균형있는 국민경제의 성장 및 안정과 적정한 소득의 분배를 유지하고, 시장의 지배와 경제력의 남용을 방지하며, 경제주체간의 조화를 통한 경제의 민주화를 위하여 경제에 관한 규제와 조정을 할 수 있다.

제120조 ① 광물 기타 중요한 지하자원·수산자원·수력과 경제상 이용할 수 있는 자연력은 법률이 정하는 바에 의하여 일정한 기간 그 채취·개발 또는 이용을 특허할 수 있다.

② 국토와 자원은 국가의 보호를 받으며, 국가는 그 균형있는 개발과 이용을 위하여 필요한 계획을 수립한다.

제121조 ① 국가는 농지에 관하여 경자유전의 원칙이 달성될 수 있도록 노력하여야 하며, 농지의 소작제도는 금지된다.

② 농업생산성의 제고와 농지의

합리적인 이용을 위하거나 불가피한 사정으로 발생하는 농지의 임대차와 위탁경영은 법률이 정하는 바에 의하여 인정된다.

제122조 국가는 국민 모두의 생산 및 생활의 기반이 되는 국토의 효율적이고 균형있는 이용·개발과 보전을 위하여 법률이 정하는 바에 의하여 그에 관한 필요한 제한과 의무를 과할 수 있다.

제123조 ① 국가는 농업 및 어업을 보호·육성하기 위하여 농·어촌종합개발과 그 지원등 필요한 계획을 수립·시행하여야 한다.

② 국가는 지역간의 균형있는 발전을 위하여 지역경제를 육성할 의무를 진다.

③ 국가는 중소기업을 보호·육성하여야 한다.

④ 국가는 농수산물의 수급균형과 유통구조의 개선에 노력하여 가격안정을 도모함으로써 농·어민의 이익을 보호한다.

⑤ 국가는 농·어민과 중소기업의 자조조직을 육성하여야 하며, 그 자율적 활동과 발전을 보장한다.

제124조 국가는 건전한 소비행위를 계도하고 생산품의 품질향상을 촉구하기 위한 소비자보호운동을 법률이 정하는 바에 의하여 보장한다.

제125조 국가는 대외무역을 육성하며, 이를 규제·조정할 수 있다.

제126조 국방상 또는 국민경제상 긴절한 필요로 인하여 법률이 정하는 경우를 제외하고는, 사영기업을 국유 또는 공유로 이전하거나 그 경영을 통제 또는 관리할 수 없다.

제127조 ① 국가는 과학기술의 혁신과 정보 및 인력의 개발을 통하여 국민경제의 발전에 노력하여야 한다.

② 국가는 국가표준제도를 확립한다.

③ 대통령은 제1항의 목적을 달성하기 위하여 필요한 자문기구를 둘 수 있다.

제10장 헌법개정

제128조 ① 헌법개정은 국회재적의원 과반수 또는 대통령의 발의로 제안된다.

② 대통령의 임기연장 또는 중임변경을 위한 헌법개정은 그 헌법개정 제안 당시의 대통령에 대하여는 효력이 없다.

제129조 제안된 헌법개정안은 대통령이 20일 이상의 기간 이를 공고하여야 한다.

제130조 ① 국회는 헌법개정안이 공고된 날로부터 60일 이내에 의결하여야 하며, 국회의 의결은 재적의원 3분의 2 이상의 찬성을 얻어야 한다.

② 헌법개정안은 국회가 의결한 후 30일 이내에 국민투표에 붙여 국회의원선거권자 과반수의 투표와 투표자 과반수의 찬성을 얻어

야 한다.

③ 헌법개정안이 제2항의 찬성을 얻은 때에는 헌법개정은 확정되며, 대통령은 즉시 이를 공포하여야 한다.

부 칙

제1조 이 헌법은 1988년 2월 25일부터 시행한다. 다만, 이 헌법을 시행하기 위하여 필요한 법률의 제정·개정과 이 헌법에 의한 대통령 및 국회의원의 선거 기타 이 헌법시행에 관한 준비는 이 헌법시행 전에 할 수 있다.

제2조 ① 이 헌법에 의한 최초의 대통령선거는 이 헌법시행일 40일 전까지 실시한다.

② 이 헌법에 의한 최초의 대통령의 임기는 이 헌법시행일로부터 개시한다.

제3조 ① 이 헌법에 의한 최초의 국회의원선거는 이 헌법공포일로부터 6월 이내에 실시하며, 이 헌법에 의하여 선출된 최초의 국회의원의 임기는 국회의원선거 후 이 헌법에 의한 국회의 최초의 집회일로부터 개시한다.

② 이 헌법공포 당시의 국회의원의 임기는 제1항에 의한 국회의 최초의 집회일 전일까지로 한다.

제4조 ① 이 헌법시행 당시의 공무원과 정부가 임명한 기업체의 임원은 이 헌법에 의하여 임명된 것으로 본다. 다만, 이 헌법에 의하여 선임방법이나 임명권자가 변경된 공무원과 대법원장 및 감사원장은 이 헌법에 의하여 후임자가 선임될 때까지 그 직무를 행하며, 이 경우 전임자인 공무원의 임기는 후임자가 선임되는 전일까지로 한다.

② 이 헌법시행 당시의 대법원장과 대법원판사가 아닌 법관은 제1항 단서의 규정에 불구하고 이 헌법에 의하여 임명된 것으로 본다.

③ 이 헌법 중 공무원의 임기 또는 중임제한에 관한 규정은 이 헌법에 의하여 그 공무원이 최초로 선출 또는 임명된 때로부터 적용한다.

제5조 이 헌법시행 당시의 법령과 조약은 이 헌법에 위배되지 아니하는 한 그 효력을 지속한다.

제6조 이 헌법시행 당시에 이 헌법에 의하여 새로 설치될 기관의 권한에 속하는 직무를 행하고 있는 기관은 이 헌법에 의하여 새로운 기관이 설치될 때까지 존속하며 그 직무를 행한다.

헌법재판소법

제1장 총 칙

제1조(목적) 이 법은 헌법재판소의 조직 및 운영과 그 심판절차에 관하여 필요한 사항을 정함을 목적으로 한다.

제2조(관장사항) 헌법재판소는 다음 각 호의 사항을 관장한다.

1. 법원의 제청에 의한 법률의 위헌 여부 심판
2. 탄핵의 심판
3. 정당의 해산심판
4. 국가기관 상호간, 국가기관과 지방자치단체 간 및 지방자치단체 상호간의 권한쟁의에 관한 심판
5. 헌법소원에 관한 심판

제3조(구성) 헌법재판소는 9명의 재판관으로 구성한다.

제4조(재판관의 독립) 재판관은 헌법과 법률에 의하여 양심에 따라 독립하여 심판한다.

제5조(재판관의 자격) ① 재판관은 다음 각 호의 어느 하나에 해당하는 직에 15년 이상 있던 40세 이상인 사람 중에서 임명한다. 다만, 다음 각 호 중 둘 이상의 직에 있던 사람의 재직기간은 합산한다.

1. 판사, 검사, 변호사
2. 변호사 자격이 있는 사람으로서 국가기관, 국영·공영 기업체, 「공공기관의 운영에 관한 법률」 제4조에 따른 공공기관 또는 그 밖의 법인에서 법률에 관한 사무에 종사한 사람
3. 변호사 자격이 있는 사람으로서 공인된 대학의 법률학 조교수 이상의 직에 있던 사람

② 다음 각 호의 어느 하나에 해당하는 사람은 재판관으로 임명할 수 없다.

1. 다른 법령에 따라 공무원으로 임용하지 못하는 사람
2. 금고 이상의 형을 선고받은 사람
3. 탄핵에 의하여 파면된 후 5년이 지나지 아니한 사람

제6조(재판관의 임명) ① 재판관은 대통령이 임명한다. 이 경우 재판관 중 3명은 국회에서 선출하는 사람을, 3명은 대법원장이 지명하는 사람을 임명한다.

② 재판관은 국회의 인사청문을 거쳐 임명·선출 또는 지명하여야 한다. 이 경우 대통령은 재판관(국회에서 선출하거나 대법원장이 지명하는 사람은 제외한다)을 임명하기 전에, 대법원장은 재판관을 지명하기 전에 인사청

문을 요청한다.

③ 재판관의 임기가 만료되거나 정년이 도래하는 경우에는 임기 만료일 또는 정년도래일까지 후임자를 임명하여야 한다.

④ 임기 중 재판관이 결원된 경우에는 결원된 날부터 30일 이내에 후임자를 임명하여야 한다.

⑤ 제3항 및 제4항에도 불구하고 국회에서 선출한 재판관이 국회의 폐회 또는 휴회 중에 그 임기가 만료되거나 정년이 도래한 경우 또는 결원된 경우에는 국회는 다음 집회가 개시된 후 30일 이내에 후임자를 선출하여야 한다.

제 7 조(재판관의 임기) ① 재판관의 임기는 6년으로 하며, 연임할 수 있다.

② 재판관의 정년은 70세로 한다.

제 8 조(재판관의 신분 보장) 재판관은 다음 각 호의 어느 하나에 해당하는 경우가 아니면 그 의사에 반하여 해임되지 아니한다.

1. 탄핵결정이 된 경우
2. 금고 이상의 형을 선고받은 경우

제 9 조(재판관의 정치 관여 금지) 재판관은 정당에 가입하거나 정치에 관여할 수 없다.

제10조(규칙 제정권) ① 헌법재판소는 이 법과 다른 법률에 저촉되지 아니하는 범위에서 심판에 관한 절차, 내부 규율과 사무처리에 관한 규칙을 제정할 수 있다.

② 헌법재판소규칙은 관보에 게재하여 공포한다.

제10조의2(입법 의견의 제출) 헌법재판소장은 헌법재판소의 조직, 인사, 운영, 심판절차와 그 밖에 헌법재판소의 업무와 관련된 법률의 제정 또는 개정이 필요하다고 인정하는 경우에는 국회에 서면으로 그 의견을 제출할 수 있다.

제11조(경비) ① 헌법재판소의 경비는 독립하여 국가의 예산에 계상하여야 한다.

② 제1항의 경비 중에는 예비금을 둔다.

제 2 장 조 직

제12조(헌법재판소장) ① 헌법재판소에 헌법재판소장을 둔다.

② 헌법재판소장은 국회의 동의를 받아 재판관 중에서 대통령이 임명한다.

③ 헌법재판소장은 헌법재판소를 대표하고, 헌법재판소의 사무를 총괄하며, 소속 공무원을 지휘·감독한다.

④ 헌법재판소장이 궐위되거나 부득이한 사유로 직무를 수행할 수 없을 때에는 다른 재판관이 헌법재판소규칙으로 정하는 순서에 따라 그 권한을 대행한다.

제13조 삭제

제14조(재판관의 겸직 금지) 재판관은 다음 각 호의 어느 하나에 해당하는 직을 겸하거나 영리를 목적으로 하는 사업을 할 수 없다.

1. 국회 또는 지방의회의 의원의 직
2. 국회·정부 또는 법원의 공무원의 직
3. 법인·단체 등의 고문·임원 또는 직원의 직

제15조(헌법재판소장 등의 대우) 헌법재판소장의 대우와 보수는 대법원장의 예에 따르며, 재판관은 정무직으로 하고 그 대우와 보수는 대법관의 예에 따른다.

제16조(재판관회의) ① 재판관회의는 재판관 전원으로 구성하며, 헌법재판소장이 의장이 된다.

② 재판관회의는 재판관 7명 이상의 출석과 출석인원 과반수의 찬성으로 의결한다.

③ 의장은 의결에서 표결권을 가진다.

④ 다음 각 호의 사항은 재판관회의의 의결을 거쳐야 한다.

1. 헌법재판소규칙의 제정과 개정, 제10조의2에 따른 입법 의견의 제출에 관한 사항
2. 예산 요구, 예비금 지출과 결산에 관한 사항
3. 사무처장, 사무차장, 헌법재판연구원장, 헌법연구관 및 3급 이상 공무원의 임면에 관한 사항
4. 특히 중요하다고 인정되는 사항으로서 헌법재판소장이 재판관회의에 부치는 사항

⑤ 재판관회의의 운영에 필요한 사항은 헌법재판소규칙으로 정한다.

제17조(사무처) ① 헌법재판소의 행정사무를 처리하기 위하여 헌법재판소에 사무처를 둔다.

② 사무처에 사무처장과 사무차장을 둔다.

③ 사무처장은 헌법재판소장의 지휘를 받아 사무처의 사무를 관장하며, 소속 공무원을 지휘·감독한다.

④ 사무처장은 국회 또는 국무회의에 출석하여 헌법재판소의 행정에 관하여 발언할 수 있다.

⑤ 헌법재판소장이 한 처분에 대한 행정소송의 피고는 헌법재판소 사무처장으로 한다.

⑥ 사무차장은 사무처장을 보좌하며, 사무처장이 부득이한 사유로 직무를 수행할 수 없을 때에는 그 직무를 대행한다.

⑦ 사무처에 실, 국, 과를 둔다.

⑧ 실에는 실장, 국에는 국장, 과에는 과장을 두며, 사무처장·사무차장·실장 또는 국장 밑에 정책의 기획, 계획의 입안, 연구·조사, 심사·평가 및 홍보업무를 보좌하는 심의관 또는 담당관을 둘 수 있다.

⑨ 이 법에 규정되지 아니한 사항으로서 사무처의 조직, 직무 범위, 사무처에 두는 공무원의 정원, 그 밖에 필요한 사항은 헌법재판소규칙으로 정한다.

제18조(사무처 공무원) ① 사무처장은 정무직으로 하고, 보수는 국무위원의 보수와 같은 금액으로 한다.

② 사무차장은 정무직으로 하고, 보수는 차관의 보수와 같은 금액으로 한다.

③ 실장은 1급 또는 2급, 국장은 2급 또는 3급, 심의관 및 담당관은 2급부터 4급까지, 과장은 3급 또는 4급의 일반직국가공무원으로 임명한다. 다만, 담당관 중 1명은 3급 상당 또는 4급 상당의 별정직국가공무원으로 임명할 수 있다.

④ 사무처 공무원은 헌법재판소장이 임면한다. 다만, 3급 이상의 공무원의 경우에는 재판관회의의 의결을 거쳐야 한다.

⑤ 헌법재판소장은 다른 국가기관에 대하여 그 소속 공무원을 사무처 공무원으로 근무하게 하기 위하여 헌법재판소에의 파견근무를 요청할 수 있다.

제19조(헌법연구관) ① 헌법재판소에 헌법재판소규칙으로 정하는 수의 헌법연구관을 둔다.

② 헌법연구관은 특정직국가공무원으로 한다.

③ 헌법연구관은 헌법재판소장의 명을 받아 사건의 심리 및 심판에 관한 조사·연구에 종사한다.

④ 헌법연구관은 다음 각 호의 어느 하나에 해당하는 사람 중에서 헌법재판소장이 재판관회의의 의결을 거쳐 임용한다.

1. 판사·검사 또는 변호사의 자격이 있는 사람
2. 공인된 대학의 법률학 조교수 이상의 직에 있던 사람
3. 국회, 정부 또는 법원 등 국가기관에서 4급 이상의 공무원으로서 5년 이상 법률에 관한 사무에 종사한 사람
4. 법률학에 관한 박사학위 소지자로서 국회, 정부, 법원 또는 헌법재판소 등 국가기관에서 5년 이상 법률에 관한 사무에 종사한 사람
5. 법률학에 관한 박사학위 소지자로서 헌법재판소규칙으로 정하는 대학 등 공인된 연구기관에서 5년 이상 법률에 관한 사무에 종사한 사람

⑤ 삭제

⑥ 다음 각 호의 어느 하나에 해당하는 사람은 헌법연구관으로 임용될 수 없다.

1. 「국가공무원법」 제33조 각 호의 어느 하나에 해당하는 사람
2. 금고 이상의 형을 선고받은 사람
3. 탄핵결정에 의하여 파면된 후 5년이 지나지 아니한 사람

⑦ 헌법연구관의 임기는 10년으로 하되, 연임할 수 있고, 정년은 60세로 한다.

⑧ 헌법연구관이 제6항 각 호의 어느 하나에 해당할 때에는 당연히 퇴직한다. 다만, 「국가공무원법」 제33조 제5호에 해당할 때에는 그러하지 아니하다.

⑨ 헌법재판소장은 다른 국가기관에 대하여 그 소속 공무원을

헌법연구관으로 근무하게 하기 위하여 헌법재판소에의 파견근무를 요청할 수 있다.

⑩ 사무차장은 헌법연구관의 직을 겸할 수 있다.

⑪ 헌법재판소장은 헌법연구관을 사건의 심리 및 심판에 관한 조사·연구업무 외의 직에 임명하거나 그 직을 겸임하게 할 수 있다. 이 경우 헌법연구관의 수는 헌법재판소규칙으로 정하며, 보수는 그 중 고액의 것을 지급한다.

제19조의2(헌법연구관보) ① 헌법연구관을 신규임용하는 경우에는 3년간 헌법연구관보로 임용하여 근무하게 한 후 그 근무성적을 고려하여 헌법연구관으로 임용한다. 다만, 경력 및 업무능력 등을 고려하여 헌법재판소규칙으로 정하는 바에 따라 헌법연구관보 임용을 면제하거나 그 기간을 단축할 수 있다.

② 헌법연구관보는 헌법재판소장이 재판관회의의 의결을 거쳐 임용한다.

③ 헌법연구관보는 별정직국가공무원으로 하고, 그 보수와 승급기준은 헌법연구관의 예에 따른다.

④ 헌법연구관보가 근무성적이 불량한 경우에는 재판관회의의 의결을 거쳐 면직시킬 수 있다.

⑤ 헌법연구관보의 근무기간은 이 법 및 다른 법령에 규정된 헌법연구관의 재직기간에 산입한다.

제19조의3(헌법연구위원) ① 헌법재판소에 헌법연구위원을 둘 수 있다. 헌법연구위원은 사건의 심리 및 심판에 관한 전문적인 조사·연구에 종사한다.

② 헌법연구위원은 3년 이내의 범위에서 기간을 정하여 임명한다.

③ 헌법연구위원은 2급 또는 3급 상당의 별정직공무원이나 「국가공무원법」 제26조의5에 따른 임기제공무원으로 하고, 그 직제 및 자격 등에 관하여는 헌법재판소규칙으로 정한다.

제19조의4(헌법재판연구원) ① 헌법 및 헌법재판 연구와 헌법연구관, 사무처 공무원 등의 교육을 위하여 헌법재판소에 헌법재판연구원을 둔다.

② 헌법재판연구원의 정원은 원장 1명을 포함하여 40명 이내로 하고, 원장 밑에 부장, 팀장, 연구관 및 연구원을 둔다.

③ 원장은 헌법재판소장이 재판관회의의 의결을 거쳐 헌법연구관으로 보하거나 1급인 일반직국가공무원으로 임명한다.

④ 부장은 헌법연구관이나 2급 또는 3급 일반직공무원으로, 팀장은 헌법연구관이나 3급 또는 4급 일반직공무원으로 임명하고, 연구관 및 연구원은 헌법연구관 또는 일반직공무원으로 임명한다.

⑤ 연구관 및 연구원은 다음 각 호의 어느 하나에 해당하는 사람 중에서 헌법재판소장이 보하거나 헌법재판연구원장의 제청을 받아

헌법재판소장이 임명한다.

1. 헌법연구관
2. 변호사의 자격이 있는 사람(외국의 변호사 자격을 포함한다)
3. 학사 또는 석사학위를 취득한 사람으로서 헌법재판소규칙으로 정하는 실적 또는 경력이 있는 사람
4. 박사학위를 취득한 사람

⑥ 그 밖에 헌법재판연구원의 조직과 운영에 필요한 사항은 헌법재판소규칙으로 정한다.

제20조(헌법재판소장 비서실 등) ① 헌법재판소에 헌법재판소장 비서실을 둔다.

② 헌법재판소장 비서실에 비서실장 1명을 두되, 비서실장은 1급 상당의 별정직국가공무원으로 임명하고, 헌법재판소장의 명을 받아 기밀에 관한 사무를 관장한다.

③ 제2항에 규정되지 아니한 사항으로서 헌법재판소장 비서실의 조직과 운영에 필요한 사항은 헌법재판소규칙으로 정한다.

④ 헌법재판소에 재판관 비서관을 둔다.

⑤ 재판관 비서관은 4급의 일반직국가공무원 또는 4급 상당의 별정직국가공무원으로 임명하며, 재판관의 명을 받아 기밀에 관한 사무를 관장한다.

제21조(서기 및 정리) ① 헌법재판소에 서기 및 정리를 둔다.

② 헌법재판소장은 사무처 직원 중에서 서기 및 정리를 지명한다.

③ 서기는 재판장의 명을 받아 사건에 관한 서류의 작성·보관 또는 송달에 관한 사무를 담당한다.

④ 정리는 심판정의 질서유지와 그 밖에 재판장이 명하는 사무를 집행한다.

제 3 장 일반심판절차

제22조(재판부) ① 이 법에 특별한 규정이 있는 경우를 제외하고는 헌법재판소의 심판은 재판관 전원으로 구성되는 재판부에서 관장한다.

② 재판부의 재판장은 헌법재판소장이 된다.

제23조(심판정족수) ① 재판부는 재판관 7명 이상의 출석으로 사건을 심리한다.

② 재판부는 종국심리에 관여한 재판관 과반수의 찬성으로 사건에 관한 결정을 한다. 다만, 다음 각 호의 어느 하나에 해당하는 경우에는 재판관 6명 이상의 찬성이 있어야 한다.

1. 법률의 위헌결정, 탄핵의 결정, 정당해산의 결정 또는 헌법소원에 관한 인용결정을 하는 경우
2. 종전에 헌법재판소가 판시한 헌법 또는 법률의 해석 적용에 관한 의견을 변경하는 경우

제24조(제척·기피 및 회피) ① 재판관이 다음 각 호의 어느 하나에 해당하는 경우에는 그 직무집

행에서 제척된다.

1. 재판관이 당사자이거나 당사자의 배우자 또는 배우자였던 경우
2. 재판관과 당사자가 친족관계이거나 친족관계였던 경우
3. 재판관이 사건에 관하여 증언이나 감정을 하는 경우
4. 재판관이 사건에 관하여 당사자의 대리인이 되거나 되었던 경우
5. 그 밖에 재판관이 헌법재판소 외에서 직무상 또는 직업상의 이유로 사건에 관여한 경우

② 재판부는 직권 또는 당사자의 신청에 의하여 제척의 결정을 한다.

③ 재판관에게 공정한 심판을 기대하기 어려운 사정이 있는 경우 당사자는 기피신청을 할 수 있다. 다만, 변론기일에 출석하여 본안에 관한 진술을 한 때에는 그러하지 아니하다.

④ 당사자는 동일한 사건에 대하여 2명 이상의 재판관을 기피할 수 없다.

⑤ 재판관은 제1항 또는 제3항의 사유가 있는 경우에는 재판장의 허가를 받아 회피할 수 있다.

⑥ 당사자의 제척 및 기피신청에 관한 심판에는 「민사소송법」 제44조, 제45조, 제46조 제1항 · 제2항 및 제48조를 준용한다.

제25조(대표자 · 대리인) ① 각종 심판절차에서 정부가 당사자(참가인을 포함한다. 이하 같다)인 경우에는 법무부장관이 이를 대표한다.

② 각종 심판절차에서 당사자인 국가기관 또는 지방자치단체는 변호사 또는 변호사의 자격이 있는 소속 직원을 대리인으로 선임하여 심판을 수행하게 할 수 있다.

③ 각종 심판절차에서 당사자인 사인은 변호사를 대리인으로 선임하지 아니하면 심판청구를 하거나 심판 수행을 하지 못한다. 다만, 그가 변호사의 자격이 있는 경우에는 그러하지 아니하다.

제26조(심판청구의 방식) ① 헌법재판소에의 심판청구는 심판절차별로 정하여진 청구서를 헌법재판소에 제출함으로써 한다. 다만, 위헌법률심판에서는 법원의 제청서, 탄핵심판에서는 국회의 소추의결서의 정본으로 청구서를 갈음한다.

② 청구서에는 필요한 증거서류 또는 참고자료를 첨부할 수 있다.

제27조(청구서의 송달) ① 헌법재판소가 청구서를 접수한 때에는 지체 없이 그 등본을 피청구기관 또는 피청구인(이하 "피청구인"이라 한다)에게 송달하여야 한다.

② 위헌법률심판의 제청이 있으면 법무부장관 및 당해 소송사건의 당사자에게 그 제청서의 등본을 송달한다.

제28조(심판청구의 보정) ① 재판장은 심판청구가 부적법하나 보

정할 수 있다고 인정되는 경우에는 상당한 기간을 정하여 보정을 요구하여야 한다.
② 제1항에 따른 보정 서면에 관하여는 제27조 제1항을 준용한다.
③ 제1항에 따른 보정이 있는 경우에는 처음부터 적법한 심판청구가 있은 것으로 본다.
④ 제1항에 따른 보정기간은 제38조의 심판기간에 산입하지 아니한다.
⑤ 재판장은 필요하다고 인정하는 경우에는 재판관 중 1명에게 제1항의 보정요구를 할 수 있는 권한을 부여할 수 있다.

제29조(답변서의 제출) ① 청구서 또는 보정 서면을 송달받은 피청구인은 헌법재판소에 답변서를 제출할 수 있다.
② 답변서에는 심판청구의 취지와 이유에 대응하는 답변을 적는다.

제30조(심리의 방식) ① 탄핵의 심판, 정당해산의 심판 및 권한쟁의의 심판은 구두변론에 의한다.
② 위헌법률의 심판과 헌법소원에 관한 심판은 서면심리에 의한다. 다만, 재판부는 필요하다고 인정하는 경우에는 변론을 열어 당사자, 이해관계인, 그 밖의 참고인의 진술을 들을 수 있다.
③ 재판부가 변론을 열 때에는 기일을 정하여 당사자와 관계인을 소환하여야 한다.

제31조(증거조사) ① 재판부는 사건의 심리를 위하여 필요하다고 인정하는 경우에는 직권 또는 당사자의 신청에 의하여 다음 각 호의 증거조사를 할 수 있다.
1. 당사자 또는 증인을 신문하는 일
2. 당사자 또는 관계인이 소지하는 문서·장부·물건 또는 그 밖의 증거자료의 제출을 요구하고 영치하는 일
3. 특별한 학식과 경험을 가진 자에게 감정을 명하는 일
4. 필요한 물건·사람·장소 또는 그 밖의 사물의 성상이나 상황을 검증하는 일

② 재판장은 필요하다고 인정하는 경우에는 재판관 중 1명을 지정하여 제1항의 증거조사를 하게 할 수 있다.

제32조(자료제출 요구 등) 재판부는 결정으로 다른 국가기관 또는 공공단체의 기관에 심판에 필요한 사실을 조회하거나, 기록의 송부나 자료의 제출을 요구할 수 있다. 다만, 재판·소추 또는 범죄수사가 진행 중인 사건의 기록에 대하여는 송부를 요구할 수 없다.

제33조(심판의 장소) 심판의 변론과 종국결정의 선고는 심판정에서 한다. 다만, 헌법재판소장이 필요하다고 인정하는 경우에는 심판정 외의 장소에서 변론 또는 종국결정의 선고를 할 수 있다.

제34조(심판의 공개) ① 심판의 변론과 결정의 선고는 공개한다.

다만, 서면심리와 평의는 공개하지 아니한다.

② 헌법재판소의 심판에 관하여는 「법원조직법」 제57조 제1항 단서와 같은 조 제2항 및 제3항을 준용한다.

제35조(심판의 지휘와 법정경찰권) ① 재판장은 심판정의 질서와 변론의 지휘 및 평의의 정리를 담당한다.

② 헌법재판소 심판정의 질서유지와 용어의 사용에 관하여는 「법원조직법」 제58조부터 제63조까지의 규정을 준용한다.

제36조(종국결정) ① 재판부가 심리를 마쳤을 때에는 종국결정을 한다.

② 종국결정을 할 때에는 다음 각 호의 사항을 적은 결정서를 작성하고 심판에 관여한 재판관 전원이 이에 서명날인하여야 한다.

1. 사건번호와 사건명
2. 당사자와 심판수행자 또는 대리인의 표시
3. 주문
4. 이유
5. 결정일

③ 심판에 관여한 재판관은 결정서에 의견을 표시하여야 한다.

④ 종국결정이 선고되면 서기는 지체 없이 결정서 정본을 작성하여 당사자에게 송달하여야 한다.

⑤ 종국결정은 헌법재판소규칙으로 정하는 바에 따라 관보에 게재하거나 그 밖의 방법으로 공시한다.

제37조(심판비용 등) ① 헌법재판소의 심판비용은 국가부담으로 한다. 다만, 당사자의 신청에 의한 증거조사의 비용은 헌법재판소규칙으로 정하는 바에 따라 그 신청인에게 부담시킬 수 있다.

② 헌법재판소는 헌법소원심판의 청구인에 대하여 헌법재판소규칙으로 정하는 공탁금의 납부를 명할 수 있다.

③ 헌법재판소는 다음 각 호의 어느 하나에 해당하는 경우에는 헌법재판소규칙으로 정하는 바에 따라 공탁금의 전부 또는 일부의 국고 귀속을 명할 수 있다.

1. 헌법소원의 심판청구를 각하하는 경우
2. 헌법소원의 심판청구를 기각하는 경우에 그 심판청구가 권리의 남용이라고 인정되는 경우

제38조(심판기간) 헌법재판소는 심판사건을 접수한 날부터 180일 이내에 종국결정의 선고를 하여야 한다. 다만, 재판관의 궐위로 7명의 출석이 불가능한 경우에는 그 궐위된 기간은 심판기간에 산입하지 아니한다.

제39조(일사부재리) 헌법재판소는 이미 심판을 거친 동일한 사건에 대하여는 다시 심판할 수 없다.

제39조의2(심판확정기록의 열람·복사) ① 누구든지 권리구제, 학술연구 또는 공익 목적으로 심판

이 확정된 사건기록의 열람 또는 복사를 신청할 수 있다. 다만, 헌법재판소장은 다음 각 호의 어느 하나에 해당하는 경우에는 사건기록을 열람하거나 복사하는 것을 제한할 수 있다.

1. 변론이 비공개로 진행된 경우
2. 사건기록의 공개로 인하여 국가의 안전보장, 선량한 풍속, 공공의 질서유지나 공공복리를 현저히 침해할 우려가 있는 경우
3. 사건기록의 공개로 인하여 관계인의 명예, 사생활의 비밀, 영업비밀(「부정경쟁방지 및 영업비밀보호에 관한 법률」 제2조 제2호에 규정된 영업비밀을 말한다) 또는 생명·신체의 안전이나 생활의 평온을 현저히 침해할 우려가 있는 경우

② 헌법재판소장은 제1항 단서에 따라 사건기록의 열람 또는 복사를 제한하는 경우에는 신청인에게 그 사유를 명시하여 통지하여야 한다.

③ 제1항에 따른 사건기록의 열람 또는 복사 등에 관하여 필요한 사항은 헌법재판소규칙으로 정한다.

④ 사건기록을 열람하거나 복사한 자는 열람 또는 복사를 통하여 알게 된 사항을 이용하여 공공의 질서 또는 선량한 풍속을 침해하거나 관계인의 명예 또는 생활의 평온을 훼손하는 행위를 하여서는 아니 된다.

제40조(준용규정) ① 헌법재판소의 심판절차에 관하여는 이 법에 특별한 규정이 있는 경우를 제외하고는 헌법재판의 성질에 반하지 아니하는 한도에서 민사소송에 관한 법령을 준용한다. 이 경우 탄핵심판의 경우에는 형사소송에 관한 법령을 준용하고, 권한쟁의심판 및 헌법소원심판의 경우에는 「행정소송법」을 함께 준용한다.

② 제1항 후단의 경우에 형사소송에 관한 법령 또는 「행정소송법」이 민사소송에 관한 법령에 저촉될 때에는 민사소송에 관한 법령은 준용하지 아니한다.

제 4 장 특별심판절차

제 1 절 위헌법률심판

제41조(위헌 여부 심판의 제청) ① 법률이 헌법에 위반되는지 여부가 재판의 전제가 된 경우에는 당해 사건을 담당하는 법원(군사법원을 포함한다. 이하 같다)은 직권 또는 당사자의 신청에 의한 결정으로 헌법재판소에 위헌 여부 심판을 제청한다.

② 제1항의 당사자의 신청은 제43조 제2호부터 제4호까지의 사항을 적은 서면으로 한다.

③ 제2항의 신청서면의 심사에 관하여는 「민사소송법」 제254조

를 준용한다.

④ 위헌 여부 심판의 제청에 관한 결정에 대하여는 항고할 수 없다.

⑤ 대법원 외의 법원이 제1항의 제청을 할 때에는 대법원을 거쳐야 한다.

제42조(재판의 정지 등) ① 법원이 법률의 위헌 여부 심판을 헌법재판소에 제청한 때에는 당해 소송사건의 재판은 헌법재판소의 위헌 여부의 결정이 있을 때까지 정지된다. 다만, 법원이 긴급하다고 인정하는 경우에는 종국재판 외의 소송절차를 진행할 수 있다.

② 제1항 본문에 따른 재판정지기간은 「형사소송법」 제92조 제1항·제2항 및 「군사법원법」 제132조 제1항·제2항의 구속기간과 「민사소송법」 제199조의 판결 선고기간에 산입하지 아니한다.

제43조(제청서의 기재사항) 법원이 법률의 위헌 여부 심판을 헌법재판소에 제청할 때에는 제청서에 다음 각 호의 사항을 적어야 한다.

1. 제청법원의 표시
2. 사건 및 당사자의 표시
3. 위헌이라고 해석되는 법률 또는 법률의 조항
4. 위헌이라고 해석되는 이유
5. 그 밖에 필요한 사항

제44조(소송사건 당사자 등의 의견) 당해 소송사건의 당사자 및 법무부장관은 헌법재판소에 법률의 위헌 여부에 대한 의견서를 제출할 수 있다.

제45조(위헌결정) 헌법재판소는 제청된 법률 또는 법률 조항의 위헌 여부만을 결정한다. 다만, 법률 조항의 위헌결정으로 인하여 해당 법률 전부를 시행할 수 없다고 인정될 때에는 그 전부에 대하여 위헌결정을 할 수 있다.

제46조(결정서의 송달) 헌법재판소는 결정일부터 14일 이내에 결정서 정본을 제청한 법원에 송달한다. 이 경우 제청한 법원이 대법원이 아닌 경우에는 대법원을 거쳐야 한다.

제47조(위헌결정의 효력) ① 법률의 위헌결정은 법원과 그 밖의 국가기관 및 지방자치단체를 기속한다.

② 위헌으로 결정된 법률 또는 법률의 조항은 그 결정이 있는 날부터 효력을 상실한다.

③ 제2항에도 불구하고 형벌에 관한 법률 또는 법률의 조항은 소급하여 그 효력을 상실한다. 다만, 해당 법률 또는 법률의 조항에 대하여 종전에 합헌으로 결정한 사건이 있는 경우에는 그 결정이 있는 날의 다음 날로 소급하여 효력을 상실한다.

④ 제3항의 경우에 위헌으로 결정된 법률 또는 법률의 조항에 근거한 유죄의 확정판결에 대하여는 재심을 청구할 수 있다.

⑤ 제4항의 재심에 대하여는 「형

사소송법」을 준용한다.

제 2 절 탄핵심판

제48조(탄핵소추) 다음 각 호의 어느 하나에 해당하는 공무원이 그 직무집행에서 헌법이나 법률을 위반한 경우에는 국회는 헌법 및 「국회법」에 따라 탄핵의 소추를 의결할 수 있다.

1. 대통령, 국무총리, 국무위원 및 행정각부의 장
2. 헌법재판소 재판관, 법관 및 중앙선거관리위원회 위원
3. 감사원장 및 감사위원
4. 그 밖에 법률에서 정한 공무원

제49조(소추위원) ① 탄핵심판에서는 국회 법제사법위원회의 위원장이 소추위원이 된다.
② 소추위원은 헌법재판소에 소추의결서의 정본을 제출하여 탄핵심판을 청구하며, 심판의 변론에서 피청구인을 신문할 수 있다.

제50조(권한 행사의 정지) 탄핵소추의 의결을 받은 사람은 헌법재판소의 심판이 있을 때까지 그 권한 행사가 정지된다.

제51조(심판절차의 정지) 피청구인에 대한 탄핵심판 청구와 동일한 사유로 형사소송이 진행되고 있는 경우에는 재판부는 심판절차를 정지할 수 있다.

제52조(당사자의 불출석) ① 당사자가 변론기일에 출석하지 아니하면 다시 기일을 정하여야 한다.
② 다시 정한 기일에도 당사자가 출석하지 아니하면 그의 출석 없이 심리할 수 있다.

제53조(결정의 내용) ① 탄핵심판 청구가 이유 있는 경우에는 헌법재판소는 피청구인을 해당 공직에서 파면하는 결정을 선고한다.
② 피청구인이 결정 선고 전에 해당 공직에서 파면되었을 때에는 헌법재판소는 심판청구를 기각하여야 한다.

제54조(결정의 효력) ① 탄핵결정은 피청구인의 민사상 또는 형사상의 책임을 면제하지 아니한다.
② 탄핵결정에 의하여 파면된 사람은 결정 선고가 있은 날부터 5년이 지나지 아니하면 공무원이 될 수 없다.

제 3 절 정당해산심판

제55조(정당해산심판의 청구) 정당의 목적이나 활동이 민주적 기본질서에 위배될 때에는 정부는 국무회의의 심의를 거쳐 헌법재판소에 정당해산심판을 청구할 수 있다.

제56조(청구서의 기재사항) 정당해산심판의 청구서에는 다음 각 호의 사항을 적어야 한다.

1. 해산을 요구하는 정당의 표시
2. 청구 이유

제57조(가처분) 헌법재판소는 정당해산심판의 청구를 받은 때에는 직권 또는 청구인의 신청에 의하여 종국결정의 선고 시까지 피청구인의 활동을 정지하는 결정을

할 수 있다.

제58조(청구 등의 통지) ① 헌법재판소장은 정당해산심판의 청구가 있는 때, 가처분결정을 한 때 및 그 심판이 종료한 때에는 그 사실을 국회와 중앙선거관리위원회에 통지하여야 한다.

② 정당해산을 명하는 결정서는 피청구인 외에 국회, 정부 및 중앙선거관리위원회에도 송달하여야 한다.

제59조(결정의 효력) 정당의 해산을 명하는 결정이 선고된 때에는 그 정당은 해산된다.

제60조(결정의 집행) 정당의 해산을 명하는 헌법재판소의 결정은 중앙선거관리위원회가 「정당법」에 따라 집행한다.

제 4 절 권한쟁의심판

제61조(청구 사유) ① 국가기관 상호간, 국가기관과 지방자치단체 간 및 지방자치단체 상호간에 권한의 유무 또는 범위에 관하여 다툼이 있을 때에는 해당 국가기관 또는 지방자치단체는 헌법재판소에 권한쟁의심판을 청구할 수 있다.

② 제1항의 심판청구는 피청구인의 처분 또는 부작위가 헌법 또는 법률에 의하여 부여받은 청구인의 권한을 침해하였거나 침해할 현저한 위험이 있는 경우에만 할 수 있다.

제62조(권한쟁의심판의 종류) ① 권한쟁의심판의 종류는 다음 각 호와 같다.

1. 국가기관 상호간의 권한쟁의심판
   국회, 정부, 법원 및 중앙선거관리위원회 상호간의 권한쟁의심판
2. 국가기관과 지방자치단체 간의 권한쟁의심판
   가. 정부와 특별시·광역시·도 또는 특별자치도 간의 권한쟁의심판
   나. 정부와 시·군 또는 지방자치단체인 구(이하 “자치구”라 한다) 간의 권한쟁의심판
3. 지방자치단체 상호간의 권한쟁의심판
   가. 특별시·광역시·도 또는 특별자치도 상호간의 권한쟁의심판
   나. 시·군 또는 자치구 상호간의 권한쟁의심판
   다. 특별시·광역시·도 또는 특별자치도와 시·군 또는 자치구 간의 권한쟁의심판

② 권한쟁의가 「지방교육자치에 관한 법률」 제2조에 따른 교육·학예에 관한 지방자치단체의 사무에 관한 것인 경우에는 교육감이 제1항 제2호 및 제3호의 당사자가 된다.

제63조(청구기간) ① 권한쟁의의 심판은 그 사유가 있음을 안 날부터 60일 이내에, 그 사유가 있은 날부터 180일 이내에 청구하

여야 한다.

② 제1항의 기간은 불변기간으로 한다.

제64조(청구서의 기재사항) 권한쟁의심판의 청구서에는 다음 각 호의 사항을 적어야 한다.

1. 청구인 또는 청구인이 속한 기관 및 심판수행자 또는 대리인의 표시
2. 피청구인의 표시
3. 심판 대상이 되는 피청구인의 처분 또는 부작위
4. 청구 이유
5. 그 밖에 필요한 사항

제65조(가처분) 헌법재판소가 권한쟁의심판의 청구를 받았을 때에는 직권 또는 청구인의 신청에 의하여 종국결정의 선고 시까지 심판 대상이 된 피청구인의 처분의 효력을 정지하는 결정을 할 수 있다.

제66조(결정의 내용) ① 헌법재판소는 심판의 대상이 된 국가기관 또는 지방자치단체의 권한의 유무 또는 범위에 관하여 판단한다.

② 제1항의 경우에 헌법재판소는 권한침해의 원인이 된 피청구인의 처분을 취소하거나 그 무효를 확인할 수 있고, 헌법재판소가 부작위에 대한 심판청구를 인용하는 결정을 한 때에는 피청구인은 결정 취지에 따른 처분을 하여야 한다.

제67조(결정의 효력) ① 헌법재판소의 권한쟁의심판의 결정은 모든 국가기관과 지방자치단체를 기속한다.

② 국가기관 또는 지방자치단체의 처분을 취소하는 결정은 그 처분의 상대방에 대하여 이미 생긴 효력에 영향을 미치지 아니한다.

제 5 절 헌법소원심판

제68조(청구 사유) ① 공권력의 행사 또는 불행사로 인하여 헌법상 보장된 기본권을 침해받은 자는 법원의 재판을 제외하고는 헌법재판소에 헌법소원심판을 청구할 수 있다. 다만, 다른 법률에 구제절차가 있는 경우에는 그 절차를 모두 거친 후에 청구할 수 있다.

② 제41조 제1항에 따른 법률의 위헌 여부 심판의 제청신청이 기각된 때에는 그 신청을 한 당사자는 헌법재판소에 헌법소원심판을 청구할 수 있다. 이 경우 그 당사자는 당해 사건의 소송절차에서 동일한 사유를 이유로 다시 위헌 여부 심판의 제청을 신청할 수 없다.

제69조(청구기간) ① 제68조 제1항에 따른 헌법소원의 심판은 그 사유가 있음을 안 날부터 90일 이내에, 그 사유가 있는 날부터 1년 이내에 청구하여야 한다. 다만, 다른 법률에 따른 구제절차를 거친 헌법소원의 심판은 그 최종결정을 통지받은 날부터 30

일 이내에 청구하여야 한다.
② 제68조 제2항에 따른 헌법소원심판은 위헌 여부 심판의 제청신청을 기각하는 결정을 통지받은 날부터 30일 이내에 청구하여야 한다.

제70조(국선대리인) ① 헌법소원심판을 청구하려는 자가 변호사를 대리인으로 선임할 자력이 없는 경우에는 헌법재판소에 국선대리인을 선임하여 줄 것을 신청할 수 있다. 이 경우 제69조에 따른 청구기간은 국선대리인의 선임신청이 있는 날을 기준으로 정한다.
② 제1항에도 불구하고 헌법재판소가 공익상 필요하다고 인정할 때에는 국선대리인을 선임할 수 있다.
③ 헌법재판소는 제1항의 신청이 있는 경우 또는 제2항의 경우에는 헌법재판소규칙으로 정하는 바에 따라 변호사 중에서 국선대리인을 선정한다. 다만, 그 심판청구가 명백히 부적법하거나 이유 없는 경우 또는 권리의 남용이라고 인정되는 경우에는 국선대리인을 선정하지 아니할 수 있다.
④ 헌법재판소가 국선대리인을 선정하지 아니한다는 결정을 한 때에는 지체 없이 그 사실을 신청인에게 통지하여야 한다. 이 경우 신청인이 선임신청을 한 날부터 그 통지를 받은 날까지의 기간은 제69조의 청구기간에 산입하지 아니한다.
⑤ 제3항에 따라 선정된 국선대리인은 선정된 날부터 60일 이내에 제71조에 규정된 사항을 적은 심판청구서를 헌법재판소에 제출하여야 한다.
⑥ 제3항에 따라 선정한 국선대리인에게는 헌법재판소규칙으로 정하는 바에 따라 국고에서 그 보수를 지급한다.

제71조(청구서의 기재사항) ① 제68조 제1항에 따른 헌법소원의 심판청구서에는 다음 각 호의 사항을 적어야 한다.
1. 청구인 및 대리인의 표시
2. 침해된 권리
3. 침해의 원인이 되는 공권력의 행사 또는 불행사
4. 청구 이유
5. 그 밖에 필요한 사항

② 제68조 제2항에 따른 헌법소원의 심판청구서의 기재사항에 관하여는 제43조를 준용한다. 이 경우 제43조 제1호 중 "제청법원의 표시"는 "청구인 및 대리인의 표시"로 본다.
③ 헌법소원의 심판청구서에는 대리인의 선임을 증명하는 서류 또는 국선대리인 선임통지서를 첨부하여야 한다.

제72조(사전심사) ① 헌법재판소장은 헌법재판소에 재판관 3명으로 구성되는 지정재판부를 두어 헌법소원심판의 사전심사를 담당하게 할 수 있다.

② 삭제
③ 지정재판부는 다음 각 호의 어느 하나에 해당되는 경우에는 지정재판부 재판관 전원의 일치된 의견에 의한 결정으로 헌법소원의 심판청구를 각하한다.
1. 다른 법률에 따른 구제절차가 있는 경우 그 절차를 모두 거치지 아니하거나 또는 법원의 재판에 대하여 헌법소원의 심판이 청구된 경우
2. 제69조의 청구기간이 지난 후 헌법소원심판이 청구된 경우
3. 제25조에 따른 대리인의 선임 없이 청구된 경우
4. 그 밖에 헌법소원심판의 청구가 부적법하고 그 흠결을 보정할 수 없는 경우

④ 지정재판부는 전원의 일치된 의견으로 제3항의 각하결정을 하지 아니하는 경우에는 결정으로 헌법소원을 재판부의 심판에 회부하여야 한다. 헌법소원심판의 청구 후 30일이 지날 때까지 각하결정이 없는 때에는 심판에 회부하는 결정(이하 "심판회부결정"이라 한다)이 있는 것으로 본다.
⑤ 지정재판부의 심리에 관하여는 제28조, 제31조, 제32조 및 제35조를 준용한다.
⑥ 지정재판부의 구성과 운영에 필요한 사항은 헌법재판소규칙으로 정한다.

제73조(각하 및 심판회부 결정의 통지) ① 지정재판부는 헌법소원을 각하하거나 심판회부결정을 한 때에는 그 결정일부터 14일 이내에 청구인 또는 그 대리인 및 피청구인에게 그 사실을 통지하여야 한다. 제72조 제4항 후단의 경우에도 또한 같다.
② 헌법재판소장은 헌법소원이 제72조 제4항에 따라 재판부의 심판에 회부된 때에는 다음 각 호의 자에게 지체 없이 그 사실을 통지하여야 한다.
1. 법무부장관
2. 제68조 제2항에 따른 헌법소원심판에서는 청구인이 아닌 당해 사건의 당사자

제74조(이해관계기관 등의 의견 제출) ① 헌법소원의 심판에 이해관계가 있는 국가기관 또는 공공단체와 법무부장관은 헌법재판소에 그 심판에 관한 의견서를 제출할 수 있다.
② 제68조 제2항에 따른 헌법소원이 재판부에 심판 회부된 경우에는 제27조 제2항 및 제44조를 준용한다.

제75조(인용결정) ① 헌법소원의 인용결정은 모든 국가기관과 지방자치단체를 기속한다.
② 제68조 제1항에 따른 헌법소원을 인용할 때에는 인용결정서의 주문에 침해된 기본권과 침해의 원인이 된 공권력의 행사 또는 불행사를 특정하여야 한다.
③ 제2항의 경우에 헌법재판소는 기본권 침해의 원인이 된 공권력

의 행사를 취소하거나 그 불행사가 위헌임을 확인할 수 있다.
④ 헌법재판소가 공권력의 불행사에 대한 헌법소원을 인용하는 결정을 한 때에는 피청구인은 결정 취지에 따라 새로운 처분을 하여야 한다.
⑤ 제2항의 경우에 헌법재판소는 공권력의 행사 또는 불행사가 위헌인 법률 또는 법률의 조항에 기인한 것이라고 인정될 때에는 인용결정에서 해당 법률 또는 법률의 조항이 위헌임을 선고할 수 있다.
⑥ 제5항의 경우 및 제68조 제2항에 따른 헌법소원을 인용하는 경우에는 제45조 및 제47조를 준용한다.
⑦ 제68조 제2항에 따른 헌법소원이 인용된 경우에 해당 헌법소원과 관련된 소송사건이 이미 확정된 때에는 당사자는 재심을 청구할 수 있다.
⑧ 제7항에 따른 재심에서 형사사건에 대하여는 「형사소송법」을 준용하고, 그 외의 사건에 대하여는 「민사소송법」을 준용한다.

제 5 장 전자정보처리조직을 통한 심판절차의 수행

제76조(전자문서의 접수) ① 각종 심판절차의 당사자나 관계인은 청구서 또는 이 법에 따라 제출할 그 밖의 서면을 전자문서(컴퓨터 등 정보처리능력을 갖춘 장치에 의하여 전자적인 형태로 작성되어 송수신되거나 저장된 정보를 말한다. 이하 같다)화하고 이를 정보통신망을 이용하여 헌법재판소에서 지정·운영하는 전자정보처리조직(심판절차에 필요한 전자문서를 작성·제출·송달하는 데에 필요한 정보처리능력을 갖춘 전자적 장치를 말한다. 이하 같다)을 통하여 제출할 수 있다.
② 제1항에 따라 제출된 전자문서는 이 법에 따라 제출된 서면과 같은 효력을 가진다.
③ 전자정보처리조직을 이용하여 제출된 전자문서는 전자정보처리조직에 전자적으로 기록된 때에 접수된 것으로 본다.
④ 제3항에 따라 전자문서가 접수된 경우에 헌법재판소는 헌법재판소규칙으로 정하는 바에 따라 당사자나 관계인에게 전자적 방식으로 그 접수 사실을 즉시 알려야 한다.

제77조(전자서명 등) ① 당사자나 관계인은 헌법재판소에 제출하는 전자문서에 헌법재판소규칙으로 정하는 바에 따라 본인임을 확인할 수 있는 전자서명을 하여야 한다.
② 재판관이나 서기는 심판사건에 관한 서류를 전자문서로 작성하는 경우에 「전자정부법」 제2조 제6호에 따른 행정전자서명(이하

"행정전자서명"이라 한다)을 하여야 한다.
③ 제1항의 전자서명과 제2항의 행정전자서명은 헌법재판소의 심판절차에 관한 법령에서 정하는 서명·서명날인 또는 기명날인으로 본다.

제78조(전자적 송달 등) ① 헌법재판소는 당사자나 관계인에게 전자정보처리조직과 그와 연계된 정보통신망을 이용하여 결정서나 이 법에 따른 각종 서류를 송달할 수 있다. 다만, 당사자나 관계인이 동의하지 아니하는 경우에는 그러하지 아니하다.
② 헌법재판소는 당사자나 관계인에게 송달하여야 할 결정서 등의 서류를 전자정보처리조직에 입력하여 등재한 다음 그 등재 사실을 헌법재판소규칙으로 정하는 바에 따라 전자적 방식으로 알려야 한다.
③ 제1항에 따른 전자정보처리조직을 이용한 서류 송달은 서면으로 한 것과 같은 효력을 가진다.
④ 제2항의 경우 송달받을 자가 등재된 전자문서를 헌법재판소규칙으로 정하는 바에 따라 확인한 때에 송달된 것으로 본다. 다만, 그 등재 사실을 통지한 날부터 2주 이내에 확인하지 아니하였을 때에는 등재 사실을 통지한 날부터 2주가 지난 날에 송달된 것으로 본다.
⑤ 제1항에도 불구하고 전자정보처리조직의 장애로 인하여 전자적 송달이 불가능하거나 그 밖에 헌법재판소규칙으로 정하는 사유가 있는 경우에는 「민사소송법」에 따라 송달할 수 있다.

제6장 벌 칙

제79조(벌칙) 다음 각 호의 어느 하나에 해당하는 자는 1년 이하의 징역 또는 100만원 이하의 벌금에 처한다.

1. 헌법재판소로부터 증인, 감정인, 통역인 또는 번역인으로서 소환 또는 위촉을 받고 정당한 사유 없이 출석하지 아니한 자
2. 헌법재판소로부터 증거물의 제출요구 또는 제출명령을 받고 정당한 사유 없이 이를 제출하지 아니한 자
3. 헌법재판소의 조사 또는 검사를 정당한 사유 없이 거부·방해 또는 기피한 자

판례색인

헌법재판소 결정

대법원 판결

사항색인

ㅊ

ㅌ

ㅍ

ㅎ

저자 소개

〔약　력〕

연세대학교 법과대학 및 동대학원(법학사, 법학석사)
독일 뮌헨대학교 법과대학(법학박사)
한림대학교 법학과 교수
한국공법학회 학술장려상(1994년 헌법 분야) 수상
헌법재판소 연구위원
헌법재판소 헌법재판연구원장
한국사회정책학회 회장, 한국헌법학회 회장, 한국사회보장법학회 회장, 한국헌법판례학회 회장, 한국공법학회 부회장
현재 연세대학교 법학전문대학원 교수

〔저　서〕

Das Recht der sozialen Sicherheit und seine verfassungsrechtlichen Rahmenbedingungen in der Bundesrepublik Deutschland und in der Republik Korea(Nomos, 1990)
복지국가의 기원(역)(교육과학사, 1992; 법문사, 2005)
사회보장법학(한림대출판부, 1993)
독일사회보장법론(법문사, 1994)
법학개론(공저)(박영사, 1995. 전정3판 2018)
환경오염의 법적 구제와 개선책(공저)(소화, 1996)
한국 가족정책의 이해(공저)(학지사, 1996)
한국사회보장법론(법문사, 1997; 제12판, 집현재, 2019)
한국의 노동법 개정과 노사관계(공저)(한국노동연구원, 2000)
헌법판례연구(법문사, 2000)
판례헌법(공저)(신조사, 2002)
국제사회보장법론(법문사, 2002)
독일사회보장법과 사회정책(박영사, 2008)
사회변화와 입법(공저)(오름, 2008)
한국사회와 장애인정책－복지와 차별금지－(편저)(인간과 복지, 2011)
지속가능성과 법학의 과제(편저)(연세대 출판부, 2012)
복지국가론－기원, 발전, 개편－(신조사, 2012)
한국헌법학의 개척자들(집현재, 2015)(대한민국 학술원 우수학술도서(2016) 선정)
사회보장법(신조사, 2011, 제6판, 2020)
한국사회보장법의 역사(집현재, 2019)
사회복지법연구(공저)(경인문화사, 2019)(세종도서 학술부문(2019) 선정)
연세의 법학자들(Ⅰ)(공저)(연세대 대학출판문화원, 2020)
한국헌법론(법문사, 2004; 제16판, 집현재, 2021)

헌법의 기초 [제 3 판]

2016년 7월 11일 초 판 발행
2018년 1월 26일 제2판 발행
2021년 1월 19일 제3판 발행

저 자 전 광 석

발행인 위 호 준
발행처 도서출판 **집현재**
121-130 서울특별시 마포구 토정로 222
한국출판콘텐츠센터 417호
전화 (02)332-4922 Fax (02)3142-4922
홈페이지: www.jhjbook.co.kr
e-mail: jyp4922@naver.com

출판등록 2010년 10월 25일
등록번호 제105-91-57581호

정가 28,000원 ISBN 979-11-89285-27-1